La fiscalité post-Covid-19 en Afrique subsaharienne francophone

Collection « Études africaines »

Forte de plus de mille titres publiés à ce jour, la collection « Études africaines » fait peau neuve. Elle présentera toujours les essais généraux qui ont fait son succès, mais se déclinera désormais également par séries thématiques : droit, économie, politique, sociologie, etc.

Dernières parutions

Mohamed AHMED ISSA, *Politiques linguistiques familiales à Djibouti-ville. Étude de la transmission intergénérationnelle des langues*, 2025.

Khaled AMRANI, *Les oiseaux du sahara, Précis d'ornithologie saharienne (Algérie)*, 2025.

Hugues Morell MELIKI, Ferdinand MBEN LISSOUCK (dir.), *Communautés et foncier à l'épreuve du capital au XXIe siècle. Dynamiques émergentes en Afrique noire*, 2025.

Coumba CISSÉ, *Vivre à l'ombre du barrage de Manantali, Les représentations sociales des impacts*, 2025.

Sidi Tiémoko TOURÉ, *L'histoire oubliée de Mori Touré le Conquérant. De l'Empire songhaï à Marabadjassa (1492-1960)*, 2025.

Mamadi KABA, *Renaissance du Sahel, L'Alliance des États du Sahel*, 2025.

Amadou MBEYAP KUTNJEM, *La justice sportive au Cameroun. Genèse et dynamiques du processus de règlement des litiges sportifs*, 2025.

Trésor LUMFUANKENDA BUNGIENA, *Architecture du care en République démocratique du Congo, Repenser l'infrastructure hospitalière*, 2025.

François KODENA (dir.), *Jean-Marc Ela ou l'audace de géo-penser. Message à la jeunesse panafrikaine*, 2025.

Riman VAN, *Les défis contemporains de la démocratie et des droits de l'homme en Afrique. Étude à l'aune du droit international et du droit régional*, 2025.

Salomé SOLOUM, *Mode vestimentaire, accessoires et parures corporels dans le sud-Bénin du XVIIe au XIXe siècle*, 2025.

Sous la direction de
Gérard Martin PEKASSA NDAM

La fiscalité post-Covid-19 en Afrique subsaharienne francophone

Regards croisés

L'Harmattan

Une publication du Laboratoire interdisciplinaire Droit, Gestion des Finances Publiques et Fiscalité (Université de Yaoundé II-Cameroun)

Ouvrage ayant bénéficié d'un appui financier du ministère des Finances du Cameroun

5-7, rue de l'École-Polytechnique - 75005 Paris

www.editions-harmattan.fr

ISBN : 978-2-336-52930-1

EAN : 9782336529301

SOMMAIRE

PRÉFACE 7

Pr. Gérard Martin PEKASSA NDAM

Le Covid-19 et la fabrique du droit fiscal de la nécessité..........................9

Pr. Nicaise MEDE

L'effort fiscal post Covid-19 au Cameroun...19

Pr BEGNI BAGAGNA

La fiscalité des États de l'Afrique subsaharienne francophone à l'épreuve des crises 31

Dr Janvier FERMOSE

L'intérêt général et la fiscalité à l'épreuve de la Covid-19......................55

Dr Sylvie NGUECHE

Crise sanitaire et fiscalité dérogatoire en République du Congo.

Beaucoup de questions, peu de réponses ! 69

Dr Vivien Romain MANANGOU

L'application des conventions fiscales bilatérales en période de Covid-19 : Réflexion à partir de la notion de résidence fiscale 87

Dr Kelly Joanna NGUEMA ONDO

Covid-19, droit transitoire et perspectives du droit fiscal au Cameroun 107

Dr Théophile NGUIMFACK VOUFO,

La fiscalité post-Covid-19 et la promotion de la santé publique au Cameroun 137

Dr NKOUAYEP Long Christ Papy

ESSAME AKONO Joseph

La politique fiscale post Covid-19 des États de l'Afrique subsaharienne : les exemples du Sénégal, du Cameroun et de la Côte d'Ivoire 157

Mariéme Gnagna THIAM

L'incidence de la crise sanitaire de la COVID-19 sur les politiques publiques fiscales des États d'Afrique subsaharienne francophone : le cas du Cameroun..177

Dr Ghrevy SOLLO,

Les transformations des fonctions fiscales de l'État du Cameroun au lendemain de la crise sanitaire à Covid-19 193

Dr Sandrine Glwadys BEFOLO SOUGA

La Zone de libre-échange continentale africaine et la fiscalité post-Covid 19 dans les États d'Afrique subsaharienne francophone 213

Dr Eugène NZAMBOUNG

La fiscalité environnementale post-Covid-19 en Afrique : le cas du Cameroun 233

Dr Patrick Gérard SOROK A BOL

L'autonomie fiscale des Collectivités Territoriales des États d'Afrique subsaharienne francophone au lendemain de la crise sanitaire à Covid-19 : les exemples du Cameroun, du Bénin et du Sénégal......................251

Dr Martin NJAMA BOYOCK

L'opportunité de l'imposition de l'économie informelle en période post Covid-19 au Cameroun : réflexion autour d'une fusion hétéroclite entre prescription légale et droits de l'homme..277

Dr Aimé TATIDOUNG KUETE

La rationalisation de la parafiscalité par le rationnement des recettes : une fuite en avant du Gouvernement camerounais 305

Alain Symphorien NDZANA BILOA

La fraude fiscale post-Covid 19 en droit pénal camerounais................327

Dr Collins PACHA NKOUCHIPO

PRÉFACE

Toute crise est annonciatrice d'un péril et d'un potentiel renouveau. C'est le cas de la récente crise sanitaire dite du Covid-19, à laquelle l'humanité reste encore plus ou moins confrontée. Apparue à l'aube du mois de mars de l'année 2020 en Chine, la crise du Covid-19 s'est distinctement répandue à travers le Monde. Moins touchés directement par la pandémie, les États africains en général et ceux de l'Afrique subsaharienne francophone en particulier, ont plus subi indirectement l'impact de la crise du fait de l'interdépendance géographique, sociale, politique et économique entre les États du globe.

En substance, la crise du Covid-19, en nous imposant un nouveau Monde, s'est montrée comme un révélateur d'évolutions latentes et porteur de modifications structurelles dans les systèmes de gouvernance fiscale. Compte tenu de la conjoncture jugée urgente et délicate, il fallait redéfinir les rapports entre : les États ; les citoyens ; l'État et les citoyens ; l'État et les autres entités publiques. Pour y parvenir, les gouvernements des États d'Afrique subsaharienne francophone ont initié des mesures de résilience et d'adaptation à la crise.

En tout état de cause, le rapport entre la crise du Covid-19 et la fiscalité est patent. Car la fiscalité est consubstantielle au fonctionnement de l'État du fait de sa remarquable fonction contributive aux recettes budgétaires dans les États en développement. Il appert de ce fait qu'elle a subi l'impact de la crise. C'est un impact global et fondamental ; il touche les dimensions locales, étatiques, communautaires et internationales de la fiscalité. Les aspects substantiels et processuels ne sont pas en reste. C'est dans ce contexte que s'inscrit le présent ouvrage collectif, fruit du Laboratoire Interdisciplinaire de Droit, Gestion des Finances Publiques et Fiscalité (LABOFIP) de l'Université de Yaoundé II (Cameroun), lequel a été créé en 2023.

Ainsi, cet ouvrage réunit des contributions pertinentes suivant une approche holistique sur l'inépuisable sujet de la fiscalité à l'épreuve de la crise. En substance, il s'agit d'une analyse croisée de la fiscalité à l'épreuve de la crise qui met globalement la focale sur la crise sanitaire à coronavirus et ses effets sur la politique fiscale, l'administration de l'impôt, les fonctions fiscales de l'État, les mesures de convergence fiscale, l'application des conventions fiscales internationales, la fiscalité de porte, le rendement fiscal, les relations fiscales entre l'État et les collectivités territoriales décentralisées, les procédures fiscales et sur la gestion des obligations fiscales vis-à-vis des personnes publiques et privées.

C'est un projet d'identification, d'appréciation et de projection des nouvelles figures de la fiscalité à l'ère post Covid-19. En tant qu'instrument de croissance économique et de gestion stratégique de l'État, la fiscalité mérite d'être continuellement soumise à la réflexion. Celle initiée par nous, pourra sans doute servir à concevoir une fiscalité résiliente, productive et inclusive dans un contexte de promotion du développement voire du développement durable.

Gérard Martin PEKASSA NDAM
Agrégé des Facultés de Droit
Professeur Titulaire des Universités
Université de Yaoundé II (Cameroun)

Le Covid-19 et la fabrique du droit fiscal de la nécessité

Nicaise MEDE
Diplômé de philosophie morale et politique
Président de la Société ouest-africaine de finances publiques (SOAFiP)
Professeur de droit public et de science politique
Université d'Abomey-Calavi (Bénin).

****

Introduction

De mémoire d'homme, on n'a jamais assisté à un arrêt sur image, que dis-je, à un arrêt sur activités aussi globales et aussi soudaines. L'impôt est « *une chose de l'homme* »[1], disait un auteur transméditerranéen et le fait fiscal subit le contrecoup du grand chambardement de la société.

La vocation d'un système de droit, notamment dans un environnement constitutionnel pluraliste, est de rassurer. Le droit rassure parce qu'il est empreint de prévisibilité. Les juges en ont même tiré un principe, le principe de sécurité juridique. Ses sous-principes sont la prévisibilité comme il a été dit, mais aussi l'intelligibilité de la règle de droit.

Le droit ne régit, certes, pas l'intégralité des faits sociaux. Les comportements des hommes échappent pour une part au crible de la loi. Et c'est plutôt en termes de dosage que l'État de droit s'apprécie : les niveaux de grande prégnance et les dosages intermédiaires et faibles. Georges VEDEL résume tout cela par une approche réaliste de l'État de droit. Il écrit, en effet, que « *État de droit n'est finalement que la dose de juridique que la société peut supporter sans l'étouffer* »[2].

La bonne perception n'est pas donc de dire qu'il y a des États de droit d'un côté et des États de non-droit de l'autre. L'État de droit vit et se conjugue avec des espaces de non-droit dans un seul et même ordonnancement juridique. Ils forment une unité dialectique qui permet la respiration du premier et l'instrumentalisation du second. Le tout dans un contexte de fonctionnement normal de l'État et de la société.

---

[1] Cité par Michel BOUVIER, *Introduction au droit fiscal général et à la théorie de l'impôt*, Paris, LGDJ, 2020, 14ème édition, p. 7.

[2] G. VEDEL, cité par D. LABETOULLE, « Principe de légalité et principe de sécurité », *in L'État de droit. Mélanges en l'honneur de Guy BRAIBANT*, Paris, éd. Dalloz, 1996, p. 403.

Les choses se compliquent lorsque la nation tout entière se met à l'arrêt, que la société se fige, que la production de biens et services est suspendue et que des millions de citoyens et de travailleurs sont contraints de se cloîtrer à domicile. L'impôt est un prélèvement sur une production et une distribution qui sont en difficulté d'être. Or, sans recettes fiscales, l'État lui-même ne peut plus assurer un minimum de prestations existentielles pour les individus et pour les entreprises. La mort de l'impôt n'est donc pas à l'ordre du jour. Parce qu'il a toujours été nécessaire et que la nécessité fait partie de ses principes fondateurs, une nécessité qui donne à l'impôt sa légitimité (**I**). Mais le Covid-19, par son essence et ses manifestations fut aussi, d'un certain point de vue, l'épiphanie d'une nécessité intrinsèque, celle qui découle de l'état de la nation et du fonctionnement de l'État. Il a créé une mutation de la nécessité fiscale en une nécessité dynamique d'adaptation de l'impôt aux situations conjoncturelles pressantes (**II**).

I. De la nécessité légitimatrice de l'impôt…

L'impôt est matériellement la part du patrimoine des particuliers que l'État s'approprie. Il est, en ce sens, une *ponction* que la théorie et la pratique juridiques ont entendu encadrer avec les notions de nécessité et de consentement. La nécessité découle de la solidarité qui s'impose dès lors que les citoyens s'établissent en communauté soudée par un vouloir-vivre-ensemble (A). Le consentement constate cette nécessité et lui donne une base légale (B).

A. La nécessité renouvelée de l'impôt

Étymologiquement, la nécessité est « *le caractère de ce qui s'impose irrémissiblement* ». L'impôt est une modalité de la vie en société. La société humaine est d'abord une agrégation d'hommes et de femmes. Elle est ensuite un ensemble d'institutions-mécanismes et d'institutions-organismes[3]. L'articulation entre les mécanismes sociaux et les organes de la société produit le « *fait social* »[4] objet d'étude de la sociologie selon Émile DURKHEIM.

Le droit fait une distinction entre la vie publique et la vie privée. La seconde est financée par les revenus privés des citoyens. La première sollicite la contribution de tous. C'est en cela que Julien LAFERRIERE et Marcel

---

[3] Typologie que nous reprenons à Marcel PRELOT. L'institution organisme, ou institution-personne ou institution-corps est « *constituée par une collectivité humaine unie par une idéologie ou un besoin commun et soumise à une autorité reconnue et à des règles. Ainsi l'institution parvient à une existence propre, transcendant ses composant individuels auxquels on ne saurait la réduire* » (M. PRELOT, *Institutions politiques et droit constitutionnel*, Paris, Dalloz, 1969, 4ème édition, p. 40. Quant aux institutions mécanismes, elle est « *système de règles de droit. Se pénétrer les unes les autres, jusqu'à constituer un ensemble mécanique, elles dérivent d'un acte ou d'un fait unique initial, engendrant une série indéfinie de relations* ».

[4] « *Est fait social toute manière de faire, fixée ou non, susceptible d'exercer sur l'individu une contrainte extérieure* », E. DURKHEIM, *Les règles de la méthode sociologique*, Paris, Flammarion, 2009, p. 55.

WALINE présentent l'impôt comme « *une portion que chaque citoyen donne de son bien pour avoir la protection du reste* »[5]. La genèse de l'impôt correspond donc à l'idée de mutualisation des charges. Une mutualisation qui s'est complétée progressivement par un autre principe : le principe de solidarité ou d'équité que la science fiscale traduit par la notion de capacité contributive.

En effet, l'impôt s'est établi dans des sociétés humaines traversées par des disparités sociales, des antagonismes de classes, des inégalités sociales et, pour manier le langage des marxistes, des luttes de classes. L'impôt n'a pas tari tous ces problèmes d'inégalités et le XIXe siècle européen a été, par excellence, le siècle des fractures sociales. Les écrits économiques de Karl MARX[6], les productions littéraires d'Émile ZOLA[7], de Victor HUGO[8] ou de Charles DICKENS[9] ont abondamment rendu compte de la misère populaire côtoyant la superbe réalité d'une bourgeoisie d'affaires naissante. Puis l'impôt est passé par là, la fiscalité redistributive et l'impôt progressif. Le *welfare state* se mit en place, progressivement, consacrant selon William BEVERIDGE, « *un sens de l'unité nationale prévalant sur l'intérêt de classe ou de groupe* »[10]. Le monde entier semblait avoir découvert, du pôle Nord au pôle Sud, des terres arides de Nouvelle-Zélande à l'écosystème dru et boisé du Yucatán, une manière de réconcilier les impératifs de production sociale et l'exigence éthique de justice.

La décennie 1980 va marquer une rupture à cet égard, précédée qu'elle fut de la dynamique intellectuelle et académique du *public choice.* Ronald Reagan, dans son discours d'investiture de président de la République en 1981, déclara que « *l'État n'est pas la solution à notre problème ; l'État est le problème* ». Il s'ensuivit une sorte de délégimitisation de l'État et de célébration concomitante du capital et du capitaliste. Les dérégulations ajoutées à la privatisation massive de pans entiers de services publics contrôlés par l'État finissent de dévaloriser les valeurs sous-jacentes aux sociétés

---

[5] Montesquieu cité par J. LAFERRIERE et Marcel WALINE, *Traité élémentaire de science et de législation financière*, Paris, LGDJ, 1952, p. 226.

[6] K. MARX, *Le Capital. Critique de l'économie politique*, Paris, Maurice Lachâtre, 1867.

[7] « *Darwin avait-il donc raison, le monde ne serait-il qu'une bataille, les forts mangeant les faibles, pour la beauté et la continuité de l'espèce ? (...) s'il fallait qu'une classe fût mangée, n'est-ce pas le peuple, vivace, neuf encore, qui mangerait la bourgeoisie épuisée de jouissance ? Du sang nouveau ferait la société nouvelle* », E. ZOLA, *Germinal*, Paris, Le Livre de Poche, réédition 2000, p. 565.

[8] V. HUGO, *Les misérables*, Paris, Emile Bayard, 1862. Dans sa préface, Victor HUGO écrit : « *Tant que les trois problèmes du siècle, la dégradation de l'homme par le prolétariat, la déchéance de la femme par la faim, l'atrophie de l'enfant par la nuit, ne seront pas résolus ; en d'autres termes, et à un point de vue plus étendu encore, tant qu'il y aura sur la terre ignorance et misère, des livres de la nature de celui-ci pourront ne pas être inutiles* ».

[9] C. DICKENS, *Les aventures d'Oliver Twist*, Paris, Le Livre de Poche, 2005. Le philosophe ALAIN écrira « *Il n'y a pas tant de différence entre ce noir tableau de l'enfance et le tableau de l'usine par Karl Marx* ».

[10] J. HARRIS, *Le rapport Beveridge*, Paris, Perrin, 1943, p. 240.

contemporaines. La mondialisation et son cortège de globalisation des échanges, mais aussi de la production, apportent leur grain de sel à la déshumanisation du système globalisé de production sociale.

Les conséquences sont là, visibles à l'œil nu. Nous assistons à un formidable choc en retour, presque un *remake* du XIXe siècle. Thomas PIKETTY s'efforce de démontrer que les évolutions contemporaines, loin d'être un avatar du capitalisme, traduisent une tendance lourde : « *le capitalisme produit mécaniquement des inégalités insoutenables, arbitraires, remettant radicalement en cause les valeurs méritocratiques sur lesquelles se fondent nos sociétés démocratiques* »[11].

À l'ombre de la luxuriance des yachts et des jets privés, des résidences cossues et des buildings scintillants, se dresse le pays alternatif de la *racaille*, l'univers glauque de ceux dont l'âme croupit au cachot de l'infortune. On les appelle tantôt les gilets jaunes, tantôt les indignés (*los indignados*), tantôt le mouvement *Occupy Wall Street*. Partout, ils distillent la colère sourde de masses humaines perdues dans le tourbillon du monde, notre monde.

B. Le consentement, source de légitimité et de base légale

Ponction, soustraction, ablation, « *vol* » (PROUDHON), les terminologies peuvent varier. Mais l'impôt reste fondamentalement cette part du patrimoine privé qui est réaffecté pour être mis à la disposition de la puissance publique. Cette réaffectation peut être douloureuse ou douce. En toute hypothèse, le moment de payer l'impôt est rarement un moment de grande joie. L'impôt conserve ainsi une part ontologique de ce à quoi il a succédé comme moyen d'assurer les rentrées de ressources publiques ou seigneuriales : les razzias et les tributs.

Sous cet angle, et avec en toile de fond la violence inhérente à tout mécanisme contraignant, l'impôt, dans son essence, verrue une verrue sur le visage de la démocratie. Le pouvoir du peuple par le peuple et pour le peuple, en d'autres mots la démocratie représentative, ne peut plus s'accommoder de voie de fait, qui ne soit la concrétisation d'une habilitation donnée par le souverain peuple. La mise en cohérence du principe démocratique avec les mécanismes fiscaux a enfanté ce que l'ingénierie juridique et politique appelle le consentement à l'impôt.

Les origines du principe de consentement à l'impôt semblent lointaines. On en trouve les linéaments au cours du XIIIe européen, avec la Grande Charte en Angleterre[12]. Contemporaine à cette *Magna Carta* fut également la Charte de Kouroukan Fouga issue des assises des représentants du mandé primitif et leurs alliés, en 1236. Dans le chapitre II consacré aux

---

[11] Th. PIKETTY, *Le capital au XXIe siècle*, Paris, Editions du Seuil, 2013, p. 16.

[12] « *Aucun impôt ou aide ne sera imposé, dans Notre Royaume, sans le consentement du Conseil Commun de Notre Royaume* », La Grande Charte des Libertés, *Magna Carta* (15 juin 1215).

« Biens »[13], cette Charte évoque, dans un langage allégorique, la question du « gardien » et de sa rémunération. Le gardien est rétribué à concurrence du quart des biens dont il assure la sûreté[14]. Le syllogisme suivant en devient intelligible : l'empereur est le « gardien supérieur de l'empire ». Il assure la sûreté des personnes et des biens établis sur le territoire de l'empire (majeure). Les activités de maintien de l'ordre public, de préservation de la sécurité des personnes et des biens engendrent des frais et requièrent des ressources affectées aux dépenses (mineur). Le quart du patrimoine des sujets de l'empereur serait leur juste contribution à la couverture des charges découlant de la vie commune, au financement des dépenses de souveraineté de l'empire (conclusion).

La Charte ayant été adoptée par une assemblée formée des *représentants du mandé primitif et leurs alliés*, elle a valeur de Charte consentie par les populations et ses dispositions ont aussi valeur de normes générées par le peuple et acceptées par lui.

Le principe du consentement à l'impôt semble réunir un de ces consensus mondiaux qui traverse les régimes politiques et les idéologies qui animent les États. Pour ce qui concerne l'Afrique francophone, les textes constitutionnels consacrent, en une formulation lapidaire, mais tout aussi expressive, la compétence du « *parlement* (qui) *vote la loi et consent l'impôt* ».

On peut encore, certes, ergoter sur la portée de telles dispositions constitutionnelles au regard de l'importance du rôle de l'administration fiscale dans la création et l'exécution de la norme fiscale. Dans l'articulation des quatre temps alternés, l'administration fiscale est maîtresse du jeu au cours de la préparation et de l'exécution de la loi fiscale. L'exécution comporte une double signification : la mise en œuvre et l'interprétation de la loi fiscale[15]. Sous cette réserve, le consentement à l'impôt ne provoque qu'une réaction pavlovienne d'assentiment et d'approbation béate.

Cependant, les aspirations à la transparence et à la reddition de comptes, ajoutées à l'exigence toute contemporaine de bonnes gestions des finances publiques dans le sillage de la bonne gouvernance publique, ont révélé un concept nouveau, le consentement *de* l'impôt. Michel BOUVIER en a établi les grandes lignes distinctives[16] : le consentement *de* l'impôt est du

---

[13] La structure du texte est le suivant : I - De l'organisation sociale ; II - Des biens ; III - De la préservation de la nature ; III - Dispositions finales.

[14] « Article 35 : Un œuf sur quatre est la propriété du gardien de la poule pondeuse » ; « Article 33 : La quatrième mise-bas d'une génisse confiée est la propriété du gardien ».

[15] Les administrations fiscales de l'Afrique francophone publient, chaque année, un livre intitulé « *Doctrine fiscale* ». Ce livre recense les arrêtés et circulaires portant mise en application des lois de finances et l'interprétation officielle des dites lois de finances.

[16] « *Le consentement à l'impôt, c'est-à-dire à une acceptation de principe [de l'impôt], est de nature avant tout sociologique. [...] il relève des origines les plus lointaines de l'impôt (...). C'est en occupant une fonction structurante des rapports sociaux que la fiscalité, de gré ou de force, a pu progressivement se faire admettre.* » Il s'agit donc de l'acceptation sociologique de

domaine du droit et de la politique. Il est largement servi par les dispositions constitutionnelles et le travail des parlementaires qui votent les lois de finances. Le consentement *à* l'impôt procède d'un autre ressort qui est psycho-sociologique. Que font-ils de notre argent pour nous en demander autant ? L'impôt que nous payons en vaut-il vraiment la peine au regard de l'état de nos services publics et plus généralement de la moralité douteuse de nos dirigeants, tel que cela apparaît à l'occasion des scandales qui éclaboussent les fonctionnaires et les hommes politiques ? L'impôt que nous avons consenti en vaut-il vraiment la peine ? Autant de questionnements qui vont largement au-delà du thème du Covid-19, et dont les rapports de conjoncturalité avec l'impôt méritent un examen.

II.... À la nécessité conjoncturelle et « covidienne » de l'impôt

Le Covid-19 a généré une nécessité, un état de nécessité qui doit être précisé d'un point de vue conceptuel (**A**). Les manifestations du concept de la nécessité paraîtront ensuite plus rationnelles (**B**).

A. La nécessité, quelle nécessité ?

Le besoin de différentiation s'impose, car la nécessité de l'impôt doit être dissociée de la nécessité de la politique et des mesures fiscales.

En effet, la nécessité comme principe constitutionnel a été ci-devant présentée comme le besoin de trouver des ressources pour couvrir les charges publiques. Le lien est nettement établi par le droit français découlant de la Déclaration de 1789, entre la force publique d'une part et la contribution publique, d'autre part, le premier étant une dépense que le second sa source de financement.

La nécessité du point de vue du Covid-19 procède d'une autre logique. Elle découle de l'urgence et de ses manifestations en droit public. Dans une étude qu'il lui a consacrée, Guillaume PAMBOU-TCHIVOUNDA avait conclu à « *l'indéfinissable notion d'urgence* »[17]. Il affirme cependant que l'urgence, à travers ses multiples cas de figure, assure une « *fonction régularisatrice, légalisatrice* »[18] pour échapper à l'exercice du pouvoir dans

---

l'impôt par le citoyen-contribuable lui-même. Il débouche juridiquement sur le respect des obligations déclaratives par les assujettis (et la baisse corrélative de la fraude) et renvoie politiquement à l'expression du civisme fiscal. « (le consentement de l'impôt) *suppose que la levée du prélèvement soit explicitement acceptée par ceux sur qui en retombe la charge ou par leurs représentants. Il est donc avant tout de portée politique. C'est lui qui fonde la légitimité moderne de l'impôt et qui se traduit sur le plan des principes juridiques par le principe de légalité fiscale (...) dans le cadre d'une loi (...). Ce principe procède (...) d'une conception qui considère le citoyen (...) conscient que, au travers du consentement de l'impôt exprimé par ses représentants, c'est bien son propre consentement qui s'exprime* », M. BOUVIER, *Introduction au droit fiscal général et à la théorie de l'impôt*, Paris, LGDJ, 6e éd., pp. 136 et s.

[17] G. PAMBOU-TCHIVOUNDA, « Recherche sur l'urgence en droit administratif français », *Revue de Droit Public*, 1983, p. 132.

[18] *Idem*, p. 133.

le « *cadre incertain du non-droit* »[19], conscient que dans la notion d' « *urgence est partiellement contenu une loi qui se suffit à elle-même, celle de la nécessité* »[20]. De fait, le lien entre l'urgence et la nécessité a déjà été fait par le commissaire du gouvernement ROMIEU au début du siècle dernier dans une allégorie restée célèbre : « *Quand la maison brûle, écrit-il, on ne va pas demander au juge d'envoyer des pompiers* ».

La nécessité pressante qui induit l'urgence des mesures, nous la trouvons aussi dans une formulation imagée dans la Charte de Kouroukan Fouga de 1236 : « *assouvir sa faim n'est pas du vol si on n'emporte rien dans son sac ou sa poche* » (Article 36). La faim peut mettre fin à une vie humaine. Dès lors, tout acte *a priori* délictueux destiné à préserver le premier des droits humains, doit être sanctifié au nom de l'intérêt supérieur qu'est la préservation du souffle de vie des citoyens. La fin justifie les moyens.

Le droit pénal en tire des conséquences plus explicites encore. Selon l'article 30 de la loi n°2018-16 du 04 juin 2018, portant code pénal « *n'est pas pénalement responsable la personne qui, face à un danger actuel ou imminent qui menace elle-même, autrui ou un bien, accomplit un acte nécessaire à la sauvegarde de la personne ou du bien* ». Un individu peut commettre des faits constitutifs de délit ou de crime, mais les circonstances peuvent le dispenser d'une condamnation lorsqu'il y a eu nécessité. Nécessité pour le présumé délinquant ou nécessité pour autrui ou pour un bien. L'état de nécessité est consacré depuis 1810 comme un fait justificatif en droit pénal.

En guise de parallèle, le Covid-19, fut, à sa manière, un pays qui brûle dans un incendie sans flammes, pour reprendre les terminologies de ROMIEU. Il fut l'occasion de déployer des mesures d'urgence pour parer au pire ! Les premières mesures prises à la survenance de la catastrophe furent des mesures normatives d'établissement d'un régime d'exception. L'État d'urgence, lorsqu'il est proclamé, aboutit fatalement à ce que « *les règles de droit prévues par temps calme sont transgressées, suspendues ou écartées dans le but d'affronter un péril donné et dans la limite de ce que la nécessité impose pour y parvenir* »[21]. L'*État d'urgence sanitaire* proclamé dans les États a eu des conséquences ou même des manifestations financières. Une certaine doctrine a pu parler d'« *État d'urgence budgétaire* »[22] pour mettre en exergue la difficulté inédite dans laquelle les États se situent de ne pas pouvoir respecter les indicateurs des politiques de convergence communautaires[23].

---

[19] *Idem*, p. 133.

[20] *Idem*, p. 133.

[21] M. DISANT, « Juger la décision d'instaurer et de prolonger l'État d'urgence », *Revue de Droit Public*, 2021, p. 233.

[22] R. PELLET, « Gouverner les finances publiques en régime d'État d'urgence : le faux 'moment hamiltonien' de l'Europe », *Revue de Droit Public*, 2021, p. 161.

[23] En mars 2020, la Commission et le Conseil de l'Union européenne ont activé la « clause dérogatoire générale » qui avait été introduite en 2011 dans le cadre de la réforme (« six-pack ») du pacte de stabilité et de croissance (PSC, adopté en 1997) qui impose aux États des procédures

Le Covid-19 a même fait vaciller le pouvoir judiciaire, garant des libertés et au premier chef, la liberté d'aller et de venir. Les citoyens, en effet, n'étaient plus en condition « *de pouvoir disposer de juridictions ouvertes et en état de marche* »[24], sauf à organiser des audiences en ligne. Cependant, l'essentiel des mesures restrictives mises en œuvre en raison de l'urgence a été jugé conforme aux textes constitutionnels par les juridictions constitutionnelles, y compris en matière fiscale.

B. La constatation et la prise en compte de la nécessité en droit fiscal

La nécessité précède-t-elle l'urgence ou inversement c'est l'urgence qui génère la nécessité ? Le lien de causalité n'est pas explicitement établi entre l'urgence et la nécessité. À moins de concevoir les deux notions comme les deux faces d'une même réalité, celle de l'impératif absolu d'une action ou d'une abstention.

En tout état de cause, le Covid-19 a poussé progressivement à la mise en place d'un droit fiscal de la nécessité au Bénin, d'un double point de vue substantiel et procédural.

En ce qui concerne les procédures, la compétence exclusive du parlement en matière fiscale (« *l'assiette, le taux et le recouvrement des impositions de toutes sortes* ») a été mise en veilleuse. Le gouvernement, artisan principal de la riposte nationale contre le Covid-19, a mis en place un Comité national de crise et urgence sanitaires (CNCS)[25], présidé par le ministre de la Santé. Ce comité comprend cinq commissions, dont la commission logistique, mobilisation des ressources et gestion financière. Au titre du dispositif institutionnel de lutte contre le Covid-19, il faut aussi citer le comité interministériel de gestion de la crise sanitaire qui regroupe les ministres et autres décideurs du Gouvernement qui prennent les décisions politiques pour la riposte à la pandémie.

Ce Comité national de crise et urgence sanitaires a eu les pleins pouvoirs pour concevoir les actions et piloter ou faire piloter leurs mises en œuvre. Le parlement s'est vu ainsi dépouillé de son pouvoir de décision, pouvoir qui s'exprime soit par la création, soit par la modification, soit par la suppression d'une imposition de toutes sortes. L'exécutif, à travers le Comité national de crise et urgence sanitaires ainsi que le Comité interministériel de

---

de réduction de leurs déficits et dettes publics lorsqu'ils dépassent les limites fixées par le traité de Maastricht. Cette clause d'« État d'urgence budgétaire », applicable jusqu'à la fin de 2022, ne suspend pas les procédures du pacte mais permet aux États membres de s'écarter temporairement de ses exigences budgétaires normales, à condition que cela ne mette pas en péril la viabilité budgétaire à moyen terme (R. PELLET, article précité, p. 161).

[24] L. BORE, « La Cour de cassation, l'État d'urgence et la protection des libertés », *Revue de Droit Public*, 2021, p. 263.

[25] Arrêté n°2020-039/MS/DC/SGM/DAF/DNSP/CJ/SA/033SGG20 du 29 avril 2020.

gestion de la crise sanitaire, devient une instance de concentration dictatoriale (au sens romain du terme)[26] du pouvoir fiscal.

Il faut certes reconnaitre que la loi de finances rectificative de 2020 a entériné les mesures prises par l'exécutif et ses démembrements dans le cadre de la gestion de l'urgence pandémique du Covid-19. Il reste, malgré tout, que la même urgence, ou plus exactement la nécessité urgente a occasionné la mise entre parenthèse de la répartition et de la séparation des pouvoirs entre le législatif et l'exécutif en matière fiscale et dans bien d'autres domaines. L'impératif fiscal a été d'abord un impératif de dessaisissement du parlement.

En ce qui concerne le droit fiscal matériel, les mesures prises visent à soulager la trésorerie des entreprises et à leur éviter le surcoût des pénalités de retard. Elles sont synthétisées dans la Circulaire n°548/MEF/CAB/SGM/DGI-DLC, du 25 juin 2020.

Ainsi, *primo*, n'a pas été punissable le dépôt tardif de la déclaration des bénéfices réalisés accompagné des états financiers au titre de l'exercice 2020. Une marge a été accordée aux contribuables concernés jusqu'en fin juin 2020 (au lieu de la fin avril) pour se mettre à jour de leurs obligations, sous peine de subir les sanctions prévues à l'article 1096 bis du Code général des impôts.

Secundo, le gouvernement suspend l'application des pénalités, majorations, intérêts moratoires et autres frais de poursuite pour paiement tardif des impôts et taxes jusqu'au 30 juin 2020. Cette suspension est valable pour tous les impôts professionnels : TVA, la retenue sur les salaires IRPP/TS, la retenue sur les loyers IRPP/RF, les acomptes sur impôts assis sur le bénéfice AIB, TPS, les acomptes provisionnels et le solde des impôts sur le revenu (IRPP et IS), les patentes et les licences.

Tertio, les dons faits à l'État par les entreprises, dans le cadre de la gestion de la pandémie du Covid-19, sont déductibles sans limitation, pour la détermination des résultats de l'exercice clos au 31 décembre 2020.

Quarto, l'exonération de la taxe sur les véhicules à moteur pour les entreprises de transport de voyageurs.

Quinto, l'accélération de l'examen des demandes de remboursement des crédits de TVA pour permettre aux entreprises d'améliorer leurs situations

[26] Dans la Rome antique, la république permettait, en cas de « *forts troubles* », que l'un des consuls en exercice nommât un dictateur, approuvé par le Sénat. Ce dictateur désigné recevait les pleins pouvoirs pour une durée maximale de six mois. Cependant, Jules César en l'An 46 avant Jésus Christ, se fit octroyer la dictature pour un an, puis dix ans et enfin la dictature à vie. Bien que la fonction fût liée aux périodes de troubles graves, Sylla (81 av. Jésus Christ) se fit désigner dictateur, pour une mission de réforme en profondeur des institutions romaines. Il fut *dictator legibus scribendis et rei publicae constituendae,* c'est-à-dire dictateur chargé de rédiger les lois et d'organiser l'État. (G. HACQUARD, et alii, *Guide romain antique*, Hachette, coll. « Roma », 1991). En 368 avant Jésus Christ, Publius Manlius Capitolinus fut porté dictateur pour mettre fin au blocage politique qui durait depuis dix ans.

de trésorerie. Les dispositions prévues par les articles 243 et suivants du Code général des impôts doivent être diligemment conduites.

Le droit fiscal matériel a ainsi été fortement malmené par les soins des organes d'exception chargés de conduire la riposte collective contre le Covid-19, notamment le Comité interministériel de gestion de la crise sanitaire et le Comité national de crise et urgence sanitaires. La pandémie a engendré une nécessité urgente dont les manifestations sur notre droit fiscal ont été la création d'espaces de non-droit qui se sont justifiés par les circonstances de la « *maison qui brûle* » (ROMIEU).

Conclusion

En somme, on peut retenir que la fabrique du droit fiscal de la nécessité découle d'une dynamique aussi soudaine que sérieuse. Par ses implications, la nécessité fiscale entendue ici ne procède pas de la nécessité de la contribution des citoyens telle que traditionnellement admise. La nécessité fiscale et le droit qui va avec sont frappés au sceau de l'urgence qui appelle des mesures exceptionnelles : mesures qui concernent les procédures en matière de fiscalité ; mais aussi mesures qui englobent le droit fiscal substantiel.

L'effort fiscal post Covid-19 au Cameroun

Pr BEGNI BAGAGNA
Agrégé des Facultés de Droit
Université de Douala (Cameroun)
****

Introduction

« Depuis 2010, l'économie a atteint un taux de croissance annuel moyen d'environ 4 % malgré les divers défis économiques tels que le choc des cours de pétrole de 2014, la pandémie Covid-19 (...) et les incertitudes économiques mondiales »[1]. D'autres causes de la situation budgétaire précaire de l'économie camerounaise sont attribuées à la secte *Boko Haram*, aux conflits du NOSO[2] qui ont entravé l'activité économique, ainsi que la génération des revenus, la prestation des services publics de qualité, provoqué des dépenses supplémentaires et occasionné la baisse des recettes. Dans ce tableau sombre, le cas du Covid-19 retient particulièrement l'attention dans le cadre de cette réflexion.

En effet, « *la crise sanitaire du Covid-19 est l'un des faits marquants du début du XXIe siècle. Au-delà du nombre de morts [qu'elle a provoqués], elle [a paralysé] l'économie planétaire et révélé les fragilités de tous les États. Cette crise va provoquer des chamboulements sociétaux et bousculer l'agenda 2063 en cours. Compte tenu de leur fébrilité budgétaire, les pays africains [ont été] plus affectés* » au plan économique. C'est le cas du Cameroun. Comme dans tous les États, la fiscalité est la principale ressource budgétaire de l'État[3], notamment les impôts de gouvernement que sont l'impôt sur les sociétés, l'impôt sur le revenu des personnes physiques, la taxe sur la valeur ajoutée qui représente plus de 41 % des recettes fiscales[4]. Ces divers impôts et autres taxes sont prélevés sur le patrimoine des personnes privées, leurs activités et dépenses de consommation. Or, le Covid-19 à travers le confinement imposé et la restriction de la liberté de circulation a entrainé une baisse drastique des recettes fiscales. Cette attitude de riposte a conduit à la fermeture des frontières, au ralentissement des activités de production et des échanges.

---

[1] Banque Mondiale, *Cameroun : revue des finances publiques. Collecter davantage, dépenser mieux pour atteindre les objectifs de la vision 2035*, Washington, 2024, p. 16.
[2] Conflits dans les régions du Nord-Ouest et du Sud-Ouest du Cameroun.
[3] Elvis Flavien SAWADOGO, « La fonction budgétaire de l'impôt en débat », *RAFiP*, n°15, premier semestre 2024, pp. 1- 40.
[4] Groupe de la Banque Mondiale, *Cameroun : revue des finances publiques...*, *op.cit.*, p. 16.

Il en est résulté la baisse du pouvoir d'achat des ménages, aussi bien dans le secteur formel qu'informel, la baisse du flux de biens et services, et par conséquent, la baisse des recettes. L'État était obligé de réagir par un plan de « riposte fiscale » au-delà de la riposte sanitaire, afin d'éviter une aggravation de la crise des finances publiques[5] par le biais de la crise de l'État fiscal[6] : « *Depuis le mois de mars 2020, les entreprises du Cameroun (...) suffoquent du fait de la fermeture des frontières, des mesures de précaution prises par le gouvernement pour lutter contre la propagation du Covid-19, de la contraction de la demande et de la récession économique mondiale. Au terme d'un premier sondage effectué auprès de 100 entreprises du 13 au 21 avril 2020, il ressort que 92 % des entreprises ont déclaré que la pandémie du Covid-19 a eu un impact très négatif (52 %) ou négatif (40 %) sur leurs activités, les PME et les entreprises de services étant les plus affectées ; 87 % des entreprises ont procédé à des mises au chômage ou à des réductions d'effectifs ; 83 % des entreprises ont reporté leurs investissements ; 77 % des entreprises ont indiqué que leur chiffre d'affaires hors taxes fut en baisse en mars 2020 par rapport au même mois de l'année 2019 ; 53 % des entreprises indiquent que leurs unités de production ne pourront pas tenir au-delà de trois mois [selon le rapport du GICAM de 2020]* »[7]. De plus, le Covid-19 a provoqué, le 20 avril 2020, une chute du cours du baril de pétrole, chute la plus profonde depuis 1986. Cet état de choses a conduit le gouvernement à prendre un ensemble de mesures fiscales[8] comprenant des moratoires fiscaux, le report des paiements, des exonérations temporaires pour les restaurants et les hôtels, l'exonération douanière de matériels pour les entreprises de transport de passagers et les micro-détaillants, les accélérations de remboursement de TVA.

De manière globale, les mesures[9] visaient à soulager les ménages et les entreprises qui sont des agents économiques du point de vue de la production et de la consommation. Après un dialogue avec les milieux socio-professionnels constitués des syndicats et des organisations patronales[10], un

---

[5] Michel BOUVIER, « Crise des finances publiques et refondation de l'État », *RFFP*, numéro spécial Maroc, Avril 2020.

[6] Joseph SCHUMPETER, « La crise de l'État fiscal », *in* Impérialisme et classes sociales, Minuit, 1972, *in* Michel BOUVIER, « Vers une gouvernance financière publique européenne ?, *RFFP*, n°115, 2011, p. 5 ; Winfried SCHUIZE, « Emergence et consolidation de l'« État fiscal », *in* Richard BONNEY (dir.), *Systèmes économiques et finances publiques,* Paris, PUF, 1996, pp. 257-272 ; Margolein't HART, « Emergence et consolidation de l''État fiscal'. Le XVIIè siècle », *in* Richard BONNEY (dir.), *Ibid*, pp. 277-393.

[7] Alain Symphorien NDZANA BILOA, « La crise économique post COVID-19 : une opportunité pour une nouvelle transition fiscale des pays africains », *RAFiP*, n°8, second semestre 2020, pp. 301-332 (spéc. pp. 306-307.

[8] Décret du PM du 30 Octobre 2020.

[9] Ces mesures d'allégements fiscaux avaient été prescrites aux gouvernements africains lors de la réunion virtuelle des ministres des Finances de la CEA en mars 2020.

[10] Avant la fusion du GICAM et de l'ECAM.

collectif budgétaire[11] a été adopté par le parlement pour entériner cette « fiscalité de résilience ».

Il se trouve que du fait de l'ordonnance rectificative de la loi de finances initiale de 2020, les prévisions des recettes des impôts indirects ont baissé de 23 %, passant de deux milliards cent millions à un milliard six cent dix-huit millions de FCFA. Une telle chute conjuguée à d'autres facteurs tels que les crises sécuritaires précitées, le phénomène de résistance à l'impôt[12] et celui de concurrence fiscale ne pouvaient que conduire l'État du Cameroun à la recherche d'un effort fiscal pour conjurer la crise de l'État fiscal ; ce d'autant plus que les aides étrangères reçues n'ont pas permis de compenser la baisse budgétaire subie par l'État ; lequel a investi beaucoup de moyens financiers dans la recherche scientifique contre le Covid-19, à travers des emprunts, ainsi que des aides consenties en faveur de certaines entreprises.

La crise du Covid-19 ayant été stoppée, voire maîtrisée, l'État devait recourir à la théorie keynésienne du circuit[13] : lorsque l'État est en crise, il doit baisser ses impôts en vue de booster la croissance et le plein emploi, gage d'un rendement fiscal optimal. L'application de cette théorie donne lieu à la mobilisation du concept d'effort fiscal qui sied au contexte de mise en œuvre des politiques en général et en particulier, de la politique budgétaire et fiscale de l'État du Cameroun au lendemain de la crise à coronavirus.

Par effort fiscal, l'on doit entendre la dynamique impulsée tant par les autorités communautaires que nationales pour booster les capacités de prélèvements fiscaux des États afin de faire face aux dépenses et aux nombreux défis auxquels les États sont soumis[14]. En d'autres termes, l'effort[15] fiscal permet de mesurer les [actions] déployées par un pays pour accroitre ses recettes fiscales en vue de réduire l'écart fiscal souvent dû à des lacunes dans les politiques et l'administration de l'impôt[16].

En effet, l'effort fiscal est un indicateur incontournable favorisant concomitamment l'appréciation de la capacité d'exploitation des ressources fiscales et d'évaluer le ratio des recettes publiques effectives par rapport au

---

[11] *Cf.* Ordonnance n°2020/001 du 03 Juin 2020 modifiant et complétant certaines dispositions de la loi n°2019/023 du 24 Décembre 2019 portant loi des finances de la République du Cameroun pour l'exercice 2020.

[12] Le phénomène de résistance à l'impôt englobe les fléaux comme la fraude et l'évasion fiscales illicites. Sur ces deux notions lire Marie-Joseph AGLAE, « Des limites de l'impôt », *RFFP*, n°120, 2012 ; Hugues RABAULT, « La fraude fiscale aggravée : vers une criminalisation de l'évitement de l'impôt ? », *LPA*, n°161, 2014 ; Blaise MOUSSA, *La stratégie juridique de lutte contre l'évasion fiscale en zone CEMAC*, Thèse de Doctorat/Ph.D de Droit Public, Université de Douala, 2023.

[13] Lire à cet effet, Jacques LAROSIERE, « Trois grands défis des Finances publiques du 21e », *RFFP*, n°158, 2022, p. 123.

[14] Elvis Flavien SAWADOGO, *op. cit.*, p. 15.

[15] Au sens littéral, l'effort désigne dans son sens premier l'action énergique des forces physiques, intellectuelles ou morales. V. *Le dictionnaire Hachette Encyclopédique illustré*, p. 603.

[16] Groupe de la Banque Mondiale, *Cameroun : Revue des Finances Publiques*, *op.cit.*, p. 54.

niveau de prélèvements déterminé par les facteurs structurels. L'effort fiscal peut alors être positif ou négatif[17]. Il est apprécié comme la différence entre le niveau effectif des recettes publiques et leur niveau structurel déterminé par le niveau de développement, l'ouverture commerciale, le poids de l'agriculture et la part des exportations minières et pétrolières dans les exportations totales[18]. C'est dire qu'historiquement, la notion traduit, depuis son introduction en économie par LOTZ et MORSS en 1967, l'idée de performance fiscale[19] au regard de ses déterminants[20] ci-dessus exposés.

Comme on peut l'observer, la notion d'effort fiscal est consubstantielle à celle de potentiel fiscal[21]. Ainsi, le potentiel actuel des recettes fiscales au Cameroun ne représente que 58 % de leur plein potentiel. Cela indique l'existence de possibles réformes ou renforcement de la politique et de l'administration fiscales[22] camerounaises.

Le contexte de la réflexion tel qu'exposé ci-haut est alors propice d'un point de vue théorique, à une analyse juridique de l'effort fiscal longtemps demeuré l'apanage des économistes, tout en contribuant au renouvellement de la pensée libérale moderne qui justifie l'interventionnisme fiscal[23] de l'État. L'effort fiscal est conçu dans cette recherche comme l'ensemble d'actes et d'opérations juridiques destinés à une meilleure collecte des recettes fiscales en vue d'un rendement optimal des ressources budgétaires ; à cet effet, il parait judicieux d'envisager, d'un point de vue pratique, un effort fiscal soutenu et permanent, et non simplement temporaire ou conjoncturel. Aussi, l'approche juridique et l'analyse économique du droit permettent-elles de répondre à la question de savoir quelle est l'opérationnalité de l'effort fiscal post Covid-19 au Cameroun ? Cette riposte apparaît sans ambages comme une nécessaire dualité d'actions et d'opérations complémentaires, d'une part, la rationalisation réaliste des dépenses fiscales **(I)**, et d'autre part, l'optimisation permanente des recettes fiscales **(II)**.

---

[17] Abderrahim AMEDJAR, Zaharia CHAKHAT et Bilal BARROUZ, *Fiscal effort in Morocco : an estimation of fiscal effort using panel data model*, Université Hassan II/Université Sidi Mohamed BEN ABDELLAH, 2017, *Munich personal REPEC Archive*, 15p., *in https: //mpra.ub.uni-muenchen.de/81266/NPRA* Paper n°81266, posted 13 sept. 2017 (consulté le 28 août 2024 à 8 h).

[18] Jean-François BRUN, Gérard CHAMBAS et Jean-Louis COMBES, « Recettes publiques des pays en développement. Méthode d'évaluation », *Statéco* n°100-200, p. 165.

[19] *Cf.* Agence Monétaire de l'Afrique de l'Ouest (AMAO), *Effort fiscal dans les pays de la CEDEAO*, *Frectown,* 2011, p. 10.

[20] Zacharia ZABSONRE et Dial MOUHAMADOU, « Les déterminants de l'effort fiscal dans les pays de l'UEMOA », *in American economic review. Insights*, 2023, 4(7), pp. 231-254.

[21] Larba Issa KOBYAGDA, et KOUADIO Yves Arnaud BININ, « Analyse du potentiel et de l'effort fiscal des pays de l'Union Economique et Monétaire Ouest-Africaine », *AMTJ-2021-1-022.pdf*, 2021, pp. 22-41 ; Belhassen JEBALI et Sami BASSIDA, « Effort et potentiel fiscaux en Tunisie. Une analyse économétrique par l'approche ARDL », *in www. ITC*

[22] *Cf.* Groupe de la Banque Mondiale, *Cameroun : Revue des Finances Publiques*, *op.cit.* p. 54.

[23] MESSAOUD SAOUDI, *L'essentiel des Finances publiques*, Paris, Ellipses, 2021.

I. La rationalisation réaliste des dépenses fiscales

Les dépenses fiscales sont consubstantielles à la politique fiscale dont les formes varient selon les conceptions sociologiques de l'anti-fiscalisme ou de l'impôt unique, et selon les conceptions idéologiques de l'impôt-échange ou de l'impôt solidarité ; les dépenses fiscales interviennent précisément dans la mise en œuvre de la politique fiscale, en tant que moyen de promotion des investissements. Conçu aux États-Unis en 1967 dans un discours à New York prononcé par Stanley SURREY, alors Secrétaire d'État au Trésor, le concept est par la suite repris en France par le Conseil des impôts en 1979. Le concept traduit l'idée de défiscalisation comprenant l'ensemble d'allègements fiscaux concédés aux contribuables par le pouvoir fiscal : c'est l'interventionnisme fiscal de l'État en matière économique, à travers les incitations à la création des entreprises nouvelles, ou au maintien de l'exploitation des entreprises existantes ou encore les dispositions spécifiques accordées aux secteurs bénéficiaires.

Le Covid-19 a favorisé une démultiplication des dépenses fiscales aggravant par là même la baisse des recettes budgétaires, d'où la nécessité de leur rationalisation par le rétrécissement des mesures de souplesse (A) et l'orientation de la dépense fiscale (B).

A. Le rétrécissement des mesures de souplesse

Les dépenses fiscales ne sont pas apparues au Cameroun à la faveur du Covid-19, loin s'en faut ! Le Cameroun a toujours appliqué des mesures de souplesse[24], comme en témoignent les incitations communes notamment les exonérations de TVA, de la taxe foncière ou des droits de douane en faveur des entreprises de travaux[25]. Même si les pouvoirs publics n'ont pas pris en compte la sempiternelle critique institutionnelle du FMI contre les dépenses fiscales estimées onéreuses au regard du manque à gagner dans le budget de l'État, toujours est-il que le Covid-19 a enfoncé ce manque à gagner et conduit les pouvoirs publics à une plus grande gestion parcimonieuse des dépenses fiscales. L'enjeu d'une telle gestion fiscale étant de parvenir à la corrélation entre le poids de l'impôt et la capacité fiscale du contribuable que prônait Richelieu[26] dans son testament politique.

En effet les dépenses fiscales sont une composante des dépenses publiques[27]. Elles sont conçues comme des mesures fiscales préférentielles

---

[24] Voir par exemple, la loi n°2013/004 du 18 Avril 2023 fixant les incitations à l'investissement privé au Cameroun en plus de celles prévues dans le Code Général des Impôts.

[25] *Cf.* Art. 15 de la loi de 2013 précitée.

[26] Juan GELABERT, « La charge fiscale », *in* Richard BONNEY (dir.), *Systèmes économiques et finances publiques*, *op. cit*, p. 551.

[27] Sur la dépense publique, lire Nicaise MEDE, *Finances publiques. Espaces UEMOA/UMOA*, Dakar, L'Harmattan Sénégal, 2016 ; Martin KÖRNER, « Les dépenses », *in* Richard BONNEY (dir.), *op. cit*, p. 399 et s.

pouvant prendre la forme de crédits d'impôts, de déductions fiscales, d'exonérations du revenu, de taux réduits d'imposition, de dégrèvements, de décotes, de parts supplémentaires, de reports d'impôts ou encore de congés fiscaux[28]. En d'autres termes, les dépenses fiscales représentent « *un programme gouvernemental d'aide financière offert par des dispositions fiscales plutôt que par des dépenses publiques directes* »[29].

L'idée de rationalisation des dépenses fiscales résulte du fait qu'elles constituent une déviation du système fiscal dit normal ; car les gouvernements sont amenés à distinguer les mesures fiscales préférentielles faisant partie du fondement même de leur système fiscal, soit le système normatif, de celles qui sont dérogatoires, c'est-à-dire celles visant à atteindre divers objectifs économiques et sociaux. La « dépense fiscale », expression incorrecte, car n'est pas une dépense au sens réel du terme. Son objectif est la reconnaissance des mesures préférentielles octroyées par l'État dans le but de prendre en compte certaines situations de crise comme ce fut le cas du Covid-19[30], ou de promouvoir certaines actions d'ordre économique dont il découle un manque à gagner sur le plan des recettes fiscales. C'est ce manque à gagner qui est assimilé à une dépense fiscale.

À partir de ce postulat, la rationalisation des dépenses fiscales se justifie ; par-delà les critiques du FMI sus-évoquées, la notion pose le problème de son évaluation et de son mécanisme de contrôle en tant que catégorie de dépenses publiques. SURREY estime qu'autant que les dépenses budgétaires, les dépenses fiscales devraient subir des mécanismes de contrôles analogues[31]. Au-delà de la relation « *coût/efficacité* », la notion de dépenses fiscales porte également un coup aux principes de la politique fiscale. Adam SMITH, fondateur de la théorie économique moderne dont la politique fiscale est une variable préconisait dès 1776 que tout bon système fiscal doit rechercher la justice, la certitude, l'équité et la rentabilité[32]. Ces déterminants sous-tendent la politique fiscale qui s'oppose à la neutralité fiscale chère aux libéraux classiques, même si cette opposition demeure discutable[33]. La notion

---

[28] Luc GODBOUT, *L'intervention gouvernementale par la politique fiscale, le rôle des dépenses fiscales. Etude comparée : Canada, États-Unis, France*, Paris, Economica, 2006, p. 1.

[29] Stanley SURREY, « The united states income Tax System- the Need for a full accounting » *in tax policy and reform, 1961-1969/selected speeches and testimony of Stanley Surrey, commerce cleaning House*, 1973, pp. 575-585.

[30] V. Circulaire du MINFI du 13 juin 2020 précisant les modalités d'application des mesures concernées et décidées par le Chef de l'État le 30 avril 2020 en faveur des entreprises, acteurs économiques et ménages dans le but de réduire l'impact du Covid-19 sur leurs activités.

[31] Luc GODBOUT, *op. cit.*, p. 2.

[32] Adam SMITH, *Recherches sur la nature et les causes de la richesse des Nations,* livre V, chapitre 2, Paris, Gallimard, 1976, 445p.

[33] Patrick SERLOOTEN, « La neutralité fiscale – un principe obsolète ? », *in Mélanges dédiés à Louis BOYER*, Presses de l'Université des Sciences Sociales de Toulouse, 1996, pp. 701-715. Jean SCHMIDT, *Les principes fondamentaux du droit fiscal*, Paris, Dalloz, 1992, p. 7.

de dépenses fiscales bouscule aussi le principe de justice fiscale, en ceci qu'elle fait reposer la charge et le fardeau fiscal sur quelques contribuables seulement ; ces considérations mises ensemble avec l'impératif de rentabilité fiscale dans un contexte de paupérisation et d'évitement de l'impôt[34] ne peuvent qu'infléchir le gouvernement à la rationalisation des dépenses fiscales dans un but d'augmentation des recettes fiscales ; de ce point de vue, l'analyse de l'orientation de cette rationalisation au Cameroun après la maîtrise du Covid-19 devient digne d'intérêt.

B. L'orientation de la dépense fiscale

La rationalisation des dépenses fiscales relève d'une tâche ardue et donne lieu à un débat inépuisable ! Car rationaliser les dépenses fiscales, c'est conjurer l'injustice fiscale en réduisant les niches fiscales[35] ; ce faisant, c'est réformer l'impôt et redresser les finances publiques. On est au cœur de « *l'enjeu budgétaire*[36] *majeur* » revêtu par les dépenses fiscales. Elles sont destinées à alléger l'impôt des catégories défavorisées[37], mais également favoriser la reprise de l'activité en encourageant certaines actions ou dépenses ; tel est le paradoxe de son efficacité : une condamnation sévère de la prolifération des dépenses fiscales et un appel à l'adoption de nouvelles règles dérogatoires incitatives[38] dans divers secteurs de l'activité économique.

Ainsi, lorsqu'un gouvernement choisit de mettre en place une mesure fiscale préférentielle pour une situation donnée, plusieurs choix s'offrent à lui. La mesure fiscale en question peut être d'application générale ou d'application ciblée, à durée déterminée[39], etc. On peut l'observer en matière d'abattement sur l'impôt sur le revenu des personnes physiques, les mesures incitatives destinées aux zones économiques ou encore aux zones économiquement sinistrées au Cameroun ; on allège le fardeau fiscal des ménages, des consommateurs et des entreprises tout en encourageant l'investissement.

Mais lorsqu'il s'agit de les rationaliser, compte tenu de leur impact négatif sur le budget de l'État étayé par le vocable de « dépense », l'on procède par des demi-mesures de réduction, lesquelles demeurent largement insuffisantes et souvent insatisfaisantes[40].

Or, la crise post-Covid-19 offre l'opportunité de questionner l'efficacité économique des incitations fiscales que l'État accorde aux investisseurs nationaux et étrangers. Il s'agit notamment des exonérations ou

[34] François GOBBE, Kairos Europe et Tax justice Network, « Evasion et Pauvreté. Points de vue du Sud », *Alternatives Sud*, Vol. 14-2007/1, 200 p.
[35] Katia WEIDENFELD, *À l'ombre des niches fiscales*, Paris, Economica, 2011, 147 p.
[36] *Cf.* Rapport annuel de la Cour des comptes de France publié en février 2011.
[37] Famille, Handicapés, chômeurs, etc.
[38] Katia WEIDENFELD, *op. cit.*, p. 3.
[39] Luc GODBOUT, *op. cit.*, p. 21.
[40] Katia WEIDENFELD, *op. cit.* p. 4.

réductions d'impôts et taxes accordées dans l'optique de l'attractivité du territoire, lesdites mesures attractives sont adoptées, dans les chartes des investissements, les lois sur l'investissement privé, les conventions d'établissement comme celle de COTCO, les codes sectoriels, miniers, gaziers, pétroliers, les zones économiques spécialisées[41], etc. Adoptées dans un contexte de crises multiformes et d'un environnement caractérisé par l'insécurité juridique et judiciaire relativement au climat des affaires[42]. Ces mesures finissent par constituer l'apanage d'investisseurs privilégiés, les multinationales[43].

L'ensemble des mesures dérogatoires a consisté à grever le budget de l'État de déficit, ce d'autant qu'à cause du Covid-19, il y a eu beaucoup d'exonérations, y compris en faveur des hôtels, des restaurants, etc., l'après Covid-19 obligeait donc les pouvoirs publics à rechercher les voies d'optimisation.

II. L'optimisation accrue des recettes fiscales

Optimiser les recettes fiscales consiste à améliorer l'existant ; d'abord une amélioration qualitative des contrôles et redressements fiscaux ; ensuite, il faut renforcer l'administration fiscale, en termes de personnel qualifié, de commodité des pratiques, de qualité des procédures et de recherche de la performance entendue comme la capacité à atteindre des résultats fixés d'avance. L'optimisation des recettes, enfin, permet d'augmenter le potentiel des recettes fiscales par l'exploration des niches fiscales disponibles ; d'où le recours à l'élargissement de l'assiette fiscale (A) et l'amélioration de la capacité de collecte (B).

A. L'élargissement amplifié de l'assiette fiscale

Évoquer l'élargissement de l'assiette fiscale, c'est mobiliser la facette économique des finances publiques[44] car le budget de l'État est l'expression d'une politique publique spécifique ; il est en effet indéniable que les finances publiques sont un déterminant des choix publics[45] et des « *rapports entre les opérations financières de l'État et l'économie nationale* »[46]. Ainsi, la politique budgétaire, fille de la politique économique, désigne « *l'expression des choix budgétaires (...) à des fins essentiellement économiques et sociales,*

---

[41] Symphorien NDZANA BILOA, *op. cit*, p. 310.

[42] André AKAM AKAM, *Les deux visages de la juridicité. Ecrits sur le droit et la justice en Afrique*, Paris, l'Harmattan, pp. 76-77.

[43] François GOBBE, Kairos Europe et Tax justice Network, « Evasion fiscale et pauvreté... », *op. cit*, pp. 145 et s.

[44] Etienne Charles LEKENE DONFACK, *Finances Publiques camerounaises*, Paris, Berger-Levrault, 1987, p. 22.

[45] Sur l'école du *Public Choice*.

[46] Robert HERZOG, « La loi organique relative aux lois de finances (LOLF) dans l'histoire des grands textes budgétaires : continuité et évolution », *RFAP*, n°117, 2006, p. 15.

impliquant la mise en œuvre des moyens financiers et fiscaux »[47]. La mobilisation de ces moyens financiers et fiscaux se trouve, dès lors, au cœur de l'élargissement de l'assiette ou de la base imposable ; mieux encore l'enrôlement d'un nombre de plus en plus élevé de contribuables, par la suppression des niches fiscales et la lutte contre le secteur informel. Dans le premier cas, on peut réduire les régimes de privilèges ou les exonérations ; et dans le second cas, l'on cherche à maîtriser le secteur informel distinct de l'économie souterraine en vue d'accroître le cadastre fiscal de l'État.

Pour ce faire, l'on met un accent sur les variables fiscales de base. Ainsi, la mobilisation accrue des recettes fiscales par l'élargissement, amplifié de l'assiette fiscale, a consisté en la réforme des régimes fiscaux d'imposition : « *les personnes physiques ou morales sont imposables suivant les régimes ci-après, déterminés en fonction du chiffre d'affaires réalisé : régime de l'impôt libératoire - régime simplifié - régime du réel - régime des organismes à but non lucratif »*[48]. Deux régimes retiennent l'attention, notamment, le régime de l'impôt libératoire englobant les contribuables qui réalise un chiffre d'affaires annuel inférieur à 10 millions et dans lequel l'on recrute les agents économiques sortis de l'informel ; de même, le régime des organismes à but non lucratif qui ont la caractéristique de ne pas avoir de relations privilégiées et de notoriété établie avec les entreprises commerciales[49]. Au-delà de la nécessite de l'impôt[50], il est question de promouvoir la justice et l'égalité fiscale[51], dans la mesure où, certains de ces organismes disposent d'immeubles à usage commercial et professionnel, à l'instar des salles des fêtes, des bureaux, magasins de stockage à louer ou encore des immeubles à usage d'habitation[52].

La mise en œuvre de ces principes essentiels du Droit Fiscal poursuit l'objectif de rendement financier et de rentabilité budgétaire. Raison pour laquelle l'élargissement amplifié de l'assiette fiscale s'accompagne d'innovations fiscales en vue de booster la production locale et promouvoir l'import-substitution y compris dans le domaine névralgique de la santé ou le Covid-19 a révélé les fragilités individuelles et collectives. Mais pour parvenir

---

[47] Loïc PHILIP, *Dictionnaire Encyclopédique des finances publiques*, T1, Paris, Economica, 1991, p. 1151.

[48] Article 93 *ter* du Code Général des Impôts.

[49] Jacques GROSCLAUDE et Philippe MARCHESSOU, *Droit Fiscal Général*, Paris, Dalloz, 13e édition, p. 302.

[50] Art. 14 de la Déclaration des Droits de l'Homme et du Citoyen de 1789.

[51] Michel BOUVIER, *Introduction au Droit fiscal général et à la théorie de l'impôt*, Paris, Lextenso, 12e édition, p. 59.

[52] Joachim Léopold FOZEU NOUDJOM, « Le régime fiscal des organismes à but non lucratif au Cameroun : une innovation de la loi de finances de l'exercice 2022 », *in* Gérard Martin PEKASSA NDAM, Nadine MACHIKOU NDZESOP, Jacques BIAKAN et Eric Marcel NGANGO YOUMBI (dir.), *Droit et Service Public. Mélanges en l'honneur du Professeur Etienne Charles LEKENE DONFACK, vol. 2, Droit administratif, services publics et droit public financier*, Paris, L'Harmattan, 2024, p. 762.

à améliorer la performance fiscale, la capacité de collecte des recettes fiscales est aussi un facteur important.

B. L'amélioration soutenue de la capacité de collecte

L'Afrique a peut-être enregistré moins de décès que l'occident à cause du Covid-19, mais les conséquences économiques et sociales ont été graves. Selon l'Agence française de développement, le Covid-19 a effacé quelques dix ans de croissance du revenu par habitant en plongeant au moins 5 à 29 millions de personnes sous le seuil de la pauvreté ; c'est dire que « *la pandémie nous a mis au défi d'accélérer notre programme de développement industriel par la création des chaînes de valeur et d'approvisionnement régionales, avec la participation active du secteur privé* »[53]. Un tel sursaut d'orgueil ne saurait se réaliser sans l'impôt dont le rendement, on le sait depuis les libéraux, dépend de la commodité du prélèvement. Mais là il faut plus : il faudrait en effet en améliorer la capacité de collecte des recettes fiscales en vue de réduire l'écart fiscal entendu comme la différence entre le potentiel fiscal et le taux réel de recouvrement[54].

Il convient de noter que l'amélioration de la capacité de collecte est corrélative à l'élargissement de l'assiette fiscale ; car la capacité de collecte passe nécessairement par le renforcement des capacités de l'administration fiscale à travers la réorganisation des services, le développement du renseignement fiscal, le renforcement du fichier des contribuables, la refonte déjà évoquée des régimes et seuils d'imposition afin de les rationaliser[55]. L'on doit ajouter à ces déterminants classiques, le nouveau paradigme de la digitalisation et la numérisation des procédures de déclaration, de contrôle et de contentieux fiscal ; tous ces paramètres contribuent à améliorer, d'une part, l'image de l'administration fiscale, et d'autre part sa capacité de collecte.

De plus, pour une optimisation de la fonction fiscale, des actions fondatrices doivent être entreprises et s'orienter vers la sensibilisation pour renforcer le civisme fiscal[56], l'amélioration de la perception de l'impôt et l'administration de l'impôt, l'éthique[57] des personnels de l'administration fiscale, la primauté de la pédagogie sur la sanction et l'illustration du rôle

[53] Déclaration, Cyril RAMAPHOSA, Président de l'Union Africaine, Mahamadou ISSOUFOU, Président du Niger en leur temps, et Moussa FAKI, Président de la Commission de l'Union Africaine, Addis Abeba, 7 Juillet 2020.

[54] Groupe de la Banque Mondiale, Cameroun, revue des Finances publiques, *op. cit*, p. 59.

[55] Alain Symphorien NDZANA, « La crise économique post-COVID-19… », *op.cit.* p. 317.

[56] Pierre Sylvain AMBASSA MINLO, « Le civisme fiscal : essai sur une appréhension juridique du phénomène en Afrique Centrale », *Afrilex*, septembre 2024, pp. 1-30.

[57] Lire notre article dédié à l'éthique en matière fiscale, *Revue de Droit Communautaire des affaires Bangui*, 2019, pp. 20-30.

social de redistribution de l'impôt[58]. Il s'agit à coup sûr des fondamentaux pour atteindre le potentiel fiscal du Cameroun après la maitrise du Covid-19.

De plus, l'on doit affiner la technocratie fiscale, par l'identification continue, juste et exhaustive des contribuables ; et la clé de voûte serait la constitution d'un fichier fiable, au besoin d'un cadastre fiscal ; car il faut savoir qui doit payer l'impôt et où le trouver ; l'administration fiscale a engagé de gros efforts qui méritent de se poursuivre, sur le terrain de l'identification[59] qui se poursuit actuellement avec la déclaration des revenus par toute personne physique dont la date butoir a été repoussée à la fin de l'année courante, afin de permettre au plus grand nombre d'y souscrire. Il reste à affiner la question du système d'information unique centralisé entre les impôts et la Douane pour des besoins de cohérence, de rationalité et de performance ; car les deux administrations doivent à défaut d'un office central des recettes communes, au moins une application commune centrale disposant des mêmes données, par exemple, sur les importateurs. Or, la disparité d'informations peut générer des pertes de recettes et favoriser la corruption[60].

La fiscalité post Covid-19 au Cameroun doit être une fiscalité de pointe au service de la compétitivité globale de l'économie camerounaise. Face à une population jeune et une démographie montante, estimée en 2035 à 2/3 de la population totale[61], la fiscalité doit demeurer le levier essentiel de développement afin de contenir cette masse. Cette population constitue ainsi un potentiel fiscal, car la levée optimale de l'impôt est une solution moins onéreuse pour les pouvoirs publics dans les limites de la légalité de l'impôt. L'accent devrait être mis sur les impôts directs sur le revenu des personnes physiques, les impôts indirects sur la consommation, et la migration des entreprises individuelles du secteur informel vers les régimes d'imposition des sociétés à responsabilité limitée, des sociétés anonymes,[62] etc.

Il convient par ailleurs pour le Cameroun autant que d'autres États africains d'agir sur le plan intérieur. Une crise comme le Covid-19 offre l'occasion de procéder à des réformes internes porteuses de transformations qui permettent d'accroitre les recettes intérieures, d'améliorer le service fiscal et la gouvernance. Le passage au numérique, par exemple, peut améliorer l'administration fiscale, le recouvrement des recettes et la qualité de la dépense publique[63]./-

---

[58] CAMERCAP-PARC *(Cameroun Policy Analysis and Research Center)*, Facilité élargie de crédit : le Cameroun de nouveau à la recherché d'un équilibre budgétaire. Comment atteindre le potentiel fiscal du Cameroun, octobre 2017, p. 47.

[59] A travers l'institution d'un Numéro Identifiant Unique « NIU ».

[60] CAMERCAP-PARC, *op. cit.*, p. 37.

[61] CAMERCAP-PARC, (*Cameroon Policy Analysis and Research Center)*, optimisation du potentiel fiscal du Cameroun, premier levier pour réussir le décollage dans le cadre de la seconde phase de la vision 2035, série Etudes, décembre 2019, p. 27.

[62] *Ibidem.*

[63] *Cf.* Kristalina GERGIEVA, Directrice Générale du FM, Discours sur le financement des économies africaines, 19 mai 2021, *in* https://www.imf.org (consulté le 8 août 2024 à 11h).

La fiscalité des États de l'Afrique subsaharienne francophone à l'épreuve des crises

Dr Janvier FERMOSE
Maître-Assistant CAMES/Chargé de cours
Faculté des Sciences Juridiques et Politiques
Université de Ngaoundéré (Cameroun).

****

Introduction

Les États de l'Afrique de l'Afrique subsaharienne francophone sont en proie depuis des décennies, soit de manière permanente, soit de manière intermittente, à des crises multiples (sanitaire, économique, budgétaire)[1]. La fiscalité de ces États est une fiscalité mise à l'épreuve ou en transition qui, de plus en plus, apparaît difficile à gérer et à gouverner. La fiscalité observée et réformée dans ces États[2], ces dernières années, au-delà de la crise sanitaire à Covid-19[3], reste marquée par le contraste de la pression fiscale et de l'objectif d'accroître les recettes fiscales des États[4], ainsi que la maîtrise des dépenses fiscales[5]. Pour répondre à ces nombreuses crises, la plupart de ces États adoptent régulièrement des mesures politiques, économiques et juridiques en vue de préserver une fiscalité productive et inclusive. Qu'il s'agisse d'une fiscalité de crise ou d'une fiscalité post-crise, les États doivent, autant que nécessaire, recourir à des réformes matérielles et formelles pour un modèle de fiscalité apte à répondre à la complexité et à l'hostilité du contexte socio-économique national, régional et international.

---

[1] G. M. PEKASSA NDAM, P. NGANGUE NEMALEU, « Les finances publiques camerounaises à l'épreuve de la crise sanitaire à coronavirus », *Le Nemro*, octobre-décembre 2020, pp. 49-74 ; E. NZAMBOUNG, « La communautarisation de la dette publique dans les espaces CEMAC et UEMOA », *VÉNÉGRÉ : la Revue Africaine des Sciences Administrative, Juridique et Politique*, février 2024, p. 15, entre autres.

[2] Th. OBRIST, T.-G. M. KALONJI (dir.), *Droit fiscal en Afrique subsaharienne francophone*, Bruxelles, Bruylant, 2022, p. 2.

[3] J. FERMOSE, « Covid-19 : l'aménagement des dispositions fiscales au Cameroun », *Lexbase Afrique-OHADA*, n°37, 2020, p. 25 ; N. U. EBANGA, « La dialectique du Covid-19 et de la dette publique. Étude à partir de l'exemple du Cameroun », *GFP*, n°6, 2022/6, p. 30.

[4] S. BONMARTEL, S. MARKLEY, A. MINSAT, D. YEO, « Mobiliser les recettes fiscales en Afrique, un enjeu central pour le développement », *Économie Africaine*, 2023, p. 78.

[5] D. MANDENG, « Dépenses fiscales et Covid-19 au Cameroun », *RAFiP*, n°10, second semestre, 2021, p. 283.

Conceptuellement, le mot fiscalité vient du latin « *fiscalis* » ou « *fiscus* » lié à « fiscal », désignant tout phénomène qui se rapporte à l'impôt[6]. Ce dernier désigne « *une prestation pécuniaire requise autoritairement des assujettis selon leurs facultés contributives par l'État, les collectivités territoriales et certains établissements publics, à titre définitif et sans contrepartie identifiable, en vue de couvrir les charges publiques ou d'intervenir dans le domaine économique et social* »[7]. Ainsi, au sens générique, le concept « fiscal » est souvent assimilé à celui de l'impôt. Mais au sens technique, il englobe les « impositions de toutes natures » qui autant que l'impôt sont des créances fiscales[8].

Concernant l'expression « États de l'Afrique subsaharienne francophone », elle regroupe l'ensemble des États de l'espace juridique africain ayant le français comme langue officielle ou d'expression[9]. Ces États se trouvent principalement en Afrique centrale[10] et de l'Ouest[11]. Dans l'intérêt de l'étude, la technique de l'échantillonnage sera privilégiée en recourant à certains États des espaces CEMAC (Cameroun, Gabon, République Centrafricaine, République Démocratique du Congo, Tchad) et UEMOA (Bénin, Burkina Faso, Côte d'Ivoire, Sénégal, Togo) avec possibilité de recourir à bien d'autres États lorsque cela s'avèrerait nécessaire. Ce choix répond à deux considérations : la première, il s'agit des États ayant engagé le plus de réformes en matière fiscale et ayant adopté des mesures importantes face aux différentes crises (économique, financière et sanitaire) ; la seconde tient au fait que lesdits États sont assez représentatifs des généralités observées dans les autres États de l'Afrique subsaharienne francophone.

S'agissant du mot « crises », il renvoie à une « *phase grave dans une évolution (événement, idées)* »[12] ayant diverses causes. En rapport avec la fiscalité, les crises désignent l'ensemble des circonstances ou la période pendant laquelle les systèmes fiscaux des États de l'Afrique subsaharienne francophone, se trouvent mis à l'épreuve par la survenance des événements graves ou bouleversants à caractère économique (ou plus précisément financier), social, politique ou sanitaire. Les systèmes fiscaux de ces États seront étudiés à l'aune des différentes crises ayant impacté leurs systèmes fiscaux au cours des dernières décennies, notamment la crise financière de

---

[6] G. CORNU (dir.), *Vocabulaire juridique*, Paris, PUF, coll. Quadrige, 2020, 13e éd., p. 459.
[7] S. GUINCHARD, Th. DEBARD (dir.), *Lexique des termes juridiques*, Paris, Dalloz, 2021-2022, 29e éd., p. 553.
[8] P. CAMBY, « Les impositions de toutes natures, une catégorie sans critère », *AJDA* 1991, p. 339.
[9] *Dictionnaire Le Robert illustré*, 2020, p. 796.
[10] En l'occurrence : le Cameroun, le Gabon, le Tchad, la République Centrafrique (RCA), la République Démocratique du Congo (RDC), etc.
[11] À l'instar du Sénégal, du Mali, de la Côte d'Ivoire, du Bénin, du Togo, etc.
[12] *Dictionnaire Le Robert illustré*, 2020, p. 480.

2008[13] et la crise sanitaire à Covid-19, en prenant en compte à la fois la situation *ante* et post-Covid-19.

Concrètement, la difficulté des États de l'Afrique subsaharienne francophone à maîtriser en période de crise, le recouvrement des recettes fiscales, l'évolution des dépenses publiques[14], la pression fiscale, la gestion de la dette publique et des déficits publics[15], conduit à une redéfinition ou une réadaptation de la fiscalité pour répondre efficacement aux enjeux de la nouvelle gouvernance financière[16]. Dès lors, quel modèle de fiscalité pour les États de l'Afrique subsaharienne francophone dans un contexte multi-crises ? L'étude vise à proposer un modèle de fiscalité approprié en tenant compte du contexte et de la situation socio-économique de ces États. Si des spécificités peuvent être relevées çà et là en fonction du niveau de réformes des États, mais surtout, des généralités peuvent être mobilisées et mises en évidence.

L'étude poursuit l'objectif d'étudier la situation générale de la fiscalité des États de l'Afrique subsaharienne francophone en période de crise, post-crise et post-Covid-19, ainsi qu'apprécier la nécessité des réformes. À partir de la question centrale sus-formulée, l'hypothèse vise à mettre en exergue l'idée selon laquelle le modèle de fiscalité en Afrique subsaharienne francophone doit être adapté aux crises et aux réformes. En se basant sur l'étude des textes fiscaux et de la réalité socio-économique, il convient d'indiquer d'une part qu'en situation de crise ou de multi-crises, il sied une fiscalité de riposte **(I)**, et d'autre part, la période post-crise induit à une fiscalité de réformes **(II)**.

I. Une fiscalité de riposte

La fiscalité en Afrique subsaharienne francophone est en proie depuis quatre décennies à une succession de crises économique, budgétaire et sanitaire impactant très souvent négativement la mobilisation et la gestion des recettes fiscales[17] tant pour les États que pour les autres entités publiques[18]. Pour y faire face, les entités publiques doivent impérativement apporter des

---

[13] M.-C. ESPOSITO, « La véritable histoire de la crise financière 2008 », *Outre-Terre*, n°37, 2013/3, pp. 127-158.

[14] Sur les dépenses publiques, voir, A. D. NTOLO NZEKO, « La dépense publique et le Covid-19 dans le droit public financier des États d'Afrique noire francophone », *RAFiP*, n°11, 1er semestre, 2022, p. 34.

[15] V. GAMMADIGBE, I. ISSIFOU, D. SEMBENE, J.-A. SAMPAWENDE TAPSOBA, « Convergence budgétaire en Afrique : quel rôle pour les communautés économiques régionales ? », *Revue d'Économie du Développement*, vol. 26, 2018/3, pp. 5-31.

[16] P. ALAKA ALAKA, *La gouvernance fiscale,* Paris, éditions Édilivre, 2009, p. 162 ; G. MOYUM KEMGNI, « La nouvelle gouvernance financière au Cameroun », *RASJ*, vol. 8, n°2, 2011, p. 301.

[17] Th. OBRIST, T.-G. M. KALONJI (dir.), *Droit fiscal en Afrique subsaharienne francophone*, *op.cit*., p. 2.

[18] Au Mali, voir M. KEITA, « Les recours gracieux en matière fiscale à l'épreuve de la Covid-19 au Mali », *RGCF*, n°4, juillet-août 2023, p. 380.

solutions en adoptant des mesures fiscales cardinales pour remédier ou juguler la crise et rétablir l'équité et la justice fiscale[19]. La fiscalité de riposte telle qu'elle peut être appréciée est une fiscalité de réponse qui s'impose dans une situation d'exception. Pour une appréciation générale de la fiscalité dans les États de l'Afrique subsaharienne francophone, il importe de faire l'état des lieux, c'est-à-dire, d'apprécier la situation fiscale de riposte (A) et d'en faire une évaluation (B).

A. La situation fiscale de riposte

La riposte des États de l'Afrique subsaharienne francophone aux multiples crises dont ils font régulièrement face, impose à ces États des mesures appropriées permettant de juguler les crises en fonction de leur intensité[20]. Dans l'ensemble, les États édictent tantôt des mesures juridiques et politiques (1), tantôt des mesures fiscales et économiques (2).

1. Les mesures juridico-politiques de riposte

Les États de l'Afrique subsaharienne francophone ont, dans la plupart des cas, institué, en réaction aux différentes crises, des dispositifs nécessaires pour riposter à celles-ci[21]. Quelle que soit la nature de la crise (économique, sanitaire, politique, sociale), son origine et ses manifestations, les États se doivent d'apporter des réponses efficaces sur le plan fiscal. La riposte suppose que ceux-ci adoptent une fiscalité qui vient non seulement contrecarrer les effets de la crise, mais apporter une solution adaptée à la situation. Qu'il s'agisse des crises économiques de début des années 1980 (1982-1986) et 1990 (1990-1993), de la crise financière de 2008 ou de la crise sanitaire à Covid-19, les États ont toujours tenté des mesures à la fois juridiques et politiques pour y remédier.

D'une part, s'agissant des mesures juridiques, les États de l'Afrique subsaharienne francophone ont presque toujours édicté des mesures juridiques pour remodeler la fiscalité applicable dans les différents États. En période de Covid-19, ceux-ci ont adopté les uns des mesures législatives, les autres des mesures réglementaires fiscales en vue d'apporter une réponse efficace à la fiscalité en crise. Dans la première hypothèse, bon nombre d'États de l'Afrique subsaharienne francophone ont eu recours à l'instrument législatif pour adopter des mesures fiscales de riposte à la crise à Covid-19, notamment à travers la loi de finances rectificative, les Codes généraux des impôts ou

[19] S. PAGNOU, « La justice fiscale au Togo », *RAFiP*, n°1, 1er semestre 2015, p. 82.
[20] E. TONI, A. C. TIEMELE ADAHI, « Les finances publiques au service de la lutte contre la Covid-19 en Afrique de l'Ouest », *Gestion & Finances publiques*, n°6, 2020/6, p. 105.
[21] J. FERMOSE, « Covid-19 : l'aménagement des dispositions fiscales au Cameroun », *op.cit.*, pp. 24-28.

ordonnances (Burkina Faso[22], Cameroun[23], Côte d'Ivoire[24], Gabon[25], République Démocratique du Congo[26], République du Congo[27], Togo[28]). Dans la seconde hypothèse, les gouvernements des États de l'Afrique subsaharienne francophone ont aussi édicté des mesures réglementaires à caractère fiscal, à travers les actes règlementaires (décrets, arrêtés, déclarations, circulaires, directives, notes de service, etc.)[29]. À titre illustratif, certaines mesures fiscales ont été aménagées au Cameroun lors de la Déclaration du Premier ministre du 30 avril 2020[30], précisées dans la circulaire du ministre des Finances en date du 13 mai 2020[31]. Ces diverses mesures législatives et règlementaires en période de crise vont modifier le régime des impositions et la situation fiscale des contribuables dans les différents États.

D'autre part, les mesures adoptées par les États de l'Afrique subsaharienne francophone modifient la politique fiscale desdits États à l'occasion de chaque crise. Cette politique fiscale des États étudiés peut être appréhendée sur les plans supranational et national.

Dans le premier cas, les États de l'Afrique subsaharienne francophone ont très souvent, en période de crise, redéfini leur politique fiscale en sollicitant des informations auprès des institutions financières internationales

---

[22] Art. 5 de la loi n°031-2020/AN du 09 juillet portant loi de finances rectificative de la loi de finances pour l'exécution du budget de l'État, exercice 2020, modifiant l'art. 365 du CGI (Burkina Faso).

[23] Ordonnance n°2020/001 du 03 juin 2020 modifiant et complétant certaines dispositions de la loi n°2019/023 du 24 décembre 2019 portant loi de finances de la République du Cameroun pour l'exercice 2020 (Cameroun). Lors de la session parlementaire du mois de juin 2020 qui s'est ouverte depuis le 10 juin 2020, le Parlement camerounais a adopté un collectif budgétaire le 26 juin 2020, en ratifiant l'Ordonnance n°2020/001 ci-dessus.

[24] Ordonnance n°2020-357 du 8 avril 2020 relative aux mesures fiscales dans le cadre du plan de riposte à la pandémie de coronavirus (Côte d'Ivoire).

[25] Loi n°019/2020 du 17 juillet 2020 portant modification de certaines dispositions de la loi n°014/2019 du 22 janvier 2020 déterminant les ressources et les charges de l'État pour l'année 2020 (Gabon).

[26] Ordonnance n°20/014 du 24 mars 2020 portant proclamation de l'État d'urgence sanitaire (RDC).

[27] Loi n°23-2020 du 13 mai 2020 portant loi de finances rectificative pour l'année 2020 (République du Congo).

[28] Loi n°2020-005 du 30 mars 2020 portant habilitation du Gouvernement à prendre par ordonnance les mesures relevant du domaine de la loi ; Ordonnance n°2020-005 portant loi de finances rectificative pour la gestion 2020 et relative aux mesures d'accompagnement d'ordre fiscal et douanier liées à la pandémie du Covid-19 (Togo).

[29] Voir décret n°020/015 du 20 avril 2020 portant suspension de la TVA sur certains produits de première nécessité (République Démocratique du Congo) ; arrêté ministériel n°0135/MPMBPE du 27 avril 2020 portant modalités de mise en œuvre des mesures fiscales du plan de riposte à la pandémie de la Covid-19 (Côte d'Ivoire) ; décret n°2020-024/PR du 8 avril 2020 portant déclaration de l'État d'urgence sanitaire (Togo), etc.

[30] Sur les 19 mesures d'assouplissement des restrictions édictées dans le cadre de la lutte contre la Covid-19, une dizaine d'entre elles sont d'ordre fiscal.

[31] Circulaire n°20/169/CF/MINFI/DGI/DLRI/L du 13 mai 2020 précisant les modalités d'application des mesures fiscales de riposte au covid-19 (Cameroun).

ou régionales. À la vérité, ces États sollicitent, à l'occasion, l'aide ou l'expertise des partenaires fiscaux internationaux, notamment les bailleurs de fonds dans le cadre de la coopération bilatérale ou multilatérale[32] : c'est donc une « fiscalité de coopération ». Il s'agit, pour l'essentiel, de l'assistance financière apportée à ces États par les institutions de *Bretton Woods* (FMI, BM) ou de l'assistance technique de l'OCDE. Tel a été le cas de l'assistance financière apportée aux États de l'Afrique subsaharienne lors des crises des années 1980 à travers les programmes d'ajustements structurels (PAS), l'Initiative pays pauvres et très endettés (PPTE)[33], de l'appui budgétaire des années 2006-2008, de l'appui financier pour la riposte à la crise sanitaire à Covid-19[34] (voir tableau *infra* pour illustration).

[32] Th. SIMON, « Permanences bilatérales dans l'aide au développement en Afrique subsaharienne », *ÉchoGéo*, n°14, 2010, https://doi.org/10.4000/echogeo.11967.

[33] S. Th. BILOUNGA, « La mobilisation des fonds de désendettement et la réforme des principes de droit budgétaire au Cameroun », *Cahiers Juridiques et Politiques de l'Université de Ngaoundéré*, 2009, p. 283.

[34] En effet, le Conseil d'Administration du Fonds Monétaire International (FMI) a statué le 04 mai 2020 sur le dossier de prêt concessionnel du Cameroun, assorti d'un avis favorable, dans le cadre de la Facilité de Crédit Rapide (FCR) pour le décaissement avec effet immédiat d'une enveloppe de 135,56 milliards de FCFA, soit 226 millions de dollars en vue de renforcer le plan de riposte contre la propagation du Covid-19. De même, le Cameroun a reçu un appui financier à hauteur de 560 millions de FCFA de la BDEAC. Cet appui budgétaire rentrant dans le cadre de la FCR avec un taux d'intérêt nul remboursable sur une période de 10 ans, permettra au Cameroun de faire face aux besoins urgents découlant de la pandémie du Covid-19. Voir : *Journal Ecomatin*, https://ecomatin.net.

Tableau n 1 : Appui financier des institutions de financement du développement dans certains États de l'Afrique subsaharienne francophone (montants en millions de dollars/euros).

États	Fonds Monétaire International (FMI)	Banque Mondiale (BM)	Banque Africaine de Développement (BAD)
Bénin	125 USD	90,4 USD	6,98 USD
Cameroun	156 USD	145 USD	88 €
Côte d'Ivoire	886,2 USD	75 USD	85 846 USD
Gabon	147 USD	9 USD	9 USD
Sénégal	442 USD	220 USD	88 €
Togo	131,49 USD	8,1 USD	3 USD

Source : tableau reconstitué et arrêté par l'auteur (4 mars 2024), données 2020.

S'agissant particulièrement de l'OCDE, elle apporte aux États de l'Afrique subsaharienne francophone son expertise dans les périodes de crise à travers les échanges d'informations et renseignements en vue de mieux contrecarrer la fraude et l'évasion fiscales. En période de Covid-19, les États de l'Afrique subsaharienne francophone ont participé à des initiatives d'échanges et de mutualisation des meilleures pratiques fiscales de riposte face au Covid-19 lancées par les partenaires internationaux tels que l'OCDE[35], le FMI, *l'African Tax Administration Forum* (ATAF) et le Cercle de Réflexion et d'Échange des Dirigeants des Administrations Fiscales (CREDAF), etc.

Dans le second cas, les gouvernements des États de l'Afrique subsaharienne francophone ont, à chaque crise, déterminé une politique fiscale de partenariat avec les groupements socioprofessionnels[36], ainsi que la protection des contribuables[37] et du tissu économique. L'approche partenariat a permis à ces États d'engager, à l'occasion de chaque crise (économique, sanitaire à Covid-19), une démarche participative en relation avec le secteur privé et les partenaires techniques et financiers. Aussi, en période de Covid-

[35] Voir : https://www.oecd.org.

[36] Au Cameroun, après le déclenchement de la crise en 2020 et sous la houlette du ministre des Finances, l'Administration fiscale a engagé des concertations avec l'ensemble du secteur privé, notamment les Groupes socioprofessionnels tels que : GECAM, ECAM, MECAM, CCIMA, APECCAM, Filière bois, ASAC, CAFCAM, AMCHAM, SYNDUSTRICAM, Hôtellerie, Cimenterie, Association des *« Bayam Sellam »,* Plateforme des syndicats des transporteurs, etc.

[37] O. TRAORE, « Droit de visite de l'Administration et garanties du contribuable en droit burkinabè », *RGCF*, 2023/4, juillet-août, p. 306.

19, les autorités exécutives des États de l'Afrique subsaharienne francophone ont orienté les mesures juridiques et politiques adoptées vers la protection des contribuables en réaménageant les délais fiscaux de paiement d'impôts et en instituant des régimes allégeant des impositions au profit des contribuables (personnes physiques ou morales)[38]. Outre les mesures juridico-politiques, la fiscalité de riposte observée dans les États de l'Afrique subsaharienne en contexte de crise repose également sur des mesures fiscalo-économiques.

2. Les mesures fiscalo-économiques de riposte

Les États de l'Afrique subsaharienne francophone font recours à des mesures fiscales et économiques, comme solution de riposte aux différentes crises économique et sanitaire. Qu'il s'agisse de la crise des années 1980, de la crise financière mondiale de 2008 ou de la crise sanitaire à Covid-19, les États étudiés ont été contraints d'adapter leurs systèmes fiscaux aux situations de crise, en vue d'apporter une réponse appropriée aux préoccupations résilientes des entreprises et des contribuables[39]. Cette expérience de riposte fiscale peut être observée tant dans les États de l'Afrique centrale que ceux de l'Afrique de l'Ouest. S'il est évident que le niveau de riposte varie d'un gouvernement à un autre, il reste vrai que dans l'ensemble, les mesures adoptées sont d'ordre fiscal et, plus généralement, d'ordre économique.

En premier lieu, la crise sanitaire à Covid-19 et les crises financières antérieures ont eu pour conséquence l'adoption d'une fiscalité de riposte dans les États de l'Afrique subsaharienne francophone. En général, l'ensemble des mesures fiscales édictées visaient soit à préserver les recettes fiscales[40], soit à protéger les contribuables (entreprises et ménages). Dans le premier cas, suivant les États, les actions adoptées se rapportent au suivi de la mise en œuvre des mesures fiscales d'amélioration du rendement de l'impôt[41], à la mise en œuvre des réformes et mesures de modernisation de l'Administration fiscale, notamment en matière de téléprocédures, entre autres. À cela s'ajoutent certaines mesures fiscales visant l'élargissement des codes de spécifications tarifaires à risque contrôlés dans les applications SYDONIA et SINTAX, ainsi que l'extension de l'interconnexion des systèmes informatiques douaniers entre États[42]. Dans le second cas, les contribuables ont bénéficié de l'aménagement des délais fiscaux à travers la suspension ou la prorogation de certains délais fiscaux, mais aussi le réaménagement des

---

[38] Voir, Th. OBRIST, T.-G. M. KALONJI (dir.), *Droit fiscal en Afrique subsaharienne francophone*, *op.cit.*, p. 56. Notamment la contribution de : S. OUEDRAOGO, « Impact de la Covid-19 sur la politique fiscale nationale » (Burkina Faso), p. 56.

[39] H. AKEREKORO, « Le contribuable en Afrique : entre respect des normes et déviances fiscales », *RAFiP*, n°12, second semestre, 2022, p. 73.

[40] *Ibid.*, p. 57.

[41] S. BONMARTEL, S. MARKLEY, A. MINSAT, D. YEO, « Mobiliser les recettes fiscales en Afrique, un enjeu central pour le développement », *op.cit.*, p. 78.

[42] Th. OBRIST, T.-G. M. KALONJI (dir.), *Droit fiscal en Afrique subsaharienne francophone*, *op.cit.*, p. 56.

impositions à l'exemple des exonérations, les déductions ou annulations d'impôts[43]. C'est dire que durant les périodes de crise, et plus particulièrement celle du Covid-19, les gouvernements des États de l'Afrique subsaharienne francophone ont, par une solution de riposte et à travers des mesures juridiques, adopté une fiscalité axée sur la protection du contribuable et la sécurisation des recettes fiscales.

En second lieu, les différentes crises auxquelles ont été confrontés les États de l'Afrique subsaharienne francophone ont placé très souvent ceux-ci dans une position problématique. Face aux différents contextes de crise, notamment lors de la survenance de la crise sanitaire à Covid-19, bon nombre des États de cet espace juridique étudié, ont à travers leurs autorités exécutives, préparer des plans de riposte économiques en vue de soutenir l'économie et le secteur privé à absorber les chocs induits par le ralentissement prévisible de l'activité économique[44]. Plus particulièrement, la crise sanitaire à Covid-19 du fait des restrictions internationales aux mouvements de personnes, avait placé certains secteurs économiques (tourisme, hôtellerie, restauration, transport, etc.)[45] dans une situation de fragilité préoccupante.

Pareillement, la crise économique et financière de 2008 avait obligé la plupart des États de cet espace juridique à prendre des mesures économiques nécessaires pour garantir la liquidité du financement de l'économie et éviter les « faillites en cascade » des entreprises, notamment des petites et moyennes entreprises (PME) et des petites et moyennes industries (PMI)[46]. Le levier fiscal a servi, au-delà des axes sur la santé et le social, de proposer dans les différents États un plan de riposte économique adapté à la crise. Cependant, malgré les divers plans de riposte, la crise sanitaire à Covid-19 a perturbé l'économie des États de l'Afrique subsaharienne francophone, avec des conséquences réelles et un effet régressif sur le PIB de ces États[47]. En dehors de la situation générale de la riposte fiscale en contexte de crise ou de multi-crises dans les États de l'Afrique subsaharienne francophone, il sied de faire une évaluation d'ensemble dans cet espace juridique et fiscal.

B. L'évaluation fiscale de la riposte

Évaluer fiscalement la riposte des États de l'Afrique subsaharienne francophone induit à l'appréciation des effets des différentes crises sur les systèmes fiscaux de ces États. À la vérité, qu'il s'agisse des crises antérieures à la pandémie à Covid-19, ou de celle-ci particulièrement, les ressources fiscales des États étudiés ont connu des incidences négatives, avec une baisse

[43] J. FERMOSE, « Covid-19 : l'aménagement des dispositions fiscales… », *op.cit.*, p. 26.
[44] Plan de riposte économique à la crise sanitaire à Covid-19, Guinée, Primature, avril 2020.
[45] Voir : https://www.un.org; https://repository.uneca.org, consulté le 10 mars 2024.
[46] E. TONI, A. C. TIEMELE ADAHI, « Les finances publiques au service de la lutte contre la Covid-19 en Afrique de l'Ouest », *op.cit.*, p. 106.
[47] En République de Guinée, l'impact a été palpable dans l'économie minière et non minière (celle-ci représente plus des ¾ du PIB total et emploie une grande majorité de la population.

significative des recettes fiscales. Dès lors, il convient de faire une évaluation technique (1) et pratique (2) des situations fiscales dans la plupart de ces États.

1. L'évaluation technique de la riposte

Les différentes crises ayant impacté les systèmes fiscaux des États de l'Afrique subsaharienne francophone ont eu des conséquences sur les recettes fiscales desdits États. Après une décennie de progrès substantiels dans la mobilisation des ressources intérieures[48], les recettes fiscales en Afrique ont baissé entre 2019 et 2021 sous l'effet de la pandémie de Covid-19, comme ce fut le cas de la crise financière mondiale de 2008[49]. Ainsi, il convient de faire d'une part une analyse synoptique de la situation fiscale générale des États en Afrique subsaharienne francophone dans un contexte de crise à Covid-19, et d'autre part une analyse analytique à partir des quelques États.

Primo, l'évaluation des recettes fiscales dans les États de l'Afrique subsaharienne francophone laisse observer que ces dernières ont subi l'impact de la crise sanitaire à Covid-19. De manière synoptique, les statistiques des recettes fiscales dans les États de l'Afrique subsaharienne francophone ont reculé de 0,5 % en valeur nominale de 2019 à 2020 et en moyenne du fait de la crise sanitaire à Covid-19[50]. Ainsi, les mesures prises par les pouvoirs publics pour atténuer les conséquences du Covid-19 sur les entreprises et les ménages ont contribué à l'érosion des recettes fiscales[51]. Le recul du ratio moyen impôts/PIB des pays d'Afrique en 2020 s'explique par une chute des recettes tirées des impôts sur les produits et services. Ces impôts représentaient la moitié des recettes fiscales totales en moyenne dans la plupart des États africains, et ont baissé de 0,4 % du PIB en 2020.

Secundo, de manière analytique, en 2021, les ratios impôts/PIB des États de l'Afrique subsaharienne s'échelonnaient de 5,9 % en Guinée équatoriale et de 1,8 en République Démocratique du Congo. À l'inverse, le Tchad a accusé la plus forte baisse, soit 4,6 points, suivi de la Guinée équatoriale (respectivement 2,6 et 2,5 points). Les recettes tirées des taxes sur les biens et les services constituent la seule catégorie fiscale ayant affiché une hausse dans les États d'Afrique en 2021 de 0,2 % du PIB en moyenne après

---

[48] Sur la mobilisation fiscale en Afrique, lire : P. JACQUEMOT, M. RAFFINOT, « La mobilisation fiscale en Afrique », *Revue d'Économie Financière*, n°131, 2008/3, pp. 243-263.

[49] Ph. HUGON, « La crise mondiale et l'Afrique : transmission, impacts et enjeux », *Afrique Contemporaine*, n°232, 2009/4, p. 151 ; A. A. De SABA, « L'Afrique face à la crise », *Finance & Bien Commun*, n°31-32, 2008/3, p. 20.

[50] Voir : https://www.oecd.org; https://www.iedom.fr; https://credaf.org, consulté le 10/3/2024.

[51] En fait, c'est en Namibie que les recettes fiscales en pourcentage du PIB ont le plus baissé en 2020, avec un recul de 1.7 point partiellement imputable à un programme de relance et de soutien à l'économie visant à faire face à la pandémie. Si au Tchad l'augmentation a été la plus forte, soit 6.6 points, malgré le fléchissement intervenu en 2020, le ratio moyen impôts/PIB des pays d'Afrique a progressé de 1.6 point entre 2010 et 2020. Cette hausse est plus marquée que celle de 1.0 point en Amérique latine et dans les Caraïbes (ALC), mais plus faible que l'augmentation de 1.9 point enregistrée dans les pays de l'OCDE au cours de la même période. (https://www.ataftax.org, consulté le 10 mars 2024).

une baisse de 0,4 % en 2020. Les recettes de TVA[52], quant à elles, ont progressé de 0,1 point en 2021. De même, les recettes non fiscales ont diminué de 0,3 point dans la plupart des États de l'Afrique subsaharienne, pour s'établir à 5,8 % du PIB en moyenne (voir le tableau *infra* pour illustration générale).

***Tableau n 1 : Évaluation financière et illustrative des mesures de riposte dans certains États de l'Afrique subsaharienne francophone** (montants en milliards de FCFA).

États	**Dépenses sanitaires**	**Dépenses sociales**	**Dépenses économiques**
Bénin	213,46	50	40
Côte d'Ivoire	95,88	249,54	1351,45
Sénégal	96,33	50	853,7
Togo	110	110	180
Total	515,67	459,54	2425,15

Cameroun : Répartition de la dotation du fonds de solidarité pour la lutte contre le coronavirus	
Dépenses de fonctionnement : 131 948 400 000	Dépenses d'investissement : 48 051 600 000
Total : 180 000 000 000 FCFA	

***Source** : tableau reconstitué et arrêté par l'auteur (5 mars 2024, à partir des textes, données statistiques et du rapport de la Chambre consulaire régionale/UEMOA, impact de la population du Covid-19 sur le secteur privé, mai 2020 p.15).

Par ailleurs, à mi-parcours, les recettes fiscales et les appuis financiers obtenus par la plupart des États de l'Afrique subsaharienne francophone ont permis de financer les programmes d'urgence et les plans spéciaux de lutte contre la Covid-19 : par exemple, le fonds spécial de solidarité nationale pour la lutte contre le coronavirus au Cameroun et le programme d'urgence d'appui à la riposte au Sénégal (PUARC)[53]. Aussi, les fonds mobilisés, y compris les recettes fiscales, pour la riposte Covid-19 ont, dans plusieurs États, fait l'objet, d'audit et de contrôles administratifs et juridictionnels[54] relevant des cas

[52] G. CHAMBAS, « TVA et transition fiscale en Afrique : les nouveaux enjeux », *Afrique contemporaine*, n°215, 2005/3, pp. 181-194 ; N. M. NGAVANGA, « Libres propos sur la neutralité de la TVA en droit fiscal camerounais », *RAFiP*, n°1, 1er semestre 2015, p. 104.

[53] En effet, le PUARC est aligné sur le programme de résilience économique et sociale (PRES) déployé par les autorités sénégalaises afin de faire face aux volets sanitaire, social et économique de la crise.

[54] Voir Synthèse du rapport général (mars 2021) de la Chambre des comptes de la Cour suprême du Cameroun sur l'utilisation des ressources du fonds spécial de solidarité nationale pour la lutte contre le coronavirus. La Chambre des comptes a relevé des irrégularités de gestion de fait

suspects de gestion de fait, de faute de gestion ou de détournements des fonds à Covid-19. Outre l'évaluation technique de la situation de crise dans les États de l'Afrique subsaharienne francophone, il est impérieux de relever les difficultés pratiques de la riposte fiscale des gouvernements face aux différentes crises répertoriées.

2. L'évaluation pratique de la riposte

La riposte fiscale des gouvernements des États de l'Afrique subsaharienne francophone en vue de juguler les différentes situations de crise s'est heurtée à de nombreuses difficultés pratiques. Au-delà des efforts de mobilisation des recettes fiscales de la part des États[55] et des autres entités publiques[56], il convient d'en faire une évaluation pour relever non seulement les contraintes et les difficultés générales, mais également celles spécifiques.

D'une part, la survenance des différentes crises (économique, sanitaire, etc.) éprouve les systèmes fiscaux des États de l'Afrique subsaharienne francophone. Ceux-ci en situation de crise ou de multi-crises sont confrontés à deux difficultés principales : la contrainte de recourir à l'emprunt auprès des bailleurs de fonds et la difficulté plus accrue de recouvrer les recettes fiscales.

Dans le premier cas, les États en étude ont été confrontés aux défis en matière de financement en raison de la pandémie de Covid-19 qui a entraîné une augmentation généralisée de l'emprunt[57] et du coût du service de la dette[58]. Les répercussions de la pandémie sur les finances publiques de l'Afrique, en l'occurrence les recettes fiscales, se sont ensuite amplifiées du fait de la hausse des coûts de l'alimentation et de l'énergie, venant ainsi creuser le déficit du financement nécessaire pour atteindre l'Agenda 2063 et

---

et des fautes de gestion. Aussi, la Cour des comptes du Sénégal, dans son rapport d'audit portant sur les dépenses faites en 2020 et 2021, dénonce d'importantes irrégularités, notamment des ''fautes de gestion et des infractions pénales'' présumées avoir été commises au Sénégal dans la gestion des fonds anti-Covid (https://www.courdescomptes.sn).

[55] Au Cameroun, sur la mobilisation des recettes de l'État, celles-ci ont nettement évolué ces dix dernières années. À cet effet, les recettes globales mobilisées par la DGI sont passées de 1059 milliards en 2010 à 2656 milliards de FCFA en septembre 2022, soit près de 40% du budget général de l'État. Entre 2010 et 2022, la moyenne mensuelle des recettes fiscales recouvrées par la DGI est passée de 88 milliards en 2010 à 221 milliards de FCFA en 2022.

[56] Au Cameroun, la mobilisation des recettes des autres entités publiques (collectivités territoriales, établissements publics), ont connu une croissance au cours des dix dernières années qu'il s'agisse des recettes fiscales affectées aux collectivités territoriales décentralisées ou aux établissements publics. Les recettes fiscales affectées à ces deux entités sont passées de 67 milliards en 2010 à près de 272 milliards de FCFA en 2022. L'on constate que la moyenne mensuelle des recettes affectées était de 6 milliards en 2010 et se hisse à 23 milliards de FCFA en 2022. Aussi, entre 2010 et 2020, les recettes affectées à ces entités ont été multipliées par quatre avec une évolution de +205 milliards de FCFA.

[57] E. NZAMBOUNG, « La communautarisation de la dette publique dans les espaces CEMAC et UEMOA », *op.cit.*, p. 3.

[58] N. U. EBANGA, « La dialectique du Covid-19 et de la dette publique. Étude à partir de l'exemple du Cameroun », *op.cit.*, p. 32.

les objectifs de développement durable en Afrique. À ce titre, plusieurs États (Bénin, Cameroun, Côte d'Ivoire, Gabon, Sénégal, Tchad, Togo, etc.) ont dû recourir à l'emprunt non seulement pour résorber les problèmes de déficit budgétaire, mais également en vue d'apporter une riposte appropriée à la pandémie à Covid-19[59].

Dans le second cas, les crises entraînent très souvent dans les États de l'Afrique subsaharienne francophone une généralisation du phénomène de fuite devant l'impôt. Aussi, se pose le problème de la faible imposition du secteur informel qui tend à glisser dans les mailles du système fiscal[60]. Cette situation, en période normale ou de crise, est d'autant plus préoccupante que la fiscalisation du secteur informel s'avère capitale pour ces États, au regard du fait que plusieurs travailleurs en Afrique occupent un emploi informel[61]. Une taxation efficiente du secteur informel suppose que les pouvoirs publics comprennent mieux les besoins des entreprises et des individus opérant dans ledit secteur afin de les aider, de rationaliser les multiples taxes et de faciliter l'enregistrement des entreprises dans le circuit fiscal.

D'autre part, les situations des crises entraînent des difficultés pratiques particulières sur les systèmes fiscaux des États de l'Afrique subsaharienne francophone. Ces difficultés peuvent concerner soit l'Administration fiscale elle-même, soit les contribuables.

Dans la première hypothèse, en période de crise ou de multi-crises, les Administrations fiscales (DGI, services déconcentrés de la DGI, recettes régionales et municipales) éprouvent des difficultés à recouvrer certains impôts et taxes dus par les contribuables exerçant dans le secteur informel et ne disposant pas du numéro d'identifiant unique[62]. À cela s'ajoutent la disparité et les difficultés de recouvrement des impôts locaux par les collectivités locales eu égard à la situation économique et à la disparité du potentiel fiscal de chaque collectivité locale[63]. L'autre difficulté, en période de crise, résulte du chevauchement, dans certains États, des compétences entre la DGI et les collectivités territoriales ou locales dans le recouvrement de certains impôts[64] et à la complexité du système de péréquation fiscale sont

---

[59] G. M. PEKASSA NDAM, P. NGANGUE NEMALEU, « Les finances publiques camerounaises à l'épreuve de la crise sanitaire à coronavirus », *op.cit.*, p. 52.

[60] J. M. BIKORO, « L'impôt et la nuit. Réflexions sur l'encadrement fiscal des activités nocturnes informelles dans les États d'Afrique francophone subsaharienne », *RAFiP*, n°10, second semestre 2021, p. 161.

[61] P. JACQUEMOT, M. RAFFINOT, « La mobilisation fiscale en Afrique », *op.cit.*, p. 245. Voir aussi le Manuel de l'ATAF sur « L'imposition efficace du secteur informel en Afrique », p.8 (https://events.ataftax.org, consulté le 10 mars 2024).

[62] Ordonnance n°2015-182 du 24 mars 2015, modifiée par l'Ordonnance n°2018-644 du 1er août 2018 (Côte d'Ivoire).

[63] M. KEITA, « L'autonomie fiscale des communes rurales à l'épreuve du Covid-19 au Mali », *RAFiP*, n°12, second semestre 2022, p. 509.

[64] Rapport de la Rencontre DGI et le secteur privé, Douala, 13 septembre 2022, sur le thème « Bilan et perspectives des réformes de modernisation du système fiscal camerounais », p. 31.

parfois source d'évaporation de recettes fiscales. Mais, dans certains États, apparaît en outre comme difficulté ou complexité, le principe de l'unicité de caisse[65] qui ne facilite pas aux collectivités locales la fluidité des dépenses à engager en période de crise[66].

Dans la seconde catégorie, dans bien des États de l'Afrique subsaharienne francophone, on relève encore la survivance de l'incivisme fiscal caractérisé par la fraude et l'évasion fiscales[67]. De même, les réformes fiscales souvent édictées *ante*, pendant ou *post* crise sont sources de complexité des procédures fiscales pour certains contribuables qui, parfois, font l'objet des contrôles irréguliers de la part des agents fiscaux véreux.

Sous ce rapport, en période de crise ou en contexte de multi-crises, les États de l'Afrique subsaharienne francophone adoptent une batterie de mesures en riposte à la crise : les unes sont juridico-politiques, les autres fiscalo-économiques. Au-delà des mesures édictées, l'évaluation de la riposte et de la situation de crise conduit à relever certaines difficultés d'ordre technique et pratique, lesquelles ont des incidences parfois négatives sur la mobilisation des recettes et la réalisation optimale des plans de riposte dans ces différents États. Si le contexte de crise ou de multi-crises justifie que les États de l'Afrique subsaharienne optent dans un premier temps pour une fiscalité de riposte ; cette option doit, pour sa réussite, être suivie d'une fiscalité de réformes.

II. Une fiscalité de réformes

Les États de l'Afrique subsaharienne francophone ont dû engager des réformes fiscales en vue d'apporter des solutions aux différentes crises auxquelles ils ont très souvent été confrontés. Au-delà des mesures de riposte prises dans les situations de crise, les systèmes fiscaux de ces États se doivent non seulement de répondre à la crise[68], mais surtout de s'adapter aux contingences et aux nouveaux défis à travers les réformes fiscales. L'analyse synoptique des réformes engagées par les États étudiés pendant ou à la suite des différentes crises enregistrées (économique, financière, sanitaire, etc.), il est nécessaire, pour une logique d'ensemble, d'étudier d'une part les réformes acquises (A) et d'autre part les réformes envisageables (B).

---

[65] P. SAMJE SAMA, « Le compte unique du Trésor au Cameroun », *RAFiP*, n°8, second semestre 2020, p. 380 ; sur les comptes du Trésor, voir aussi Gérard Martin PEKASSA NDAM, « Les comptes spéciaux du Trésor dans les États d'Afrique francophone », *Cahiers Juridiques et Politiques de l'Université de Ngaoundéré*, 2009, p. 204.

[66] L. KASSIM, M. MANSOUR, « Les rapports sur les dépenses fiscales des pays en développement : une évaluation », *Revue d'Économie du Développement*, vol. 26, 2028/2, pp. 113-167.

[67] Voir rapport de l'OCDE sur la transparence fiscale en Afrique, 2021, Rapport de progrès de l'Initiative Afrique, p. 10 : htpps://www.oecd.org, consulté le 10 mars 2024.

[68] J. FERMOSE, « Covid-19 : l'aménagement des dispositions fiscales au Cameroun », *op.cit.*, p. 26.

A. Les réformes fiscales acquises

Les différentes crises qu'ont connues les États de l'Afrique subsaharienne durant les quatre dernières décennies, ont conduit ceux-ci à engager des réformes qui sont encore applicables. La crise étant une opportunité de réformes[69], ces États ont aménagé un ensemble de réformes pouvant être considérées aujourd'hui comme des acquis, même si elles ont vocation à être améliorées. Pour l'essentiel, ces réformes acquises sont tantôt d'ordre formel (1), tantôt d'ordre matériel (2).

1. Les réformes fiscales formelles

Les situations de crise ayant impacté les systèmes fiscaux des États de l'Afrique subsaharienne francophone ont occasionné une série de réformes sur les institutions et les procédures fiscales applicables[70]. Pour l'essentiel, il s'agit de la simplification des procédures fiscales, l'amélioration de la relation entre l'Administration fiscale et le contribuable, ainsi que la promotion socio-économique d'un système fiscal favorable au climat des affaires.

En effet, après la survenance de certaines crises, plusieurs réformes procédurales ont été constatées dans les Administrations fiscales des États de l'Afrique subsaharienne francophone. Ainsi, celles-ci ont engagé, directement ou bien avant, le processus de la dématérialisation de procédures avec la mise en ligne de certains services fiscaux, notamment la télédéclaration et le télépaiement (Burkina Faso[71], Cameroun[72], Côte d'Ivoire[73], Maroc[74], Congo Brazzaville[75], Sénégal[76], Tchad[77], etc.), l'introduction de la facture normalisée en matière de TVA[78], l'institution du *ruling* ou de la procédure de rescrit

---

[69] A. S. NDZANA BILOA, « La crise économique post-Covid-19 : une opportunité pour une nouvelle transition fiscale des pays africains », *RAFiP*, n°8, second semestre 2020, p. 302.

[70] Th. OBRIST, T.-G. M. KALONJI (dir.), *Droit fiscal en Afrique subsaharienne francophone*, *op.cit.*, p. 2.

[71] Art. 561 du CGI burkinabè. Voir aussi l'arrêté n°2021-366/MINEFID/SG/DGI du 08 juillet 2021 portant fixation des conditions de mise en œuvre de la télédéclaration et du télépaiement des impôts, droits et taxes au Burkina Faso.

[72] Lire l'art. L 2 (*in extenso*) du CGI camerounais.

[73] Art. 96 *bis* et 97 du LPF ivoirien. Voir aussi, l'arrêté n°0054/MBPE du 10 mars 2020 portant institution de l'obligation de déclaration et de paiement des impôts et taxes par voie électronique aux entreprises relevant d'un régime réel d'imposition et rattachées aux directions régionales des impôts.

[74] Art. 155 et 169 du CGI marocain.

[75] Art. 30 *bis*, 42, 45, 46, 47 et 49 du CGI 2023 (République du Congo).

[76] Art. 634 du CGI sénégalais. Voir aussi : Décision n°06385 du 24 avril 2017 instituant l'obligation de télédéclaration et de télépaiement pour les contribuables relevant du service en charge des grandes entreprises ; Décision n°08433 du 18 avril 2018 portant sur l'utilisation de la télédéclaration et du télépaiement pour les moyennes entreprises.

[77] Art. 849, 855, 866, 867, 868 et 899 du CGI tchadien de 2023. Voir aussi, l'Instruction n°03/MFBCP/DG/2023 portant application effective de la télédéclaration de tous impôts et taxes aux contribuables de la Direction générale des impôts.

[78] G. CHAMBAS, « TVA et transition fiscale en Afrique : les nouveaux enjeux », *op.cit.*, p. 184.

fiscal[79] et la simplification de la procédure juridictionnelle contentieuse[80]. Aussi, après la survenance de la crise sanitaire à Covid-19, en matière contentieuse, certaines Administrations fiscales des États de l'Afrique subsaharienne francophobe ont densifié les modes alternatifs de règlement des litiges fiscaux[81]. Cette solution participe du souci pour les Administrations fiscales de ces États de trouver des solutions rapides et efficaces aux litiges qui les opposent aux contribuables afin d'éviter la lourdeur et la lenteur des procédures juridictionnelles. Parmi ces moyens de règlement de litiges fiscaux, on peut faire référence à la transaction[82] et à la médiation[83].

Bien plus, les situations des crises dans les États de l'Afrique subsaharienne francophone ont entraîné, de manière immédiate ou médiate, des réformes importantes sur le suivi des contribuables et leurs rapports avec les Administrations fiscales. Ainsi, celles-ci ont procédé, à bien des cas, au toilettage des fichiers des contribuables, à la segmentation de la population fiscale et à l'institution d'un interlocuteur fiscal unique. Dans certains États, il a été institué un gestionnaire unique pour chaque contribuable, ainsi que l'institution d'une gestion des contribuables par type de clientèle, de nature à améliorer la qualité du service fiscal. Depuis l'exercice fiscal 2023, au Cameroun, l'Administration fiscale expérimente l'institution d'un partenaire fiscal intégré : il s'agit d'un contribuable désigné comme point focal dans un secteur d'activités et devant servir, en cas de nécessité, d'intermédiaire entre l'Administration fiscale et les autres contribuables dudit secteur pour les renseignements et les informations de procédures[84]. À côté des réformes procédurales et institutionnelles engagées dans les États de l'Afrique

[79] P. Hugues FENDJONGUE, « La procédure du rescrit fiscal en droit camerounais », *RGCF*, 2023/4, juillet-août, p. 315.

[80] S. Th. BILOUNGA, J. FERMOSE, « Le contentieux fiscal local en droit camerounais », *RGCF*, 2023/4, juillet-août, p. 398 ; M. BERTHE, « La compétence juridictionnelle en matière fiscale au Mali », *RGCF*, 2023/4, juillet-août, p. 362 ; M. GNAGNA THIAM « Réflexions sur le juge fiscal constitutionnel dans les États du Bénin, Côte d'Ivoire, Niger et Sénégal », *RGCF*, 2023/4, juillet-août, p. 370.

[81] T.-G. KALONJI, « Prérogatives de l'Administration fiscale versus droits du contribuable en procédures fiscales congolaises », *RGCF*, 2023/4, juillet-août, p. 302 ; O. TRAORE, « Droit de visite de l'Administration et garanties du contribuable en droit burkinabè », *RGCF*, 2023/4, juillet-août, p. 306 ; M. KEITA, « Le recours gracieux en matière fiscale à l'épreuve de la Covid-19 au Mali », *op.cit.*, p. 381 ; C. I. FEVILIYE-DAWEY, « Les recours gracieux et contentieux en matière fiscale en République du Congo », *RGCF*, 2023/4, juillet-août, p. 390 ; M. DIALLO, « La gestion du contentieux fiscal au Mali : cas de la fiscalité locale », *RGCF*, 2023/4, juillet-août, p. 424.

[82] Art. L125 du CGI camerounais.

[83] Voir l'art. L 140 *bis* al. 2 du CGI camerounais.

[84] L'avènement de ce nouvel acteur présente un double avantage : il permet au contribuable de ne plus être abusé par certains agents du fisc véreux profitant parfois de l'ignorance de certains contribuables, mais aussi il permet à l'Administration fiscale de disposer d'un intermédiaire fiscal dans chaque secteur d'activité pour servir de relais et pouvant créer un cadre de dialogue et de concertation.

subsaharienne francophone en contexte de crise se trouvent des réformes d'ordre matériel.

2. Les réformes fiscales matérielles

Les contextes de crise ou de multi-crises ont très souvent amené les États de l'Afrique subsaharienne francophone à engager des réformes substantielles des règles applicables aux systèmes fiscaux. Ces réformes suscitées, parfois en réaction à la crise (économique, sanitaire, politique, sociale, etc.), visent surtout à instituer une « fiscalité adaptée » aux nouvelles contraintes des Administrations fiscales, à sécuriser les recettes fiscales et à anticiper sur les perspectives fiscales nouvelles[85]. Si la densité de ces réformes peut varier d'un État à l'autre en fonction des objectifs généraux ou spécifiques recherchés, pour l'essentiel, les réformes matérielles se rapportent aux opérations fiscales et aux mesures de promotion socio-économique.

D'une part, la plupart des États de l'Afrique subsaharienne francophone ont, dans bien des cas, engagé des réformes opérationnelles de leurs systèmes fiscaux en contexte de crise. Il s'agit, en général, de l'encadrement de certaines opérations fiscales et du réaménagement des régimes d'impositions. À ce titre, sans exhaustivité, on peut se référer à certaines réformes spécifiques constatées avant ou à la suite de la crise à Covid-19, notamment l'encadrement des activités des contribuables à travers la déductibilité des charges résultant des transactions réalisées avec les partenaires situés dans des pays à fiscalité privilégiée ; l'encadrement du paiement en espèces par la digitalisation ; l'encadrement des opérations d'exportation et activités assimilées[86] ; l'encadrement de la déduction des frais de siège et l'imposition des rémunérations versées à l'étranger[87], etc.

D'autre part, certaines réformes fiscales acquises dans les États de l'Afrique subsaharienne francophone portent sur la promotion socio-économique en vue d'une mobilisation optimale des recettes fiscales et l'amélioration du climat des affaires[88]. Parce que la réalisation de ces objectifs nécessite l'accroissement des investissements privés[89], les législations fiscales de la plupart de ces États, en contexte de crise, ont aménagé des cadres de plus en plus favorables et appropriés aux affaires[90]. De même, les législations

---

[85] P. JACQUEMOT, M. RAFFINOT, « La mobilisation fiscale en Afrique », *op.cit.*, p. 244.

[86] Th. OBRIST, T.-G. M. KALONJI (dir.), *Droit fiscal en Afrique subsaharienne francophone*, *op.cit.*, p. 4.

[87] Art. 8 *bis*, 8 *ter*, 20, 7 et 225 du CGI camerounais.

[88] Il existe des structures en charge de la promotion des investissements dans plusieurs États de l'Afrique subsaharienne francophone, notamment, le Centre de Promotion des Investissements en Côte d'Ivoire (CEPICI), le Guichet Unique du Commerce Extérieur au Cameroun (GUCE). Au Gabon, voir P. NDZANA OLOMO, « Réformes de l'environnement des affaires au Gabon », *Marché et Organisations*, n°14, 2011/2, p. 99.

[89] Y. A. AMOUMBA NGBWA, « Les incitations fiscales à l'investissement minier au Cameroun », *RAFiP*, n°5, 1er semestre 2019, p. 70.

[90] Rapport de la rencontre DGI et le secteur privé, Douala, 13 septembre 2022, *op.cit.*, p. 12.

fiscales desdits États promeuvent le social en situation de crise, à travers certaines dépenses fiscales[91]. Par exemple, au Cameroun, entre 2016 et 2020, la moyenne de la dépense fiscale se situe à 528 milliards de FCFA et les mesures les plus coûteuses portent sur les produits de première nécessité (FCFA 52 milliards par an pour le riz, 58 milliards par an pour le poisson, 30 milliards par an pour le blé). Aussi, en vue de l'amélioration du climat des affaires, les Administrations fiscales des États de l'Afrique subsaharienne francophone ont engagé régulièrement certaines réformes, notamment : la réduction du temps consacré aux obligations fiscales, la réduction du délai de remboursement de crédit TVA, la réduction du nombre de formulaires des contribuables[92]. Au-delà de ces réformes acquises dont les effets favorables sont déjà perceptibles sur le rendement fiscal et dans les relations entre l'Administration fiscale et les contribuables, il convient de faire des propositions de réformes pour des systèmes fiscaux modernes et plus performants dans les États de l'Afrique subsaharienne francophone.

B. Les réformes fiscales envisageables

Les systèmes fiscaux ne sont pas des tentes dressées pour le sommeil, ils doivent de plus en plus s'adaptent aux contextes nouveaux et aux nouvelles réalités des États. En effet, des réformes s'avèrent nécessaires dans certains cas pour les États d'Afrique subsaharienne francophone afin d'adapter leurs systèmes fiscaux aux différentes situations de crise auxquels ils sont souvent confrontés. Les perspectives de réformes peuvent concerner autant la politique fiscale (1) que l'Administration fiscale elle-même (2).

1. Les réformes sur la politique fiscale

La réforme des politiques en contexte de crise ou multi-crises est une nécessité indéniable pour les États de l'Afrique subsaharienne francophone en vue de rétablir une situation fiscale normale, mais aussi anticiper sur les aléas futurs résultants des conjonctures économiques, politiques, sociales et sanitaires. L'expérience des États de l'Afrique subsaharienne francophone en matière de fiscalité en contexte de crise atteste de ce qu'il est impérieux pour ces États d'engager, autant que nécessaire, des réformes fiscales appropriées et adaptées à chaque situation de crise. Qu'il s'agisse des crises antérieures à la Covid-19 ou des crises postérieures, au rang de la politique fiscale, il est

[91] D. MANDENG, « Dépenses fiscales et Covid-19 au Cameroun », *op.cit.*, p. 283 ; L. KASSIM, M. MANSOUR, « Les rapports sur les dépenses fiscales des pays en développement : une évaluation », *op.cit.*, p. 115.

[92] Rapport de la rencontre DGI et le secteur privé, Douala, 13 septembre 2022, *op.cit.*, p. 13. Au Cameroun, l'on note la réduction du temps consacré aux obligations fiscales qui passent de plus de 600 heures par an avant les réformes à 20 heures par an après les réformes ; la réduction du délai de remboursement de crédit TVA qui passe de plus de 6 mois avant les réformes à 20 jours après les réformes dès la réception du dossier au niveau central ; la réduction du nombre de formulaires des contribuables qui passent de plus de 42 avant les réformes à 5 formulaires après les réformes.

possible d'envisager deux propositions fortes : la poursuite de l'élargissement de l'assiette fiscale et l'autonomisation de l'économie et de la fiscalité locale.

En première analyse, s'agissant de l'élargissement de l'assiette fiscale, cette mesure porte sur l'optimisation de la fiscalité des particuliers, le renforcement de la fiscalité verte et des cotisations sociales.

Dans le premier cas, il faut noter que la contribution des particuliers aux recettes fiscales demeure faible dans plusieurs États de l'Afrique subsaharienne francophone[93]. S'il existe un déséquilibre significatif entre les revenus des particuliers et les autres impositions (TVA, IS ou impôt sur les bénéfices)[94], ce déséquilibre s'explique principalement par les difficultés de recouvrement de l'IRPP[95] et des impôts fonciers liés à l'incivisme fiscal et l'absence des contraintes spécifiques[96]. S'agissant particulièrement des impôts fonciers, il serait opportun, dans certains États, de doter les collectivités territoriales ou locales d'une compétence concomitante ou autonome de recouvrement des impôts fonciers aux côtés de l'État.

Dans le deuxième cas, la taxation plus accrue des ressources naturelles, notamment la fiscalité verte[97], est une opportunité pour les États de l'Afrique subsaharienne francophone. Cette opportunité se justifie du fait que les recettes fiscales minières mobilisées sont largement inférieures au potentiel existant du fait de la prédominance de l'informel[98] par l'exploitation artisanale et frauduleuse des ressources minières et l'érosion de la base d'imposition (utilisation abusive des incitations fiscales, prix de transfert)[99]. La fiscalité verte étant encore embryonnaire dans la plupart des États de l'Afrique subsaharienne francophone (taxe sur le prélèvement ou le déversement des eaux)[100], il est donc utile de renforcer le contrôle qualité, le

---

[93] Notamment dans les États tels que : Bénin, Cameroun, Côte d'Ivoire, Gabon, RCA, Sénégal, Tchad, Togo, etc. Au Cameroun, il est de 7% pour l'IRPP (contre 35% pour la TVA, 14% pour l'impôt sur les sociétés, par exemple). Particulièrement, les recettes cumulées de la taxe foncière et d'impôt sur les revenus fonciers ont représenté en 2020 moins de 7% des recettes fiscales globales (retenue à la source des salaires comprise). Voir aussi, R. NGA NYEBE, « La révolution numérique et le renouveau de la taxe foncière en Afrique : le cas du Cameroun », *RAFiP*, n°12, second semestre 2022, p. 132.

[94] Lire K. OBOSSOU, J.F. BRUN, A. E. AGBODJI, « Recherche sur l'assujettissement des opérations bancaires à la TVA et son impact prévisionnel sur les recettes fiscales au Togo », *RAFiP*, n°13, 1er semestre 2023, p. 12.

[95] M. ABDELKERIM, « La procédure de recouvrement de l'impôt sur les revenus des personnes physiques au Tchad », *RGCF*, 2023/4, juillet-août, p. 327.

[96] Notamment en période de crise, voir F. ABENG MESSI, « Les obligations fiscales de l'exercice budgétaire 2020 à l'épreuve de la Covid-19 au Cameroun », *RAFiP*, n°7, 1er semestre 2020, p. 142.

[97] Bulletin d'informations *DGI News*, n°010-juin 2022, p. 2.

[98] Th. OBRIST, T.-G. M. KALONJI (dir.), *Droit fiscal en Afrique subsaharienne francophone*, *op.cit.*, p. 10.

[99] *Ibid.*, p. 4. Voir aussi, L. KOTE, « L'accord préalable constitue-t-il une garantie suffisante pour le contribuable (sénégalais) en matière de prix de transfert ? », *RAFiP*, n°7, 1er semestre 2020, p. 268.

[100] Bulletin d'informations *DGI News*, *op.cit.*, p. 5.

dispositif anti-BEPS[101] et de procéder si nécessaire à une fiscalisation progressive de l'informel dans ce domaine. Toute chose qui permettra par non seulement une augmentation d'impôt ou de taxe sur certains produits ou secteurs d'activités, mais aussi d'orienter le comportement des contribuables en tenant compte des impératifs liés à la protection du climat et de l'environnement[102]. En plus, il est judicieux de trouver des sources alternatives de financement de la Sécurité sociale dans la plupart des États de l'Afrique subsaharienne francophone dont le poids sur les prélèvements globaux est, en général, de 7 %, contrairement à bon nombre des États développés où il se chiffre à 26 % à l'instar de certains États de l'Union européenne où cet impôt représente une source importante des recettes fiscales[103].

À côté des réformes à envisager sur la politique fiscale dans les États de l'Afrique subsaharienne francophone, il sied également d'engager des réformes en lien avec les Administrations fiscales de ces États.

2. Les réformes sur les Administrations fiscales

Les Administrations fiscales des États de l'Afrique subsaharienne francophone sont mises à l'épreuve en contexte de crise ou de multi-crises. Elles doivent non seulement s'adapter aux contingences de crise, mais aussi apporter des solutions efficaces aux contribuables et surtout rassurer les partenaires du secteur privé. À la vérité, en période de crise ou de multi-crises, la modernisation des systèmes fiscaux des États de l'Afrique subsaharienne francophone au service de la politique économique des autorités nécessite que soient prises en compte certaines réformes déjà envisagées par les Administrations fiscales et souhaitées par le secteur privé[104]. À cela s'ajoutent les réformes pouvant être formulées en vue de l'amélioration du climat des affaires et de la relation Administration-contribuable. Ainsi, il convient de suggérer des réformes concernant la rationalisation des dépenses fiscales de ces États et l'autonomisation des compétences des autorités fiscales locales.

D'une part, à titre des réformes à envisager pour juguler les situations de crise, il est impératif de renforcer la politique de l'import-substitution et de rationaliser les dépenses fiscales dans les États de l'Afrique subsaharienne

---

101 Entendu *Base Erosion and profit shifting* (BEPS), c'est-à-dire l'érosion de la base d'imposition et de transfert de bénéfices.

102 D. BUREAU, F. HENRIET, K. SCHUBERT, « Pour le climat : une taxe juste, pas juste une taxe », *Notes du Conseil d'Analyse Économique*, n°50, 2019/2, p. 2.

103 Par exemple, en France, le produit des cotisations sociales est de 374 milliards d'euros en 2021 dans les comptes nationaux (hors cotisations de retraite que l'État se verse à lui-même), soit 15% du PIB, après 348 milliards d'euros en 2020 (https://fipeco.fr).

104 Il est aménagé dans plusieurs États de l'Afrique subsaharienne francophone un cadre de dialogue entre le gouvernement ou l'Administration fiscale et le secteur privé. Au Sénégal, par exemple, il a été organisé en février 2019, un dialogue public-privé entre les pouvoirs publics et le secteur privé sur la politique fiscale et économique du gouvernement et en 2021 sur l'utilisation des nouvelles technologies dans le domaine fiscal. Voir aussi au Bénin, Gabon, RCA : https://www.entreprise-developpement.org, https://www.dasp.gouv.sn ; https://www.afdb.org; https://cgeci.com; https://projectsportal.afdb.org, etc.

francophone[105]. Dans ce cas, il s'agit d'améliorer la productivité locale pour accroître la résilience face à la conjoncture macro-économique mondiale marquée par l'impact des récentes fluctuations des prix des matières premières et des denrées alimentaires du fait des crises sécuritaires et sanitaires. Aussi, cette politique va permettre d'accroître non seulement la productivité, mais aussi la compétitivité des entreprises locales, avec comme corollaire, un impact positif sur les recettes fiscales. Dans le même sens, il est important de rationaliser les dépenses fiscales qui engloutissent une partie importante des recettes fiscales, même si l'objectif des gouvernements des États de l'Afrique subsaharienne francophone est très souvent de rendre plus accessibles sur le marché local les produits de première nécessité[106]. Il est donc fondamental de faire des choix des dépenses fiscales pertinentes, rationnelles, utiles et opportunes. Il en va de mettre du renforcement du cadre de dialogue entre les Administrations fiscales et le secteur privé, notamment les groupements inter-patronaux[107] ou interprofessionnels.

D'autre part, en réponse aux contextes de crise, dans certains États de l'Afrique subsaharienne francophone, le chevauchement de certaines compétences entre la Direction générale des impôts et les collectivités territoriales ou locales doit conduire à une réforme de la fiscalité locale suivant deux mécanismes : d'un côté, l'autonomisation totale des collectivités locales sur certains impôts perçus par l'État et reversés à celles-ci ; et de l'autre côté, la suppression de certains impôts locaux inconsistants en les réorientant vers la dotation générale[108] ou en les agrégeant à certains impôts généraux. On pourrait envisager en plus dans certains États, à long terme, la rétrocession des centres divisionnaires des impôts (CDI) aux collectivités locales ou la création des organismes spécialisés pour le recouvrement de certains impôts locaux tels les impôts fonciers. Aussi, il n'est pas moins important de réintroduire

---

[105] A. D. NTOLO NZEKO, « La dépense publique et le Covid-19 dans le droit public financier des États d'Afrique noire francophone », *op.cit.*, p. 36 ; D. MANDENG, « Dépenses fiscales et Covid-19 au Cameroun », *op.cit.*, p. 285.

[106] Au Cameroun, par exemple, de 2016 à 2020, les dépenses fiscales se chiffrent à 2638 milliards de FCFA, soit 20,78% des recettes fiscales non pétrolières et 2,46% du PIB.

[107] En effet, au Cameroun, le GICAM (2022) relève, comme difficulté majeure, l'incertitude sur l'approvisionnement international et la guerre russo-ukrainienne qui continuent de freiner la reprise de la croissance des entreprises. À ce titre, quelques chiffres sont indicateurs : en 2022, 77,8% des entreprises des industries agroalimentaires ont observé une baisse de leurs résultats nets au 2e trimestre ; 89,5% des entreprises du secteur commerce et distribution relèvent une concurrence déloyale dans leurs secteurs d'activités ; 85,5% des entreprises déclarent n'avoir pas accru les effectifs employés au 2e trimestre ; 80% des entreprises citent la hausse des prix d'approvisionnement (fret, prix des matières premières) comme des contraintes importantes à leurs activités au cours du trimestre. Cf. Tableau de bord de l'économie, n°18, 2e trimestre 2022, p.1.

[108] Notamment dans des États comme le Cameroun. Par exemple, on peut attribuer la compétence de recouvrement direct de la taxe foncière aux collectivités territoriales décentralisées.

dans certains États les mécanismes de taxation de l'aide[109], ainsi que l'institution de l'impôt de solidarité sur la fortune.

Au plan des réformes concernant les Administrations fiscales à l'épreuve des crises, elles se rapportent à l'accélération de la digitalisation fiscale, l'amélioration du climat des affaires et de la relation entre le fisc et le contribuable.

Primo, la digitalisation des Administrations fiscales des États de l'Afrique subsaharienne francophone demeure une opportunité à poursuivre. Il est important pour le fisc d'accélérer la dématérialisation par le télépaiement, la télédéclaration des opérations fiscales, le suivi électronique des facturations, l'imposition plus accrue des entreprises numériques[110] et des organismes à but non lucratif (OBNL) pour leurs parts d'activités génératrices de revenus[111]. Néanmoins, dans les États étudiés, la transition numérique se heurte à deux difficultés majeures : la faible pénétration du taux d'internet sur les territoires des États et la persistance du paiement en espèces dans les opérations fiscales de nombreux contribuables : ce qui peut occasionner des cas de distraction des recettes fiscales.

Secundo, il est nécessaire de renforcer la relation de confiance entre les Administrations fiscales et les contribuables par le développement du concept de partenaire fiscal intégré, la simplification des procédures et la mise en place de la géolocalisation fiscale. En sus, la sécurisation des recettes et le renforcement de la coopération technique en matière fiscale constituent des leviers importants de lutte contre la fraude et l'évasion fiscales[112].

Conclusion

En définitive, l'étude de la fiscalité dans les États de l'Afrique subsaharienne francophone à l'épreuve des crises a conduit à rechercher un modèle de fiscalité en dressant l'état des lieux et en examinant les perspectives de réformes. Aux résultats, le modèle de fiscalité qui sied aux États de l'Afrique subsaharienne francophone en contexte de crise ou de multi-crises

---

[109] Au Cameroun, le régime de la prise en charge a été supprimé par la loi de finances 2019. Cette suppression résulte de la réticence des bailleurs de fonds à supporter les prélèvements fiscaux (TVA, TSR) grevant les marchés à financement extérieur, notamment la taxe sur la valeur ajoutée et la taxe spéciale sur le revenu.

[110] A. MAKOUGOUM, « L'imposition des entreprises numériques dans les États de la CEMAC », *RAFiP*, n°10, second semestre 2021, p. 252 ; R. NGA NYEBE, « La révolution numérique et le renouveau de la taxe foncière en Afrique : le cas du Cameroun », *op.cit.*, p.132 ; X. CABANNES, « L'Administration fiscale française et l'obtention des données sur le contribuable à l'ère du numérique », *RAFiP*, n°1, 1er semestre 2015, p. 24.

[111] F. ABENG MESSI, « Le régime fiscal des organismes à but non lucratif au Cameroun : une audacieuse innovation à la française », *RAFiP*, n°10, second semestre 2021, p. 610.

[112] Il s'agit du renforcement de la coopération avec le Forum mondial sur la transparence et l'échange de renseignement à des fins fiscales, l'Organisation de coopération et de développement économiques (OCDE), *l'African Tax Administration Forum* (ATAF), le Centre des rencontres et d'études des dirigeants des Administrations fiscales (CREDAF), les partenaires privés et les groupements professionnels, entre autres.

doit être adapté aux crises et aux réformes : il s'agit d'une fiscalité de riposte et d'une fiscalité de réformes.

D'une part, la fiscalité de riposte doit tenir compte de la situation fiscale de crise en adoptant non seulement des mesures juridico-politiques, mais aussi des mesures fiscalo-économiques appropriées. L'application de ces mesures nécessite au fur et à mesure que la riposte soit évaluée tant sur le plan technique que pratique. L'ensemble de ces mesures se heurte souvent à des contraintes procédurales et des difficultés pratiques propres à chaque État et en tenant compte de l'intensité de la crise.

D'autre part, la fiscalité de réformes est la conséquence logique de la situation de crise. À l'examen des différentes crises qu'ont connues les États de l'Afrique subsaharienne francophone, des réformes ont été engagées en lien direct ou indirect avec la crise, notamment celle sanitaire à Covid-19. Ces réformes acquises se situent à la fois sur les plans formel et matériel, auxquelles s'ajoutent d'autres propositions de réformes en vue de la rationalisation de la politique fiscale, de la modernisation des Administrations fiscales des États de l'Afrique subsaharienne francophone, l'amélioration des relations avec les contribuables et les partenaires au développement. Toutefois, il convient, pour l'essentiel, de poursuivre, l'élargissement de l'assiette fiscale, la transition numérique, l'amélioration du climat des affaires dans les États de l'Afrique subsaharienne francophone aux diverses crises, ainsi que leur adaptation aux exigences et contingences d'ordre national, régional et international./-

L'intérêt général et la fiscalité à l'épreuve du Covid-19

Dr Sylvie NGUECHE
Maître-Assistant CAMES de droit public
Chercheur au CERCAF et au LABOFiP
Université de Yaoundé II (Cameroun).

****

Introduction

Mener une étude à nouveau sur le Covid-19 en lien avec la fiscalité peut paraître redondant au regard des travaux menés sur la question[1]. Mais ces derniers sont généraux et ne permettent pas de rendre compte des mouvements du droit face au phénomène humanitaire, le réel intérêt réside sur cet état de chose.

Il faut dire que le rôle de la connaissance du droit dans la naissance des phénomènes humains permet d'envisager les effets de ces derniers sur le droit et son application. Cette orientation exige qu'il faille recourir à la sociologie. Mais un tel regard est en quelque sorte accessoire à l'étude de l'intérêt général et la fiscalité. Elle laisse transparaître que le droit, une science sociale appliquée, présente des limites parce qu'il est aussi un outil d'intelligibilité.

L'application de la norme fiscale obéit en temps normal à un certain nombre de principes. Ces principes sont des règles de procédures et de fond qui permettent au contribuable d'effectuer ses obligations fiscales convenablement dans les délais impartis. Avec l'avènement du Covid-19, l'on a assisté à un déhanchement de la fiscalité vu sous le prisme de l'intérêt général. Le Covid-19 a un effet dual sur le droit fiscal, d'une part, l'assouplissement des règles procédurales fiscales et l'allègement du droit fiscal substantiel d'autre part. Cette situation crée d'énormes difficultés dans l'application de la norme fiscale. Gérard François Dumond établit une corrélation entre la création, la modification ou la disparition de la norme. Le comportement de la norme face à la crise sanitaire permet de se rendre compte que l'ingénierie juridique ne s'improvise pas et que : l*e droit, tel qu'il est, est un vecteur de compréhension et d'intelligibilité de l'homme et de la société*. Mais génère cependant une particularité de la norme fiscale, celle de l'adaptabilité face à l'imprévu.

---

[1] PEKASSA NDAM (G. M.) et NGANGUE NEMALEU (P.), « Les finances publiques à l'épreuve de la crise sanitaire a coronavirus », *Le Nemro*, n°18, octobre-décembre 2020, pp. 49-74 ; ABENG MESSI (F.), « Les obligations fiscales de l'exercice budgétaire 2020 à l'épreuve de la COVID-19 au Cameroun », *RAFiP,* n°7, 1er semestre 2020, pp. 101-120.

Cet ensemble de règles, des lois et des pratiques qui régit la perception de l'impôt et des taxes par l'administration fiscale fonde le réalisme fiscal. Dans ce sens, la fiscalité entendait l'intérêt général comme des exonérations d'impôts pour des entreprises ou personnes faisant des dons. C'est une ouverture à la réduction d'impôt. Mais avec le Covid-19 on assiste à un dépassement de cette approche avec un rapprochement vers un entendement commun au droit administratif.

L'intérêt général constitue, en droit administratif, le moteur et la justification fondamentale de l'action des personnes publiques, mais il est difficile d'en donner une définition précise, ce qui constitue, paradoxalement, un gage d'adaptation de l'action administrative. Des lois donnent cependant des illustrations de l'intérêt général en se référant à des notions proches telles que l'ordre public en matière de police administrative ou l'« utilité publique ». La détermination de l'intérêt général suppose un arbitrage constant des pouvoirs publics entre plusieurs intérêts privés. Cet arbitrage se fait selon le doyen Georges Vedel à l'aide de deux critères, le premier quantitatif, tend à ériger l'intérêt général à l'intérêt du groupe le plus nombreux. Le second, qualitatif, fait de l'intérêt général une préoccupation d'une valeur supérieure qui transcende les aspirations privées. Néanmoins, il est défini comme ce qui est pour le bien public, c'est un instrument de protection des droits. C'est dire que la notion d'intérêt général est plastique et ne peut aisément se voir cantonnée dans les limites nettement définies. Ses manifestations sont assez larges et impliquent tant des acteurs variés que les services de l'État[2].

Une compréhension sibylline de l'étude menée exige de comprendre le phénomène étudié, le Covid-19 et ses mutations dans le temps et l'espace. Le Covid-19 fait référence à « *coronavirus disease 2019 »,* qui est une maladie inaffectueuse causée par le nouveau coronavirus (''*CO*'' signifie couronne, ''*VI*'' pour virus, ''*D*'' pour maladie et ''*19*" l'année où elle est apparue). Elle est provoquée par un virus de la famille *des coronaviridae, le SARS-Covid-2* de type *zoonose.* C'est en Chine dans la ville de Wuhan et particulièrement dans la province de Hubei qu'a émergé le virus pour la première fois. Le premier cas rapporté est un patient de 55 ans tombé malade le 17 novembre 2019. Un mois plus tard, le 15 décembre, le nombre de cas se chiffre à 27, puis à 60 le 20 décembre. 41 jours plus tard, le Covid-19 s'était répandu dans le monde au point où l'Organisation Mondiale de la Santé (OMS) déclarait que l'épidémie constitue une urgence de santé publique de portée internationale[3]. D'après le rapport de situation Covid-19 au Cameroun (n 84 du 23 juin 2021), l'on dénombre 80 858 cas confirmés, 1324 décès,

---

2 CRETOIS (P.) et ROSA (S.), « De l'intérêt général : introduction », *Astéron* [en ligne], http://journals.openedition.org/asterion/2996, consulté le 15 avril 2024 à 9 h.

3 OMS, Nouvel Coronavirus (2019-nCoV), Situation Report-11 [archive], sur www.who.int, Organisation mondiale de la santé, consulté 2 mai 2020, à 15h45.

78 476 personnes guéries et 78 476 personnes vaccinées dont 16 914 personnels de santé[4].

Le sens opératoire de notre analyse concerne la modification de la norme fiscale dans le temps du fait des effets du coronavirus. Cette modification de l'application de la norme fiscale dans le temps est le résultat des mesures de confinement initiées par les pouvoirs publics, ce qui engendre de multiples incidences sur le rendu fiscal et contraint de ce fait la norme fiscale à être revisitée dans son application. D'où la présente question de savoir : quelles incidences le Covid-19 a-t-il sur la perception fiscale de l'intérêt général au Cameroun ?

L'intérêt d'une telle analyse est dual. Au plan théorique il réside dans la démarche de notre réflexion. En ce sens il ne s'agira pas de mener une analyse qui nous permettra de ressortir les incidences de le Covid-19 sur la norme fiscale sur les plans procédures et fiscales, notre analyse a cette prétention de ressortir sur l'application des normes fiscales, les incidentes de le Covid-19. Au plan pratique, une telle réflexion est pertinente à plus d'un titre ; elle permet de mesurer le niveau d'adaptation de la norme fiscale en cas de force majeure et de ressortir les mesures d'assouplissement fiscales de stabilisation de l'économie dans un contexte de crise sanitaire[5]. La plus récente est la stratégie gouvernementale de riposte face à la pandémie du coronavirus (Covid-19) : déclaration spéciale, du Premier ministre, du chef du gouvernement du 30 avril 2020. Cette déclaration compte 19 mesures parmi lesquelles 11 concernent le système fiscal,[6] notamment certaines obligations fiscales. Le Covid-19 a des conséquences sur l'application de la norme fiscale.

Même si à première vue, du fait du Covid-19, on assiste à un assouplissement matériel dans l'application de la norme fiscale, il n'en demeure pas moins vrai que cet allègement est à la base d'une déviation temporelle de l'application de la norme fiscale au Cameroun. Au final, l'application de la norme fiscale annulée ou privée d'effet d'exécution, on observe au travers de la suspension de norme fiscale, un dépassement des exonérations classiques en la matière **(I)**. En outre, elle est déviée dans le temps au point où elle est reportée ou simplement échelonnée dans le temps ; c'est l'atermoiement de l'application de la norme fiscale **(II)**.

---

[4] Rapport de situation Covid-19 au Cameroun, n°84 du 23 juin 2021, p. 1.

[5] La stratégie gouvernementale de riposte face à la pandémie de coronavirus :

- déclaration spéciale du premier ministre, chef du gouvernement du 17 mars 2020 ;
- communiqué radio du premier ministre du 18 mars 2020 ;
- déclaration du premier ministre du 24 mars 2020 ;
- communiqué à l'issue du conseil de cabinet du jeudi 26 mars 2020 ;
- communiqué du premier ministre du 31 mars 2020 ;
- communiqué du premier ministre sur les mesures de rectification ;
- décret n°2020/193 du 15 avril 2020 portant commutation et remises des peines ;
- lettre n°1810 du directeur général de la CNPS au président du GICAM.

[6] CHAZAI + partners, *Recueil des mesures prises par le gouvernement camerounais dans le cadre de la lutte contre la Covid-19*, 29 mai 2020, p. 10.

I. Le dépassement des exonérations fiscales classiques

Le dépassement se traduit par la suspension des mesures de recouvrement pour tous. La suspension de l'exécution entendue ici comme le fait d'obtenir à titre provisoire l'interruption de l'effet exécutoire d'un acte d'imposition jusqu'à l'intervention de la décision du juge de fond, laquelle soit privera définitivement l'acte de cet effet, soit fera cesser l'effet suspensif en consacrant la validité de l'acte[7].

La suspension de l'application de la norme fiscale participe de la volonté des pouvoirs publics, de résorber, limiter ou d'atténuer les conséquences des mesures de confinement de la pandémie de Coronavirus sur les activités commerciales des différents contribuables. À cet effet, parmi les mesures prises par le gouvernement pour assurer la survie des entreprises figure notamment la suspension des contrôles fiscaux en cours et non engagés (A), la suspension des actions de recouvrement non forcé (B).

A. La suspension de l'application des mesures de recouvrement pour les entreprises directement affectées par la crise

L'interruption de l'application des normes de recouvrement pour les entreprises directement affectées par le Covid-19 est manifestée par l'octroi de moratoire et le différé de paiement, dans le respect des procédures (2) ceci dans le respect des modalités de mise en œuvre de la suspension de recouvrement (1).

1. Les modalités de mise en œuvre de la suspension de recouvrement

Pour bénéficier de la suspension de recouvrement, c'est-à-dire avoir un moratoire ou un différé de paiement, il faut adresser une demande au directeur général des impôts (DGI)[8]. Cette demande est soumise à un formalisme bien précis. Ainsi en termes de condition de forme, la demande doit être signée du réclamant ou de son mandataire ; la demande doit porter diverses mentions notamment la nature des impositions, l'exercice d'émission et le numéro de l'AMR ; la demande doit porter enfin l'échéancier sollicité pour le règlement de la dette[9]. En ce qui concerne les conditions de fond, la demande doit être appuyée par les éléments justifiant l'appartenance du contribuable à des secteurs comme le tourisme (hôtellerie, hébergement et agence de voyage), le transport et activité connexes. Des éléments justificatifs de l'impact de la crise sanitaire sur la situation financière de l'entreprise, sont demandés lorsque les entreprises ne relèvent pas des secteurs concernés[10]. D'après la circulaire n°20/169/CF/MINFI/DGI/DLRI/L du 13 mai 2020 précisant les modalités d'application des mesures fiscales de riposte au Covid-

---

[7] SCARANO (J.-P.), *Dictionnaire de droit fiscal et douanier*, *op.cit.*, p. 523.

[8] Direction Générale des Impôts.

[9] Circulaire n°20/169/CF/MINFI/DGI/DLRI/L du 13 mai 2020 précisant les modalités d'application des mesures fiscales de riposte au Covid-19, p. 4.

[10] Art. 3 de la Circulaire n°20/169/CF/MINFI/DGI/DLRI/L du 13 mai 2020, *op. cit.*

19, les demandes de moratoire ou de différé de paiement doivent être instruites dans un délai de 72 heures, sauf lorsqu'elles requièrent la tenue d'une séance de travail préalable[11].

2. L'octroi de moratoire et de différé de paiement

La suspension de l'application des mesures de recouvrement pour les entreprises directement affectées par la crise concerne les secteurs tels que : le tourisme (hôtellerie, hébergement et agence de voyages), le transport et d'autres activités connexes. Les entreprises des secteurs sus évoqués bénéficieront des différés et moratoires de paiement. L'obtention de moratoire est l'une des mesures prises par les pouvoirs publics qui a des influences sur l'application de la norme fiscale. En effet, il est prévu « *l'octroi de moratoires et de différés de paiement aux entreprises directement affectées par la crise, suspendant les mesures de recouvrement forcé à l'encontre de celle-ci* ». Il se dégage de cette mesure, la possibilité qu'ont les entreprises affectées par la crise d'avoir accès aux moratoires et différés de paiement. Ces deux notions sont distinctes. D'une part, on parlera de moratoire, dès lors qu'il y aura prolongement des délais d'exécution d'une obligation fiscale dans le temps, généralement en raison des circonstances sociales graves. D'autre part on parlera, de différé de paiement, lorsque le crédit souscrit au fisc, permet de régler les droits ultérieurement moyennant au non-paiement d'intérêts au taux de l'intérêt légal bénéficiant d'un abattement d'un tiers[12].

Plusieurs conséquences découlent de l'obtention de moratoire et des différés de paiement. On note la suspension de toutes les mesures de recouvrement prévues par le livre des procédures fiscales, y compris celles engagées avant le déclenchement de la crise[13]. De plus le moratoire octroyé aux entreprises donne droit à la délivrance d'un certificat de non-conformité fiscale d'une durée de validité d'un mois conformément à l'article L 94 bis du Livre des procédures fiscales qui dispose que : « *Toute personne physique ou morale redevable d'un impôt, droit ou taxe, à jour au regard du paiement desdits impôts, droits et taxes, peut sur sa demande, obtenir de l'administration fiscale une attestation de non-redevance. Celle-ci certifie que le contribuable n'est redevable d'aucune dette fiscale exigible à la date de sa délivrance* »[14]. L'attestation de non-redevance peut également être délivrée au contribuable redevable d'une dette fiscale lorsque ce dernier bénéficie d'un sursis ou d'un moratoire de paiement dument accordé par les autorités compétentes. Dans ce cas, mention de la dette fiscale due ainsi que de la nature de l'acte suspensif des poursuites doit être faite sur l'attestation de non-redevance. Cependant, le moratoire et le sursis de paiement ne peuvent être

---

[11] *Ibid.*
[12] SCARANO (J.-P.), *Dictionnaire de droit fiscal et douanier*, *op.cit.*, p. 381.
[13] Circulaire n°20/169/CF/MINFI/DGI/DLRI/L du 13 mai 2020 précisant les modalités d'application des mesures fiscales de riposte au Covid-19, p. 3.
[14] Art. L 94 bis al. 1 du CGI (partie Livre des procédures fiscales).

accordés aux entreprises débitrices que par le ministre en charge des finances lorsqu'elles ont des crédits de TVA validés et en attente de remboursement, à condition qu'elles relèvent d'une unité de gestion spécialisée ou alors qu'elles sont bénéficiaires de subventions de l'État non encore payées et dont les paiements des prestations fournies à l'État sont en attente de règlement[15].

Enfin, le non-respect d'une échéance de paiement entraine la caducité d'office du moratoire ou du différé et la réactivation immédiate des mesures de recouvrements forcés par le receveur des impôts. Quid de la suspension des contrôles fiscaux ?

B. La suspension des contrôles fiscaux

La suspension de contrôles fiscaux s'applique aux vérifications de comptabilité. À cet effet il est prévu la suspension au titre du 2ième trimestre des vérifications de comptabilité sauf en cas de comportement fiscal douteux[16].

Il se dégage des dispositions du CGI des considérations multiples qu'il convient de décliner en prenant en compte la mesure de suspension sus-évoquées[17]. La circulaire n°20/169/CF/MINFI/DGI/DLRI/L du 13 mai 2020 précise les modalités d'application des mesures fiscales de riposte au Covid-19 prévoit les procédures et la portée de la suspension (1) ainsi que les exceptions aux mesures de suspension (2).

1. La suspension de la vérification de la comptabilité des entreprises

La suspension des contrôles fiscaux s'applique aux vérifications de comptabilité prévues à l'article L 11 du Livre des Procédures Fiscales qui dispose : « *Les agents des impôts ayant au moins le grade d'inspecteur, munis de leur carte professionnelle et d'une copie de l'avis de vérification, vérifient sur place, la comptabilité des contribuables astreints à présenter et à tenir des documents comptables. La vérification de comptabilité s'exerce au siège de l'entreprise ou au lieu de son principal établissement. Dans l'hypothèse où le contrôle ne peut s'effectuer en ces deux lieux, le contribuable doit expressément demander qu'il se déroule soit dans les bureaux de son comptable, soit dans les locaux de l'administration* ». Ainsi, toutes les interventions se font sur place au sein de l'entreprise. Il en est ainsi des contrôles ponctuels, des contrôles inopinés, du droit d'enquête, du droit de constatation physique des stocks et du droit de visite[18]. Toutefois, les contrôles sur pièces et les procédures de régularisation sont faites à partie du bureau, à l'instar de celles de la déclaration pré-remplie et du dialogue de conformité[19].

---

15 *Ibid* al. 2.

16 La stratégie gouvernementale de riposte face à la pandémie du coronavirus (Covid-19), *op.cit.*, mesure 3.

17 Art. L 11 du CGI 2023 (partie Livre des procédures fiscales).

18 Circulaire n°20/169/CF/MINFI/DGI/DLRI/L du 13 mai 2020 précisant les modalités d'application des mesures fiscales de riposte au Covid-19, p. 1.

19 *Ibid.*

Il découle de cette mesure de suspension de la vérification de la comptabilité des entreprises, plusieurs conséquences dont celles relatives à la sincérité des comptes postérieurs à la crise. Ainsi, la suspension des vérifications de comptabilité qui couvre le deuxième trimestre de l'exercice 2020, à savoir la période allant du 1er avril au 30 juin, renseigne sur l'insaisissabilité comptable de cette période. Quand bien même cela pourrait être considéré comme bénéfique pour les entreprises, elle pose un problème de traçabilité et donc de transparence de nombreuses ressources.

Il n'en demeure pas moins que l'intérêt général est manifesté par l'absence de vérification de la comptabilité, générale ou partielle au regard des circonstances sanitaires exceptionnelles. De manière générale, aucune intervention sur place, ne sera engagée et les procédures de contrôle en cours ont été suspendues. La suspension des vérifications de comptabilité et des interventions sur place emporte suspension des délais des procédures en cours accordés tant à l'administration qu'au contribuable pour agir. Elle n'est cependant pas considérée lorsque les travaux en entreprise sont achevés et le contribuable a déjà formulé ses observations suite à la notification de redressement. Dans ce cas, les contribuables concernés sont fondés à notifier l'administration fiscale des évènements imprévus survenus. La suspension des procédures en cours doit être matérialisée par un procès-verbal signé de l'inspecteur vérificateur et du contribuable vérifié. Elle arrête temporairement le contrôle, sans effacer le délai déjà couru ; ce délai recommencera à courir à l'issue de la période de suspension, à savoir à compter du 1er juillet 2020, etc. En outre, la circulaire sus-évoquée, prévoit quelques cas d'illustration. À cet effet, la suspension de procédure s'applique aux cas suivants :

- l'intervention est programmée, mais l'avis de vérification n'est pas encore déposé : ledit avis ne peut être déposé qu'à partir du 1er juillet 2020 ;
- l'avis de vérification est déposé avant la décision de suspension, mais le délai de 15 jours avant la première intervention est en cours : ledit délai est suspendu et recommence à être décompté à partir du 1er juillet 2020 ;
- les travaux sur place en entreprise sont en cours : ceux-ci sont immédiatement suspendus et ne peuvent être repris qu'à partir du 1er juillet ;
- les travaux sur place sont achevés, dument constatés sur procès-verbal, et la notification de redressement est en cours : la notification est suspendue ainsi que le délai imparti à cet effet jusqu'au 30 juin 2020 ;
- les redressements sont notifiés et le délai d'observations du contribuable est en cours : ledit délai est suspendu jusqu'au 30 juin 2020 ;
- les observations du contribuable sont reçues et le délai de réponse auxdites observations est en cours : il n'y a pas de suspension dans ce cas, la procédure contradictoire étant achevée.

Il faut à présent s'attarder sur les exceptions à la suspension du contrôle fiscal.

2. Les interruptions et exceptions aux vérifications sur place

Le contrôle sur place présente une importance particulière dans les mécanismes de contrôle fiscal. C'est un pouvoir d'investigation de l'administration. Comme l'a relevé le Conseil Constitutionnel français, le caractère nécessaire de l'impôt implique forcément « *que l'exercice des libertés et droits individuels ne saurait en rien excuser la fraude fiscale ni entraver la légitime répression* »[20]. Et la loi reconnait aussi à l'administration des moyens lui permettant de recueillir des informations auprès des contribuables, qu'il s'agisse de la tenue de la comptabilité[21] ou de l'examen fiscal qui conduit à contrôler les obligations attachées à l'impôt sur le revenu. Ainsi, l'administration dispose d'une assise constitutionnelle et législative pour mener à bien ses missions de contrôle.

Cependant, avec le Covid-19, l'administration fiscale a suspendu les procédures de vérifications fiscales sur place. Le droit d'enquête et de flagrance fiscale qui confère d'importants pouvoirs aux agents des impôts a été modifié ou réaménagé sous le prisme de la crise.

La suspension des interventions sur place ne s'applique pas dans trois circonstances. D'abord, en matière de vérification générale ou de tout autre contrôle sur place, lorsqu'il est constaté un comportement fiscal suspect de la part du contribuable, à savoir toute attitude laissant présumer une manœuvre frauduleuse visant à se soustraire au paiement de l'impôt ou à minorer son montant. Ensuite, en ce qui concerne la validation des crédits de TVA notamment pour les cas nécessitant des vérifications générales préalables, conformément aux dispositions de l'article L.8 ter du LPF, lorsque le contribuable en exprime la demande. Enfin, en matière générale à toutes les interventions à la demande expresse du requérant. Toutefois, pour les interventions effectuées à la demande du contribuable, ce dernier doit garantir le respect des mesures barrières nécessaires à la protection de l'ensemble des intervenants à la procédure.

Les aménagements apportés au contrôle sur place présentent certes le visage humanitaire du droit fiscal, mais bousculent l'ordre normatif, dans ce sens où les actes administratifs qui modifient le contrôle sur place devraient être conformes à la loi. Parce que l'ordre c'est l'organisation[22], l'insertion de chaque composante a sa place dans un ordonnancement où tout est pensé, mesuré, formulé et agencé de sorte que les équivoques dans l'examen du système des règles positives soient inexistantes[23]. Cependant, les aléas considérés comme des sources matérielles, c'est-à-dire d'inspiration du droit, ont cette capacité à suspendre la juridicité formelle de certains actes. Les

---

[20] Décision n°83-164 DC, 29 déc. 1983.

[21] Art. 94 bis du Code Général des Impôts.

[22] BABIN (A.) et alii, « Le droit bousculé par l'imprévu », *Revue Juridique de l'Ouest*, 2012-4, pp. 457-474.

[23] FAVOREU (L.) et alii, *Droit constitutionnel*, Paris, Dalloz, 2019, 21e éd., p. 73.

instruments de droit souple s'inscrivent dans un contexte particulier d'évolution du droit et de l'État : « *ces transformations ne sont pas sans incidence sur l'action administrative* »[24]. En conséquence, l'influence des circonstances conjoncturelles sur les règles structurelles fait naître en matière fiscale un droit souple.

II. L'atermoiement de l'application de la norme fiscale

En général, l'atermoiement vient du mot « *terme* » dans le sens d'« *échéance* ». Il désigne le fait pour le créancier de concéder un délai de grâce à son débiteur qui n'est pas à mesure d'exécuter immédiatement une prestation exigible au moment où son règlement n'est pas arrivé à son terme. D'après le vocabulaire juridique, il s'agit d'un délai accordé à un débiteur par ses créanciers en cas d'impossibilité de payer à l'échéance[25]. L'atermoiement de l'application de la norme fiscale est la traduction des multiples ajournements, reports et mesures d'étalement des délais d'application de la norme fiscale. C'est l'action de remettre à un autre moment, de repousser une action dans le temps[26]. C'est la traduction de « *la stratégie gouvernementale de riposte face à la pandémie du coronavirus (Covid-19) : déclaration spéciale, du Premier ministre, du chef du gouvernement du 30 avril 2020* ». La lecture de ces différentes mesures renseigne d'une part sur la flexibilité des délais d'application des obligations procédurales (A), et d'autre part sur l'échelonnement des délais d'application des obligations substantielles (B).

A. La flexibilité des délais

Avec le Covid-19, les contribuables se sont retrouvés dans l'impossibilité de s'acquitter de leurs obligations fiscales. L'administration consciente de cette réalité a pris des mesures de nature fiscale qui ont eu des répercussions sur l'application de la norme fiscale. Il s'est agi de l'avilissement de la rigueur des délais d'application des normes relatives à la déclaration fiscale (1) et de la prorogation des délais de paiement des obligations fiscales (2).

1. L'avilissement de la rigueur des délais d'application des déclarations fiscales

Le report de délai d'application du paiement et des déclarations fiscales concerne la quatrième et la septième mesure de riposte contenue dans la déclaration spéciale, du Premier ministre, Chef du gouvernement du 30 avril 2020. À cet effet, on note : « *le report du délai de dépôt de déclarations statistiques et fiscales sans pénalités en cas d'acquittement du solde*

---

[24] COSTA (D.), « La soumission au principe de légalité des actes de droit souple », *Les Cahiers Portalis*, 2021/1, n°8, p. 152.

[25] CORNU (G.), *Vocabulaire juridique*, Paris, PUF, 2018, 12e éd., p. 99.

[26] *Ibid.*, p. 902.

correspondant »[27]. En temps normal, le législateur camerounais a prévu que « *les contribuables sont tenus de souscrire une déclaration des résultats obtenus dans leur exploitation au cours de la période servant de base à l'impôt au plus tard le 15 mars »*[28]. Ces contribuables qui sont en réalité des sociétés doivent déclarer les revenus durant l'exercice. Le taux de cet impôt sur les sociétés est de 30 % depuis l'exercice budgétaire 2015[29]. De ce fait, les contribuables doivent s'acquitter de l'impôt sur les sociétés au plus tard avant le 15 mars. Le non-respect de cette obligation entrainera des pénalités. Ces pénalités sont entre autres : « *(la) taxation d'office et sa cotisation est majorée de 100 %. La majoration est portée à 150 % en cas de récidive »*[30]. De plus, cela peut donner lieu à « *l'application d'une amende forfaitaire non susceptible de remise, suivant le détail ci-après : entreprises relevant de la Direction des Grandes Entreprises : FCFA cinq millions (5 000 000) ; entreprises relevant des Centres des Impôts des Moyennes Entreprises et des Centres Spécialisés des Impôts : FCFA un million (1 000 000) et entreprises relevant des Centres Divisionnaires des Impôts : FCFA deux cent cinquante mille (250 000) »*[31]. Il faut néanmoins préciser que ces pénalités sont cumulatives et interviennent après une mise en demeure du fisc. Par ailleurs, la mesure ne concernerait *a priori* que les contribuables qui se seront acquittés ultérieurement de l'obligation correspondante ; ce qui permet de déduire que sont exclus de ladite mesure les contribuables ayant un bénéfice néant.

Il s'agit, au regard des circonstances, d'une forme de justice fiscale[32]. Cette politique de traitement ne fait pas peser l'impôt sur les plus affaiblis par le Covid-19, et présenterait la fiscalité non plus comme une ressource pour la réalisation des dépenses publiques, mais bien plus comme un instrument permettant au contribuable de supporter les incidences du Covid-19 sur son activité économique. Aussi, elle révèle l'essence, les valeurs de la fiscalité face à chaque contribuable[33].

---

[27] La stratégie gouvernementale de riposte face à la pandémie du coronavirus (Covid-19) : déclaration spéciale, du Premier ministre, chef du gouvernement du 30 avril 2020, mesure 4.

[29] V. Loi n°2014/026 du 23 décembre 2014 portant loi de finances de la République du Cameroun pour l'exercice 2015.

[29] V. Loi n°2014/026 du 23 décembre 2014 portant loi de finances de la République du Cameroun pour l'exercice 2015.

[30] Art. L93 et L97 du LPF.

[31] Cet alinéa 3 de l'article L99 du LPF a été introduit par la loi n°2018/022 du 11 décembre 2018 portant loi de finances de la République du Cameroun pour l'exercice 2019, précisé par la circulaire n°032/MINFI/DGI/LRI/L du 04 octobre 2019 précisant les modalités d'application des dispositions fiscales de la loi n°2018/022 du 11 décembre 2018 portant loi de finances pour l'exercice 2019.

[32] BOUVIER (M.), *Introduction au droit fiscal général et à la théorie de l'impôt*, Paris, LGDJ, 2022, 19e éd., p. 36.

[33] Lire AMSELEK (P.), « Peut-il y avoir un État sans finances ? », *Revue du Droit Public*, 1983, pp. 267-283.

2. La prorogation des délais de paiement des obligations fiscales

En période normale, le paiement de l'impôt en droit fiscal fait référence au recouvrement. Troisième et dernière phase après l'assiette et la liquidation de l'impôt, le recouvrement de l'impôt est l'ensemble des actes juridiques et des opérations matérielles visant à obtenir le paiement de l'imposition[34], une fois celle-ci établie, c'est-à-dire assise et liquidée pour reprendre Guy GEST[35], ou encore « *l'ensemble des procédures par lesquelles l'impôt passe du patrimoine du contribuable dans les caisses du trésor public* » selon Pierre BELTRAME[36]. Le paiement des impôts par les contribuables est soumis au respect des délais, eux même pouvant être différés d'un impôt à un autre. Ainsi, l'impôt sur les sociétés doit être acquitté spontanément par le contribuable au plus tard le 15 du mois en acompte et en précomptes mensuels assis sur les opérations réalisées[37] ; l'impôt sur le revenu des personnes physiques quant à lui est dû en fin d'exercice[38]. De plus, d'autres impôts comme la taxe à l'essieu[39], la taxe communale sur le bétail[40] et la taxe sur les armes à feu[41] doivent être acquittés avant le 15 mars, etc.

Avec le Covid-19, on assiste à la flexibilité des délais de paiement des obligations fiscales. Cette flexibilité se matérialise par le report des délais de paiement, l'obtention de moratoire et l'admission de paiement en différé. En effet, en s'attardant sur la septième mesure, il est question du « *report au 30 septembre du délai de paiement de la taxe foncière pour l'exercice 2020* »[42]. Les délais d'acquittement de la taxe sur la propriété foncière (TPF) ont été reportés. En effet, la taxe sur la propriété foncière est due annuellement sur les propriétés immobilières, bâties ou non, situées au Cameroun, dans les chefs-lieux d'unités administratives[43]. De ce fait, est redevable de la taxe sur la propriété foncière, toute personne physique ou morale propriétaire d'immeuble(s) bâti(s) ou non bâti(s), y compris tout propriétaire de fait[44]. Le taux de la taxe sur la propriété foncière est fixé à 0,1 %[45]. La taxe sur la propriété foncière est exigible le 1er janvier de l'année d'imposition. Elle doit

---

[34] SCARANO (J.-P.), *Dictionnaire de droit fiscal et douanier*, *op. cit.*, p. 456.

[35] Lire GEST (G.) et TIXIER (G.), *Droit fiscal international*, Paris, PUF, 1990, 2e éd., p. 493.

[36] BELTRAME (P.), *La fiscalité en France*, Paris, Dalloz, 2023/2024, 27e éd., p. 44.

[37] Art. 21 du CGI 2021.

[38] Article 80 du CGI. Toutefois, il est acquitté sous déduction des acomptes et retenues à la source opérée au cours de l'exercice, suivant les modalités déterminées aux articles 81 et suivants du CGI.

[39] Art. 612 bis du CGI depuis la loi n°2018/022 du 11 décembre 2018 portant loi de finances de la République du Cameroun pour l'exercice 2019.

[40] Art. C70 du CGI 2021.

[41] Art. C73 du CGI 2021.

[42] La stratégie gouvernementale de riposte face à la pandémie du coronavirus (Covid-19), *op.cit.*, mesure 7.

[43] Art. 577 al. 1 du CGI 2021.

[44] Art. 577 al. 2 du CGI 2021.

[45] Art. 581 al. 1 du CGI 2021.

être acquittée spontanément au plus tard le 30 juin[46] sur déclaration du redevable ou de son représentant, ou sur la base d'une déclaration pré-remplie[47].

Sous l'effet du Covid-19, la date limite de paiement de la taxe sur la propriété foncière fixée au 30 juin[48] de chaque exercice fiscal est reportée au 30 septembre 2020. La Circulaire n°20/169/CF/MINFI/DGI/DLRI/L du 13 mai 2020 précisant les modalités d'application des mesures fiscales de riposte au Covid-19 précise que, nonobstant le report de la date d'exigibilité de la TPF, la distribution des déclarations pré-remplies servant de support de paiement de cette taxe, pourra commencer dès le mois de juin et que les modalités d'émissions et de paiement de cette taxe demeure inchangées.

B. La résilience fiscale

La résilience, entendue comme la capacité à surmonter les obstacles, renseigne davantage sur les flexions de la fiscalité post Covid-19 avec le maintien de la prorogation des délais des obligations substantielles (1) et le choix d'une pression fiscale rationnelle face au contribuable (2).

1. La prorogation des délais des obligations substantielles post Covid

L'échelonnement des délais d'application des obligations substantielles traduit l'action de disposer dans le temps et d'exécuter à intervalles réguliers les obligations substantielles. Le Covid-19 a eu une incidence temporelle, il s'agit de l'étalement de l'exécution des obligations fiscales substantielles dans un temps et une période déterminée. Il faut dès lors s'attarder sur l'étalement des délais d'exécution des obligations de dettes sociales et sur les autres mesures d'échelonnement, notamment les demandes éventuelles de moratoire.

Les cotisations sociales au Cameroun concernent les prestations familiales, les accidents du travail, les maladies professionnelles, les pensions de vieillesse, d'invalidité et de décès. À cet effet, quelques mesures sont prises telles que :

- l'annulation des pénalités de retard de paiement des cotisations sociales dues à la CNPS sur demandes justifiées[49] ;
- l'étalement sur trois mois du paiement de la dette des cotisations sociales des mois d'avril, mai et juin 2020, sur demande justifiée[50] ;
- le maintien pendant les trois prochains mois à savoir de mai à juillet, du paiement des allocations familiales aux personnels des entreprises ne pouvant s'acquitter des cotisations sociales ou ayant mis leurs personnels

[46] Art. 579 al. 2 du CGI 2021.

[48] Art. 579 du CGI 2021.

[49] La stratégie gouvernementale de riposte face à la pandémie du coronavirus (Covid-19), *op.cit.*, mesure 15.

[50] *Ibid.*, mesure 16.

en congé technique en raison de la baisse conjoncturelle d'activité, notamment dans la restauration, l'hôtellerie, les transports[51].

La prorogation des délais de dépôt des déclarations statistiques et fiscales trouve sa justification dans le souci de préserver les contribuables d'une dette fiscale dans un contexte de crise sanitaire caractérisé par la baisse des revenus des entreprises. Au Cameroun par exemple, les prévisions relatives aux recettes fiscales ont été revues à la baisse. Les pertes liées à la TVA en 2020 sont estimées à - 298, 017 milliards de FCFA, soit 50,73 % des pertes fiscales enregistrées[52], alors même que la TVA constitue la source principale des recettes fiscales au Cameroun qui est estimée à 44,73 des recettes fiscales en 2019, soit 7 % de plus qu'en 2016[53]. Cette réduction est une conséquence des mesures prises par le gouvernement camerounais pour maitriser la pandémie. Une analyse de la fiscalité post-Covid-19 permet de se rendre compte du retour à une pression fiscale qui reste cependant rationnelle.

2. Une pression fiscale rationnelle

La pression fiscale définit l'importance relative des prélèvements obligatoires dans l'économie nationale. Elle traduit l'effort de recouvrement de l'État pour faire face à ses charges. La politique fiscale au Cameroun est caractérisée par la recherche d'une plus grande équité entre les contribuables et par la neutralité de l'impôt. Ainsi, les réformes fiscales de ces trois dernières années tant en matière de politique fiscale qu'en ce qui concerne le renforcement des capacités de l'administration fiscale renseignent sur la volonté de taxer tous les secteurs d'activités, que ces dernières soient matérielles ou immatérielles.

L'option choisie, élargir davantage l'assiette fiscale du pays, en allant vers des contribuables constituant des niches qui échappent encore au fisc, et non à surtaxer davantage ceux qui le sont déjà. À l'exemple sur la taxation des producteurs de contenu numérique[54]. En réalité, l'élargissement de l'assiette fiscale par les pouvoirs publics a pour objectif l'amélioration des recettes sans augmentation de la pression fiscale. Elle repose sur l'identification, la localisation, l'immatriculation et la fidélisation de nouveaux contribuables ; la suppression des régimes privilégiés et notamment les exonérations fiscales qui non seulement sont devenues inopérantes, mais réduisent l'assiette fiscale et la rationalisation du contrôle fiscal pour limiter les effets pervers de la fraude et de l'évasion fiscales.

Même s'« *il est généralement admis que la part des prélèvements obligatoires dans la richesse nationale doit atteindre au moins 25 % pour être significative et engendrer un véritable développement* », il fallait, au regard

---

[51] *Ibidem*, mesure 17.

[52] Lettre de politique fiscale, « Faut-il envisager une reforme post Covid-19 de la TVA au Cameroun ? », *Nkafu Policy Institute*, n°004/ mars 2021, p. 4.

[53] *Ibid.*

[54] Lire. CGI 2024.

des incidences financières de la crise du Covid-19, relever l'économie non pas en taxant plus les contribuables traditionnels, mais en déterminant une nouvelle niche fiscale. Dans ce sens le principe de l'égalité trouve une autre application, l'impôt pour toute activité matérielle ou immatérielle génératrice de revenu.

Conclusion

L'impôt est reconnu comme un fait économique, juridique et social, nécessaire à la vie de l'État, étant donné qu'il ne peut exister d'État sans finances. Mais l'imprévu Covid-19 a bousculé toutes les règles relatives à la gestion de la fiscalité et a fait ressortir un visage social de la fiscalité. Cette humanité manifestée par des exonérations pour tous, la suspension des mécanismes de contrôle ou encore l'avilissement de la norme fiscale et la modulation de la pression fiscale, démontre la résilience de la matière fiscale. Capable de s'adapter aux circonstances. Cependant elle attire l'attention sur les actes de l'administration fiscale contraires à l'état du droit et questionne l'humanisme fiscal face à l'État de droit. Devrait-il exister un droit fiscal de circonstance qui bouleverserait l'ordre normatif ?/-

Crise sanitaire et fiscalité dérogatoire en République du Congo.

Beaucoup de questions, peu de réponses !

Dr Vivien Romain MANANGOU
Maitre-assistant CAMES
Université Marien –Ngouabi (Congo Brazzaville).

****

Introduction

Au commencement était le Covid-19, une crise sanitaire définie comme un évènement affectant la santé de plusieurs individus. Le 30 janvier 2020, l'Organisation Mondiale de la Santé (OMS) la déclara comme « urgence de santé publique de portée internationale »[1]. Il s'agit d'un « *évènement extraordinaire dont il est déterminé qu'il constitue un risque pour la santé publique dans d'autres États* […] »[2]. Si ce n'est pas la première fois que l'OMS déclare une USPPI[3], cependant, le Covid-19 se distingua notamment par sa durée, mais aussi son impact au-delà des aspects sanitaires. Pour y faire face, le 11 mars 2020, l'OMS exigea des mesures de protection essentielles afin de prévenir la saturation des structures hospitalières et renforcer l'hygiène préventive[4]. Concrètement, il s'agissait d'encourager les États du monde entier à confiner les populations pour éviter une propagation rapide et sans contrôle de la pandémie.

En République du Congo[5] Brazzaville, le 28 mars 2020, le chef de l'État décréta un confinement de la population pendant trente jours, appuyé par un couvre-feu nocturne de 20h à 5h du matin[6]. Ce qui paraissait alors comme une première réponse à la crise sanitaire fut en réalité, un arrêt presque total de l'économie, la cause du déclenchement de la crise économique et

---

[1] Voir la déclaration du comité d'urgence Règlement sanitaire international du 30 janvier 2020.

[2] Voir le Règlement sanitaire international dans sa version adoptée le 23 mai 2005.

[3] En 2009 la pandémie de grippe A H1N1, ou encore en mai 2014 avec la Poliovirus, mais aussi récemment, en juillet 2022 avec le virus de la variole du singe.

[4] Voir, allocution liminaire du Directeur général de l'OMS, point de presse sur le Covid-19 du 11 mars 2020.

[5] Connue aussi comme Congo Brazzaville.

[6] Ce confinement initialement prévu pour durer un mois, dura de nombreux mois, voir dans le même sens, Roger Armand Makany, *Expérience du coronavirus au Congo : quelles leçons pour l'avenir* ? ICES, juin 2020.

budgétaire des États : nous assistâmes alors à un enchevêtrement des crises. La mise sous cloche de l'économie congolaise[7], à l'instar d'autres économies[8], précipita le monde dans une crise aux effets économiques et sociaux considérables. On soulignera, par ailleurs, l'extrême fragilité financière du Congo Brazzaville et des États de la Communauté Economique et Monétaire de l'Afrique Centrale (CEMAC) lorsque le versant économique de la crise sanitaire pointa son nez, ce qui entraina une dégradation des finances des administrations publiques déjà convalescentes[9]. On notera aussi qu'afin de faire face aux conséquences économiques de la crise et notamment aux besoins immédiats de crédits qui s'imposaient, le gouvernement fît usage de l'arsenal normatif existant pour agir en urgence face aux crises exceptionnelles[10]. Il en était ainsi, de l'adoption d'une loi de finances rectificatives le 13 mai 2020 afin de prendre en compte dans les prévisions budgétaires, les conséquences économiques et financières de la pandémie[11]. Il en était de même pour la circulaire du ministre des Finances et du budget du 15 avril 2020 pour accompagner les entreprises dans la lutte contre les effets économiques du Covid-19[12].

Il convient cependant de constater avec la force de l'évidence le caractère prépondérant de l'outil fiscal dans l'expression de la réponse à la crise tant sur le plan règlementaire que sur le plan législatif. En effet, nous savons que la fiscalité est d'abord « *un fait politique et social* »[13] et qu'ainsi lorsqu'une crise frappe la société, on fait raisonnablement recours à « *une chose de l'homme* »[14] pour y faire face. Par conséquent, c'était donc la fiscalité qui devrait juguler les conséquences économiques et financières de la crise sanitaire, mais pas n'importe quelle fiscalité, une fiscalité dérogatoire.

---

[7] Pour une vision sectorielle des impacts économiques du Covid-19 sur l'enseignement supérieur, voir Luyindula G. Davy Makany, Macaire Batchi, Roger Armand Makany, « La pandémie du Covid-19 et son impact économique sur le secteur privé de l'enseignement supérieur au Congo Brazzaville », *Revue Congolaise de Gestion*, 2021, n°31, pp. 13 à 42.

[8] On lira utilement sur le sujet, le communiqué de presse de la Banque mondiale du 08 juin 2020, « La pandémie de Covid-19 plonge l'économie planétaire dans sa pire récession depuis la Seconde guerre mondiale ».

[9] Les États de la CEMAC, à l'instar du Congo et du Gabon était en programme avec le FMI au moment où la crise se déclencha, voir Vivien Romain Manangou, « La gouvernance des finances publiques des États en temps de crise budgétaire : le cas du Gabon et du Congo », *RAFiP*, n°8, 2nd semestre 2020, pp. 53-107.

[10] Nous avions déjà dans le passé démontré la résilience des économies de l'Afrique centrale du fait de cet arsenal constitutionnel, voir « Crise Financière et Résilience Constitutionnelle : le cas des États de la CEMAC », *Xè Congrès Mondial de l'Association Internationale de Droit Constitutionnel* à Séoul, en Corée du Sud, en juin 2018.

[11] Loi n°23-2020 du 13 mai 2020 portant loi de finances rectificative pour l'année 2020.

[12] Circulaire n°0247/MFB-CAB du 15 avril 2020 portant Mesures d'accompagnement des entreprises pour la lutte contre les effets économiques du COVID-19.

[13] Sur le sujet, E. Seligmann, *Essais sur l'impôt*, Paris, Girard et Brière, 1914.

[14] Selon la belle expression du doyen Vedel, *RFFP*, n°9, 1985.

La fiscalité dérogatoire désigne le fait de soustraire certains contribuables aux règles législatives ou règlementaires traditionnelles dans le but d'être exonéré partiellement ou totalement du paiement de l'impôt ou d'autres prélèvements. Il s'agit par conséquent pour Jean-François Boudet, d'une mesure de faveur que l'État accorde au contribuable en lui faisant participer au contrat fiscal[15]. Historiquement, le concept de fiscalité dérogatoire a été conçu aux États-Unis à la fin des années 1960 sous le qualificatif de « *dépenses fiscales* » par Stanley Surrey[16]. D'après le dictionnaire des finances publiques, la dépense fiscale désigne « *les avantages fiscaux accordés par l'État aux divers agents économiques. Cela correspond en fait à des ''non-rentrées fiscales''* »[17]. Pour l'OCDE, deux critères doivent être retrouvés pour qualifier une mesure de dépense fiscale : une diminution de recettes pour l'État, et un écart entre la norme fiscale de référence et la norme fiscale dérogatoire. Il n'est donc pas aussi simple dans la pratique d'identifier des dépenses fiscales puisque cette quête exige au préalable l'identification du système fiscal de référence.

Concernant la République du Congo, la pratique de la dépense publique n'est pas nouvelle. Héritière du modèle fiscal français[18], à l'instar d'autres États de la CEMAC dans lesquels l'importance des mesures fiscales dérogatoires n'est plus à démontrer, tant par leur nombre que par leur coût budgétaire[19]. Cependant, on aurait pensé qu'avec les conséquences économiques de la crise sanitaire, le gouvernement aurait fait usage de moyens constitutionnel, législatif et communautaire dont il disposait, c'est le cas par exemple des décrets d'avance prévus à l'article 26 de la Directive CEMAC sur les lois de finances[20], retranscrit en droit interne à l'article 29 de la loi organique relative à la loi des finances[21]. Une technique budgétaire permettant d'agir en urgence en ouvrant des crédits supplémentaires au-delà de ceux prévus dans la loi de finances initiale. Au lieu de cela, la République du Congo a fait globalement le choix d'une baisse de certaines impositions et d'un aménagement administratif des obligations des entreprises.

---

[15] Jean-François Boudet, « Les régimes de faveur en droit fiscal », *in* Gilles-J. Gugliemi (dir.), *La faveur et le droit,* Paris, PUF, 2009, pp. 373-387.

[16] Il était alors le secrétaire adjoint au Trésor.

[17] Jacques Percebois, Jacques Aben, Alain Euzeby, *Dictionnaire de finances publiques*, Armand Collin, Paris, 1995, p. 60.

[18] On consultera utilement sur le sujet, Bernard Plagnet, « Introduction. Présentation générale du système fiscal français », *in* Plagnet Bernard (dir.), *Fiscalité pour non-spécialistes,* Paris, Dunod, 2013, pp. 1-4.

[19] Direction générale des impôts au Cameroun, *Rapport sur les dépenses fiscales exercice 2019* : file:///D:/fiscalit%C3%A9%20d%C3%A9rogatoire/RAPPORT%20SUR%20LES%20DEPENSES%20FISCALES%20-%20FR-def.pdf. consulté le 20 novembre 2023.

[20] Directive n°01/11-UEAC-190-CM-22.

[21] Loi organique n°36-2017 du 3 octobre 2017 relative aux lois de Finances.

Partant, nous nous sommes interrogés dans cette étude sur l'impact que de telles mesures ont pu avoir sur la vie économique et sociale des contribuables concernés. Une telle problématique nécessitait de se rassurer au préalable sur l'appartenance des mesures ainsi prises au Congo Brazzaville à la catégorie des dépenses dites fiscales et donc d'une fiscalité dérogatoire. De cette façon, nous nous sommes appuyés sur une étude de l'OCDE de 2010[22] dans laquelle une liste des dépenses fiscales était établie. On y apprenait que les dépenses fiscales comprenaient : les déductions, les exonérations, les réductions de taux, les reports d'impôts et les crédits. La confrontation de cette liste avec les mesures prises par l'État congolais (baisse de l'IS et de l'IGF, suspension des contrôles fiscaux, extension des délais de déclarations fiscales et report des paiements divers). On constatera aisément la coïncidence entre la liste de l'OCDE et celle des mesures adoptées par l'État congolais lors de la crise sanitaire.

Le choix de la dépense fiscale est d'autant plus étonnant que nous savons que la fiscalité dérogatoire entraine un manque d'entrée de recettes fiscales conséquentes. De même, il existe une véritable controverse sur la dépense fiscale et notamment sur sa pertinence, ainsi, d'aucuns n'hésitent pas à affirmer qu'elle conduit à « *la dégénérescence de l'État-providence* »[23], ou plus fort encore, qu'il s'agit d'une « *illusion* »[24] pour l'Afrique.

Sans tomber dans un jugement sur le choix de cet instrument, ce qui n'est pas l'objet de cette étude, nous nous contenterons d'exposer dans un premier temps les mesures ainsi pointées (**I**), puis nous apprécierons leur pertinence quant aux objectifs qui leur avaient été initialement assignés (**II**).

I. L'expression d'une compétence fiscale partagée dans le choix d'une fiscalité dérogatoire

Si le principe de légalité implique un pouvoir de principe du législateur dans l'adoption des grandes orientations fiscales, il n'épuise pas pour autant la totalité de la compétence en la matière. Ainsi, dans le cadre de la riposte contre les conséquences économiques du Covid-19, le législateur a joué un rôle de premier plan (A), sans obstruer sur celui du pouvoir réglementaire (B), les deux ont ainsi contribué à l'édiction d'une fiscalité dérogatoire.

---

22 *Les dépenses fiscales des pays de l'OCDE,* fev.2010, p. 12.

23 Michel Bouvier, « La fiscalité dérogatoire traduit la dégénérescence de l'État-providence », *Tribune dans le Monde*, 24 septembre 2010: https://www.lemonde.fr/idees/article/2010/09/24/la-fiscalite-derogatoire-traduit-la-degenerescence-de-l-etat-providence_1415566_3232.html. consulté le 15 décembre 2023.

24 Anne-Marie Geourjon, Grégoire Rota-Graziosi, *L'illusion des dépenses fiscales en Afrique*, Notes brèves, mai 2014.

A. Les dépenses fiscales d'origine législative

En droit fiscal, le principe de légalité implique que les règles fondamentales qui forment cette matière soient posées par la loi[25]. Cette prescription tire sa source au Congo Brazzaville de l'article 125 de la Constitution 2015 qui dispose que : « *Sont du domaine de la loi* : (...) *l'assiette, le taux et les modalités de recouvrement des impositions de toute nature (...)* ». Le juge constitutionnel a réaffirmé le pouvoir de principe du législateur en matière fiscale en 2019[26], en considérant qu'il lui revenait eu égard au « *caractère stratégique, contraignant et technique de la fiscalité, à aménager les règles qu'il estime convenir à la particularité d'un tel domaine* ». Partant de ces considérations, la réponse à la crise économique du Covid-19 a d'abord pris une forme budgétaire.

On sait avec Raymond Muzellec que les lois de finances rectificatives sont des « *chirurgies réparatrices* »[27], elles ont en effet pour objectif d'apporter des amendements à la loi de finances initiale tenant compte de la conjoncture économique[28]. Dans ce sens, la loi de finances rectificative adoptée le 13 mai 2020[29] mettait en œuvre deux mesures fiscales censées accompagner les entreprises : la baisse du taux de l'impôt sur le bénéfice des sociétés (IS) pour l'exercice 2020, de 30 % à 28 % et la baisse du taux de l'impôt global forfaitaire (IGF) de l'exercice 2020 de 7 % à 5 % du chiffre d'affaires annuel hors taxes pour les opérateurs vendant des produits à marge libre et de 10 à 8 % pour les opérateurs vendant des produits à prix règlementé et à marge contrôlée.

1. Une fiscalité dérogatoire pour les grandes et moyennes entreprises : la baisse de l'impôt sur les bénéfices des sociétés

Pour faire contribuer les personnes morales à l'effort national, le législateur a institué un impôt sur les bénéfices des sociétés (IS) prévu à l'article 106 du Code général des impôts (CGI). Historiquement, cet impôt a été créé en 1920 aux États-Unis et en Allemagne. C'est à partir de 1948, soit après la Seconde Guerre mondiale, qu'il fut institué en France et dans le reste des pays européens.

En République du Congo, il est rentré grâce au droit colonial et demeure encore à ce jour en vigueur. Cependant, la participation du Congo dans les espaces économiques comme l'OHADA et la CEMAC a contribué au renouvellement de cette imposition dont les sources sont désormais non seulement nationales, mais aussi internationales et surtout communautaires.

Au regard de l'importance des entreprises dans les systèmes économiques modernes, l'imposition sur les sociétés est souvent utilisée

---

[25] Martin Collet, *Droit fiscal*, Paris, PUF, 2023, 11e éd., p. 20.

[26] Décision N°002DCC/SVA/19 du 1er Février 2019.

[27] Raymond Muzellec, *Finances publiques*, Paris, Dalloz, 2000, n°64, p. 39.

[28] Voir dans ce sens, Mouhamet Fall, « Les lois de finances rectificatives », *Afrilex*, n°4.

[29] Loi n°23-2020 du 13 mai 2020 portant loi de finances rectificative pour l'année 2020.

comme instrument d'ajustement économique et social. Ainsi, lors du Covid-19, le taux était passé de 30 à 28 % pour aider les entreprises à affronter les effets économiques de ladite crise. Toutefois, cette baisse de l'IS est somme toute assez banale dans le paysage fiscal congolais et la tendance est même mondiale[30]. Ce taux change beaucoup en raison des conjonctures économiques et sociales. Ainsi, il était fixé à 33 % en 2013, 34 % en 2012 et même 35 % en 2011 ; peu avant la Covid-19, il était à 28 %. À ce niveau, deux choses doivent être précisées.

En premier lieu, on constatera que la baisse du taux de l'IS bien avant et pendant le Covid-19 oscille toujours entre 30 et 28 %. Ceci s'explique par un encadrement de la CEMAC à travers la Directive sur l'impôt sur le bénéfice des sociétés[31]. La technique utilisée consiste non pas à imposer des chiffres, mais à édicter des fourchettes que les États doivent respecter comme dans le système de l'Union Européenne[32]. Ainsi, concernant le calcul de l'IS, l'article 55 de la Directive fixe le taux de l'impôt dans une fourchette comprise entre 25 et 40 % par la loi de finances de chaque État membre de la Communauté. Par conséquent, il existe donc un taux minimal IS dans l'espace CEMAC que le législateur, même en présence d'une crise sanitaire, était tenu de respecter et que l'on retrouve désormais à l'article 122 du CGI congolais. Cependant, au regard de la crise, il était possible d'envisager une baisse plus conséquente, en effet, l'article 61 de la même Directive laisse à chaque État membre la faculté d'instituer, en cas de besoin, le régime particulier, il était donc possible d'aller sans violer les engagements communautaires.

En second lieu, on constatera que l'instabilité fiscale est « *un fléau de longue date* »[33] pour les entreprises au Congo Brazzaville. Le pays joue dans la catégorie des champions de l'instabilité des taux de l'IS avec des changements fiscaux incessants qui pénalisent gravement les agents économiques concernés. Ces dix dernières années, le taux de l'IS a été changé plus de cinq fois, or nous savons, ainsi que le démontre Frédéric Douet, que l'instabilité fiscale contrevient au principe du consentement à l'impôt[34].

---

[30] Pour une analyse sur la baisse du taux de l'IS dans le monde, voir François Meunier, « La baisse de l'impôt sur les sociétés et la valeur des entreprises », *Revue d'économie financière*, 2018/3, n°131, pp.107-121.

[31] Directive n°02/01/UEAC-050-CM-06 du 3 août 2001.

[32] On lira sur le sujet, Mared Gwyn Jones, « Les nouvelles règles de l'UE en matière d'impôt sur les sociétés peuvent-elles faire en sorte que les grandes entreprises paient leur juste part ? », *My Europe*, janv. 2024, en ligne : https://fr.euronews.com/my-europe/2024/01/05/les-nouvelles-regles-de-lue-en-matiere-dimpot-sur-les-societes-peuvent-elles-faire-en-sort

[33] Selon la formule de Philippe Audouin, « L'instabilité fiscale,'' un fléau de longue date'' pour les entreprises », *Tribune dans le Monde*, nov. 2016, consultable en ligne, https://www.lemonde.fr/idees/article/2016/11/10/l-instabilite-fiscale-un-fleau-de-longue-date-pour-les-entreprises_5028947_3232.html.

[34] Frédéric Douet, *Contribution à l'étude de la sécurité juridique en droit fiscal interne français*, Paris, LGDJ, 1997.

On conclura ce paragraphe, en soulignant que le choix du législateur de baisser de deux points le taux de l'IS, bien qu'il s'adressât aux grandes et moyennes entreprises, ne semble pas pour autant être une mesure audacieuse au contraire, elle relève d'un classicisme fiscal dans ce pays. On dira autant de la mesure sur la baisse de l'IGF, destinée aux très petites entreprises.

2. Une dépense fiscale pour les petites et très petites entreprises : la baisse de l'IGF

La seconde mesure phare issue de la loi de finances rectificative pour 2020, en réponse aux conséquences économiques du Covid-19, fut la baisse du taux de l'impôt global forfaitaire.

Le régime du forfait désigne un mode de calcul simplifié dans lequel le montant à régler par le contribuable est calculé sur la base d'une somme fixe ou d'un simple pourcentage. Simplifiant le travail administratif de calcul et de collecte de l'impôt (à la fois pour le contribuable et l'administration), en particulier lorsque les montants en jeu sont faibles et ne justifient pas l'établissement d'une comptabilité trop détaillée. Au Congo, bien qu'il existe plusieurs systèmes forfaitaires, le législateur a entendu mettre en place, depuis la loi de finances pour 1996, un impôt forfaitaire spécifique, dénommé impôt global forfaitaire en sigle IGF. Concernant les contribuables visés et les taux applicables, le législateur avait apporté quelques précisions dans la loi de finances rectificatives pour 2020.

En premier lieu, comme dans la loi de 1996 créant l'IGF, le législateur distingue deux taux auxquels il applique une baisse différente. Ainsi, pour les opérateurs vendant des produits à marge libre, l'IGF passait de 7 à 5 %. Concernant les opérateurs vendant des produits à prix réglementé et à marge contrôlée, le taux passait de 10 à 8 % de la marge globale annuelle hors taxe. Dans le premier cas, c'est la base de calcul de principe qui concerne l'essentiel des contribuables imposables à l'IGF et notamment les très petites entreprises. Ce taux est fixé à 5 % du CA annuel et hors taxe depuis le Covid-19. Dans le second cas, le législateur abaissait le taux de l'IGF à 8 % sur la marge globale annuelle. La marge globale indique une somme orientée profit qui peut être comptabilisée comme un bénéfice sur le marché après déduction des coûts (fabrication, vente, logistique, publicité, etc.). La marge globale c'est donc le résultat global. Dans ce sens, l'article 4 al.2 issu de la loi de finances pour 2020 dans sa dernière version, désigne les commerces dont l'objet consiste en la vente des biens à prix règlementé[35] et à marge contrôlée comme ceux auxquels s'applique le taux de 8 %.

---

[35] À noter qu'en République du Congo, l'article 2 de la Loi n°6-94 du 1er juin 1994 portant réglementation des prix, des normes commerciales, constatation et répression des fraudes, dispose que : « *Les prix des produits, des biens et des services de toute nature, en République du Congo, sont soumis au régime général de la liberté des prix. Le régime général de la liberté des prix est celui dans lequel les prix et les tarifs des produits, des biens et des services sont déterminés par le libre jeu de la concurrence* ».

En second lieu, le législateur précisa que la baisse de l'IGF ne concernait que les opérateurs qui étaient soumis aux exigences comptables issues du système minimal de trésorerie (SMT) conformément aux articles 26 et 28 du CGI. Il s'agit en réalité, des entités dont le chiffre d'affaires annuel (hors taxe) est inférieur dans le premier cas à cent millions (100 000 000) FCFA, en vertu de l'article 26 du CGI ; et des contribuables qui réalisent un chiffre d'affaires annuel (hors taxe) n'excédant pas vingt-cinq millions (25 000 000), relevant ainsi du régime fiscal des très petites entreprises en vertu de l'article 28 CGI. L'appartenance à ce régime entraine certaines obligations énumérées par l'alinéa 5 de l'article 26 du CGI. Globalement, on peut distinguer deux types d'obligations : les obligations comptables et les obligations déclaratives. Concernant les premières, le contribuable doit présenter les états financiers, tenir une comptabilité selon le système minimal de trésorerie ; tenir un registre chronologique de toutes les factures d'achats et de dépenses ; tenir un registre chronologique de toutes les factures de ventes ou des prestations ; souscrire chaque mois la déclaration visée à l'article 176 du CGI, tome 1, effectué le cas échéant, pour le compte du trésor. Concernant les obligations déclaratives, les contribuables soumis au régime forfaitaire ont - en vertu de l'article 28 bis du CGI - l'obligation de déclarer, au plus tard le 20 du mois suivant la fin de chaque trimestre, ses fournisseurs et ses sources d'approvisionnements de marchandises auprès de sa résidence fiscale.

Finalement, la baisse du taux de l'IGF était plutôt restrictive et ne concernait que quelques très petites entreprises appliquant le SMT[36]. Le législateur a donc entendu répondre à la détresse économique causée par la Covid-19 en édictant une mesure pour les grandes et moyennes entreprises (baisse de l'IS) et une autre, pour les petites et très petites entreprises (baisse de l'IGF). Sans rentrer ici sur les conséquences pratiques de telles mesures dérogatoires, on soulignera simplement que le pouvoir réglementaire n'est pas resté en marge, apportant ses propres solutions à la crise économique.

B. Le pouvoir fiscal réglementaire de crise

En vertu de l'article 126 de la Constitution de 2015, « *les matières autres que celles qui sont du domaine de la loi ont un caractère réglementaire* ». Par extension, il existe donc un pouvoir réglementaire fiscal, qui est un pouvoir d'exception cohabitant avec le pouvoir caméral en la matière. Ainsi, pour répondre aux conséquences économiques et sociales de la pandémie, le gouvernement avait pris des mesures sous la forme réglementaire. Parmi les dépenses fiscales, on se concentrera à ce niveau sur les mesures prises en faveur des entreprises par la circulaire du ministre du

---

[36] Sur le sujet, on consultera Jean Mvongo, « Mutations polémiques du Système Minimal de Trésorerie dans la réforme de l'OHADA de 2017 », *Revue Internationale du Chercheur*, n°2, v.2, pp. 1152 et suivantes.

Budget du 15 avril 2020[37] s'appuyant sur le Décret présidentiel portant déclaration de l'État d'urgence[38]. L'analyse des « *dispositifs dérogatoires* »[39] adoptés par le gouvernement nous conduit à distinguer deux grandes familles de mesures fiscales : l'aménagement des obligations fiscales des entreprises et le report des paiements.

1. L'aménagement des obligations fiscales des entreprises

La réponse réglementaire aux conséquences économiques du Covid-19 se singularise par la diversité des mesures fiscales d'accompagnement des entreprises. On pourrait ainsi citer des mesures portant sur la suspension des contrôles fiscaux, celles relatives à l'extension du délai de déclaration des états financiers des entreprises ou encore celles concernant la non-application des pénalités, amendes et intérêts de retard sur la période de deux mois renouvelables. Si les deux premières mesures relèvent incontestablement d'une fiscalité dérogatoire, on pourrait cependant s'interroger sur leur appartenance à la catégorie des dépenses fiscales.

En effet, ni l'extension des délais déclaratifs ni la suspension des contrôles fiscaux ne font véritablement perdre des recettes fiscales à l'État. Tout au plus, elles ne font que différer des rentrées de ressources. En revanche, concernant la non-application des pénalités, amendes et intérêts de retard sur la période de deux mois renouvelables, quelques observations doivent être faites. En premier lieu, une pénalité fiscale est une sanction fiscale à l'égard du contribuable qui ne s'est pas acquitté de son dû fiscal dans les délais prescrits. Elle prend ainsi corps à travers des intérêts de retard sur l'impôt par exemple ou encore à des majorations. Par conséquent, pour Daniel Guttman, « *la sanction fiscale constitue le moyen privilégié d'inciter les contribuables au respect de leurs obligations* »[40]. En second lieu, la non-application des pénalités de retard et autres amendes relèvent de façon incontestable de la dépense fiscale en remplissant les deux conditions : elles sont instituées par une norme dérogatoire et font perdre de recettes fiscales à l'État.

Cependant, l'on peut être surpris par le fait qu'il revienne au gouvernement la compétence de renoncer aux différentes pénalités fiscales. Se pose dès lors la question du régime juridique des pénalités fiscales : qui du gouvernement ou du parlement est compétent pour déterminer les pénalités ? A lire l'article 125 de la Constitution congolaise, on apprend que « *l'assiette, le taux et les modalités de recouvrement des impositions de toute nature* »

---

[37] Circulaire n°0247-1 du 15 avril 2020 portant Mesures d'accompagnement des entreprises pour la lutte contre les effets économiques du Covid-19.
[38] Décret n°2020-93 du 30 mars 2020 portant déclaration de l'État d'urgence sanitaire en République du Congo.
[39] Fiche SNUI, *La fiscalité dérogatoire : plus qu'une question budgétaire, un enjeu de justice sociale*, consulté en ligne, le 20 janvier 2023, sur le site : http://hussonet.free.fr/fiscali.htm.
[40] « Sanctions fiscales et constitution », *Les Nouveaux Cahiers du Conseil constitutionnel*, 2011/4, n°33, p.41.

relève de la compétence du parlement. Or, les pénalités et autres amendes fiscales relèvent de ce que l'on qualifie globalement des sanctions pour inexécution des obligations du contribuable, lesquelles relèvent de la catégorie constitutionnelle des modalités de recouvrement des impositions de toute nature[41]. De ce point de vue, l'abandon par le gouvernement du recouvrement des pénalités fiscales apparaît comme une subdélégation du pouvoir parlementaire de déterminer les modalités de recouvrement des impositions au Gouvernement. Dans l'absolu, une telle décision sonnerait comme une incompétence négative du Parlement et devrait en réalité figurer dans la loi de finances rectificative et non dans une circulaire.

Notre position est confortée par trois dispositions du CGI. La première porte sur la compétence reconnue à la juridiction gracieuse de connaitre les demandes en remise de pénalités, ainsi que le prévoit l'article 422-1 du CGI. La seconde concerne l'article 422 bis, qui dans le cadre d'une transaction fiscale, autorise un contribuable à solliciter une modération totale ou partielle des pénalités. La troisième disposition, issue de l'article 451 du CGI, permettant une remise de pénalité par le service d'assiette, rappelle que lesdites demandes doivent se faire dans les mêmes formes et conditions que les demandes de remise d'impôt, dans le respect du délai de deux mois après connaissance de sa dette par le contribuable. Dans les trois cas, la loi fiscale fait référence à des démarches individuelles, concernant un contribuable et assorties du respect de certaines conditions. On pourrait dès lors se demander si l'autorité administrative avait la compétence d'édicter une remise de pénalité globale sans condition ? Pour notre part, nous postulons que dans une telle configuration, la compétence du parlement se limiterait aux pénalités relevant de la catégorie des impositions de toutes natures et qu'ainsi, les modalités de recouvrement ne concerneraient que les impôts et les taxes et non pas les redevances et autres qui pouvaient intervenir à la suite d'acte administratif. Malheureusement, la circulaire n'apporte aucune précision concernant le régime des pénalités, subsumant que la mesure concernait l'ensemble des pénalités fiscales entrainant des interrogations sur la légalité d'une telle mesure. L'autre paquet des mesures réglementaires suscite aussi quelques interrogations.

2. Le recours au paiement différé

Le confinement entrainait *de facto* de problème de trésorerie pour les entreprises, il était donc inenvisageable de réclamer le paiement des impositions et autres taxes au cours de cette période. Ainsi, pour mieux les accompagner, le gouvernement avait dégainé une autre arme fiscale : le paiement différé. En effet, dans la circulaire en étude, le ministre du Budget avait différé le paiement de la taxe unique sur les salaires (TUS). Il en avait

---

[41] Voir dans ce sens, Alain BOYER, « Le recouvrement de l'impôt », Chap.6, dans *Introduction au droit fiscal*, Paris, Ellipses, 2020, 24 pages.

fait de même pour la taxe d'occupation des locaux à usage professionnel, les contributions foncières des propriétés bâties et non bâties et la taxe sur les spectacles, jeux et divertissements.

Globalement en comptabilité, l'impôt différé est entendu comme celui qui prend en compte les conséquences fiscales de certaines opérations sur les exercices ultérieurs, créant ainsi une différence temporaire. Cependant, dans le cadre du paiement différé en œuvre dans la circulaire, l'autorité administrative n'entendait pas évoquer l'impôt différé qui se distingue d'ailleurs de l'impôt exigible en comptabilité[42] et dont la constatation corrige une « *certaine anomalie de façon obligatoire dans les comptes consolidés qui privilégient une approche économique de l'impôt* »[43]. Au contraire, le choix du gouvernement ne consistait qu'à reporter sur deux mois les paiements des impositions et taxations concernées sans remettre en cause l'équilibre comptable des sociétés concernées. Pour autant, le recours à cette arme fiscale pose des questions sur sa compatibilité avec quelques prescriptions légales, nous en identifions au moins deux.

D'une part, l'article 422 du CGI fait interdiction aux autorités publiques de suspendre ou de faire suspendre le recouvrement des impôts dès lorsqu'elles ne sont pas prévues par la loi. Cette interdiction peut être levée dans quelques cas précis : en présence des états de cotes indûment imposés (art. 435 à 437 du CGI) et des états de cotes irrécouvrables (art. 452 à 456 du CGI). Or, la circulaire en étude suspend les paiements en les différant ce qui semble porter atteinte à l'article 422 du CGI. Par ailleurs, la suspension des paiements pendant le confinement se fit sur la base d'une circulaire portant atteinte à la légalité. On soulignera aussi le fait que, le paiement différé concernait des impositions de toutes natures comme la TUS dont la compétence relève du Parlement. L'État d'urgence pouvait-il permettre toutes les illégalités ?

D'autre part, la lecture de l'article 22 de la loi portant régime financier des collectivités locales[44] nous permet d'affirmer que le paiement différé concernait essentiellement des taxes locales. Or, le régime juridique des taxes et autres contributions locales diffère des taxes et autres impôts d'État. Par conséquent, on ne pouvait différer le paiement desdites taxes par un acte administratif sans tenir compte d'éventuelles contrariétés à la loi. Il en était ainsi de l'article 10 de la loi portant régime financier des collectivités locales qui prévoit que lorsqu'une décision de l'État suscite une perte de ressources

---

[42] Sur la différence entre l'impôt exigible et l'impôt différé, voir, Éric Delesalle, « Impôt différé : un 'objet comptable' à mieux maîtriser dans les comptes des entreprises françaises », *Actu-juridique*, déc.2016, en ligne : Impôt différé : un « objet comptable » à mieux maîtriser dans les comptes des entreprises françaises - Actu-Juridique

[43] Bruno Bachy, « Outil 47. Les impôts différés », *in* Bachy Bruno (dir), *La boîte à outils de la comptabilité.* Paris, Dunod, 2020, p. 176.

[44] Loi n°30-2003 du 20 octobre 2003 portant institution du régime financier des collectivités locales.

au budget d'une collectivité locale en cours d'exécution, une subvention de compensation doit être versée par l'État à cette collectivité. Or, de subvention aux collectivités locales, il n'en avait jamais été question pendant le confinement. Il en était de même de l'article 461 du CGI qui, relativement au paiement des impôts, fait une distinction claire entre la part des impôts destinée à l'État de celle destinée aux collectivités locales qui doit être payée par chèque ou espèce à la recette municipale ou départementale de la collectivité. On peut aisément affirmer que le législateur a entendu protéger les ressources desdites collectivités afin d'assurer une certaine autonomie financière. Partant, le recours indifférencié au paiement différé pour les impôts et autres taxes locales porte atteinte à cette autonomie. Elle est d'autant plus condamnable que le véhicule normatif emprunté ne peut se justifier : un acte administratif peut-il remettre en cause l'autonomie financière des collectivités ? Visiblement, concernant le Covid-19, tout était permis.

Finalement, si sur un plan théorique, le dispositif dérogatoire adopté soulève de nombreuses questions sur la légalité et la répartition des compétences fiscales entre le parlement et le gouvernement. Sur un plan pratique aussi, l'efficacité des mesures dérogatoires adoptées suscite des doutes sur leur réel impact.

II. Une orientation fiscale dictée et sans impact réel

Avec le recul, on jugera négativement le bilan du dispositif fiscal dérogatoire adopté, tout en soulignant qu'il souffrait de plusieurs limites dès le départ (A). Dès lors, ses limites étant connues, pourquoi un tel choix ? À notre sens, la réponse est à rechercher du côté d'une confiscation de la souveraineté fiscale (B).

A. L'inadaptation des mesures fiscales adoptées

Le choix des gouvernants congolais de différer le paiement des certaines impositions et d'en baisser d'autres, s'est révélé dans la pratique sans impact sur les entreprises.

1. Le choix contestable d'une baisse d'impôts

Généralement, la baisse des impôts passe soit par une diminution du taux d'imposition, soit par un changement des règles relatives à l'assiette. Le choix du législateur congolais était d'abaisser les taux d'imposition de l'IS et de l'IGF. La question est donc de savoir si cette baisse du taux des deux impositions était de nature à aider les entreprises à faire face au confinement. Nous pensons que de telles baisses n'ont pas véritablement impacté l'activité économique des entreprises sans le sens souhaité. Pour le démontrer, nous présenterons respectivement les limites des deux impositions, mais aussi les limites collectives aux baisses de ce type.

D'abord concernant la baisse de l'IS, bien qu'il soit difficile d'établir des statistiques exactes sur la structure fiscale congolaise à cause de l'absence de données dans les lois de finances sur l'origine exacte des recettes fiscales. Néanmoins, il existe clairement un déséquilibre entre les sociétés assujetties à l'IS et les entreprises individuelles la plupart du temps imposables à l'IRPP. Partant, la baisse de l'IS de deux points n'a pas véritablement touché le public ciblé, puisque peu, trop peu de sociétés sont soumises à l'IS. Par ailleurs, nous savons déjà que le régime fiscal de l'IS s'applique aux bénéfices nets de l'entreprise, il est donc pris en compte en fin d'exercice social, c'est-à-dire au moment où les résultats de l'entreprise seront connus. De cette façon, la baisse du taux d'imposition n'a aucune conséquence pour une entreprise fermée par le confinement et qui ne produit rien. En outre, dans une période d'arrêt total des activités de l'entreprise, un taux d'imposition même à 28 % demeure rédhibitoire en démarrage d'activité. Ainsi, il aurait été plus judicieux de distinguer les entreprises bénéficiaires en fonction de leur situation. Enfin, se pose aussi la question de la neutralité de l'IS[45] en présence des baisses de taux. Cette neutralité est mise à mal dès lors que la baisse du taux de l'IS profite aux actionnaires par rapport à ladite neutralité[46]. Or, l'on sait qu'il existe un lien entre la neutralité de l'IS et le mode de financement des entreprises[47].

Ensuite, concernant la baisse de l'IGF, si la baisse touche cette fois-ci un public plus fragile, puisque ce sont souvent des micro-entreprises qui sont concernées, on précisera tout de même que l'essentiel des celles-ci relève encore du secteur informel, par conséquent, la baisse du taux d'imposition qui ne s'applique donc pas à elles, n'y change rien. Observons en effet que dans son rapport pour 2022, la Cour des comptes précise la nécessité d'un élargissement de l'assiette fiscale par la réduction du secteur informel[48]. Ainsi, la concentration des mesures fiscales autour du secteur formel conduit à l'échec desdites mesures puisque l'essentiel des acteurs économiques se retrouve dans l'informalité. On soulignera aussi l'extrême vacuité de la baisse de l'IGF puisque cette imposition touche en réalité les entreprises qui bénéficient déjà d'un régime fiscal de faveur. En effet, en vertu de l'article 3 issu de la loi de finances pour 2012, le paiement de l'IGF est libératoire de plusieurs impôts et taxes (IRPP, TVA, CA et TUS). Il ne reste au contribuable concerné que le paiement de la patente, en sus de l'IGF, or nous savons que

---

[45] Pour une vision globale sur la neutralité de l'impôt, voir Loup Bommier, *L'objectif de neutralité du droit fiscal comme fondement d'une imposition unitaire de l'entreprise*, Paris, LGDJ, 2021.

[46] Dans ce sens, voir, François Meunier, « La baisse de l'impôt sur les sociétés et la valeur des entreprises », *Revue d'économie financière*, 2018/3 (n°131), p. 107-121

[47] Dans ce sens, voir Aujean, Michel, Vieri Ceriani, et Christian Valenduc, « Financement de l'investissement et neutralité fiscale : la déduction pour capital à risque en perspective », *Reflets et perspectives de la vie économique*, vol. LIIl, n°1, 2014, pp. 49-62.

[48] Cour des comptes, *Rapport annuel sur le contrôle de l'exécution de la loi de finances, Exercice* 2022.

les taux de patente sont assez dérisoires[49] et qu'ainsi, la baisse de l'IGF vient aider un public pas vraiment en difficulté sur le plan fiscal. On notera enfin que, du fait des prescriptions de l'article 26 al.6 du CGI, de nombreux contribuables sont exonérés de l'IGF, outre les sociétés, il est fait mention des personnes exerçant des professions réglementées ; les boulangers ; les entrepreneurs de travaux ; les exploitants de quincailleries ; les grossistes ; les importateurs. Il est évident que les différentes activités citées étaient irréalisables lors du confinement, pourtant, elles n'étaient point concernées par la baisse de l'IGF et même sans doute par la baisse de l'IS.

Finalement, la baisse des taux d'imposition de l'IGF et de l'IS interroge à la fois sur sa pertinence, mais aussi sur son efficacité au Congo, pays où dans son rapport 2021, la Cour des comptes estimait que le taux de pression fiscale était à 14,10 %, alors que la norme autorisée est de 17 %[50]. Cette dernière situation remet en cause d'une certaine manière, l'autre réponse fiscale qui consistait à différer les paiements.

2. Une annulation des paiements à la place des paiements différés

Le choix de différer les paiements de certains taxes et impôts se révèle être une douce raillerie de la part des gouvernants, tant cette mesure n'apporte rien de concret dans l'assistance que les pouvoirs publics doivent normalement aux entreprises en période de crise.

Premièrement, on postulera qu'une entreprise dont l'activité est à l'arrêt ne paiera pas, ni dans les délais, ni même en cas de report desdits délais. C'est l'enfance de l'art que de savoir que le paiement des différentes impositions et taxations est lié à la réalisation d'un chiffre d'affaires, dès lors, en l'absence de celui-ci, il n'y a pas d'impôt. De ce point de vue, la mesure semble inutile.

Deuxièmement, concernant par exemple les entreprises soumises à l'IGF, on observera qu'elles bénéficient déjà des facilités de paiement puisque le paiement de l'IGF s'aligne sur celui de la patente. Ainsi, l'article 3 *bis* issu de la loi de finances pour 2021 prévoit un étalement du paiement sur quatre versements égaux, et ce quel que soit le montant sur une périodicité couvrant l'année fiscale[51].

Troisièmement, on s'appuiera sur le rapport de la Cour des comptes de 2021 dont l'analyse des recettes fiscales par type d'impôt et taxe révèle une difficulté de mobilisation de certaines taxes à l'instar de la TUS ou de l'IS. De cette manière, on spéculera que le choix de ce type de fiscalité dérogatoire non

---

[49] Bien que la loi de finances pour 2023 revoie légèrement les taux de patente, ils demeurent pour l'essentiel très dérisoire. A titre d'exemple, pour les entreprises qui ont fait un CA de moins d'un million, il n'est que de 10 000 FCFA.

[50] Cour des comptes, *Rapport annuel sur le contrôle de l'exécution de la loi de finances* exercice 2021, p. 16.

[51] Les périodes de paiement sont les suivantes : le 20 mars, le 20 juin, le 20 septembre et le 20 décembre.

seulement ne répond pas aux impératifs économiques et sociaux de l'époque, mais aussi encourt le risque de dégradation continue des finances publiques.

Globalement, nous avons essayé de démontrer que les mesures dérogatoires adoptées n'étaient pas à la hauteur des enjeux économiques et sociaux, dès lors, la question du choix de telles mesures se pose.

B. Un pouvoir fiscal sous contrainte

Avec un taux de pression fiscale en dessous de la moyenne, on pouvait envisager une autre fiscalité. Or, comme nous l'avions démontré, le dispositif fiscal adopté n'avait pas de réel impact sur les acteurs économiques. Ce choix s'explique non pas par une volonté de neutralité économique de la part des gouvernants, mais bien par *l'épée de Damoclès* qui pèse sur les finances publiques congolaises. Une épée tenue par le FMI et la CEMAC ce qui explique selon la formule de Marc Gérard et Christian Valenduc, cette « *politique fiscale sous contraintes* »[52].

1. Les contraintes issues d'un fédéralisme budgétaire et fiscal

À l'instar des autres pays de la zone CEMAC, le Congo est tenu de respecter le pacte de stabilité et de croissance[53], qui impose l'équilibre budgétaire et structurel[54]. Or, nous savons que dans une configuration de ce type, une attention particulière est portée sur le taux d'endettement. Ainsi, dans le cadre de la CEMAC, la recherche d'une discipline budgétaire commune a emmené à l'adoption des critères de premier rang et ceux de second rang. Dans le premier cas, il est exigé aux États d'avoir un solde budgétaire en pourcentage du PIB positif ou nul, une inflation annuelle inférieure ou égale à 3 %, un encours de la dette publique inférieur ou égal à 70 % et non-accumulation d'arriérés. Or, depuis quelques années déjà, la dette publique est le talon d'Achille de l'économie congolaise, l'évolution de son taux est son point faible. Ainsi, lorsque surgit le Covid-19, le taux d'endettement public du Congo est évalué à 98 %[55]. Avec un taux d'endettement aussi élevé, le Congo est prisonnier de sa dette, il ne peut donc se permettre une audace fiscale. C'est d'ailleurs dans ce sens que le document cadre du programme de réformes économiques et financières de la CEMAC[56], rappelait le caractère fragile des équilibres budgétaires des États de la

---

[52] « La politique fiscale sous contraintes », *Reflets et perspectives de la vie économique*, 2007/1, TXLVI, pp. 173-192.

[53] Lire à ce sujet, Claude Nkodia, « Les pactes de convergence en zone franc : quels critères et quels objectifs en zone Cemac ? », *Revue française d'économie*, 2012/2, pp. 115-148.

[54] Ce sont l'ensemble de ses règles que Nicaise Médé qualifie de « fédéralisation rampante des règles juridiques, comptables et statistiques des finances publiques », *in* N. Médé, *Finances publiques. Espace UEMOA/UMOA*, Dakar, L'Harmattan-Sénégal, 2016, p. 27.

[55] Selon le chiffre officiel issu du Rapport annuel sur la dette publique 2020 de la Caisse congolaise d'amortissement. Mais d'autres sources avançaient le chiffre de 110% du PIB.

[56] PREF-CEMAC, Document cadre révisé du programme des réformes économiques et financières de la CEMAC, phase 2-2021-2025, avril 2021.

CEMAC mis à l'épreuve par la pandémie du Covid-19 et la baisse des cours du pétrole brut. Ce qui expliquait d'ailleurs les difficultés budgétaires rencontrées par le Congo et d'autres pays de cette zone économique. L'encadrement budgétaire est manifeste à partir du moment où la communauté enjoint les États à une politique budgétaire qui passait par deux points. En premier lieu, l'amélioration de la viabilité budgétaire et le renforcement de l'efficacité de la dépense publique. En second lieu, « *la préservation des services publics de base, à savoir ceux qui conditionnent la capacité présente et future des individus à vivre selon leurs propres aspirations* »[57]. L'analyse des différentes lois de finances Covid-19 au Congo Brazzaville nous permet d'affirmer que les gouvernants sont restés exactement dans les bornes fixées par la communauté.

En effet, durant toute la période Covid-19, les lois de finances ont eu deux objectifs : d'une part, préserver quelques services publics de base et essentiellement l'hôpital ; d'autre part, préserver l'équilibre budgétaire en rationalisant la dépense publique et en privilégiant la dépense fiscale, censée plus neutre que la dépense budgétaire. Cette dernière orientation se retrouve de façon lumineuse dans une recommandation de la CEMAC : « *la rationalisation et l'amélioration de la qualité et de l'efficacité de la dépense publique par la conduite des politiques budgétaires ciblées (OG3) ainsi que l'amélioration de la transparence dans la gestion des entreprises publiques* »[58]. Autrement dit, rationaliser la dépense publique, c'est faire le choix budgétaire d'une forme d'austérité[59] en ne dépensant que dans ce qui est indispensable. Le Covid-19 ne pouvait justifier un laisser-aller budgétaire, au contraire, ça devrait être, d'après la communauté, le moment d'une gestion rigoureuse des finances publiques. Or, en limitant les dépenses, l'idée sous-jacente est aussi de limiter les ressources et notamment les prélèvements obligatoires, ce qui affecte directement le pouvoir fiscal national.

Le second critère du pacte de stabilité et de croissance de la CEMAC touche directement la souveraineté fiscale en prévoyant que la masse salariale sur les recettes fiscales devrait être inférieure ou égale à 35 %. Quant aux investissements financés sur ressources intérieures sur recettes fiscales, ils doivent être supérieurs ou égaux à 20 %. Le solde extérieur de base en pourcentage du PIB doit être supérieur ou égal à 5 % ; enfin, la pression fiscale supérieure ou égale à 17 %.

Notons enfin que d'autres contraintes fiscales communautaires s'imposaient aux gouvernants congolais, des contraintes issues de principes fiscaux découlant de la Charte des investissements communautaires[60]. De

---

[57] PREF-CEMAC, *Document cadre révisé du programme des réformes économiques et financières de la CEMAC*, phase 2-2021-2025, p. 9.
[58] *Ibid*, p.10.
[59] Voir dans ce sens, OCDE, « III. Rationaliser les dépenses publiques », *Études économiques de l'OCDE*, vol. 1, n°1, 2004, pp. 63-102.
[60] Ladite Charte est issue du Règlement n°17/99/CEMAC-20-CM-03 du 17 décembre 1999.

cette manière, l'article 17 édicte certains principes fiscaux qui doivent gouverner la politique fiscale des États membres. Il en est ainsi du principe de l'équité fiscale qui sur un plan communautaire, peut renvoyer à l'équité entre les États. Du point de vue théorique, cette notion est liée à l'allocation des profits et des pertes à l'échelle internationale et vise à assurer une répartition équitable entre les différents pays des recettes fiscales découlant des bénéfices générés par des activités transnationales (OCDE, 2001). Il en est de même pour le principe de la modération dans la pression fiscale qui implique la question de la réduction de la pression fiscale, et plus globalement, celle de baisser de façon drastique les dépenses publiques. Ainsi, par ce principe, la CEMAC encourage les États à avoir un niveau de pression fiscale limité, ce qui passe par un meilleur encadrement de la dépense publique. Ce dernier point permet de comprendre la politique fiscale timide du gouvernement congolais, sous emprise de la CEMAC. Toutefois, il faut souligner que la contrainte de la CEMAC n'était pas la seule qui pesait sur le Congo.

2. La contrainte internationale du FMI

Confrontée dans les années 2010 à une forte baisse des prix du pétrole alors qu'il représentait 77 % des ressources budgétaires, la République du Congo a dû faire face à une récession économique, des déficits budgétaires et courants élevés, une dette insoutenable et une accumulation d'arriérés intérieurs considérables. C'est dans ces conditions qu'elle a résolu de faire recours au FMI afin de l'aider à répondre à cette crise des finances publiques.

L'intervention du FMI à travers le programme de facilité élargie au crédit visait à « *rétablir la viabilité des finances publiques grâce à un assainissement vigoureux et à une restructuration de la dette, à améliorer la gouvernance afin de promouvoir un usage plus efficient des ressources publiques* (…) »[61]. Dans ce sens, le 11 juillet 2019, le conseil d'administration du FMI approuva en faveur du pays un accord triennal au titre de sa facilité élargie de crédit (FEC) pour un montant de 324 millions de DTS (environ 448,6 millions de dollars, ou 200 % de la quote-part du pays) à l'appui du programme de réformes économiques et financières du pays[62]. Toutefois, le communiqué précisait aussi que « *les décaissements du montant restant seront échelonnés sur la durée du programme, sous réserve de revues semestrielles par le conseil d'administration du programme appuyé par le FMI* »[63]. Ainsi, pour espérer obtenir les prochains décaissements, la République devait

[61] FMI, Rapport des services du FMI — Communiqué de presse ; rapport des services du FMI ; analyse de viabilité de la dette, et déclaration de l'administrateur pour la République du Congo, FMI n°19/244, octobre 2019.

[62] Dans ce sens, voir, FMI, Communiqué de presse n°19/274, le conseil d'administration du FMI approuve en faveur de la République du Congo un accord d'un montant de 448,6 millions de dollars au titre de la facilité élargie de crédit (FEC), juillet 2019.

[63] *Ibid.*, p. 2.

respecter les engagements consignés dans la lettre d'intention[64] qu'elle avait adressée au fonds en soutien à sa demande. Cette démarche peut être considérée comme une première contrainte pesant sur le Congo. L'encadrement de la souveraineté financière et donc fiscale est total dès lors que l'État est obligé de tenir compte des recommandations ou plutôt des exigences du FMI contenues dans ladite lettre d'intention dans ces choix budgétaires et fiscaux.

Avec l'arrivée du Covid-19, les choses s'aggravent pour l'État congolais. En effet, déjà engagé dans d'âpres négociations autour de sa dette avec le FMI, il se voit contraint en mai 2020 de solliciter une aide d'urgence auprès du FMI, pour faire face à la pandémie de Covid-19. Or, un tel engagement du Fonds ne se fait pas sans condition ainsi que le rappelait Alun Thomas en novembre 2020[65] : « (…) *nous avons discuté des conditions à remplir par la partie congolaise pour accéder à cette aide. J'ai espoir que le dossier aboutira* ». Il était donc clair que l'aide d'urgence ne viendrait pas sans conditions, mais qu'il fallait respecter les conditionnalités du fonds. Il s'agissait en réalité d'une double contrainte, puisque nous étions en présence de deux négociations distinctes : l'une - sur l'aide d'urgence entre le Congo et le FMI, pour lutter contre la pandémie du Covid-19 – et l'autre, les négociations sur l'Accord Programme triennal économique et financier concluent le 11 juillet 2019 à Washington au titre de la FEC. Deux recommandations du FMI en plein Covid-19 permettent de confirmer cette contrainte. En premier lieu, « *(...) Les administrateurs ont estimé que les autorités devraient continuer de renforcer leur cadre budgétaire à moyen-terme* ». En second lieu, « (…) *les administrateurs ont convenu que la gestion de la dette publique devrait continuer de figurer au cœur du plan de relance économique du Congo* ». La gestion de la dette publique devrait être la boussole des politiques publiques avec pour conséquence, la rationalisation de la dépense publique.

Dans cette configuration, la réponse économique au Covid-19 ne pouvait se faire sans tenir compte de l'impérative dette publique. Dès lors, le pouvoir fiscal sous contrainte, devait se coucher face à la souveraineté du FMI. Par conséquent, le recours à une fiscalité dérogatoire *soft* s'explique par cette épée de Damoclès./-

---

[64] Sur la lettre d'intention, on lira utilement les explications de Jean-Marc Sorel, « Sur quelques aspects juridiques de la conditionnalité du F.M.I. et leurs conséquences », 7 *EJIL* (1996) 42-6, pp.43-66.

[65] Le Représentant du Fonds monétaire international au Congo, Alun Thomas, a été reçu en audience, mardi 10 novembre 2020 à Brazzaville, par les ministres des Finances et du Budget, Calixte Nganongo, et son collègue Délégué au Budget, Ludovic Ngatsé.

L'application des conventions fiscales bilatérales en période de Covid-19 : Réflexion à partir de la notion de résidence fiscale

Dr Kelly Joanna NGUEMA ONDO
Maître-Assistante de droit public à la Faculté de Droit et des Sciences Economiques,
Chercheure au Centre d'Etudes et de Recherches en Droit et Institutions Politiques (CERDIP), Université Omar Bongo (Libreville/Gabon).

****

Introduction

« En fiscalité, la localisation du contribuable est probablement l'élément le plus structurant pour déterminer le régime fiscal applicable[1]*. Il est donc essentiel de maîtriser les concepts qui fondent la notion, bien qu'ils soient extrêmement complexes et souvent remis en cause par des situations pratiques inédites non anticipées par les auteurs des normes »*[2]. Ces propos de Raphael COIN trouvent une résonance particulière dans la crise sanitaire récente liée au Covid-19.

La pandémie de Covid-19, qui a commencé au début de l'année 2020, a contraint les États à adopter des mesures restreignant le déplacement des populations, au motif de protection de la santé publique. Du fait de ces restrictions, de nombreux travailleurs n'ont pas été en mesure d'être présents physiquement dans le pays qui constituait habituellement leur pays de résidence fiscale. Notion essentielle, tant la localisation d'une résidence fiscale dans un État confère une obligation fiscale illimitée à cet État.

La notion de résidence fiscale est régie par les conventions fiscales bilatérales lorsque des éléments de dimension internationale entrent dans l'équation. Les conventions fiscales bilatérales représentent en effet un aspect important des règles fiscales internationales dans de nombreux pays. Ces traités[3] ont précisément pour but de mettre en place des accords bilatéraux

---

[1] Méthode de détermination de la base, retenue à la source, élimination de double imposition…

[2] R. COIN, « Le triptyque domicile, résidence et établissement stable à l'épreuve de la crise sanitaire prolongée », *Revue de Droit fiscal*, 2020, n°48, étude 446 ; « Le triptyque domicile, résidence et établissement stable à l'épreuve de la sortie de la crise sanitaire prolongée », *Revue de Droit fiscal*, 2021, n°12, étude 187.

[3] Une convention fiscale est un traité international liant deux ou plusieurs États et intéressant tout ou partie de leurs relations fiscales. Les traités sont des accords conclus entre nations souveraines. L'article 2 de la Convention de Vienne sur le droit des traités, qui s'applique à

entre États en vue de définir les droits d'imposition et d'éviter le phénomène de double imposition juridique internationale, qui consiste dans le fait qu'une même personne physique ou morale, voit son revenu soumis, au titre d'une même période d'imposition et pour des impôts de nature comparable, à deux compétences fiscales distinctes[4]. Ce phénomène est préjudiciable aux échanges de biens et de services ainsi qu'aux mouvements des capitaux et des personnes.

Il existe plusieurs modèles de conventions fiscales bilatérales[5]. Toutefois, le plus utilisé est celui de l'Organisation de Coopération et de Développement Economiques[6] (ci-après « OCDE »). Ce modèle de conventions fiscales bilatérales fait usuellement reposer la notion de résidence fiscale, et donc la répartition entre les États du droit d'imposer, sur la présence physique du contribuable dans un État.

La crise sans précédent de Covid-19 soulève donc des questionnements sur l'application de la notion de résidence fiscale, dans la mesure où la présence physique, élément déterminant pour cette application a été affecté de manière pratique par cette crise. Ces questionnements se sont posés avec acuité au fil des vagues de confinement se succédant, et sont susceptibles de s'étendre à la période de sortie de crise[7].

Ainsi, l'étude de l'application de la notion de résidence fiscale en période de crise revêt un double intérêt. D'abord, elle s'inscrit dans l'actualité des États et permet d'apporter une contribution dans un domaine où les écrits ne sont pas abondants, en dépit de son intérêt certain. Ensuite, au moment où s'est ouvert une période de stabilisation où les États vont revenir à la question de la dette, cette étude permet d'apporter des éclaircissements aux contribuables pour assurer leur défense face à des administrations fiscales

---

tous les traités, dispose : « *l'expression "traité" s'entend d'un accord international conclu par écrit entre États et régi par le droit international* ». En matière fiscale, les traités sont souvent appelés « accords » ou « conventions », mais la dénomination utilisée importe peu.

[4] La définition de la double imposition juridique internationale est controversée en doctrine mais ces trois critères se retrouvent dans la plupart des définitions proposées. Pour un examen de l'ensemble des définitions du phénomène voir, M. Pires, *International Judicial Double Taxation of Income*, The Hague, Kluwer Law International, 1989 ; B. Castagnède, *Précis de fiscalité internationale*, Paris, PUF, 2019, 6e éd., p.8 et 9.

[5] Au-delà des autres modèles de conventions existant sans vraiment connaitre de succès : le Pacte Andin et le modèle américain, le modèle de convention fiscale bilatérale de l'Organisation des Nations Unies a vu le jour pour servir de base au Modèle de convention fiscale concernant les doubles impositions entre pays développés et pays en développement.

[6] Organisation de coopération et de développement économiques, *Modèle de convention fiscale concernant le revenu et la fortune*, Paris, OCDE, 2014.

[7] Il convient de noter que, dans la plupart des États contemporains, il n'est pas rare que les années d'imposition en litige dans le cadre du contentieux fiscal soient anciennes d'une dizaine d'années, non parce que la justice en matière fiscale ferait preuve d'une lenteur coupable mais par addition de plusieurs délais, au demeurant indispensables à la protection des droits et garanties des contribuables.

disposant des prérogatives exorbitantes de droit commun dans le cadre du contrôle et du contentieux de l'impôt.

L'apparition de circonstances nouvelles liées au Covid-19 a entrainé une incertitude dans l'application de la notion de résidence dans les conventions fiscales bilatérales. Devant cette évolution du contexte, deux alternatives sont en effet possibles. La première consiste à donner la priorité à la lettre du texte. C'est-à-dire, effectuer une application dite « littérale » ou « statique » de la notion résidence fiscale. La seconde invite à se détacher de la formulation littérale pour faire prévaloir le contexte en s'appuyant sur la finalité du texte. Autrement dit, effectuer une application dite « volontariste » ou « dynamique » de la notion. En effet, comme l'affirme Abdou KEBE, « *il existe une méthodologie commune à l'ensemble de la famille du droit, (...) pour l'application des textes juridiques* »[8]. À ce propos, après avoir rappelé le lien étroit existant entre l'interprétation d'une règle de droit et son application[9], l'auteur distingue les méthodes intrinsèques qui privilégient la sacralité du texte en se référant à la seule règle de droit de celles extrinsèques qui associent des éléments extérieurs, comme l'évolution des données politiques, économiques, sociales ou encore l'esprit du texte[10].

Dès lors, la question qui sous-tend cette étude est celle de savoir ce qui caractérise l'application de la notion de résidence dans les conventions fiscales bilatérales en période de crise sanitaire. Autrement dit, en période de crise, les autorités compétentes appliquent-elles de manière littérale et statique ou de manière volontariste et dynamique la notion de résidence fiscale ?

L'objectif de cette étude est donc une réflexion sur l'application en période de Covid-19 de la notion de résidence fiscale dans les conventions fiscales bilatérales. Elle prend pour champ d'études, d'une part, l'ensemble des autorités compétentes pour appliquer les conventions fiscales bilatérales : autorités internes ou internationales, administratives ou juridictionnelles et, d'autre part, une diversité d'États représentant adéquatement différentes régions et différents systèmes fiscaux. Cependant, un accent sera mis sur l'OCDE et les administrations et juridictions des principaux États membres de l'Organisation. Ce choix est le moyen le plus pertinent pour étudier la question, dans la mesure où les autres principaux acteurs chargés de l'application des conventions fiscales, comme le Comité d'experts chargé du modèle de convention fiscale de l'ONU, sont silencieux sur la question de l'application en période de crise de la notion internationale de résidence fiscale. En outre, la posture adoptée par l'OCDE peut logiquement s'étendre à la notion de résidence contenue dans le modèle de convention fiscale de

---

[8] A. Kebe, « Les techniques d'interprétation du juge constitutionnel sénégalais », *Afrilex*, septembre 2021, p. 5.

[9] En effet, l'auteur écrit que « *L'interprétation désigne l'opération par laquelle les organes juridiques devant appliquer le droit établissent le sens des normes. L'interprétation est donc une étape indispensable pour l'application de la règle de droit* » (A. Kebe, *Ibid*).

[10] *Ibid.*

l'ONU, qui s'applique aux pays en développement, en particulier aux États d'Afrique noire francophone. Les dispositions du modèle de l'ONU sur la résidence fiscale étant identiques à celles du modèle de l'OCDE[11].

Nous verrons, dans les développements qui suivent, que les organisations internationales, en particulier l'OCDE, se sont montrées décisives et audacieuses en faisant une application dynamique et volontariste de la notion de résidence fiscale en période de crise sanitaire **(I)**. L'application volontariste de la notion ne doit cependant pas être surévaluée, en raison de sa portée limitée **(II)**.

I. Une application volontariste par l'OCDE

L'OCDE a adopté une approche volontariste pour l'application de la notion de résidence fiscale en période de crise sanitaire (**B**). Cette intervention n'était évidemment pas dépourvue de fondement (**A**).

A. Le fondement de l'intervention de l'OCDE

Le fondement de l'intervention de l'OCDE sur la question de l'application de la notion de résidence fiscale en période de crise, réside dans le rôle important que joue cette Organisation dans l'uniformisation des règles d'imposition internationales, avec la modélisation des conventions fiscales bilatérales.

La modélisation des normes consiste en l'élaboration d'un modèle, c'est-à-dire d'un texte dont le contenu est destiné à être reproduit par une norme future, que ce soit de manière juridiquement contraignante ou non, et la correspondance entre le modèle et la norme est connue sous le nom de modélisation[12]. Concrètement, la technique de la modélisation des conventions fiscales bilatérales trouve ses origines dans les travaux engagés dans le cadre de la Société des Nations pour lutter contre les doubles

[11] Cette idée est développée dans le détail par H. Ayadi, *Droit fiscal international*, Tunis, CPU, 2001, pp. 92 à 99. De même la version révisée du Modèle de Convention de l'ONU précise que « *Ces modèles, en particulier le Modèle de convention des Nations Unies et le Modèle de convention fiscale concernant le revenu et la fortune de l'OCDE (le Modèle de convention de l'OCDE), ont exercé une influence profonde sur la pratique des traités internationaux et comportent d'importantes dispositions communes. Les ressemblances entre ces deux grands modèles montrent combien il est important de les faire converger dans les cas où cela est possible* », p. 6. Voir également l'article 4 du Modèle de Convention des Nations Unies qui dispose que « *L'article 4 du Modèle de convention des Nations Unies reprend l'article 4 du Modèle de convention de l'OCDE (...). Selon les commentaires de l'article 4 du Modèle de convention de l'OCDE (...)* », p. 87.

[12] Il s'agit donc d'un rapport contingent mais probable entre un acte doté d'une signification prescriptive (le modèle) et une norme future (la norme modélisée). Aussi, nous nous référons ici la conception plus large de « modèle », entendu dans un sens sociologique, qui désigne tout acte qui a factuellement constitué la source d'inspiration d'un autre acte, indépendamment de son statut normatif. Sur ce point voir, A. Martin-Serf, « La modélisation des instruments juridiques », *in* E. Loquin et C. Kessedjian (dir.), *La mondialisation du droit*, Paris, Litec, 2000, pp. 179-205.

impositions[13]. Après la Première Guerre mondiale, cette Organisation[14] a commencé à travailler à l'élaboration de modèles de convention fiscale concernant le revenu et la fortune. Ces travaux ont débouché sur la rédaction des modèles de convention de 1943 et de 1946. Toutefois, ces modèles de convention n'ont pas été unanimement admis.

Repris par la suite par l'OCDE[15], les travaux sur l'élaboration d'un modèle de convention qui soit acceptable par tous ont trouvé une expression concrète dans le modèle de convention concernant le revenu et la fortune. Ce modèle a été publié pour la première fois sous forme de projet en 1963. Depuis, il a été modifié au fil des ans à plusieurs reprises. Le modèle de convention de l'OCDE s'accompagne de commentaires détaillés, article par article. Ces commentaires sont importants pour le perfectionnement de ce modèle, autrement dit sa mise à jour constante. En effet, modifier le modèle de convention de l'OCDE pour en corriger les défauts ou tenir compte des nouvelles évolutions est une tâche extrêmement complexe[16]. En revanche, les commentaires sont beaucoup plus faciles à modifier et permettent une actualisation permanente du modèle de convention sans avoir à passer par une procédure d'amendement complexe. Concrètement, au sein de l'OCDE, c'est le Comité des affaires fiscales qui est chargé de la révision aussi bien du modèle de convention *stricto sensu* que des commentaires. Ce Comité est une structure intergouvernementale fonctionnant par consensus et ouverte aux États membres qui désignent chacun un délégué qui y siège de plein droit[17], ainsi qu'à certains États non membres qui, sur invitation du Conseil[18], peuvent y siéger en qualité d'observateur. Les membres du Comité sont tous des experts en fiscalité, le plus souvent des hauts fonctionnaires des finances de leur État.

---

[13] Voir notamment B. Colas, *L'OCDE et l'évolution du droit international de l'économie et de l'environnement*, thèse Université Paris 1, 1995, Paris, Editions OCDE, 2012, pp. 158-164.

[14] Il s'agit d'une organisation universelle à vocation générale créée par le Traité de Versailles du 28 juin 1919.

[15] Rappelons que si l'Organisation européenne de coopération économique (OECE) a été créée en 1948 pour administrer le plan Marshall, l'OCDE est née d'une convention du 14 décembre 1960, entrée en vigueur au 30 septembre 1961. Il s'agit d'une organisation internationale économique qui compte pour membre un grand nombre de pays industrialisés et a pour objectif principal d'encourager les bonnes pratiques concourant au développement économique.

[16] La théorie veut que la façon appropriée de modifier une disposition conventionnelle caduque soit de procéder par voie d'amendement négocié entre les parties, mais, dans la pratique, la négociation d'un amendement est souvent extrêmement lente et difficile, et il n'est pas rare que la négociation d'un avenant prenne autant de temps que celle d'un traité. Il arrive souvent que lorsqu'un aspect d'un traité est renégocié, d'autres doivent l'être également.

[17] Résolution du Conseil sur le Mandat du Comité des affaires fiscales [C(2008)147 et C/M(2008)20, point 285].

[18] Conformément à l'article 9 a) du Règlement de procédure de l'OCDE, il s'agit du Chili, de l'Inde, de la Fédération de Russie, de la République populaire de Chine, de l'Afrique du Sud, de l'Argentine, de la Banque mondiale et du Fonds monétaire international (F.M.I.).

L'écrasante majorité des conventions fiscales bilatérales conclues par les États est fortement inspirée du Modèle de convention de l'OCDE. Il sert souvent de point de départ aux négociations des traités fiscaux bilatéraux. L'exercice en résultant consistera, pour un État, à expliquer les motifs justifiant sa volonté de contrevenir aux préceptes établis par le modèle de convention de l'OCDE[19]. Ainsi, il existe maintenant plus de 3 000 traités fiscaux bilatéraux[20] et plus de 75 % de la terminologie qui y est utilisée est identique à celle du modèle de l'OCDE[21]. Le Modèle de convention fiscale des Nations Unies reprend d'ailleurs lui-même la structure du modèle de l'OCDE et en comporte de nombreuses dispositions analogues ou identiques. Il est par conséquent logique de considérer le modèle de l'ONU non comme un texte complètement distinct, mais comme une version ayant subi des modifications limitées du modèle de l'OCDE[22].

Dans la mesure où l'OCDE est l'édificateur du modèle de convention fiscale bilatérale le plus utilisé, il est tout à fait raisonnable d'affirmer que cette Organisation est légitime et bien fondée pour apporter des solutions aux difficultés d'application de la notion de résidence contenue dans ce modèle. Comme le disait en effet le commissaire du gouvernement Jacques ARRIGHI DE CASANOVA, « *les membres du comité*[23] *sont particulièrement bien placés pour savoir ce qu'ils ont entendu écrire en rédigeant les modèles de convention comme ils l'ont fait* »[24]. C'est dans cette perspective que l'Organisation est intervenue dans le débat sur l'application de la notion de résidence fiscale en période de crise sanitaire. À cet égard, elle s'est positionnée dans une posture volontariste audacieuse.

B. L'adoption d'une posture volontariste

Pendant la crise, l'OCDE s'est montrée déterminante en affirmant par ses commentaires la nécessaire adaptation de l'application de la notion de résidence fiscale au contexte de crise[25]. Cette posture pragmatique, dynamique ou encore volontariste de l'Organisation porte successivement sur les personnes morales (1) et les personnes physiques (2).

---

[19] S. Chatel, "ax Treaties", *op. cit*, pp. 145-156.

[20] *Ibid*, p. 154.

[21] Y. Brauner, "What the BEPS?", (2014) 16(2) *Florida Tax Review* 55, 61.

[22] B. J. Arnold, *Introduction aux conventions fiscales*, op.cit., p.6.

[23] Il s'agit du Comité des affaires fiscales de l'OCDE et du Comité d'experts de la coopération internationale en matière fiscale de l'ONU.

[24] Concl. J. Arrighi de Casanova sous CE, 13 oct. 1999, n°190083, SA Banque française de l'Orient, Lebon T., p. 732 ; *Dr. fisc.* 2000, n°6, comm. 71 ; RJF 12/1999, n°1587, chron. E. Mignon, p. 931.

[25] Comme l'affirmait Raphael Coin : « *(...) l'OCDE admet que sa posture n'est pas totalement issue de l'interprétation des principes en vigueur mais d'une approche constructive intrinsèquement liée à la crise actuelle. L'Organisation tente de faire coïncider les principes fondamentaux des conventions fiscales avec la temporalité de la crise actuelle* » (« Le triptyque domicile, résidence et établissement stable à l'épreuve de la crise sanitaire prolongée... », *op.cit.*, p. 30).

1. La résidence fiscale des entreprises

L'article 7 du modèle de Convention de l'OCDE pose deux éléments d'identification de la résidence fiscale des personnes morales : le siège de direction effective et l'établissement stable. L'approche volontariste de l'OCDE pourra être vérifiée au niveau de ces deux piliers.

Pour la détermination de la résidence des entreprises, le siège de direction effective est essentiel. Les éléments usuellement[26] pris en compte pour identifier le siège de direction effective sont, le lieu où les réunions du conseil d'administration ou de tout autre organe équivalent se tiennent généralement, le lieu où le directeur général et les autres dirigeants exercent généralement leur activité, le lieu où s'exerce la gestion supérieure des affaires courantes de la personne, le lieu où se situe le siège de l'entreprise.

L'application du siège de direction effective s'est complexifiée avec la pandémie de Covid-19. Précisément, la question s'est posée de savoir si l'application des règles de détermination du siège de direction effective devait ou non changer en raison des changements provoqués par le Covid-19 au niveau de la localisation physique des personnes. En effet, le critère du lieu de réunion du conseil d'administration est devenu plus difficile à mettre en œuvre en raison de la multiplication des réunions virtuelles. La pandémie ayant accéléré l'utilisation par les sociétés des technologies numériques, celles-ci doivent identifier l'État de validation des décisions principales et, si opportun, demander une confirmation à l'administration fiscale. D'autres facteurs, comme le bouleversement du lieu où les dirigeants exercent leur activité, ont également participé à l'application difficile du siège de direction effective durant la crise[27].

Pour résoudre la question d'application en période de crise du siège de direction effective, l'OCDE s'est clairement positionnée dans une posture volontariste qui privilégie la finalité du texte. C'est dans cet esprit que l'OCDE a pu affirmer que « *la situation créée par la pandémie de Covid-19 n'entraîne cependant pas un changement de résidence d'une entité en vertu d'une convention fiscale. Un changement de localisation des directeurs généraux et autres dirigeants lié à une situation exceptionnelle et temporaire provoquée par le Covid-19 ne doit pas entraîner de changement de résidence (...)* »[28]. Ainsi, pour l'organisation économique internationale, l'application du critère du siège de direction effective ne doit pas être littérale et statique, mais doit être dynamique en tenant compte du nouveau contexte lié à la pandémie.

---

[26] Comm. OCDE, C (5), modèle 2017, n° 18.

[27] N. Davoult, « Fiscalité de crise ou crise de la fiscalité internationale ? », *op.cit.*, p. 45.

[28] OCDE, Conventions fiscales et impact de la crise du Covid-19 : analyse du Secrétariat de l'OCDE, *op.cit.* ; et Mise à jour des orientations sur les conventions fiscales et impact de la pandémie de Covid-19, *op.cit.*

Cette application volontariste s'observe également pour l'établissement stable, autre critère déterminant pour la localisation de la résidence fiscale des personnes morales. L'analyse des cas de l'installation fixe d'affaires, de l'agent dépendant et du chantier de construction, éléments usuels permettant de caractériser l'établissement stable[29], illustre en effet l'approche volontariste de l'OCDE.

D'abord, l'application de l'établissement fixe d'affaires a été affectée par la mise en place généralisée du télétravail en période de crise sanitaire. À cet égard, la question s'est posée de savoir si le changement du lieu de travail des employés lié à la crise, notamment lorsqu'ils travaillent depuis leur domicile, devrait conduire à la création de nouveaux établissements stables pour leur employeur. Sur ce point, l'OCDE a clairement indiqué que pendant la crise, les personnes qui restent à leur domicile pour travailler à distance le font généralement pour se conformer à des directives gouvernementales. C'est pourquoi le télétravail depuis le domicile ne constitue pas un établissement stable pour l'entreprise[30].

Ensuite, durant la crise, l'application de l'agent dépendant a également soulevé des interrogations. Il s'agissait de savoir si une personne travaillant à domicile pour un employeur non-résident pourrait être qualifiée d'agent dépendant dont les activités donneraient lieu à la création d'un nouvel établissement stable. En effet, les activités d'un agent dépendant tel qu'un employé conduisent, pour une entreprise, à la création d'un établissement stable si l'employé conclut habituellement des contrats pour le compte de l'entreprise[31]. L'Organisation a résolu cette difficulté d'application en donnant une réponse de principe volontariste. Elle a indiqué que la conclusion de contrats par l'employé à son domicile ne devrait cependant pas conduire à la création d'établissement stable pour les entreprises concernées, l'exercice d'une activité à domicile trouvant sa source dans un cas de force majeure ou à cause de directives gouvernementales ayant des répercussions exceptionnelles sur le cours normal de ses activités[32].

Enfin, l'application du critère de chantier en construction a également été affectée par la pandémie. En effet, un grand nombre d'activités exercées sur des chantiers de construction ont été temporairement interrompues par le Covid-19. La question s'est alors posée de savoir si la durée de cette

---

[29] Voir sur ces critères, l'article 5 du Modèle de Convention de l'OCDE sur l'établissement stable. Dans la pratique, les États, membres ou non, retranscrivent largement cette disposition dans les conventions qu'ils concluent.

[30] OCDE, Conventions fiscales et impact de la crise du COVID-19 : Analyse du Secrétariat de l'OCDE, *op.cit.* ; et Mise à jour des orientations sur les conventions fiscales et impact de la pandémie de COVID-19, *op.cit.*

[31] Voir l'article 5(5) du Modèle de Convention fiscale de l'OCDE, repris dans les conventions bilatérales conclues par les États, membres ou non de l'OCDE.

[32] OCDE, Conventions fiscales et impact de la crise du COVID-19 : Analyse du Secrétariat de l'OCDE, *op.cit.* ; et Mise à jour des orientations sur les conventions fiscales et impact de la pandémie de COVID-19, *op.cit.*

interruption temporaire en raison de la pandémie devrait entrer dans le calcul de la durée d'existence d'un chantier. Il faut noter en effet que traditionnellement, le chantier de construction n'est pas considéré comme ayant cessé d'exister dans les cas d'interruptions temporaires[33]. L'OCDE a toutefois précisé que « *la durée de d'une interruption liée au Covid-19 ne devrait pas entrer dans le calcul de la durée d'existence d'un chantier et ne devrait donc pas entrer en ligne de compte pour déterminer si un chantier de construction constitue un établissement stable* »[34]. Ainsi, si en principe l'interruption temporaire des travaux sur un chantier de construction ne permet pas de considérer qu'un établissement stable constitué par ce chantier cesse d'exister, l'Organisation estime toutefois que durant la pandémie, les périodes au cours desquelles les opérations ont été interdites constituent un type d'interruption qui devrait être exclu du calcul des seuils de durée applicables aux chantiers de construction constituant un établissement stable.

La position de l'OCDE est donc explicite : en période de Covid-19, l'application de la notion de résidence fiscale des personnes morales n'est pas formelle et statique. Elle est volontariste et dynamique, en tenant compte de la période de crise sanitaire. Cette approche volontariste se vérifie aussi pour l'application de la notion de résidence des personnes physiques.

2. La domiciliation fiscale des personnes physiques

Pour l'application de la notion de résidence des personnes physiques, l'OCDE est également apparue audacieuse, en adoptant une approche dynamique et volontariste.

L'application du critère de résidence des personnes physiques a en effet été impactée par la crise. Cette dernière a contraint des contribuables à changer de lieu d'habitation, soit parce qu'ils ont été bloqués dans un pays autre que celui de leur domicile, soit parce qu'ils sont retournés dans leur État d'origine. Or, les règles traditionnelles de détermination de la résidence des personnes physiques prévoient en principe qu'une personne est résidente d'un pays si elle y est physiquement présente pendant un certain nombre de jours. L'application littérale et statique du concept de résidence en période de crise conduirait donc logiquement à un transfert de la résidence fiscale du contribuable vers l'État d'établissement temporaire.

Toutefois, l'OCDE a adopté une position audacieuse en indiquant dans ses commentaires qu'« *il est peu probable que la restriction liée au Covid-19 modifie le lieu de résidence fiscale des personnes physiques et qu'une personne acquière le statut de résident de son pays d'établissement*

---

[33] Paragraphe 55 des Commentaires OCDE sur l'article 5 (5), modèle 2017.

[34] OCDE, Conventions fiscales et impact de la crise du COVID-19 : Analyse du Secrétariat de l'OCDE, *op.cit.* ; et Mise à jour des orientations sur les conventions fiscales et impact de la pandémie de COVID-19, *op.cit.*

temporaire »[35]. Cette posture volontariste de l'Organisation s'étend même aux conséquences découlant de la caractérisation de la résidence des personnes physiques, à savoir la répartition du droit d'imposer à travers les revenus d'emploi des personnes physiques.

En raison de la relocalisation ou de l'incapacité de voyager des salariés, la crise sanitaire a suscité des inquiétudes concernant l'application de la règle d'imposition des revenus d'emploi[36] prévues par l'article 15 du Modèle de convention de l'OCDE. Le point de départ de la règle énoncée à l'article 15 est que, « *les salaires, traitements et autres rémunérations similaires ne sont imposables que dans l'État de résidence de la personne, à moins que l'emploi ne soit exercé dans l'autre État* ». Il est précisé dans les Commentaires sur l'article 15 que l'emploi est exercé à l'endroit où le salarié est physiquement présent lorsqu'il exerce les activités au titre desquelles les revenus liés à l'emploi sont payés. Des conditions sont toutefois posées concernant le critère du lieu d'exercice des activités. L'autre État ne peut exercer un droit d'imposition que si l'employé est présent pendant une période qui excède 183 jours.

Pour l'application de cette disposition en période de crise, l'OCDE a adopté un raisonnement spécifique pour le décompte des jours supplémentaires, en assimilant le temps passé dans l'État d'origine à des jours de maladie qui sont exclus des 183 jours. Elle a précisé que, « *lorsqu'un employé est empêché de voyager en raison des mesures de santé publique prises par l'un des gouvernements concernés pour lutter contre la pandémie de COVID-19 et reste dans une juridiction, il serait raisonnable que cette juridiction n'inclue pas les jours supplémentaires passés sur son territoire en raison de ces circonstances dans le calcul des 183 jours prévus au paragraphe 2, point a de l'article 15 du Modèle de l'OCDE »*[37]. En ce sens, elle a adopté une attitude volontariste pour permettre aux conventions fiscales d'assurer leur mission de prévention de la double imposition. En effet, une application littérale et statique de l'article 15 aurait conduit à inclure les jours supplémentaires passés sur un territoire en raison du Covid-19 dans le calcul des 183 jours prévus par l'article 15 § 2.

Pour les revenus d'emploi perçus par les travailleurs frontaliers, l'OCDE a, de la même façon, privilégié l'approche volontariste. En effet, le fait que le lieu où les travailleurs frontaliers exercent leur emploi change peut

---

[35] OCDE, Conventions fiscales et impact de la crise du COVID-19 : Analyse du Secrétariat de l'OCDE, *op.cit.* ; et Mise à jour des orientations sur les conventions fiscales et impact de la pandémie de COVID-19, *op.cit.*

[36] Le régime d'imposition des revenus d'emploi s'entend ici de la répartition du droit d'imposition entre l'État de résidence de l'employé et celui où il exerce effectivement son emploi.

[37] OCDE, Conventions fiscales et impact de la crise du COVID-19 : Analyse du Secrétariat de l'OCDE, *op.cit.* ; et Mise à jour des orientations sur les conventions fiscales et impact de la pandémie de COVID-19, *op.cit.*

avoir des répercussions sur l'application des dispositions spéciales contenues dans certaines conventions bilatérales concernant la situation des travailleurs frontaliers. Ces dispositions prévoient l'application d'un traitement spécial aux revenus d'emploi des travailleurs frontaliers et contiennent souvent des limites au nombre de jours pendant lesquels un employé peut travailler en dehors de l'État où il travaille régulièrement, sans que cela ne déclenche un changement de statut. Dans cet esprit, les employés qui se rendent au travail dans un pays voisin sont imposables sur leurs revenus d'emploi uniquement dans leur État d'origine sous réserve que l'activité exercée ailleurs dans le cadre de leur emploi soit limitée à la durée maximale indiquée, généralement comprise entre quatre à six semaines de travail[38].

Cependant, l'OCDE a exclu la durée télétravaillée par un employé dans son pays d'origine du calcul du nombre de jours maximum passés en dehors du périmètre de l'État de travail[39]. En conséquence, tous les jours travaillés où des salaires sont versés et pendant lesquels les travailleurs frontaliers n'exercent leur activité que depuis leur bureau à domicile du fait des mesures de lutte contre la pandémie ne seront pas pris en compte pour les besoins de la règle des quarante-cinq jours.

Au total, l'OCDE a adopté une posture éminemment volontariste pour l'application de la notion de localisation dans les conventions fiscales en période de crise sanitaire. Toutefois, la portée de cette approche est limitée.

II. La portée limitée de l'approche volontariste

La portée limitée de l'approche volontariste adoptée par l'OCDE pour l'application en période de crise de la notion de résidence fiscale, résulte à la fois de sa réception imparfaite par les États **(A)** et de son encadrement strict par les autorités compétentes et le droit positif **(B)**.

A. Une appropriation imparfaite par les États

En période de crise sanitaire, l'application de la notion de résidence fiscale par les autorités internationales est loin d'avoir été orthodoxe. En effet, cette période a mis en évidence une application renouvelée et volontariste de la notion de résidence dans les conventions fiscales bilatérales. Si cette posture volontariste a été adoptée dans sa substance par les autorités nationales, sa réception diffère toutefois d'un État à l'autre. Cette réception imparfaite de l'approche volontariste pourra être vérifiée à deux niveaux[40] : d'abord par son

[38] Voir en sens le Protocole additionnel relatif aux travailleurs frontaliers et relatif à la Convention franco-belge préventive de la double imposition : https://finances.belgium.be/fr/Actualites/%EF%83%98belgique-france-r%C3%A9gime-travailleurs-frontaliers-%E2%80%93-coronavirus-covid-19.

[39] Voir OCDE, Conventions fiscales et impact de la crise du COVID-19 : Analyse du Secrétariat de l'OCDE, *op.cit.* ; et Mise à jour des orientations sur les conventions fiscales et impact de la pandémie de COVID-19, *op.cit.*

[40] Au niveau des États, deux autorités sont compétentes pour appliquer et donc interpréter les conventions fiscales bilatérales : les administrations fiscales et surtout les juridictions

admission contingente par les administrations, ensuite par son accueil incertain par les juridictions.

Les commentaires de l'OCDE sur l'application de la notion de résidence en période de crise ont globalement été repris par les autorités administratives nationales chargées d'appliquer les conventions fiscales bilatérales[41]. Ceci est vrai pour l'interprétation de la notion de résidence fiscale des personnes morales et celle des personnes physiques.

En effet, la plupart des autorités administratives nationales a adopté une posture volontariste pour l'application du siège de direction effective, élément fondamental pour la caractérisation de la résidence des entreprises. Ainsi, l'Agence du revenu du Canada a publié des orientations sur l'interprétation du critère du siège de direction effective et a fait observer que lorsqu'un administrateur d'une entreprise doit participer à une réunion du conseil d'administration depuis le Canada en raison de restrictions aux voyages liées à la pandémie, elle ne considérera pas que l'entreprise est résidente au Canada pour cette seule raison[42]. L'administration fiscale de l'Irlande a également publié des orientations invitant à ne pas tenir compte de la présence dans ce pays, d'une personne physique employée d'une entreprise en qualité de directeur, dès lors qu'il est démontré que cette présence résulte des restrictions aux déplacements liées à la pandémie.

Pour l'application des critères de détermination de l'établissement stable, les administrations reprennent également en substance l'approche volontariste présente dans les commentaires de l'OCDE. En ce sens, l'Administration fiscale fédérale a précisé que pendant la période de Covid-19, il ne sera pas tenu compte des activités exécutées temporairement par une ou plusieurs personnes présentes aux États-Unis pour déterminer si cela constitue un établissement stable pour une entreprise non-résidente ou étrangère, à condition que les services ou autres activités de ces personnes n'aient pas pu avoir lieu aux États-Unis en l'absence de restrictions aux voyages liées au Covid-19[43]. De même, le ministère des Finances allemand[44] a indiqué qu'une interruption de la construction et des travaux d'installation causée par la pandémie de Covid-19 ne sera pas prise en compte dans le calcul du seuil temporel applicable à un établissement stable, sous réserve que : la durée de l'interruption soit d'au moins deux semaines, le personnel de

---

nationales qui, en dernier ressort, arbitreront en cas de conflit entre administration et contribuable. En ce sens voir notamment, Ph. Martin, « L'interprétation des conventions fiscales internationales », *op.cit.*, p. 1.

[41] Voir sur ce point, N. Davoult, « Fiscalité de crise ou crise de la fiscalité internationale ? », *op.cit.*, p. 3.

[42] Voir : https://www.canada.ca/fr/agence-revenu/campagnes/mise-a-jour-covid-19/directives-problemes-fiscalite-internationale.html

[43] Voir : https://www.irs.gov/newsroom/faqs-for-nonresident-alien-individuals-and-foreign-businesses-with-employees-or-agents-impactedby-covid-19-emergency-travel-disruptions.

[44] Cité par OCDE, Mise à jour des orientations sur les conventions fiscales et impact de la pandémie de COVID-19, *op.cit*, p. 6.

l'entreprise ait été retiré du site de construction, et le revenu concerné soit imposé, dans la juridiction de résidence de l'entreprise ou de son personnel par exemple, si, en raison de la suspension du délai, l'entreprise n'a pas d'établissement stable en Allemagne. Afin de déterminer le seuil temporel, l'Allemagne ne tiendra pas compte du délai d'interruption décrit dans les orientations, mais cumulera le temps passé avant et après l'interruption.

La grande majorité des administrations internes a également adopté une posture volontariste pour l'application de la résidence des personnes physiques. Ainsi, les autorités françaises ont indiqué qu'un séjour temporaire au titre du confinement en France, ou de restrictions de circulation décidées par le pays de résidence, n'est pas de nature à caractériser une domiciliation fiscale en France. Le Département de l'impôt sur le revenu de l'Inde[45] a également informé que si un particulier n'a pas pu quitter l'Inde en mars 2020, il est possible d'exclure certains jours passés en Inde durant le mois de mars pour appliquer les règles internes de résidence fiscale.

Les autorités administratives ont également privilégié l'approche volontariste pour l'application des règles de répartition du droit d'imposer les revenus d'emploi et les revenus des travailleurs frontaliers. Ainsi, l'Administration fiscale irlandaise[46] a indiqué qu'elle n'envisage pas d'imposer des obligations salariales irlandaises aux employeurs étrangers dans les situations où il apparaît de bonne foi qu'un employé qui travaillait à l'étranger pour le compte d'une entité étrangère avant le Covid-19 est délocalisé temporairement en Irlande pendant la pandémie et exerce son emploi pour le compte de son employeur étranger durant son séjour en Irlande. De même, l'agence du revenu du Canada[47] a précisé que certains résidents des États-Unis qui exercent régulièrement leur emploi au Canada, mais qui ne sont normalement pas présents au Canada pour plus de 183 jours se voient désormais contraints d'exercer leurs fonctions au Canada pour une durée prolongée en raison des restrictions aux voyages. Les orientations confirment que jusqu'à la première des dates énumérées, telles que le jour où l'employé est retourné ou a pu retourner dans sa juridiction de résidence et le 31 décembre 2020, ces jours ne seront pas pris en compte dans le calcul du critère des 183 jours prévus par la convention fiscale sur le revenu signée entre le Canada et les États-Unis. Le Canada adoptera également cette approche pour l'application du critère des jours de présence prévus par les autres conventions fiscales.

En somme, pour l'application de la notion de résidence fiscale, les administrations nationales compétentes ont adopté au cas par cas une position

---

45 Voir : https://www.incometaxindia.gov.in/communications/circular/circular_no_11_2020.pdf.

46 Voir : https://www.revenue.ie/en/corporate/communications/covid19/compliance-with-certain-reporting-and-filing-obligations.aspx.

47 Voir : https://www.canada.ca/en/revenue-agency/campaigns/covid-19-update/guidance-international-income-tax-issues.html.

volontariste analogue à celle de l'OCDE. C'est ce constat que fait Raphael COIN en relevant des approches nationales, qui en substance ont prise en compte les commentaires de l'OCDE, tout en laissant la place à une situation gérée au cas par cas par chaque État démontrant l'absence d'un consensus parfait sur ce point[48].

La réception imparfaite par les États de l'approche volontariste dégagée par l'OCDE s'explique essentiellement par le fait que le Modèle de l'Organisation, qui englobe aussi bien le modèle de Convention *stricto sensu* que ses commentaires, ne constitue pas une norme valide au sens de la théorie kelsénienne du droit et est donc dépourvu de normativité juridique[49]. En effet, il est indéniable que la Convention modèle de l'OCDE ne constitue pas un traité international, au sens de la Convention de Vienne sur le droit des traités[50], mais un acte unilatéral provenant d'une organisation internationale. Ainsi, les commentaires sur cette convention modèle ne peuvent pas non plus être considérés comme des accords ayant rapport au traité,[51] car ils ne se réfèrent pas à des traités, mais à des textes non juridiquement contraignants. Le modèle de l'OCDE est donc un texte élaboré par une organisation internationale en vue de servir d'instrument de négociation pour la conclusion des conventions fiscales bilatérales entre les pays membres ou non, qui peuvent les reprendre ou s'en éloigner de manière plus ou moins affirmée.

Cela étant, il est difficile de déterminer aujourd'hui avec certitude si les juridictions nationales accueilleront elles aussi l'application volontariste de la notion de résidence dans les conventions fiscales en période de crise. Sur ce point, il convient de noter que les juridictions fiscales internes occupent une place importante en matière d'application des conventions fiscales bilatérales. En effet, c'est le juge national qui, en dernier ressort, arbitrera en cas de conflit entre administration et contribuable sur l'application d'une convention fiscale bilatérale[52]. Pour l'exercice de cette compétence, le juge fiscal interne n'est tout d'abord pas lié par l'application de la convention

---

[48] R. Coin, « Le triptyque domicile, résidence et établissement stable à l'épreuve de la crise sanitaire prolongée », *op.cit.*, p.28.

[49] « *Dire qu'une norme est valide signifie que nous acceptons son existence ou — ce qui revient au même — qu'elle dispose d'une force contraignante pour ceux dont elle règle le comportement* ». C'est ainsi que Hans Kelsen assimila force contraignante et validité normative (la normativité juridique) et exclut, par hypothèse, l'existence de normes valides dont l'observation serait seulement facultative pour leurs destinataires : voir sur ce point, H. Kelsen, *General Theory of Law and State*, traduit en anglais par A. Wedberg, Cambridge, Harvard University Press, 1945, p. 30. Voir également T. Dubut, « Modélisation des normes et normativité des modèles : le caractère normatif ambivalent du Modèle de Convention fiscale de l'O.C.D.E. en droit international public », *RBDI*, 2009/1, p. 212.

[50] La Convention de Vienne sur le droit des traités a été adoptée par l'Assemblée générale des Nations-Unies le 23 mai 1969 et entrée en vigueur le 27 janvier 1980 (Nations Unies, *Recueil des traités*, vol. 1155, p. 331).

[51] Au sens de l'article 31 §2 a) de la Convention de Vienne sur le droit des traités.

[52] P. Martin, « L'interprétation des conventions fiscales internationales », *op.cit.*, p.1.

retenue par l'autre État parti[53]. Ensuite, il n'est pas tenu par l'application des conventions fiscales opérée par l'Administration fiscale de son État[54]. Toutefois, on observe que celui-ci prend souvent sa décision en fonction de l'approche retenue par l'Administration, que ce soit par le biais de notes communes ou d'instructions générales[55]. Enfin, en tant que juge national, le juge fiscal interne n'est pas contraint par l'application des conventions fiscales effectuée par l'OCDE. Les commentaires sur la convention modèle de l'OCDE ne sont qu'un modèle proposé aux États négociateurs et n'a aucune portée juridique contraignante en droit interne[56]. Cette opinion, majoritaire dans la doctrine, ne remet toutefois pas en cause l'intérêt de ces commentaires pour l'application des conventions bilatérales par les juridictions nationales. Comme l'affirmait Brian ARNOLD, « *Ces commentaires sont devenus de plus en plus importants pour l'application des conventions fiscales, y compris même de certains traités signés entre pays non membres de l'Organisation* »[57]. En définitive, si les Commentaires de l'OCDE ne sont que des directives pour des États, leur importance pratique est décisive puisque les juridictions nationales s'en inspirent largement.

Au regard des remarques précédentes, il est difficile de déterminer aujourd'hui avec certitude si les juridictions fiscales internes accueilleront la posture volontariste adoptée par les organisations internationales et les administrations nationales[58]. Cela étant, en cas de contentieux, il est fort probable que le juge fiscal interne accueil cette posture volontariste. Si l'application des conventions fiscales faites par l'OCDE ou les administrations nationales n'est pas contraignante pour le juge interne, celui-ci s'en inspirent largement en pratique pour prendre sa décision. En outre, force est de constater que l'application volontariste de la notion de résidence fiscale ne revêt pas un caractère illimité et est donc conforme aux règles générales s'imposant aux juges fiscaux internes pour l'interprétation et l'application des conventions fiscales bilatérales.

---

[53] L. Cytermann, concl. CE, plén., 11 déc. 2020, n° 420174, min. c/ Conversant International Ltd, *op. cit.* p. 11.

[54] En ce sens, Ph. Marchessou affirme que, en France, « *L'interprétation des textes fiscaux à laquelle se livre l'Administration fiscale est l'œuvre d'une autorité subordonnée. L'Administration est une institution crée et développée afin d'assurer l'application des dispositions édictées par le législateur et l'exécutif* » (*L'interprétation des textes fiscaux*, *op.cit.* p. 63). Dans le même sens, A. Lemieux rappelle que « Revenu Canada a la compétence exclusive de donner une interprétation administrative des dispositions d'une convention fiscale. Ces opinions, on le sait, ne lient pas les tribunaux canadiens » (« Le recours aux conventions fiscales internationales comme remède à la double imposition : bref survol de la pratique canadienne », *op.cit.*, p. 754).

[55] Ph. Marchessou, *ibid.*, p.66.

[56] D.-A. Ward, « Accès aux bénéfices découlant des conventions fiscales », 2008, p. 15 et 16.

[57] B. J. Arnold, « Introduction aux conventions fiscales », *op.cit.*, p. 10.

[58] Dans la plupart des États en effet, il n'est pas rare que les années d'imposition en litige dans le cadre du contentieux fiscal soient anciennes d'une dizaine d'années.

B. L'encadrement strict de l'application volontariste de la notion de résidence fiscale

L'OCDE et les autorités nationales ont encadré strictement le recours à l'approche volontariste pour l'application de la notion de résidence dans les conventions fiscales bilatérales. Elles ont notamment déterminé avec précision les conditions permettant l'application volontariste de la notion de résidence fiscale.

En effet, il résulte des analyses de l'OCDE ainsi que celles des administrations nationales que l'application volontariste de la notion de résidence fiscale est soumise au respect de deux conditions strictes : l'existence d'une situation exceptionnelle et le caractère temporaire d'une telle approche.

Dans leurs commentaires officiels, l'OCDE et les administrations internes affirment tout d'abord que la situation exceptionnelle de crise sanitaire fonde l'approche volontariste adoptée. Ainsi, l'Organisation[59] considère que, le changement de localisation physique des directeurs généraux et autres dirigeants lié à une situation exceptionnelle provoquée par le Covid-19 ne doit pas entraîner de changement de résidence, en particulier lorsque la règle de départage pour la détermination de la résidence contenue dans les conventions fiscales est appliquée. De même, le changement du lieu où les employés occupent leur emploi dû au caractère exceptionnel de la crise sanitaire, notamment lorsqu'ils travaillent depuis leur domicile, ne devrait pas conduire à la création de nouveaux établissements stables pour leurs employeurs. De même, la conclusion de contrats au domicile d'employés ou d'agents en raison de la pandémie ne devrait pas conduire à la création d'établissements stables pour les entreprises concernées. Il ne devrait pas être considéré qu'un établissement stable est constitué par un chantier de construction qui cesse d'exister lorsque les travaux sont temporairement interrompus en raison de la situation exceptionnelle de Covid-19.

Plusieurs administrations ont également décidé de considérer le Covid-19 comme relevant de circonstances exceptionnelles et excluent, par conséquent, la durée télétravaillée par un employé dans sa juridiction d'origine du calcul du nombre de jours maximum passés en dehors du périmètre de la juridiction de travail aux fins de la convention[60]. De même, l'Autorité des recettes publiques de la Grèce a précisé qu'aux fins de l'application de la règle de départage fondée sur le siège de direction effective pour la période comprise entre le 18 mars et le 15 juin 2020, le fait que les membres d'une équipe qui prennent les principales décisions sur le plan commercial et sur la gestion d'une entité soient localisés temporairement dans une juridiction différente de celle où sont habituellement prises les décisions

[59] OCDE, Conventions fiscales et impact de la crise du COVID-19, *op.cit.*, §5.

[60] Voir le Protocole additionnel relatif aux travailleurs frontaliers et relatif à la Convention franco-belge préventive de la double imposition, *op.cit.*

n'entraînera pas de modification du lieu du siège de direction effective d'une entité, à condition que ce changement soit dû à des circonstances exceptionnelles[61].

On est donc bien en présence d'une application volontariste de la notion internationale de résidence fiscale, justifiée par la présence d'une situation exceptionnelle liée au Covid-19. Les analyses de l'OCDE comme celles des administrations internes précisent en outre que cette application volontariste de la notion de résidence fiscale est temporaire et que lorsque la situation exceptionnelle de Covid-19 disparaitra, une approche orthodoxe devrait reprendre ses droits[62]. L'Organisation considère par exemple que, les autorités compétentes devront se focaliser sur une période où les mesures de santé publique imposées ou recommandées par les pouvoirs publics ne s'appliquent pas pour pouvoir déterminer le statut de résident d'une personne. Si, dans le contexte et en raison de la pandémie de Covid-19, la présence temporaire d'un individu dans une juridiction lui confère une double résidence, il est peu probable que cela modifie le lieu de résidence de cette personne selon la règle de départage énoncée dans la convention applicable, étant entendu que cette règle exige la prise en compte de facteurs dont l'appréciation est également requise durant une période plus normale. La délocalisation physique d'une personne parce qu'elle ne peut pas rentrer dans sa juridiction d'origine en raison des mesures de santé publique imposées par l'un des gouvernements des juridictions concernées ne devrait pas en soi avoir une incidence sur la résidence de cette personne aux fins de la convention fiscale. Il peut être opportun d'adopter une approche différente si un changement de circonstances subsiste à l'issue de la levée des restrictions dues au Covid-19[63].

Dans le même ordre d'idées, les ministères des Finances de plusieurs pays d'Europe[64] ont adopté une posture volontariste temporaire et factuelle, en indiquant que, durant la période pendant laquelle les autorités sanitaires maintiennent leur recommandation de travail à domicile en raison du risque élevé de contamination, les jours où les travailleurs frontaliers travaillent à distance peuvent être considérés comme des jours de travail effectués dans l'État dans lequel ils auraient exercé cet emploi en l'absence de mesures liées au Covid-19. Toutefois, ce scénario ne s'applique pas aux jours qui auraient été travaillés à domicile ou dans un autre État en l'absence de telles mesures.

---

[61] Voir : https://aade.gr/sites/default/files/2020-07/E2113_2020.pdf.

[62] R. Coin, « Le triptyque domicile, résidence et établissement stable à l'épreuve de la sortie de la crise sanitaire prolongée… La prédiction d'un retour plus rapide que prévu à une interprétation fiscale orthodoxe », *op.cit.*, p. 31.

[63] OCDE, Mise à jour des orientations sur les conventions fiscales et impact de la pandémie de COVID-19, *op.cit.*, § 35.

[64] Il s'agit notamment de l'Allemagne, l'Autriche, la Belgique, la France, le Luxembourg, les Pays-Bas, la Pologne et la Suisse : voir, https://www.bundesfinanzministerium.de « COVID-19, Konsultationsvereinbarung ».

L'OCDE et les administrations nationales admettent donc que leur application volontariste de la notion de résidence fiscale aura une fin. Elles admettent que la situation exceptionnelle cessera à une certaine date et que cela influencera l'analyse, dans le sens d'un retour à une application orthodoxe du concept[65]. Ce faisant, ces entités admettent que l'application volontariste adoptée résulte d'une approche constructive intrinsèquement liée à la crise sanitaire[66].

En somme, l'application volontariste de la notion de résidence fiscale est fondée sur l'existence d'éléments de faits exceptionnels. La sortie de la crise sanitaire entrainera sa disparition. En ce sens, cette approche volontariste revêt nécessairement un caractère temporaire et limité.

Cet encadrement, qui limite sérieusement l'application volontariste de la notion de résidence dans les conventions fiscales bilatérales, trouve d'ailleurs un fondement solide dans les règles d'interprétation et d'application des traités posées par la Convention de Vienne. Ces règles opèrent un compromis entre l'approche littérale qui s'attache à la lettre du texte et l'approche téléologique qui tient compte la finalité de celui-ci. Elles confèrent toutefois la primauté à l'approche littérale. De ce point de vue, pour l'interprétation et l'application des traités, l'approche téléologique est subsidiaire. Elle n'est admissible que si l'approche littérale conduit à des résultats absurdes. Ces règles sont contraignantes pour les États, puisque les juridictions nationales veillent à leur respect même en l'absence de signature de la Convention par les États[67].

Conclusion

Au terme de notre réflexion, un constat s'impose : la pandémie de Covid-19 a contraint les pouvoirs publics nationaux à adopter des mesures restreignant le déplacement des populations. Du fait de ces restrictions, de nombreux travailleurs n'ont pas été en mesure d'être présents physiquement dans le pays qui constituait habituellement leur pays de résidence fiscale.

Régi par les conventions fiscales bilatérales lorsque des éléments de dimension internationale entrent en jeu, le modèle de convention de l'OCDE fait usuellement reposer la notion de résidence fiscale sur la présence physique du contribuable dans un État. Dans la mesure où la présence physique, élément déterminant pour l'identification de la résidence fiscale, a été affectée de manière pratique par la crise, des questionnements sur l'application de cette notion sont apparus avec acuité.

---

[65] R. Coin, « Le triptyque domicile, résidence et établissement stable à l'épreuve de la sortie de la crise sanitaire prolongée… », *op.cit.*, p. 31.

[66] *Ibid*, p. 30.

[67] La Convention de Vienne sur le droit des traités est considérée par la Cour Internationale de Justice comme codifiant des règles du droit coutumier. En ce sens, les règles d'interprétation des traités posées par les articles 31, 32 et 33 de la convention de Vienne sont considérées comme une simple codification de la coutume internationale qui s'appliquent aux traités conclus par les États, indépendamment de la ratification de la Convention par ceux-ci : (C.I.J. Recueil 1991, p. 69 et 70, par. 48).

Dans ce contexte, l'OCDE s'est montrée déterminante et audacieuse en publiant des orientations quant à l'approche à adopter pour l'application en période de crise de la notion de résidence fiscale dans les conventions bilatérales. À cet égard, elle s'est défaite de l'approche littérale et statique pour se positionner dans une posture dynamique et volontariste, en prenant en compte le contexte de crise dans l'application de la notion.

Cette application volontariste de la notion de résidence fiscale ne doit toutefois pas être surévaluée, en raison de sa portée limitée. D'une part, si cette posture a été adoptée dans sa substance par les États, sa réception est cependant imparfaite et diffère d'un État à l'autre. D'autre part, l'application volontariste de la notion de résidence fiscale a été strictement encadrée par l'OCDE et les autorités nationales compétentes. Ces entités ont en effet précisé le caractère exceptionnel et temporaire de cette approche volontariste. Ce qui est conforme aux règles générales d'interprétation et d'application des traités posées par la Convention de Vienne. Ces règles opèrent un compromis entre l'approche littérale prioritaire et l'approche téléologique subsidiaire. De ce point de vue, pour l'interprétation et l'application des traités, l'approche téléologique n'est admissible que si l'approche littérale conduit à des résultats absurdes./-

Covid-19, droit transitoire et perspectives du droit fiscal au Cameroun

Dr Théophile NGUIMFACK VOUFO,
Maître-Assistant en Droit public
Université de Dschang (Cameroun)
Et
Dr Princesse de Christ KOUNDE EBENE,
Ph.D en Droit privé,
Vacataire à l'Université de Dschang (Cameroun)
****

Introduction

La pandémie mondiale du *Corona virus disease 2019* (Covid-19) a marqué par ses répercussions multiples[1]. D'abord sanitaires, ces répercussions sont également économiques, sociales et même politiques[2]. Témoin de ce phénomène, la communauté scientifique n'est pas restée insensible[3]. Elle a mobilisé ses cadres d'analyse pour cerner le problème dans toutes ses dimensions afin d'esquisser des solutions[4]. Cette double approche explicative et prospective est partagée par les instances de prise de décision ainsi que diverses disciplines scientifiques.

Dans les sciences sociales, la science juridique a pris une part active à l'étude du Covid-19[5]. Pouvait-il en être autrement, alors que la norme juridique et son application ont été particulièrement sollicitées dans le cadre des mesures de riposte à la pandémie ?[6] Dans le catalogue des « *mesures de*

---

[1] R. NEMEDEU, « Le Covid-19 et le droit », Chronique *in Le Nemro, Revue Trimestrielle de Droit Economique*, Janvier-Mars 2020, pp. 1-4.

[2] FMI, *Afrique subsaharienne, Covid-19 : une menace sans précédent pour le développement, Perspectives économiques régionales*, avril 2020, 23 p. ; CEMAC, Secrétariat permanent, *Incidences économiques et financières du Covid-19 sur les économies de la CEMAC et esquisses de solutions*, mars 2020, p. 3.

[3] P. C. MESSANGA NYAMNDING, « Coronavirus, la nécessité d'un plan d'urgence sanitaire financier pour l'Afrique au miroir des relations internationales », *Revue camerounaise d'études internationales*, volume 13, n°2, 2020, pp. 42-55.

[4] N. MACHIKOU NDZESOP, « Le Cameroun face à la pandémie du Covid-19 : l'appel au biopouvoir », inédit, 23 mars 2020, 4 p.

[5] Voir, Numéro spécial *Le Nemro, Revue Trimestrielle de Droit Economique,* sur « Le Covid-19 et le droit », n°2, avril-juin 2020, 506 p. ; J-E. GICQUEL, « Covid-19 : crise sanitaire et crise des normes », *Dalloz*, n°13, 2020, p. 719.

[6] A titre d'illustration, consulter les études suivantes : *Covid-19 et contrat*, Dossier, Actualité Juridique Contrat, *Dalloz*, avril 2020, pp. 157-204, *Covid-19, droit pénal et procédure pénale*, Dossier, Actualité Juridique Pénal, n°4, *Dalloz*, avril 2020, pp. 165-208 ; *Droit OHADA et Covid-19*, Bulletin ERSUMA de pratique professionnelle, n°031, Mars 2020 et C. ALTER

riposte » figurent au premier plan celles relevant des finances publiques, en général[7], et du droit fiscal, en particulier[8].

Le droit fiscal, considéré comme l'ensemble des règles qui régissent l'impôt, son administration et sa contestation, s'applique dans les relations entre les citoyens et l'Administration fiscale[9]. L'impôt, en tant qu'objet du droit fiscal, est prélevé sur la valeur économique existante ou ajoutée au patrimoine des contribuables[10]. Toutefois, la majorité des prélèvements fiscaux est étroitement dépendante de l'activité productive et déduite des bénéfices générés par celle-ci. Or, en raison du Covid-19, des restrictions ont été imposées aux opérateurs économiques, réduisant ainsi leur productivité avec un risque croissant de faillite pour de nombreuses entreprises[11]. Au regard de cette situation, l'État a eu conscience du poids des obligations fiscales sur la soutenabilité financière des entreprises et des ménages. Tenant compte des difficultés de ces derniers à supporter leurs charges fiscales en période d'inactivité, le gouvernement camerounais a aménagé un régime fiscal dérogatoire, afin de les soutenir jusqu'à la reprise normale des activités économiques. De par leur formulation, ces dérogations constituent un droit transitoire conçu pour s'appliquer en période de Covid-19.

Par droit transitoire, l'on désigne la discipline qui s'occupe de résoudre le problème posé par le conflit de lois dans le temps, c'est-à-dire le conflit opposant, à l'intérieur d'un même pays, de deux normes successives sur la même matière, et dont la solution consiste à déterminer le domaine respectif d'application de la norme nouvelle et de la norme ancienne[12]. Dans cette étude, le recours à la notion de droit transitoire se justifie par le fait que le législateur fiscal camerounais n'entend pas abroger définitivement les dispositions de la loi ancienne, mais se contente de les suspendre pendant la crise sanitaire. Ainsi, les dispositions fiscales fondées sur le Covid-19 se

(dir.), *Droit des affaires et Covid-19. Synthèse des règles applicables aux entreprises*, Bruxelles, Larcier, 2020, 85 p.

[7] F. TANO, « Les moyens financiers des États à l'épreuve de l'urgence sanitaire en Afrique », *in* P. KIPRÉ (dir.), *Oser les ruptures. L'Afrique de l'après-COVID-19*, Paris, Terra Mater International, 2020, pp. 328-349 ; C. BALLANDRAS-ROZET, « Les principes budgétaires à l'épreuve de la crise sanitaire », *RFFP*, n°152, novembre 2020, p. 101 ; E. CHEKLY, « Covid-19 et finances publiques françaises », *RFFP*, n°154, pp. 31-33 ; G-M. PEKASSA NDAM, P. NGANGUE NEMALEU, « Les finances publiques camerounaises à l'épreuve de la crise sanitaire à coronavirus », *Le Nemro*, n°18, octobre-décembre 2020, pp. 49-74.

[8] S. T. BILOUNGA, « L'incidence de la lutte contre le Covid-19 sur les finances publiques camerounaises », *Recht in Afrika*, n°24, premier semestre 2021, pp. 3-28.

[9] P. AUGE, *Droit fiscal général*, Paris, Ellipses, 2002, p. 11.

[10] J. GROSCLAUDE, P. MARCHESSOU, *Droit fiscal général*, Paris, Dalloz, 2017, 11e éd, p. 13.

[11] A. S. NDZANA BILOA, « La crise économique post Covid-19 : une opportunité pour une nouvelle transition fiscale des pays africains », *RAFiP*, n°8, 2nd semestre 2020, pp. 301- 322.

[12] P. ROUBIER, *Le droit transitoire (conflit de lois dans le temps)*, Paris, Dalloz, 2e éd., 1960, cité par D. J. ZAMBO ZAMBO, *Le droit applicable au Cameroun. Essai sur les conflits de lois dans le temps et dans l'espace*, Thèse de Doctorat/Ph.D, Université de Yaoundé II, 2009, p. 54.

substituent provisoirement au droit fiscal antérieurement en vigueur. Pour cerner leur champ d'application, il importe d'invoquer le concept de « *situation juridique* » par lequel Paul Roubier fonde sa théorie du conflit des lois dans le temps[13]. À ce titre, des situations fiscales se sont succédé dans le temps, selon qu'elles sont nées avant, pendant ou après la crise sanitaire. Bien que des dispositions transitoires destinées à régler le champ d'application temporel des nouvelles normes aient été absentes dans le code général des impôts, le législateur fiscal avait tenu à préciser le champ d'application des normes modifiées. Même dans l'hypothèse où le champ d'application temporel des nouvelles normes n'était pas précisé, le principe d'annualité de la loi de finances devait y suppléer automatiquement. Au demeurant, cette étude convoque la notion de droit transitoire pour appréhender les mutations du droit fiscal camerounais au contact du Covid-19 et non pour résoudre d'éventuels conflits de normes.

Dès mars 2020, le gouvernement camerounais a élaboré une Stratégie de riposte à la pandémie[14]. L'incidence financière de cette stratégie a justifié la signature, par le président de la République, d'une ordonnance portant modification de la loi de finances pour l'exercice 2020[15]. Aux termes de cette ordonnance, certaines normes de la législation fiscale et douanière ont été modifiées[16]. De manière générale, le législateur a accordé diverses exonérations aux entreprises et autres opérateurs économiques en vue d'alléger leurs obligations fiscales[17]. De même, les procédures fiscales en vigueur ont été modulées en fonction des difficultés de leur mise en œuvre par les contribuables. Au plan théorique, il s'agit d'un recours à l'interventionnisme fiscal, terme qui pour Alain Euzeby, « *désigne l'utilisation de l'impôt comme instrument d'intervention des pouvoirs publics dans la vie économique et sociale* »[18]. Cette approche de la politique fiscale participe des liens consubstantiels entre l'impôt et l'environnement économique, car, comme le souligne Michel Bouvier, le poids plus ou moins

[13] P. ROUBIER, *Le droit transitoire…, op cit.*, p. 464.

[14] Voir, *Stratégie gouvernementale de riposte face à la pandémie de coronavirus (Covid-19)*, Déclaration spéciale du Premier ministre camerounais, Chef du Gouvernement, du 17 mars 2020, disponible sur le site du Premier ministère : https://www.spm.gov.cm.

[15] Ordonnance n°2020/001 du 03 juin 2020 modifiant et complétant certaines dispositions de la loi n°2019/023 du 24 décembre 2019 portant loi de finances de la République du Cameroun pour l'exercice 2020.

[16] F. ABENG MESSI, « Les obligations fiscales de l'exercice budgétaire 2020 à l'épreuve de la Covid-19 au Cameroun » *RAFiP*, n°7, 1er semestre 2020, pp. 141-172.

[17] Voir les articles treizième à quinzième (nouveaux) de l'Ordonnance n°2020/001 du 03 juin 2020, précitée.

[18] A. EUZEBY, « Interventionnisme fiscal », *in* Loïc PHILIP (dir.), *Dictionnaire encyclopédique des finances publiques*, Paris, Economica, 1991, p. 978.

grand de l'impôt renseigne sur le degré d'intervention de l'État dans l'économie[19].

Il peut sembler que le recours à l'interventionnisme n'est pas de l'essence du prélèvement fiscal, selon Gabriel Ardant, lorsqu'il souligne que l'impôt est davantage une technique libérale qu'interventionniste[20]. D'après cette conception, l'instrument fiscal laisse une liberté beaucoup plus grande que tous les autres moyens d'intervention étatique, l'agent économique étant le seul maître de ses choix d'investissement. Pourtant, cette conception est largement démentie par les faits, car les États ont toujours été amenés à mobiliser la fiscalité comme un instrument de leurs politiques de développement aux plans économique et social[21].

Au demeurant, l'on admet de manière consensuelle que la fiscalité est l'un des outils majeurs de l'interventionnisme étatique à l'époque contemporaine. Elle est davantage ressentie comme une nécessité lorsque l'économie traverse une période de crise. Preuve de l'intérêt accordé à cet outil, Gilbert Orsoni révèle que les techniques concourant à la mise en œuvre de l'interventionnisme fiscal sont multiples. Dans la typologie dressée par l'auteur, l'on peut identifier les techniques telles que : les exonérations, déductions fiscales, abattements, décote, diminution des taux d'imposition, réductions d'impôt, crédits d'impôt et reports d'impôt[22]. Chacune de ces techniques est utilisée en fonction de l'objectif recherché, à court, moyen ou long terme sur l'économie. Certaines de ces techniques profitent aux contribuables individuellement et d'autres collectivement. De l'avis de Loïc Philip, « *l'utilisation de l'impôt comme moyen d'action sur l'économie peut être opérée, soit dans le cadre d'une politique globale, soit dans le cadre d'une politique sectorielle* »[23].

À l'évidence, l'efficacité d'une politique fiscale interventionniste dépend de la formule privilégiée par le gouvernement. La pandémie du Covid-19 aidant, des mesures fiscales ciblées ont été prises par l'État camerounais afin de soutenir l'activité économique. Or, il importe de se demander si des mesures fiscales ciblées et limitées dans le temps en contexte de crise sanitaire peuvent avoir un impact positif sur l'ensemble de l'économie affecté par la crise sanitaire ? Au regard de l'impact économique et social du Covid-19,

---

[19] M. BOUVIER, *Introduction au droit fiscal général et à la théorie de l'impôt*, Paris, LGDJ, 2016, 13e éd., p. 7.

[20] G. ARDANT, *Théorie sociologique de l'impôt*, Paris, EVPEN, 1965, cité par L. PHILIP, *Finances publiques*, Paris, Cujas, 1995, 5e éd., p. 372.

[21] T. NGUIMFACK VOUFO, « Covid-19 et finances publiques : quelle politique budgétaire de riposte à la pandémie au Cameroun ? », *Le Nemro, Revue Trimestrielle de Droit Economique,* Avril-Juin 2020, pp. 474-487.

[22] G. ORSONI, « L'interventionnisme fiscal : aspects théoriques. Brèves remarques sur l'utilisation de l'instrument fiscal », disponible sur umc.gu-unpk.ru/umc/arhiv/2005/1/Orsoni.pdf, janvier 2005, consulté le 24 septembre 2021, p. 5.

[23] L. PHILIP, *ibid.*, p. 372.

n'est-il pas indiqué de repenser la fiscalité de manière durable afin d'induire des effets positifs à long terme dans tout le secteur productif ?

Depuis la survenance du Covid-19, l'on assiste à l'émergence d'un droit fiscal transitoire qui se décline dans sa double dimension matérielle et procédurale[24]. Pourtant, il faut admettre que s'impose la nécessité d'une réforme fiscale globale[25], une sorte de droit fiscal nouveau ou de renouveau de la politique fiscale, orientée vers les acteurs de la fiscalité et profondément ancrée dans le temps[26]. Il suffit de passer en revue les mesures fiscales prises en cette période pour constater que leur portée est à relativiser si l'on projette la situation économique du Cameroun à moyen et long termes. Autant on peut convenir de l'émergence d'un droit fiscal transitoire justifié par la crise sanitaire (**I**), autant peut-on espérer que cette pandémie inspire un droit fiscal global orienté vers le soutien à la relève de l'économie (**II**).

I. L'émergence d'un droit fiscal transitoire justifié par la crise sanitaire

De l'avis de Pierre-Yves Gahdoun, le droit transitoire est un droit « sur le droit » qui énonce les règles de la temporalité des lois, en encadrant notamment l'entrée en vigueur, la publication ou l'application des normes dans la durée[27]. Aussi peut-on l'envisager en une « *science du temps* » et le définir comme des règles provisoires destinées à régir la transition entre l'application de la loi ancienne et de la nouvelle loi[28]. Le provisoire est donc la propriété caractéristique du droit fiscal transitoire qui s'est formé à la faveur du Covid-19. C'est un droit fiscal spécial ou d'exception élaboré pour la période de crise sanitaire et censé disparaître avec elle. Il convient de saisir l'étendue de ce droit (A) avant de porter l'attention sur son incidence (B).

A. L'étendue du droit fiscal transitoire

Au regard de la Stratégie gouvernementale de riposte à la pandémie du Covid-19, l'ordonnance présidentielle modificative de la loi de finances 2020, le Parlement a voté la loi de finances rectificative pour l'exercice budgétaire 2020, afin d'approuver le droit fiscal transitoire applicable en raison de la pandémie. Ce droit se dédouble en un droit fiscal matériel à vocation transitoire (1) et un droit fiscal procédural à finalité transitoire (2).

---

[24] Sur le droit transitoire, lire utilement P. ROUBIER, *Le droit transitoire (Conflits des lois dans le temps)*, *op cit.*, 608 p.

[25] Il s'agit d'aller au-delà de l'exceptionnalité des mesures prises pour entamer une réforme globale valable en toutes circonstances. En ce sens, voir O. BEAUD, GUERIN-BARGUES, « L'État d'urgence sanitaire : était-il judicieux de créer un nouveau régime d'exception ? », *Recueil Dalloz*, n°16, 2020, p. 891.

[26] Une démarche similaire est proposée pour une réforme globale de l'État *in* J. CHEVALLIER, « L'État à l'épreuve du coronavirus », *Pouvoirs*, vol. 177, n° 2, 2021, pp. 109-120.

[27] P-Y. GAHDOUN, « L'émergence d'un droit transitoire constitutionnel », *RDP*, n°1, 2016, pp. 11649.

[28] *Idem*.

1. Un droit fiscal matériel à vocation transitoire

L'analyse du droit matériel porte sur le fond du droit[29]. Appliqué au droit fiscal, le « *droit matériel* » s'entend de l'étude ayant pour objet le contenu des règles applicables aux activités régies par le droit fiscal. Au Cameroun, ce droit a été matérialisé par la consécration des mesures fiscales conservatoires et l'adoption des mesures de subventions fiscales.

En effet, la subvention est considérée comme une aide publique, concédée à une personne publique ou privée par l'État en vue de soutenir des activités d'intérêt général[30]. Pour l'OCDE, les « *subventions fiscales* » sont également qualifiées de dépenses fiscales[31]. Une subvention fiscale est une forme d'interventionnisme fiscal par laquelle l'État porte secours aux entreprises qui font face aux difficultés conjoncturelles, notamment celles liées à la crise sanitaire. Il peut s'agir d'une abstention de percevoir des droits et pénalités dus par le contribuable ou encore une modération partielle ou totale d'impôts.

Assise sur les nuitées passées dans les établissements d'hébergement classés ou non, la taxe de séjour est due par la personne hébergée et collectée par l'établissement d'hébergement, à savoir les hôtels, motels, auberges et résidences-hôtels meublés[32]. Dans le cadre des mesures de riposte au Covid-19, les établissements du secteur de l'hôtellerie, de la restauration et de l'hébergement qui ont été contraints à la fermeture à partir de mars 2020 jusqu'à la levée des restrictions ont été exonérés de la taxe de séjour pour l'exercice 2020. La mesure a été reconduite pour le compte de l'exercice 2021 où il est également prévu une exonération de l'impôt sur les sociétés au titre de l'exercice fiscal clos au 31 décembre 2021, pour les établissements d'hébergement classés ou non. Ainsi, ces établissements n'étaient plus tenus de porter la mention de la taxe de séjour sur les factures adressées à leurs clients au cours de la période visée. L'exonération de l'impôt sur les bénéfices, quant à elle, emportait la dispense de paiement des acomptes mensuels et du minimum de perception à compter des déclarations du mois de janvier 2021. Toutefois, ces établissements sont demeurés astreints aux obligations déclaratives mensuelles.

De même, la taxe de stationnement a été réaménagée en période de crise sanitaire. En principe, elle est due par tout véhicule utilisé pour le transport urbain de personnes, exclusivement dans les villes et agglomérations où les municipalités ont aménagé des aires de stationnement[33] et un plan de

---

[29] On dit également droit substantiel pour faire référence au droit matériel.

[30] K. C. ENGONE, *Les mécanismes d'incitations fiscales à l'investissement des entreprises étrangères en France et au Gabon,* thèse de Doctorat, Université de Limoges, 2019, p. 153.

[31] Organisation de Coopération et de Développement Économiques, *Les dépenses fiscales dans les pays de l'OCDE*, 2010, p. 2.

[32] Art. 221 du CGI.

[33] La commune doit, en contrepartie du paiement de cette taxe, aménager des aires destinées au stationnement, notamment : au voisinage des bureaux, des usines ou des marchés.

circulation[34]. La nouvelle mesure fiscale a exonéré les taxis et les motos-taxis du paiement de cette taxe pour le compte du deuxième trimestre 2020. Toutefois, les transporteurs ayant déjà acquitté l'impôt libératoire et la taxe de stationnement au titre du deuxième trimestre de l'exercice 2020 devaient bénéficier d'un crédit d'impôt à concurrence des paiements effectués. Ces crédits étaient imputables sur les paiements futurs dus par ces contribuables. Toutefois, cette mesure n'a pas été reconduite pour l'exercice 2021, contrairement à la taxe à l'essieu.

Relativement à la taxe à l'essieu, y étaient assujettis les véhicules automobiles de charge utile au moins égale à trois tonnes et circulant sur le territoire camerounais. Les contribuables de cette taxe ont été exonérées de son paiement pour le compte du deuxième trimestre de l'année 2020. L'exonération concédée a tout de même soulevé le problème du sort des versements uniques effectués par certains contribuables à la date du 15 mars 2020[35]. La loi de finances pour l'exercice 2021[36], quant à elle, a opté pour la suppression pure et simple de la taxe à l'essieu. Mais si cette taxe ne fait plus l'objet de déclaration et de paiement à partir de janvier 2021, celle due au titre des exercices antérieurs à 2021 peut faire l'objet de rappel à l'occasion des contrôles fiscaux ou de mesures de recouvrement forcé.

Parmi les taxes communales modifiées par le droit fiscal transitoire, figurent les droits de place sur les marchés, consacrés à l'article C 80 alinéa 1 de la loi portant fiscalité locale de 2009. Ils sont perçus aussi bien auprès des commerçants réguliers que des vendeurs occasionnels, occupant une place dans tout marché appartenant à la commune d'arrondissement ou à la communauté urbaine[37]. L'exonération de ces droits pour le compte du deuxième trimestre 2020 au profit des petits revendeurs de vivres a soulevé le problème des contribuables ayant déjà acquitté ces droits en un versement unique. À ce propos, il a été indiqué que les revendeurs de vivres ayant déjà acquitté l'impôt libératoire et les droits de place dans les marchés au titre du deuxième trimestre de l'exercice 2020 bénéficient d'un crédit d'impôt à faire valoir sur les paiements futurs.

L'impôt libératoire payé par les contribuables exerçant une activité commerciale, industrielle, artisanale ou agropastorale ne relevant ni du régime du réel ni du régime simplifié et dont le chiffre d'affaires n'excède pas 15. 000.000 (quinze millions) FCFA a été aussi frappé d'exonération[38]. Cette subvention fiscale a bénéficié aux petits revendeurs de vivres et les chauffeurs

---

[34] Art. C 94(1) du CGI.

[35] Lire à cet effet F. ABENG MESSI, « Les obligations fiscales de l'exercice budgétaire 2020 à l'épreuve de la Covid-19 au Cameroun », *op cit.* p.141.

[36] Loi n°2020/018 du 17 décembre 2020 portant Loi de finances de la République du Cameroun pour l'exercice 2021.

[37] Art. C 80 al. 1 du CGI.

[38] Art. C 45 du CGI.

de taxis et motos-taxis au titre du deuxième trimestre 2020. Elle n'a pas été reconduite dans la loi de finances pour l'exercice 2021.

Outre la consécration des mesures de subventions fiscales, le législateur fiscal a aussi adopté d'autres mesures fiscales qui s'assimilent aux mesures conservatoires. La notion de mesures conservatoires renvoie en droit civil à des mesures ayant pour objet la conservation d'un droit ou d'un bien[39]. Ramenées à la crise sanitaire, les mesures fiscales conservatoires sont édictées par le législateur en vue de protéger les activités économiques et par extension la créance du fisc. Dans cette perspective, l'État a légiféré pour alléger certaines obligations fiscales substantielles. Parmi ces mesures fiscales conservatoires figurent des exemptions à différentes obligations fiscales.

L'une des mesures prises par l'Administration fiscale au bénéfice des contribuables a été d'exempter ceux-ci du paiement de pénalités diverses. Pour mieux saisir le mécanisme utilisé, il faut revenir à la loi n°2019/023 du 24 décembre 2019 portant loi de finances de la République du Cameroun pour l'exercice 2020, dont les modalités d'application sont précisées par la circulaire n°00008349/C/MINFI du 30 décembre 2019 relative à l'exécution de la loi de finances pour l'exercice 2020. Aux termes de ces textes, la déclaration statistique et fiscale (DSF), ensemble de tableaux qui renseignent sur la situation d'ensemble de l'entreprise, doit être présentée selon le nouveau système comptable OHADA[40]. Depuis le 1er janvier 2019[41], à l'instar de leurs déclarations mensuelles, les contribuables relevant des unités de gestion spécialisées doivent transmettre leur déclaration statistique et fiscale au plus tard le 15 mars. Dès lors, le dépôt hors délai des DSF est sanctionné par des pénalités sévères[42]. Pourtant, le ministre des Finances a concédé, au titre des

---

[39] A-M. ASSI-ESSO, Ndiaw DIOUF, *Recouvrement des créances*, Bruxelles, Bruylant, 2002, p. 73.

[40] Selon l'article 5 du décret n°2019/262 du 28 mai 2019 modifiant et complétant certaines dispositions du décret n°2004/073 du 05 avril 2004 portant application du système comptable OHADA et de la déclaration statistique et fiscale, Il est institué deux systèmes de Déclaration Statistique et Fiscale, en fonction de la taille des entités appréciée selon des critères relatifs au chiffre d'affaires annuel hors taxes : le Système Normal et le Système Minimal de Trésorerie. L'article 6 précise en son alinéa un (1) que, Sont assujetties au Système Normal, les entreprises relevant du régime du réel tel que défini par le Code Général des Impôts. Plus loin l'alinéa deux (2) renseigne que, les personnes assujetties au Système Minimal de Trésorerie, sont les entreprises relevant du régime simplifié tel que défini par le Code Général des Impôts.

[41] Décret n°2019/262 du 28 mai 2019 modifiant et complétant certaines dispositions du décret n°2004/073 du 05 avril 2004 portant application du système comptable OHADA et de la Déclaration Statistique et Fiscale.

[42] Art. L. 99 al 3 : « *Sans préjudice des sanctions prévues à l'article L 97 ci-dessus, le non dépôt ou la non transmission dans les délais prévus par la loi de la déclaration statistique et fiscale, donne lieu à l'application d'une amende forfaitaire non susceptible de remise, suivant le détail ci-après :*

- *entreprises relevant de la Direction des Grandes Entreprises : FCFA cinq millions (5 000 000) ;*

mesures de riposte au Covid-19, une prorogation de ces délais de dépôt jusqu'au 30 juin de l'exercice en cours. Ce report du délai est assorti d'une conséquence importante, à savoir la dispense de payer les pénalités de retard en cas d'acquittement du solde correspondant. En d'autres termes, les amendes mises à la charge des contribuables ayant acquitté le solde de l'IS au 15 mars 2020 pour dépôt tardif de la DSF ont été purement et simplement annulées. Pour les contribuables qui s'étaient déjà acquittés de cette amende, un crédit d'impôt à due concurrence devait être constaté à leur profit et reporté sur les impôts ultérieurs.

De même, l'État a ménagé les contribuables en accordant des moratoires et en différant certains paiements à l'instar du délai de paiement de la taxe sur la propriété foncière (TPF). En effet, la TPF est un impôt local prélevé au bénéfice des communes[43]. Elle est due annuellement sur les propriétés immobilières, bâties ou non, situées au Cameroun, dans les chefs-lieux d'unités administratives[44]. Toute personne physique ou morale propriétaire d'un immeuble bâti ou non bâti, y compris tout propriétaire de fait, est redevable de la taxe sur la propriété foncière. Elle est exigible le 1er janvier de l'année d'imposition. Elle doit être acquittée spontanément au plus tard le 30 juin sur déclaration du redevable ou de son représentant, ou sur la base d'une déclaration pré-remplie[45]. Mais, compte tenu des difficultés qu'éprouvaient les ménages durant la pandémie du Covid-19, le délai de paiement a été reporté du 30 juin au 30 septembre 2020, soit un décalage de trois mois.

Au titre des dépenses fiscales, l'on peut aussi noter la prorogation du report des déficits fiscaux et des amortissements réputés différés au profit des secteurs directement affectés[46] par le Covid-19. Cette mesure a été adoptée par la loi de finances pour l'exercice 2021. Il s'agit de la prorogation d'une année supplémentaire du report des déficits ainsi que des amortissements réputés différés au bénéfice des entreprises opérant dans des secteurs affectés par la crise.

Par ces mesures fiscales, l'État a voulu soutenir les opérateurs économiques afin de maintenir la tendance à l'amélioration du climat des affaires. Mais, à côté des allègements d'obligations fiscales substantielles,

---

- *entreprises relevant des Centres des Impôts des Moyennes Entreprises et des Centres Spécialisés des Impôts : F CFA un million (1 000 000) ;*
- *entreprises relevant des Centres Divisionnaires des Impôts : FCFA deux cent cinquante mille (250 000)* ».

43 Art. C 48 du CGI. La loi portant fiscalité locale consacre cependant l'affectation du produit de la taxe foncière sur les propriétés immobilières et des droits d'enregistrement sur les mutations de propriété ou de jouissance d'immeubles à la commune du lieu de leur situation.

44 Art. 577 du CGI.

45 Art. 579 al. 2 du CGI.

46 Sachant pertinemment que c'est le MINFI qui est en charge d'établir la liste des secteurs directement affectés par la crise de Covid-19.

l'État a aussi adopté des normes modificatives des procédurales fiscales pour le compte des exercices budgétaires 2020 et 2021.

2. Un droit fiscal procédural à finalité transitoire

La procédure désigne un ensemble d'actes, des formalités, destinés à établir des droits ou des situations juridiques ou pour parvenir à une décision[47]. Le droit procédural s'oppose ainsi au droit matériel, car il précise la manière dont une personne peut faire valoir ses droits. Il constitue le mécanisme par lequel les droits et obligations énoncés dans le droit matériel sont appliqués[48]. En particulier, les procédures fiscales regroupent l'ensemble des règles et formalités qui permettent au contribuable d'échanger avec l'Administration fiscale, soit pour s'acquitter de ses obligations, soit pour les contester. Traditionnellement on oppose deux types de procédures fiscales : la procédure contentieuse et la procédure non contentieuse. Dans le cadre de la riposte à la crise sanitaire, le droit fiscal procédural a subi, dans ses deux variantes, des mutations provisoires à travers l'aménagement des procédures fiscales non contentieuses, d'une part, et celles contentieuses, d'autre part.

Les procédures fiscales non contentieuses sont celles qui doivent être respectées avant l'édiction de l'acte d'imposition. Elles permettent à l'Administration et au contribuable de fixer l'étendue exacte de l'assiette de l'impôt ainsi que de la charge fiscale qui en découle.

Outre les obligations de droit matériel, notamment l'allègement des obligations déclaratives, et de paiement des contribuables, les pouvoirs de vérification de l'Administration fiscale ont subi quelques mutations. En effet, la vérification générale de comptabilité a été suspendue pour le compte du deuxième trimestre de l'exercice 2020, d'autant qu'elle aurait pu être contradictoire aux mesures barrières adoptées contre le Covid-19. En principe, la vérification de comptabilité vise les contribuables astreints à la tenue et la présentation des documents comptables[49]. Elle s'exerce au siège de l'entreprise ou au lieu de son principal établissement par des agents des impôts ayant au moins le grade d'inspecteur, munis de leur carte professionnelle et d'une copie de l'avis de vérification. Au nombre des mesures prises contre le Covid-19 figure la suspension de ces vérifications, celles-ci ne pouvant s'exercer qu'exceptionnellement.

La suspension des vérifications générales de comptabilité couvrait le deuxième trimestre de l'exercice 2020. C'est dire que, les services des impôts investis de la mission de contrôle et de vérification se sont abstenus d'agir durant la période allant du 1er avril au 30 juin 2020. Cette mesure devait s'appliquer à toutes les interventions sur place au sein de l'entreprise à savoir les contrôles ponctuels, les contrôles inopinés, le droit d'enquête, le droit de constatation physique des stocks et le droit de visite. Toutefois, les contrôles

---

[47] C. PUIGELIER, *op cit.*, p. 989.
[48] King g. Mc Shane, « droit procédural », *Encyclopédie canadienne*, juin 2015, pp. 14-31.
[49] Art. L 11 du CGI.

sur pièces et les procédures de régularisation[50] faites à partir des bureaux étaient autorisées. La suspension des vérifications de comptabilité et des contrôles sur place emporte la suspension des délais de procédures en cours accordés tant à l'administration qu'au contribuable pour agir. Elle ne s'applique pas lorsque les travaux en entreprise sont achevés et que le contribuable a déjà formulé ses observations suite à la notification de redressement. S'il est vrai qu'en temps de crise, les contrôles peuvent se révéler désagréables et moins incitatifs, les contribuables bénéficiaires de la suspension des vérifications générales de comptabilité doivent faire preuve de civisme fiscal[51].

Toutefois, l'Administration fiscale était autorisée à effectuer les contrôles dans certains cas précis, notamment en cas de comportement fiscal suspect, c'est-à-dire « *toute attitude laissant présumer une manœuvre frauduleuse visant à se soustraire au paiement de l'impôt ou à minorer son montant* »[52]. Il en va de même à la demande du contribuable[53]. Il fut donc possible que l'Administration fiscale put entreprendre une opération de vérification générale de comptabilité pour la période couverte par la suspension, dans l'hypothèse où le contribuable a affiché un comportement fiscal suspect. L'on pouvait, en revanche, déplorer le fait que l'appréciation de la nature du comportement relève des agents des impôts, qui sont seuls habilités à déceler des incohérences dans les déclarations fiscales souscrites par un contribuable. En cas de suspicion, après avoir informé l'entreprise au moins 15 jours avant la date de passage[54], les agents des impôts ayant au moins le grade d'inspecteur muni de leur carte professionnelle et d'une copie de l'avis de vérification procèdent à la vérification générale de la comptabilité au siège de l'entreprise ou au lieu de son principal établissement[55]. Selon les constatations, la vérification générale de la comptabilité peut aboutir à un redressement fiscal[56].

---

[50] La déclaration préremplie et le dialogue de conformité.

[51] F. ABENG MESSI, « Les obligations fiscales de l'exercice budgétaire 2020 à l'épreuve de la Covid-19 au Cameroun », *op cit.*. p. 154.

[52] La Circulaire n°20/169/CF/MINFI/DGI/DLRI/L du 13 mai 2020 précisant les modalités d'application des mesures fiscales de riposte au Covid-19, p. 2.

[53] Il en est ainsi en ce qui concerne la validation des crédits de TVA, notamment pour les cas nécessitant des vérifications générales préalables. Il en est de même pour les constations et validations des avaries prévues à l'article L8 ter du LPF. La Circulaire précise que pour les interventions effectuées à la demande du contribuable, ce dernier doit garantir le respect des mesures barrières nécessaires à la protection de l'ensemble des intervenants à la procédure.

[54] Art. L. 13 (nouveau) du LPF. En application de l'article L. 15 du LPF, l'Administration peut procéder à des vérifications inopinées ; elle remet alors un avis de vérification et un exemplaire de la Charte du contribuable en mains propres au contribuable, qui en accuse réception, lors de la première intervention. Lors de cette intervention, le Fisc se limite à effectuer sur procès-verbal des constatations matérielles, sans pouvoir procéder à un examen critique de la comptabilité.

[55] Art. L. 11 du LPF.

[56] La procédure du redressement est décrite de l'article L. 23 à l'article L. 28 du LPF.

Par rapport aux procédures contentieuses, elles sont applicables en droit fiscal aussi bien postérieurement à l'édiction des actes qu'à leur mise en œuvre. L'on distingue, généralement, le contentieux de l'imposition du contentieux du recouvrement où le contribuable ne conteste pas le principe ou le montant de l'imposition, mais la régularité d'une poursuite engagée à son encontre pour le contraindre à s'acquitter de ses obligations envers le Trésor. Dans le souci de soutenir des entreprises en période de crise sanitaire, le législateur a réaménagé certaines procédures fiscales contentieuses.

Premièrement, la loi de finances pour l'exercice 2020 avait consacré en son article 16 une procédure de transaction[57] dite spéciale. Elle s'analyse en un contrat par lequel l'Administration fiscale et le contribuable mettent fin à une contestation ou à une procédure de recouvrement en consentant des concessions réciproques tendant aux modérations des impositions[58]. En cas d'accord transactionnel[59], l'administration fiscale concède une modération des impositions. En contrepartie, le contribuable s'engage à ne pas introduire une réclamation ultérieure, à se désister des réclamations en cours et acquitter immédiatement les impôts restant à sa charge.

La transaction spéciale se différencie de la transaction de droit commun[60] par ses modalités. Portant sur la période du 1er janvier au 31 décembre 2020, cette transaction s'applique aux impôts et taxes émis au plus tard le 31 décembre 2020. En d'autres termes, les impôts et taxes émis à partir du 1er janvier 2021 ne sont pas éligibles. Sont également exclus de la transaction spéciale, les arriérés fiscaux dont le paiement se fait par la procédure de compensation de dettes réciproques et ce, quand bien même ils seraient émis avant le 31 décembre 2018. Mais soucieux de l'amélioration du climat des affaires au regard de la crise sanitaire, l'État a jugé opportun de reconduire la transaction spéciale pour l'exercice 2021.

D'autres mesures adoptées par la loi de finances 2021 avaient pour finalité l'amélioration du climat des affaires. Il s'agit notamment de la procédure de dégrèvement d'office des impositions émises de façon erronée. Le dégrèvement de l'impôt est une réduction ou une suppression ou encore une modération d'un impôt accordée par l'administration fiscale. Le dégrèvement d'office intervient lorsque l'imposition établie comporte une

---

[57] La transaction spéciale a pour objectif de :

- assainir les bilans des contribuables en les libérant des arriérés fiscaux ;
- mettre un terme à des procédures contentieuses dont l'issue est incertaine pour les contribuables ;
- permettre à l'État de mobiliser la part utile des impositions émises. La transaction spéciale se présente donc comme une véritable opportunité que l'État camerounais, soucieux de l'amélioration du climat des affaires, offre aux contribuables.

[58] Direction générale des impôts, « La transaction spéciale : outil d'accompagnement des entreprises pour l'apurement de leur passif », 2020, p. 7.

[59] Les demandes de transaction sont adressées au Directeur Général des Impôts.

[60] Art. L. 125 du Code Général des Impôts.

erreur matérielle évidente[61]. Selon l'article L 124 bis, sur propositions motivées des services compétents et après avis de la Commission d'admission en non-valeur des créances fiscales, le Directeur Général des Impôts soumet au ministre chargé des finances des projets de dégrèvement d'office des impositions résultant d'erreurs matérielles. Ces projets de dégrèvement d'office sont sanctionnés par des décisions du ministre chargé des finances. Celles-ci tiennent lieu de pièce comptable pour l'apurement de la dette fiscale dans les comptes de la Recette des Impôts compétente. Le lien entre cette mesure et la crise sanitaire réside dans le fait que les déclarations étant souvent pré-remplies, l'Administration fiscale peut s'appuyer sur des situations qui ont radicalement été modifiées par le contexte de pandémie.

Au total, il faut convenir avec Hedi Ben Mrad que l'immédiateté de la crise a soustrait les pouvoirs publics à des jugements objectifs et parfois soudains[62]. Aussi, légiférer en temps de crise n'a pas été aisé, car il fallait cibler le moyen le plus efficace pour protéger la vie tout en préservant les droits et libertés[63]. C'est pour cette raison que le législateur a opté pour une politique sectorielle justifiée par l'urgence de contrer la pandémie. Toutefois, cette approche sectorielle a eu des répercussions plus ou moins assumées.

B. L'incidence du droit fiscal transitoire

En théorie fiscale, la notion d'incidence est propre à l'analyse économique de l'impôt. En effet, l'incidence fiscale renvoie à l'« *analyse des mécanismes par lesquels un impôt est répercuté sur les agents économiques et affecte leur comportement de consommation, d'épargne, d'investissement ou d'offre de travail* »[64]. Elle a une double dimension, l'une microéconomique révèle les effets de l'impôt sur les différents contribuables, tandis que l'autre, macroéconomique, appréhende les répercussions de la politique fiscale sur la production des richesses ou la répartition des revenus et des patrimoines[65]. Toutefois, il ne faut pas réduire l'incidence du droit fiscal transitoire, conçu en période de crise sanitaire, aux seules répercussions économiques. Il convient d'y associer une dimension juridique, car l'ordonnancement juridique a subi l'onde de choc de la crise sanitaire, la question s'étant posé de savoir si un droit fiscal d'exception s'est constitué. Quoi qu'il en soit, il importe d'examiner l'incidence juridique du droit fiscal transitoire du Covid-19 (1), avant d'analyser son incidence économique (2).

---

[61] Art. 124 al 3, lequel dispose que « *L'erreur matérielle renvoie aux incorrections de toutes sortes portant sur la liquidation de l'impôt, l'identité du redevable ou la quotité des impositions émises* ».

[62] H. BEN MRAD, « Covid-19 et pouvoirs de crise : quels fondements juridiques ?», *in* HAMADI REDISSI, *La Tunisie à l'épreuve de la Covid-19*, Observatoire tunisien de la transition démocratique, 2020, p. 149.

[63] *Ibid.* p. 151.

[64] J. PERCEBOIS, « Incidence fiscale », *in* Loïc PHILIP (dir.) *Dictionnaire encyclopédique des finances publiques*, Paris, Economica, 1991, p. 943.

[65] *Ibid.*, pp. 943-950.

1. Une incidence juridique polémique

Le droit fiscal transitoire élaboré en période de Covid-19 a été une naissance spontanée. À l'analyse, les répercussions juridiques de ce droit fiscal transitoire posent problème, du point de vue de sa conformité par rapport à la législation en vigueur et de sa qualité.

D'une part, il a été soutenu que la crise sanitaire liée au Covid-19 aurait eu pour effet de déposséder le Parlement de sa compétence budgétaire dans les États d'Afrique francophone, notamment en matière fiscale où prévaut le principe du consentement de l'impôt. En ce sens, les normes fiscales élaborées en riposte à la crise sanitaire n'auraient pas été conformes aux règles de compétence budgétaire. En effet, ce courant d'analyse se décline en deux tendances, dont l'une paraît modérée et l'autre radicale.

La première tendance, conceptualisée par Pélagie N'Dri-Théoua, défend l'idée que « *si dans le principe, la législation déléguée n'est pas contestée, son usage accru peut s'avérer problématique. La crise actuelle tend pourtant à la porter à des niveaux jamais égalés dans le domaine budgétaire. Les dimensions juridiques de cette recrudescence de la législation par ordonnances, surtout en matière fiscale, sont réelles. Elles mettent en évidence le déséquilibre de la fonction législative financière organisée par les textes. Elles dévoilent, par la même occasion, les inflexions d'une séparation des pouvoirs qui souffre déjà de divergences conceptuelles indéniables* »[66]. Au fond, l'auteure ne conteste pas la conformité des ordonnances prises par les chefs d'exécutifs des États d'Afrique francophone au droit interne, mais prévient que, d'un point de vue pratique et sous le couvert de la législation par ordonnances, il y a le risque d'une atteinte aux valeurs démocratiques dans la pratique budgétaire[67].

La seconde tendance, défendue par Stève Thiery Bilounga, s'appuie sur l'argument d'une violation des règles de compétence budgétaire en période de Covid-19 au Cameroun. L'auteur constate, d'abord, que les pouvoirs publics camerounais ont fait recours, « *à une catégorie juridique si ce n'est insolite, alors hybride, à savoir, l'ordonnance présidentielle, pour modifier une loi de finances de conception parlementaire, violant ainsi le sacrosaint principe du parallélisme des formes (...)* »[68]. Poursuivant sa critique, ce dernier prétend que l'ordonnance présidentielle du 03 juin 2020, « *dans ses mécanismes d'élaboration, heurte peu ou prou la conscience du juriste publiciste attaché à l'orthodoxie des procédures d'édiction des normes juridiques dans le cadre d'une collectivité publique éprise du sceau d'État de droit comme le Cameroun, et entame foncièrement l'état de ce droit qui perd*

---

[66] P. N'DRI-THÉOUA, « Ordonnances et séparation des pouvoirs budgétaires en période de Covid-19 », *RAFiP*, n°8, 2nd semestre 2020, p. 13.

[67] *Ibid.*, p. 18.

[68] S. T. BILOUNGA, p. 5.

en qualité »[69]. À son avis, le gouvernement aurait dû faire adopter une loi de finances rectificative, laquelle serait conforme au droit budgétaire camerounais.

À l'analyse de ces deux tendances, il convient de noter que l'ordonnance présidentielle modificative des normes fiscales en période de Covid-19 a été prise conformément au droit budgétaire camerounais. Cette conformité procède du fait que, chaque année, le parlement donne habilitation au président de la République de modifier par voie d'ordonnance les législations financière, fiscale et douanière, puis autorise le gouvernement à utiliser les ressources nouvelles provenant de ces mesures pour faire face à ses engagements[70]. À travers le même procédé, le président de la République est habilité par le parlement à modifier les plafonds des ressources et des charges du budget de l'État, en cours d'exercice, pour faire face aux besoins du pays dans le cadre de son développement ou à prendre toutes mesures nécessaires à la mise en œuvre des réformes structurelles prévues dans le cadre des accords conclus avec la communauté financière internationale[71]. Ces ordonnances empruntent le régime de l'article 28 de la Constitution camerounaise, car elles sont déposées aux bureaux de l'Assemblée nationale et du Sénat aux fins de ratification à la session parlementaire qui suit leur publication[72]. Au regard de l'ampleur des compétences déléguées, nous avions qualifié ce phénomène d'*« autolimitation du parlement en matière d'autorisation budgétaire au profit du président de la République »*[73].

D'autre part, la qualité du droit fiscal a subi les contrecoups de l'urgence sanitaire. De manière chronologique, le ministre en charge des finances a fixé les modalités d'application des mesures fiscales de riposte au Covid-19, afin de suspendre plusieurs dispositions de la loi de finances pour l'exercice 2020, avant même la publication de l'ordonnance présidentielle du 03 juin de la même année. Eu égard au principe du consentement de l'impôt, cette démarche empiète sur les pouvoirs du législateur en matière fiscale, plusieurs mesures énoncées par la circulaire du ministre des Finances ayant été confirmées par l'ordonnance présidentielle. Au-delà du problème de compétence, le contexte de crise sanitaire soumettait les pouvoirs publics au consensualisme fiscal, exigence permettant de mettre en évidence *« la confrontation du droit fiscal avec la gestion des sociétés complexes dans lesquelles, à l'unique se substitue le multiple, à l'organisation hiérarchique*

---

[69] *Ibid.*, p. 11.

[70] Voir, par exemple, article quatre-vingt-septième de la loi n°2023/019 du 19 décembre 2023 portant loi de finances de la République du Cameroun pour l'exercice 2024, p. 111.

[71] Articles quatre-vingt-sixième et quatre-vingt-huitième de la loi n°2023/019 du 19 décembre 2023, précitée, p. 111.

[72] Article quatre-vingt-neuvième de la loi n°2023/019 du 19 décembre 2023, précitée, p. 111.

[73] T. NGUIMFACK VOUFO, « Commentaire de la loi n°2017/021 du 20 décembre 2017 portant loi de finances de la République du Cameroun pour l'exercice 2018 », *Juridis Périodique*, n°112, oct.-nov.-déc. 2017, p. 102.

fait place l'évanescence des réseaux relationnels au sein desquels les solidarités de groupe se diluent et les intérêts individuels se combinent de manière prévisible, au risque des dérives autoritaires ou libertaires »[74].

L'approche consensualiste était d'autant nécessaire que certains secteurs d'activités telles que l'hôtellerie ont bénéficié des exonérations fiscales totales, tandis que celui de la restauration qui lui est connexe n'a pas eu le même traitement. Il s'est posé un problème de transparence et d'égalité fiscale face aux conséquences de la même pandémie. En réalité, il ne peut être dérogé au principe d'égalité que pour des motifs d'intérêt général ou lorsque les situations sont considérées comme différentes[75]. Quand bien même des dérogations existent, elles doivent reposer sur « *des critères objectifs et rationnels en fonction des buts recherchés »*[76]. Ces précautions sont absentes du droit fiscal transitoire adopté en période de Covid-19 au Cameroun, l'État ne pouvant se priver d'une part substantielle de ses revenus fiscaux au regard de ses contraintes budgétaires. Ce faisant, la norme fiscale n'a pas tenu compte des capacités contributives des citoyens et s'est érigée comme un obstacle à la justice fiscale[77]. De ce constat, il est évident qu'il faille absolument nuancer l'incidence économique visée par ce droit fiscal transitoire.

2. Une incidence économique mitigée

L'incidence du droit fiscal transitoire adopté au Cameroun en période de Covid-19 est ambiguë sur le plan économique. Cette ambiguïté n'est pas liée à la fiscalité en tant qu'instrument de la politique économique, mais aux choix opérés par les pouvoirs publics sur la base des contraintes budgétaires de l'État. Certes, au-delà de sa fonction budgétaire originelle[78], la politique fiscale se présente comme un instrument au service de l'économie[79]. Par une modification stratégique de son régime, l'impôt peut être incitatif ou prohibitif à l'exercice d'une activité économique[80]. Mais, dans l'hypothèse du Covid-19, l'impôt a été actionné pour faire face à la crise, appréhendé comme l'une des garanties de survie de l'économie. Toutefois, la marge de manœuvre du droit fiscal transitoire a été si réduite que son impact n'a pu qu'être modéré.

En effet, le droit fiscal transitoire était limité dans son étendue, ce qui explique le faible impact sur l'économie. Il faut pourtant se garder d'y voir une certaine mauvaise foi des pouvoirs publics. La stratégie de riposte

---

[74] P. BELTRAME, « Consensualisme fiscal et consentement de l'impôt », *RFFP*, n°100, 2007, p. 105.

[75] É. OLIVA, « Compétitivité et impôt : ne pas jeter le bébé avec l'eau du bain », *Pouvoirs*, n°151, 2014/4, p. 109.

[76] Conseil Constitutionnel (français), Décision 2000-442 DC, 27 décembre 2002, cons. 19.

[77] M. BOUVIER, « La notion de capacité contributive des contribuables dans la société post-moderne », *RFFP*, n°100, 2007, p. 89.

[78] G. JEZE, *Cours de finances publiques 1929-1930*, Paris, Marcel Giard, 1930, p. 354.

[79] B. CASTAGNEDE, *La politique fiscale*, Paris, PUF, 2008, p. 5.

[80] J-M. MONIER, *La politique fiscale : objectifs et contraintes*, Paris, La Documentation française, 2008, p. 4.

gouvernementale au Covid-19 indique qu'après enquête auprès des chefs d'entreprise, ces derniers ont proposé « *de revoir la politique fiscale (40 % des entreprises), soit en suspendant la collecte de l'impôt pendant cette période, le non-paiement de certains impôts ; soit en apportant des subventions à certaines activités jugées sinistrées* »[81]. En examinant les trois dimensions de cette proposition, il importe de souligner que le choix optimal pour l'économie aurait pu être de ne pas prélever d'impôts au cours de la période de quasi-confinement. Mais, l'État camerounais avait-il les marges de manœuvre budgétaires suffisantes pour conduire cette politique fiscale ?

Au Cameroun, comme partout ailleurs en Afrique francophone, la politique fiscale de soutien à l'économie en période de Covid-19 ne pouvait être ambitieuse[82]. Les pouvoirs publics « *n'ont pas fait usage des politiques budgétaire et monétaire expansives avec la même intensité que les pays développés, car la plupart d'entre eux disposaient déjà, avant le début de la crise d'un espace politique rétréci par de nombreux facteurs parmi lesquels : l'endettement et la politique de gestion de la dette, la faible capacité de mobilisation des ressources nationales et les engagements internationaux* »[83]. Pour preuve, l'État a dû se tourner vers ses partenaires financiers internationaux pour obtenir les fonds nécessaires au financement du plan de riposte à la pandémie et peine à respecter les échéances de remboursement[84]. Toutefois, la politique fiscale de l'État reposait sur des stratégies d'élargissement de l'assiette des différents impôts, droits et taxes, ainsi qu'une optimisation de leur rendement[85]. Cette politique fiscale est demeurée le pilier sur lequel repose un équilibre budgétaire fragile depuis la mise en application du Document de stratégie pour la croissance et l'emploi (DSCE) à partir de 2010. Il faut même observer qu'en dépit des efforts de l'administration fiscale pour accroître les revenus provenant de l'impôt, l'État a été contraint de s'endetter davantage sur les marchés financiers nationaux et internationaux[86].

---

[81] Cameroun, *Stratégie de riposte du Cameroun à la covid-19 et de résilience économique et sociale*, juin 2020, p. 5.

[82] T. NGUIMFACK VOUFO, « Covid-19 et finances publiques : quelle politique budgétaire de riposte à la pandémie au Cameroun ? », *Le Nemro, Revue Trimestrielle de Droit Économique*, Avril-Juin 2020, pp. 474-487.

[83] M. KOUTY, « La riposte économique contre la Covid-19 en Afrique francophone : l'« espace politique » en question », *Revue internationale des francophonies*, n°10, 2022, consulté le 13 mars 2024, disponible sur https://publications-prairial.fr/rif/index.php?id=1372

[84] T. NGUIMFACK VOUFO, « L'influence de la Stratégie Nationale de Développement 2020-2030 sur les prévisions budgétaires : commentaire de la loi n°2021/026 du 16 décembre 2021 portant loi de finances de la République du Cameroun pour l'exercice 2022 », *Juridis Périodique*, n°129, janvier-février-mars 2022, p. 78.

[85] Circulaire n°001/CAB/PRC du 10 juillet 2020 relative à la préparation du budget de l'État pour l'exercice 2021, p. 11.

[86] Voir, Caisse Autonome d'Amortissement (CAA), *Conjoncture, Mensuelle de la Dette Publique du Cameroun*, n°09/21, septembre 2021, p. 10, disponible sur www.caa.cm consulté le 30 décembre 2021.

Malgré les répercussions économiques de la crise sanitaire, il a paru impérieux pour l'État de maintenir le niveau de rendement de la fiscalité, sous réserve d'ajustements marginaux, afin de tenir face à ses engagements financiers internes et internationaux. Pourtant, il fallait aussi discriminer entre les activités, celles qui pourraient subir une faillite générale de celles qui paraissent résilientes. À travers ce filtre, le secteur hôtelier a bénéficié des exonérations totales de l'impôt sur les sociétés. Au fond, l'État ne pouvait assister à la faillite de ce secteur d'activités, élément fondamental du dispositif d'accueil de la Coupe d'Afrique des Nations qui devait se dérouler en 2021. Il était également logique d'exonérer les contribuables du paiement de l'impôt libératoire, car le coup d'arrêt des activités économiques lié au confinement a entraîné un déséquilibre financier dans la trésorerie des entreprises. L'exonération de TVA a été strictement limitée, l'objectif étant de réduire les prix de certains biens de grande consommation.

Pour l'essentiel, les impôts et taxes les plus productifs tels que la patente, l'impôt sur le revenu, la TVA n'ont pas été affectés par le droit fiscal transitoire. Ce faisant, l'État s'est assuré un rendement de sa fiscalité pas totalement en déphasage avec ses prévisions budgétaires. Or, en procédant ainsi, plusieurs activités économiques n'ont pas bénéficié des exonérations fiscales. Les opérateurs économiques de ces secteurs ont alors subi une double peine, celle de la baisse de leur chiffre d'affaires et celle du maintien de leurs obligations fiscales. Au lieu de privilégier les incitations fiscales générales qui s'appliquent à toutes les entreprises, l'administration camerounaise a préféré les incitations spécifiques pour une crise dont l'impact sur l'économie a été global. Cette solution était fondée sur une lecture étroite de la politique fiscale en rapport avec l'économie, car les politiques de court terme y ont des effets limités. Bien qu'il ne fut pas évident de faire le choix de l'instrument qui préserve l'équilibre budgétaire de l'État, les incitations fiscales devaient viser la restauration de l'équilibre financier de toutes les entreprises minimalement à moyen terme. À cet égard, l'État aurait pu élargir le champ des exonérations et s'appuyer sur d'autres outils pour compenser les pertes fiscales.

De ce qui précède, le droit fiscal transitoire a souffert de limites dont l'analyse ouvre sur la perspective d'un droit fiscal global prenant appui sur la pandémie et dépassant son cadre temporel.

II. La nécessité d'un droit fiscal global inspiré de la crise sanitaire

Toute politique fiscale est conçue et mise en œuvre dans un contexte particulier. Les choix de politique fiscale tiennent donc compte des réalités propres à chaque pays. C'est en cela qu'il faut convenir que les sources du phénomène fiscal sont aussi bien juridiques qu'économiques et sociologiques[87]. Cette approche globale met en relation la politique fiscale conjoncturelle et la politique de développement définie à moyen et long termes, notamment la *Vision 2035* et la *Stratégie Nationale de Développement 2020-2030* au Cameroun. L'idée est de s'assurer que les mesures prises dans le cadre de la crise sanitaire soient capitalisées et améliorées pour accélérer le chantier du développement engagé par les pouvoirs publics[88].

Seulement, les mesures fiscales prises au titre de la riposte au Covid-19 ont été adoptées suivant un angle de perception étroit de la situation socioéconomique du pays. Pourtant, la nécessité d'un droit fiscal global s'imposait à travers une approche orientée vers les acteurs de la fiscalité (A) et suffisamment ancrée dans le temps (B).

A. L'approche de réforme orientée vers les acteurs de la fiscalité

Élaborer des politiques fiscales propices au soutien d'une approche globale orientée vers les acteurs de la fiscalité paraissait nécessaire en vue de la riposte au Covid-19. De fait, les pouvoirs publics auraient pu saisir cette occasion pour mieux accorder les intérêts des contribuables et de l'Administration fiscale. Or, cette dernière et les pouvoirs publics ont plutôt multiplié les mesures unilatérales à l'intention des opérateurs économiques. Cette démarche a été une occasion manquée pour le droit fiscal camerounais, régulièrement accusé par les opérateurs économiques d'entretenir une pression fiscale asphyxiante.

Au total, la crise sanitaire devait inciter à repenser les fondements de la fiscalité camerounaise, à travers un dialogue constructif entre ses principaux protagonistes. Cela implique l'adoption d'une démarche participative de réforme du système fiscal (1) et l'institution d'une fiscalité inclusive de soutien à l'économie justifiée par la crise sanitaire (2).

1. L'adoption d'une démarche participative de réforme du système fiscal

L'adoption d'une démarche participative de réforme du système fiscal s'analyse en un mécanisme permettant d'intégrer les idées et aspirations des citoyens au processus d'élaboration de la norme fiscale. Elle préconise une implication active des contribuables aux processus décisionnels et comporte une phase préalable au cours de laquelle les participants déclinent leurs propositions concrètes[89].

Cette consultation du public à l'élaboration des documents budgétaires constitue une avancée des lois du 11 juillet 2018 portant

[87] R. EVINA OBAM, *La politique fiscale au Cameroun (étude sur l'exercice de la compétence fiscale des États depuis la décennie 1980*, Thèse de Doctorat en droit, Université Aix- Marseille, 2014, 407 p.
[88] V. WALKER, « Mise en œuvre opérationnelle de l'approche globale dans les activités de soutien à la paix », *International Security Sector Advisory Team*, May 5th, 2017, pp. 243-272.
[89] FAO, *Approche participative, communication et gestion des ressources forestières en Afrique sahélienne : bilan et perspectives*, 1995, p. 114.

respectivement régime financier de l'État et des autres entités publiques[90], puis code de transparence et de bonne gouvernance dans la gestion des finances publiques au Cameroun[91]. Ces textes inscrivent la transparence et la performance au cœur du processus budgétaire[92]. Dès lors, le public est informé des choix opérés à toutes les étapes du processus budgétaire. Dans la même lancée, il peut être directement consulté en matière fiscale. À ce titre, le décret portant calendrier budgétaire prévoit qu'« *en prélude à l'actualisation du cadrage macroéconomique et budgétaire et au plus tard le 15 juillet de l'année N, des consultations publiques sont organisées, afin de recueillir l'avis des parties prenantes, notamment les acteurs économiques, sur les mesures fiscales et non fiscales à introduire dans le projet de loi de finances N+1* »[93]. L'application de cette disposition a abouti à une rencontre annuelle entre le Directeur général des impôts et la principale organisation patronale, le Groupement des Entreprises du Cameroun (GECAM). Ce schéma doit être élargi à toutes les catégories de contribuables, car le GECAM n'est pas suffisamment représentatif de leur diversité. Par exemple, les syndicats nationaux des travailleurs du Cameroun ont dû rédiger une lettre au président de la République pour exiger des mesures de contrepartie en soutien à la loi de finances 2023, au motif qu'elle « *va amputer de façon significative le pouvoir d'achat des couches vulnérables, car c'est dans la poche des plus fragiles que le gouvernement entend trouver les ressources pour financer l'État* »[94]. Un an plus tôt, l'Ordre national des avocats a contesté certaines réformes de la législation fiscale, au regard des préjudices qu'elles emportent dans l'exercice de leur fonction[95], tandis que les citoyens, par le canal des réseaux sociaux, ont exprimé leurs inquiétudes à propos du nouveau régime fiscal des transferts d'argent ou celui des organismes à but non lucratif[96].

Au regard de ce qui précède, l'objectif de l'approche participative doit être d'améliorer la gouvernance fiscale au travers d'un recensement précis des attentes et besoins formulés par les acteurs impliqués. Cette approche mérite d'être initiée par le gouvernement, lequel fixe les orientations de réforme de la politique fiscale et ouvre des consultations plus ou moins larges afin d'appréhender les réalités locales, la connaissance de la situation des acteurs, ainsi que les difficultés éprouvées en rapport avec leurs obligations fiscales.

---

[90] Loi n°2018/012.

[91] Loi n°2018/011.

[92] T. NGUIMFACK VOUFO, « Performance et responsabilité en finances publiques camerounaises », *RADSP*, Vol. 10, n°27, 2022, pp. 201-231.

[93] Article 32 du décret n°2019/281 du 31 mai 2019 fixant le calendrier budgétaire de l'État.

[94] Syndicats Nationaux des Travailleurs du Cameroun, *Lettre au Président de la République* du 28 décembre 2022.

[95] Voir, Ordre des Avocats du Barreau du Cameroun, *Résolution n°001/2021 sur la réduction du champ d'exercice professionnel des Avocats par les lois de finances 2021et 2022*, Yaoundé, 06 décembre 2021, 4 p.

[96] Voir, par exemple, le communiqué de l'Association camerounaise pour la défense des droits des contribuables (ACDC) du 28 novembre 2021.

Il convient aussi de souligner que la démarche participative est le moyen par lequel l'Administration peut conquérir le civisme fiscal. En soumettant différentes problématiques de la fiscalité à la consultation, l'Administration ne prend pas seulement des avis, mais sensibilise aussi les citoyens sur les enjeux de la fiscalité en faveur du développement et la satisfaction de l'intérêt général. En dépit des compromis et des décisions qui en résultent, l'objectif est d'éviter que le contribuable soit contre l'impôt, les Administrations chargées de l'évaluer et de le recouvrer[97]. Dans ce sillage, le Conseil économique, social et environnemental marocain a préconisé au titre des mesures de réforme du système fiscal de cet État, une relation de confiance, fondée sur les deux piliers du civisme fiscal et du respect des droits du contribuable, d'autant que « *la conjonction de ces deux dimensions qui s'alimentent mutuellement est la garantie d'une amélioration de la relation entre l'administration fiscale et le contribuable, et de l'édification d'une culture fiscale comme partie intégrante de la citoyenneté* »[98]. L'on est d'ailleurs disposé à y voir l'idée d'un pacte fiscal entre l'Administration et les contribuables, car le succès de cette relation « *nécessite de lui assurer une adhésion la plus large et par conséquent, une fluidification de son application et une garantie de ses impacts, bénéfiques à la dynamique du développement* »[99].

En replaçant le contribuable au centre de son action administrative, le fisc développe les vertus de l'action stratégique, laquelle vise à intégrer le citoyen au processus décisionnel pour obtenir le comportement souhaité, dans le sens de la discipline fiscale. L'OCDE indique, à ce sujet, que « *l'adoption d'une approche davantage axée sur le service aux contribuables, plutôt que sur la mise en application du droit fiscal, a aidé l'administration suédoise des impôts à renforcer la confiance des citoyens à l'égard des pouvoirs publics, le civisme fiscal et, partant, la discipline fiscale* »[100]. Il est à espérer que l'Administration fiscale institutionnalise la consultation avec des structures représentatives des contribuables telles que les associations patronales ou de consommateurs, avant tout projet de réforme fiscale. L'approche qui consiste à prendre des décisions unilatérales et solliciter le concours de ces organisations pour leur application est contreproductive. De plus, cette consultation ne doit pas être une simple formalité ; elle devrait déboucher sur une prise en compte effective des propositions faites par les représentants des contribuables dans une démarche empreinte de transparence et de compromis.

---

[97] T. LAMBERT, « Le contribuable face à l'administration fiscale », *in Psychologie et sciences administratives*, CURAPP, PUF, 1985, pp. 102-121.

[98] Conseil Economique Social et Environnemental (CESE) du Maroc, *Un système fiscal, pilier pour le Nouveau Modèle de Développement*, Rapport disponible sur www.cese.ma, p. 23, consulté le 12 octobre 2021.

[99] *Ibid.*, p. 12.

[100] OCDE, *Quels sont les déterminants du civisme fiscal ? Document de consultation publique*, OCDE, janvier 2019, p. 12.

Au reste, les pouvoirs publics auraient pu rationaliser les mesures fiscales prises en riposte au Covid-19, s'ils avaient souscrit à une méthode participative large. Celle-ci aurait permis de concilier les difficultés des opérateurs économiques et les intérêts de l'Administration fiscale pour une relance rapide de l'économie à moyen terme. Au demeurant, cette approche participative est le premier pas vers l'institution d'une fiscalité inclusive de soutien à l'économie de crise consécutive à la pandémie du Covid-19.

2. L'institution d'une fiscalité de soutien à l'économie post-Covid

La pandémie du Covid-19 a constitué une crise sanitaire de nature à provoquer l'effondrement de l'économie. La priorité des pouvoirs publics a été, à juste titre, de contenir la propagation du virus et atténuer les répercussions économiques et sociales.

Toutefois, les mesures fiscales de riposte au Covid-19 n'ont pas été orientées vers la préservation de la capacité productive. Il est vrai, la volonté de ne pas fléchir dans la mise en œuvre de la politique de développement en vue de l'émergence aurait pu justifier des exonérations plus substantielles. Ainsi, il faut se résoudre à instituer une fiscalité inclusive de soutien à l'économie, en vue d'une relance soutenue au cours de la période post-pandémie. À cet effet, la conception inclusive des politiques fiscales doit aller de pair avec la mise en œuvre des règles et mécanismes fiscaux permettant d'inciter tous les acteurs du marché à investir davantage pour renforcer l'économie[101].

L'année 2020, marquée par le Covid-19, a confirmé la nécessité d'une fiscalité inclusive, tandis que son implémentation n'a pas suivi dans le cadre des mesures de subventions fiscales adoptées par les pouvoirs publics camerounais. Il s'agissait, en effet, de renforcer l'accès équitable aux mesures fiscales de soutien à l'économie, en incluant les différents secteurs d'activité au bénéfice des exonérations fiscales. À ce titre, l'on aurait pu imaginer une fiscalité inclusive, globalement basée sur la progressivité du système fiscal. Selon ce système, la pression fiscale d'un contribuable augmente à mesure que s'accroit son revenu ou sa fortune. Cette progressivité protège mieux les petits contribuables qui subissent davantage les répercussions économiques de la crise sanitaire. Il s'agit ainsi d'assurer l'égalité de traitement et de chance proportionnellement au niveau de revenus et de difficultés propres à chaque catégorie de contribuable pour une relance de la croissance de l'économie après la pandémie.

Cette vision de la réforme fiscale fait partie des propositions fortes du GECAM, réitéré chaque année lors de ses rencontres avec l'Administration fiscale. Dans son livre blanc sur l'économie camerounaise, ce groupement patronal déplore le fait que la fiscalité soit devenue confiscatoire, « *une*

---

[101] B. BERT, S. PERRET, A. THOMAS et P. O'REILLY, « Fiscalité et croissance économique inclusive », *Documents de travail de l'OCDE sur la fiscalité*, n°26, Paris, éditions OCDE, 2016, 66 p.

anomalie qui résulte du poids accru de l'imposition assise sur le chiffre d'affaires à travers le paiement d'un minimum de perception à un taux élevé eu égard aux marges réalisées dans certains secteurs d'activités »[102]. Pour s'en expliquer, l'organisation patronale révèle les contradictions des mutations observées dans la législation fiscale récente. Elle note qu'« *en même temps que la baisse de l'impôt sur les sociétés était instituée, l'on procédait au doublement de l'acompte mensuel d'impôt sur les sociétés et du minimum de perception, tous deux assis sur le chiffre d'affaires, à la multiplication des taux de précompte, à l'instauration de divers droits d'accises aussi bien ad valorem que spécifiques, à l'introduction des droits de sortie à l'exportation pour certains produits qui en étaient jusqu'alors dispensés, ainsi qu'au durcissement des conditions d'accès au contentieux fiscal »*[103]. En appliquant ces innovations sans discriminer entre les petites, moyennes et grandes entreprises, l'administration sacrifie la grande majorité des opérateurs économiques encore en phase de développement, contrairement aux grandes entreprises pouvant supporter une telle charge fiscale. Elle bloque implicitement la migration de nombreuses entreprises et activités du secteur informel vers le secteur formel et réduit paradoxalement l'étendue de l'assiette fiscale. Il est également rationnel que l'impôt porte sur le bénéfice plutôt que le chiffre d'affaires, tant que l'objectif est de soutenir l'économie.

En période de Covid-19, l'on aurait pu adopter un système d'exonération de tous les impôts et taxes en fonction d'un pourcentage fixé par secteur d'activité ou indépendamment de ceux-ci. Dans cette hypothèse, toutes les entreprises exerçant sur le territoire national devraient en principe être soumises aux mêmes mesures fiscales de riposte au Covid-19, sans exception aucune, afin de préserver la croissance économique d'après-crise. Or, dans la pratique, seuls les établissements hôteliers ont bénéficié d'une exonération totale de ses impôts majeurs, le législateur ayant prévu que « *la liste des secteurs directement affectés par la crise est fixée par un texte du ministre en charge des finances »*[104]. Cette approche est critiquable, car il aurait été logique que les mêmes avantages fiscaux soient reconnus à toutes les entreprises dont la comptabilité a été déficitaire, selon un seuil fixé par le législateur[105]. En continuant à prélever l'impôt sur le chiffre d'affaires au cours de cette période de crise, la fiscalité a privé les entreprises des moyens qui leur auraient permis de couvrir les charges de fonctionnement nécessaire au maintien de leurs activités jusqu'à la reprise. Par conséquent, plusieurs

---

[102] GICAM, *Le Livre Blanc de l'économie camerounaise. L'impératif industriel du Cameroun*, février 2020, p. 76, disponible sur www.legicam.cm consulté le 14 octobre 2021.

[103] GICAM, *Le Livre Blanc de l'économie camerounaise…*, *op cit.*, p. 77.

[104] Art. Quinzième de la loi de finances 2021, p. 31.

[105] Dans le même sens, T. NGUIMFACK VOUFO, « Commentaire de la loi n°2020/018 du 17 décembre 2020 portant Loi de finances de la République du Cameroun pour 2021 », *Juridis Périodique*, n°124, oct-nov-déc 2020, p. 66.

entreprises étaient obligées de licencier le personnel, abandonner les investissements, perdre des parts de marchés et d'autres en faillite.

En attribuant la compétence au ministre en charge des finances de déterminer les secteurs fragilisés par la pandémie, le législateur ne privilégie pas l'approche inclusive dans la conception des mesures fiscales de soutien à l'économie. Il a plutôt privilégié une approche sectorielle de soutien à certains secteurs ciblés, au détriment d'une approche globale et inclusive qui aurait davantage impacté sur la relance de l'économie. Toutefois, cette approche globale est aussi celle dont les effets se pérennisent dans le temps.

B. L'approche de réforme ancrée dans le temps

Par une approche temporelle durable, les autorités fiscales camerounaises doivent projeter les mesures fiscales adoptées à la faveur de la crise sanitaire à moyen et long termes. L'incertitude du monde post-Covid-19 et la durée de ses répercussions sociales et économiques commandent de faire des choix durables. Il est évident que les mesures à court terme peuvent perturber les anticipations de certains contribuables, quant à leurs difficultés de trésorerie, ainsi que la gravité de la crise. Il était intéressant d'associer aux mesures provisoires, des mesures de long terme qui aideraient à une relance rapide et durable de l'économie.

Au demeurant, la mise en œuvre d'une approche globale ancrée dans le temps suppose l'élaboration de stratégies tendant à rationaliser la pression fiscale à moyen terme (1) et l'adoption des mesures destinées à faire de la fiscalité un instrument de compétitivité économique (2).

1. La rationalisation de la pression fiscale à court terme

La pression fiscale exprime l'importance relative d'un impôt ou un groupe d'impôts dans l'économie nationale. Elle désigne le *ratio* entre les recettes fiscales budgétaires et le PIB courant[106]. En d'autres termes, la pression fiscale exprime « *la part de la richesse nationale occupée par la fiscalité, sous forme de prélèvements obligatoires* »[107].

Aux termes du *Débat d'orientation budgétaire* 2021-2023, le *ratio* de pression fiscale devrait augmenter de 1,3 % au cours de l'exercice 2021[108]. Cette augmentation peut se justifier par le fait que l'année 2020 a été particulièrement marquée par une multitude d'exonérations d'impôts que l'Administration fiscale entend recouvrer en 2021, après que l'intensité de la

---

[106] S. ANDZONGO, « Après un relâchement en 2020, la pression fiscale au Cameroun devrait augmenter de 1,3 M en 2021 », *Gestion publique*, juillet 2020, pp. 34-41.

[107] A. PARIENTY, « Prélèvements obligatoires : que mesurent les prélèvements obligatoires ? », *Alternatives économiques*, n°173, 1999, p. 58.

[108] Documentation d'Orientation Budgétaire préparé par le gouvernement camerounais en vue de l'élaboration de la loi de finances, *« après un relâchement à 11,4% du PIB en 2020 , en rapport avec le soutien économique et social aux agents économiques en réponse à la crise sanitaire du coronavirus, la pression fiscale devra portée à 12, 7% du PIB en 2021 dans la perspective d'atteindre l'objectif à moyen terme de 13, 5% du PIB en 2023. »* .

crise sanitaire soit retombée. Pourtant, la solution contraire devrait logiquement prévaloir, dans la mesure où l'année 2021 est considérée comme celle de la reprise. En augmentant la part des prélèvements obligatoires sur les entreprises encore fragiles, l'Administration fiscale risque de faire obstacle à leur relance économique.

Avant la pandémie, le constat était évident que sous l'apparence d'une pression fiscale modérée par rapport aux autres États africains de même niveau de développement, se cache un taux global d'imposition élevé au Cameroun. Notant que la pression fiscale, mesurée par le rapport Ressources fiscales collectées/PIB est passé de 13,1 % en 2006 à 15,2 % en 2018, l'étude du GICAM sur l'économie camerounaise, souligne que « *s'il est indéniable que l'augmentation des recettes fiscales est la conséquence des efforts de modernisation des régies financières, elle a, eu égard à la faiblesse relative du taux de croissance du PIB au cours de la période, davantage et surtout résulté de l'accroissement du poids des impôts et taxes par l'augmentation de taux et l'introduction de nouveaux droits et taxes sur un nombre quasi stagnant de contribuables effectifs. C'est dire combien les améliorations de recettes fiscales s'obtiennent au prix d'une ponction sur la trésorerie des entreprises, fragilisant ainsi leur productivité et leur compétitivité, ainsi que leur capacité à réinvestir et investir* »[109].

Le défi qui s'impose à l'État camerounais est donc celui d'éviter une hausse d'impôts pour les années à venir, aussi bien ceux qui frappent les entreprises que les ménages ou la consommation. Le contrôle des déterminants de la pression fiscale permettrait aux décideurs de modeler la réforme fiscale en l'adaptant au contexte, dès lors que la composition sectorielle d'une économie exerce une influence sur la pression fiscale[110]. Il s'agit d'adopter des stratégies permettant à moyen terme de réduire la pression fiscale au Cameroun. Il n'était donc pas logique que la loi de finances 2021 mette un accent particulier sur l'optimisation des recettes fiscales et douanières internes en vue de compenser les pertes de recettes dues à l'application de ses engagements internationaux. Pour rationaliser la pression fiscale, il aurait fallu se passer de l'extension du champ d'imposition de l'impôt sur le revenu des personnes physiques à toutes personnes exerçant une activité génératrice de revenus ou celui de la TVA aux opérations qui y échappaient jusque-là[111].

Pour équilibrer la recherche du rendement de la fiscalité et la maîtrise de la pression fiscale, il faut actionner d'autres leviers d'optimisation de l'outil fiscal. À ce titre, l'on propose à l'État de réduire les incitations fiscales

---

[109] GICAM, *Le Livre Blanc de l'économie camerounaise…*, *op cit.*, p. 78.

[110] J. C. KOUAM, « Analyse des déterminants de la pression fiscale au Cameroun », *in Lettre de politique fiscale*, n°002, janvier 2021, pp. 5- 10.

[111] Article 130 (bis) alinéa 3 du CGI, Loi de finances 2021, p. 19.

« *dispendieuses et économiquement inefficaces* »[112]. Selon les tenants de cette approche, « *les mesures y relatives sont adoptées au moyen d'accords tels que des conventions d'établissement, ou des législations (codes ou chartes des investissements, codes miniers, pétroliers, gaziers, zones franches industrielles, zones économiques spécialisées, zones économiquement sinistrées, etc.) et qui profitent à certaines catégories d'investisseurs. Prises dans un environnement où la capacité fiscale est faible du fait de la taille de l'économie informelle, ces mesures les privent des ressources nécessaires pour impulser le développement et faire efficacement face aux conjonctures difficiles comme celle créée par la pandémie du Covid-19* »[113]. L'on est davantage convaincu que la transition fiscale en Afrique se ferait à travers l'attractivité des investissements, la lutte contre l'évasion fiscale nationale et internationale, plutôt que le maintien d'une pression fiscale élevée.

En tout état de cause, l'Administration fiscale doit éviter de reproduire l'une des conséquences négatives que présente la Courbe de Laffer, à savoir que l'augmentation inconsidérée de la pression fiscale jusqu'à un certain seuil aboutit à la diminution des recettes fiscales[114]. Or, ce seuil est étroitement lié à la structure, ainsi que le dynamisme du marché qui est une variable dépendante de l'investissement. Il est clair, en revanche, que la crise sanitaire a ralenti les investissements tels que les opérateurs économiques seraient très sensibles à l'impact d'une pression fiscale supplémentaire. La solution durable, dans cette situation, consistera à favoriser l'entrepreneuriat pour escompter une augmentation des recettes fiscales à moyen terme, faisant le choix de réduire la pression fiscale aux résultats éphémères. C'est à cette condition que l'État serait en phase avec ses objectifs dans le domaine de la compétitivité de son économie à moyen terme.

2. La programmation de la fiscalité de compétitivité économique à moyen terme

Le phénomène de mondialisation a pour corolaire, sur le plan économique, la libre circulation des richesses dans le monde et une connectivité croissante des marchés de différentes nations, sans égard à leur niveau de développement[115]. Dans l'optique d'intégrer le Cameroun à cette globalisation économique, les pouvoirs publics doivent repenser leur système de prélèvements obligatoires, en sorte que la fiscalité devienne un instrument de compétitivité économique.

---

112 A. S. NDZANA BILOA, « La crise économique post Covid-19 : une opportunité pour une nouvelle transition fiscale des pays africains », *op cit.*, p. 310.

113 *Idem.*

114 A. LAFFER, « Supply-Side Economics », *Financial Analysts Journal*, Vol. 37, n°5, septembre-octobre 1981, pp. 29-44.

115 R. C. NGUEMDOM, « Vers une nouvelle gouvernance économique, gage d'outils plus intelligents en Afrique », *RAFiP*, n°8, 2nd semestre 2020, pp. 323-345.

En effet, les politiques fiscales en faveur de la compétitivité sont adoptées un peu partout dans le monde. La technique la plus ancienne d'intervention en faveur de la compétitivité est celle des dégrèvements et exonérations[116]. L'impôt devient alors un outil de compétitivité, soit pour attirer sur le territoire des activités économiques génératrices d'emplois et de richesses, soit pour éviter que les entreprises attirées par des systèmes fiscaux plus avantageux ne quittent le territoire national. L'on assiste également à l'émergence d'autres techniques concourant à la compétitivité par l'impôt, notamment celles qui concèdent des amortissements lissés dans le temps. Ces amortissements ont pour incidence de répartir certaines charges de l'entreprise en lui permettant d'alléger sa trésorerie. De même, la technique du crédit d'impôt contribue aussi à la compétitivité. Actuellement cantonnée aux entreprises qualifiées de « *start-ups innovantes* » pour leurs dépenses d'innovations, elle pouvait s'étendre à toutes les entreprises pour les dépenses de restructuration ou de nouveaux investissements en vue de la relance post-Covid. Ces techniques doivent être utilement complétées par des mesures de simplification et d'allègement des formalités fiscales.

De manière générale, les opérateurs économiques considèrent la fiscalité comme un obstacle dirimant à l'entrepreneuriat au Cameroun. Tantôt la critique porte sur « *les lourdeurs du système fiscal et les mauvaises relations avec les administrations en charge de la collecte des taxes* »[117], tantôt le système fiscal est qualifié de « *confiscatoire* », en ce sens que « *imposer sur le chiffre d'affaires et sur le bénéfice, c'est faire une fiscalité prédatrice* »[118]. À voir de près, le constat peut être fait d'une saturation du système fiscal avec une multitude de prélèvements obligatoires qui asphyxient les entreprises, tant financièrement que du point de vue des formalités. En combinant la fiscalité étatique, la fiscalité locale et les prélèvements de sécurité sociale, les entrepreneurs éprouvent l'expérience d'une fiscalité oppressante. Si l'on ne peut se résoudre à une fiscalité synthétique, le besoin d'une unification des procédures s'impose toutefois avec acuité. Le GICAM milite pour une fiscalité de compétitivité dont les principaux traits sont présentés dans le *Livre blanc de l'économie camerounaise* en vue de réduire la pression fiscale et concilier impôt et investissement[119]. Il est à espérer que le gouvernement

---

[116] É. OLIVA, « Compétitivité et impôt : ne pas jeter le bébé avec l'eau du bain », *Pouvoirs*, n°151, 2014/4, pp. 99-115.

[117] J. VAN DOORN et A. TALL, *Diagnostic sur la formalisation des entreprises et de leurs travailleurs au Cameroun : contribution à la préparation d'une Feuille de route de transition vers la formalité*, Bureau de pays de l'OIT pour le Cameroun, la Guinée Equatoriale et Sao Tomé-et-Principe, 2017, p. 14.

[118] Propos de C. TAWAMBA, lors de la 3e édition du débat patronal du GICAM organisé le 9 juillet 2021 à Yaoundé, disponible sur https://ecomatin.net/climat-des-affaires-ladministrationn-ne-veut-pass-discuter-fiscalite-avec-le-gicam/ consulté le 14 octobre 2021.

[119] Voir, GICAM, *Le Livre Blanc de l'économie camerounaise. L'impératif industriel du Cameroun*, février 2020, pp. 117-122, disponible sur www.legicam.cm consulté le 14 octobre 2021.

explore et envisage la mise en œuvre progressive des propositions de ce rapport.

Toutefois, il faut se rendre à l'évidence que « *les relations entre la fiscalité et la compétitivité sont complexes et l'impôt paraît difficilement conciliable avec la compétitivité, d'autant plus que la compétitivité est tantôt perçue comme un fait, un constat (la fiscalité est un handicap à la compétitivité des entreprises...) et tantôt conçue comme un objectif à réaliser (la fiscalité doit chercher à améliorer la compétitivité des entreprises...)* »[120]. Mais, la tendance qui se dessine n'est plus propice à la neutralité de la fiscalité ; au contraire, elle commande une compétitivité soutenue par la politique fiscale. Il paraît alors souhaitable de généraliser à une catégorie de petites et moyennes entreprises le modèle conçu en 2021 en faveur des *start-up* innovantes[121]. En effet, dans la palette de mesures prises pour favoriser la relance de l'économie fortement ralentie par la crise sanitaire, la loi de finances 2021 a consacré un sous-titre aux « *Mesures relatives à la promotion de l'économie numérique* »[122]. Il y est prescrit une exonération de tous impôts, droits, taxes et redevances, à l'exception des cotisations sociales, aux *start-up* innovantes dans le domaine des technologies de l'information et de la communication, en phase d'incubation pour une durée de cinq ans[123]. Après la phase d'incubation, la cession de la *start-up* se voit appliquer un taux réduit de 10 % sur la plus-value réalisée[124]. Pendant une période de 05 ans, dans la phase d'exploitation, elle bénéficie de l'exonération :

- de la patente ;
- des droits d'enregistrement en cas de prorogation ou augmentation du capital ;
- des charges fiscales et patronales sur les salaires, excepté celles dues à la CNPS.

Elle bénéficie en outre d'un taux réduit de l'impôt sur les sociétés de 15 %, d'un abattement de 50 % sur la base de calcul de l'acompte et du minimum de perception de l'impôt sur les sociétés et d'un crédit d'impôt sur le revenu de 30 % des dépenses de recherche et d'innovation plafonné à FCFA cent (100) millions[125]. Les actionnaires de ces *start-up* bénéficient d'un taux réduit de 5 % de l'impôt sur le revenu des capitaux mobiliers[126]. Il n'y a aucun doute que l'application de ce régime fiscal puisse impulser la compétitivité de

[120] É. OLIVA, « Compétitivité et impôt : ne pas jeter le bébé avec l'eau du bain », *op cit.*, p. 101.
[121] T. NGUIMFACK VOUFO, "Innovative Start-Up in Cameroon: From a tax incentive regime to the absence of an ambitious policy vision", *Nkafu Policy Institute*, Mai 2022, disponible sur www.nkafu.org
[122] Loi n°2020/018 du 17 décembre 2020 portant Loi de finances de la République du Cameroun pour l'exercice 2021, p. 15.
[123] Article 124 ter alinéa 1 (a) du CGI, Loi de finances 2021 précitée, p. 15.
[124] Article 124 ter alinéa 1 (b, i) du CGI, Loi de finances 2021 précitée, p. 15.
[125] Article 124 ter alinéa 1 (b, ii) du CGI, Loi de finances 2021précité, p. 15.
[126] Article 124 ter alinéa 1 (b, ii) du CGI, Loi de finances 2021 précitée, p. 15.

ce secteur d'activité. Mais, en légiférant exceptionnellement en faveur d'un secteur d'activité ciblé, l'État ne peut induire l'effet global escompté sur l'ensemble de l'économie. D'où la nécessité de généraliser de telles mesures aux nouvelles entités classées dans les catégories précises de petites et moyennes entreprises.

Toutefois, il ne faut pas perdre de vue l'idée que la compétitivité au moyen de l'impôt est limitée, car la fiscalité n'est pas le seul levier de la compétitivité économique./-

La fiscalité post-Covid-19 et la promotion de la santé publique au Cameroun

Dr NKOUAYEP Long Christ Papy
Maître-Assistant en Droit public
Université de Yaoundé II (Cameroun)
Et

ESSAME AKONO Joseph
Doctorant en Droit public
Université de Douala (Cameroun).

Introduction

Indispensables pour le financement de la santé publique, les ressources fiscales ont connu une baisse drastique du fait de la crise sanitaire[1]. Cette dernière, engendrée par le Covid-19, est survenue dans un contexte général dégradé des finances publiques pour l'amplifier davantage[2]. La pandémie du Covid-19 a permis de consolider l'idée selon laquelle le droit est mouvant, changeant, voire en mouvement[3] car, il doit s'amender et s'adapter à l'évolution de la société. Face à cette pandémie, le droit fiscal en vigueur s'était alors montré flexible[4] et avait fini par laisser place à un droit fiscal dérogatoire, transitoire[5], à un droit fiscal de crise. En effet, le droit fiscal

---

[1] Pour mieux appréhender l'impact de la crise sanitaire sur les finances publiques camerounaises, lire utilement Gérard PEKASSA NDAM et Patrick NGANGUE NEMALEU, « Les Finances publiques camerounaises à l'épreuve de la crise sanitaire à coronavirus », *Le Nemro*, octobre-décembre 2020, pp. 49-74. Voir également Joseph KEUTCHEU, « Le Cameroun au révélateur du Covid-19 : construction d'une cause politique, incertitude et mise en évidence de l'État bricoleur », *Revue béninoise de science po*, n°1, vol. 5, 2021, pp. 11-47 ; François ABENG MESSI, « Les obligations fiscales de l'exercice budgétaire 2020 à l'épreuve de la Covid-19 au Cameroun », *RAFiP*, n°7, premier semestre 2020, pp. 141-172.

[1] Christelle BALLANDRAS-ROZET, « Les principes budgétaires à l'épreuve de la crise sanitaire », *RFFP*, n°152, 2020, p. 101. Lire aussi Jean-Luc ALBERT, « L'urgence sanitaire et certains inaperçus budgétaires et comptables publics », *RFFP*, n°152, 2020, pp. 123-127.

[2] Christelle BALLANDRAS-ROZET, « Les principes budgétaires à l'épreuve de la crise sanitaire », *Ibid* ; Jean-Luc ALBERT, « L'urgence sanitaire et certains inaperçus budgétaires et comptables publics », *Ibid.*

[3] DIEBOLT (S), *Le droit en mouvement. Eléments pour une compréhension constructivistes des transformations complexes des systèmes juridiques*, Thèse doctorat en Droit, Université Paris Nanterre, 2000, p. 25.

[4] CARBONNIER (J), *Flexible droit. Pour une sociologie du droit sans sa rigueur*, Paris, LGDJ, 2001, p, 119.

[5] Pour approfondissement voir ROUBIER (P), *Le droit transitoire (conflits de lois dans le temps)*, Paris, Dalloz et Sirey, 1960, p, 357.

applicable pendant la période pandémique était un droit fiscal sanitaire d'exception.

Compte tenu de ce qu'il était limité dans le temps et que la pandémie a été maitrisée, il est important de s'intéresser à son évolution, notamment le régime fiscal de la santé publique post-Covid-19 au Cameroun. De toute évidence, une clarification notionnelle poserait les bases de la réflexion. À ce propos, Charles EISENMANN affirmait que « *le problème de la définition d'une notion, d'un concept, peut être celui de sa fixation, de la détermination de son libellé, de sa rédaction. Le résoudre de façon satisfaisante consiste à donner à cette formule un contenu qui corresponde exactement à la pensée du rédacteur et qui fasse saisir cette idée aux auditeurs auxquels elle est destinée* »[6]. Ainsi, seront alors définies les notions de fiscalité et de promotion de santé publique.

Le vocable « fiscalité », dérivé de fiscal, renvoie à un « *système d'imposition* »[7]. Pour le Dictionnaire d'économie et de sciences sociales, la fiscalité est la réglementation définissant les impôts d'une collectivité locale, d'un pays ou d'un organisme international[8]. Enfin le lexique économique définit la fiscalité comme l'« *ensemble des textes et règlements organisant la définition et la perception de l'impôt. Elle peut être locale ou nationale selon l'organisme destinataire des fonds recueillis* »[9]. Le coronavirus en abrégé Covid-19 est une maladie provoquée par un virus appartenant à la famille des Coronaviridae, le SARS-CoV-2. Cette maladie infectieuse est une zoonose, qui avait émergé en décembre 2019 dans la ville de Wuhan, dans la province du Hubei en Chine[10].

S'agissant de l'expression promotion de la santé publique, il semble important de définir tout d'abord les vocables promotion et santé publique avant de s'appesantir sur l'expression tout entière. Le *Vocabulaire juridique* définit la promotion comme étant « *l'action de promouvoir, de développer, encourager, stimuler, favoriser* »[11]. La santé publique quant à elle est définie selon le dictionnaire le ROBERT, comme un état sanitaire d'une société, c'est-à-dire, un ensemble d'efforts pris par des institutions publiques dans une société pour améliorer, promouvoir, protéger et restaurer la santé de la

---

[6] EISENMANN (C), *Cours de Droit administratif,* Paris, LGDJ, Tome 1, 1982, p. 18.

[7] CORNU (G) (dir.), *Vocabulaire juridique*, Paris, PUF, coll. Quadrige, 11e éd, 2017, p. 461.

[8] ECHAUDEMAISON (C-D), *Dictionnaire d'économie et de science sociale*, Paris, Nathan, 2014, 8e éd., p. 216.

[9] AHMED (S), *Lexique d'économie*, Paris, Dalloz, 2008, 10e éd., p. 379.

[10] La plupart des personnes infectées par ce virus présentaient une maladie respiratoire d'intensité légère à modérée et se rétablissent sans avoir besoin d'un traitement particulier. Certaines, cependant, tombaient gravement malades et ont besoin de soins médicaux. Les personnes âgées et celles qui ont un problème médical sous-jacent, tel qu'une maladie cardiovasculaire, un diabète, une maladie respiratoire chronique ou un cancer, ont plus de risques de présenter une forme grave. N'importe qui, à n'importe quel âge, peut contracter la COVID-19 et tomber gravement malade ou en mourir.

[11] CORNU (G) (dir.), *Vocabulaire juridique*, *op.cit.*, p. 818.

population grâce à une action collective. La promotion de la santé publique est définie par l'Organisation mondiale de la santé (OMS) comme un processus qui confère aux populations les moyens d'assurer un plus grand contrôle sur leur propre santé et de l'améliorer[12].

Au regard de ce qui précède, il convient de se poser la question suivante : la fiscalité post-Covid-19 promeut-elle la santé publique au Cameroun ? Fort de l'hypothèse d'une déficiente promotion, la réflexion suscite un double intérêt. Au plan théorique, l'étude permet de voir si les sources matérielles du droit fiscal post-Covid-19 sont de nature à promouvoir la santé publique au Cameroun. Dès cet instant, il est question de mettre en lumière les forces créatrices du droit fiscal. Inspiré par le Covid-19, le législateur se voit ainsi contraint de s'adapter au contexte sanitaire par la prise des mesures fiscales particulières. Au plan pratique, l'étude permettra de mettre en relief les bien-fondés des mesures fiscales nécessitées par la période post Covid-19. Le régime fiscal exceptionnel en vigueur en période de crise sanitaire a été abrogé pour céder à une nouvelle place à la fiscalité ordinaire. En définitive, pour mieux éclairer l'hypothèse, une interprétation des textes sera faite. Dès lors, la fiscalité post-Covid-19 impose partiellement les structures sanitaires **(I)**, mais exonère totalement les patients **(II)**.

I. L'imposition partielle des structures sanitaires

En droit fiscal, le principe est qu'une personne ne peut être imposée qu'« *en fonction des opérations qu'elle réalise* »[13]. Cela suppose que, la nature de l'opération réalisée est déterminante pour conclure à l'assujettissement ou non d'un sujet fiscal. Les structures sanitaires du fait de la double personnalité[14] juridique qui les caractérise, réalisent plusieurs types d'activités. Certaines de ces activités peuvent être situées dans le champ de l'impôt et d'autres en dehors de celui-ci. Elles sont pour cela qualifiées d'assujetties partielles[15]. Dès lors, en tant que telles, les structures sanitaires, offrent deux visages en droit fiscal. Dans certains cas, elles apparaissent comme un exempté fiscal **(A)**, et dans d'autres, comme un assujetti **(B)**.

---

[12] Organisation Mondiale de la Santé, *Charte d'Ottawa pour la promotion de la santé*, Ottawa, 1986, p. 10.

[13] DISLE (E.), SARAF (J.), *Droit Fiscal, Manuel & application 2006/2007*, Paris, Dunod, 2006, p. 5.

[14] Dans certains cas, elles agissent en qualité de dépositaires de la puissance publique, et dans d'autres, elles agissent en qualité de sujet de droit commun. Voir dans ce sens HAURIOU (M), *Précis de droit administratif*, Paris, Librairie du Recueil général des lois et arrêts, 1893, 2e éd. Préface V.

[15] SWEERTVAEGHER (S.), *La fiscalité des activités subsidiaires : l'assujettissement du centre hospitalier de Valenciennes à la taxe sur la valeur ajoutée*, Mémoire de l'école nationale de Santé Publique de Rennes, 2002, p. 8. Dans le jargon des fiscalistes, un assujetti partiel est une personne qui, parallèlement à une activité économique placée dans le champ d'application de l'impôt, réalise des opérations qui sont exclues de ce champ d'application.

A. La reconnaissance d'une exonération des formations sanitaires

Selon la loi de 2017 portant statut général des établissements publics, les formations sanitaires sont considérées comme étant des établissements publics[16]. En tant qu'établissements publics, elles bénéficient d'un régime fiscal spécial. Ce régime fiscal est spécial du fait des exonérations accordées auxdites formations. Sont alors exonérés les équipements sanitaires (**1**) et les structures sanitaires proprement dites (**2**).

1. L'exonération des équipements sanitaires

Les équipements sont d'une importance capitale pour les structures sanitaires. La seule dotation en équipements n'est pas suffisante, encore qu'il faut se rassurer de la qualité. Par équipement de santé, il faut entendre l'ensemble des biens meubles et immeubles se retrouvant dans les structures de santé. Ces équipements sont indissociables à la vie quotidienne des structures de santé. Les équipements permettent aux spécialistes de la santé de diagnostiquer, soigner et entretenir la santé et le bien-être des patients. Pour permettre aux structures sanitaires de se doter des meilleurs équipements médicaux et fournir des soins de qualité aux patients, le législateur a exonéré certains équipements de paiement de quelques impôts. Peuvent ainsi bénéficier des exonérations fiscales, les biens de premières nécessités, le matériel spécifique et les ambulances.

Par biens de premières nécessités il faut entendre, ceux ayant un caractère urgent et important. Le législateur estime de ce fait que ces biens soient exemptés de la TVA afin de faciliter leur acquisition et permettre la promotion de la santé publique. À la lecture du Code Général des Impôts[17] il en ressort que les biens de première nécessité sont constitués des produits pharmaceutiques, leurs intrants, le matériel et équipements des industries pharmaceutiques[18].

À côté de ces produits de premières nécessités, les équipements spécifiques bénéficient également de l'exonération de la TVA. Il s'agit ici du

---

[16] Article 2 alinéa 1er de la loi n°2017/010 du 12 juillet 2017 portant statut général des établissements publics.

[17] Article 128 du Code Général des Impôts version 2024.

[18] L'annexe 1 du titre 2 du CGI version 2024 liste ce matériel parmi lesquels nous avons : les antibiotiques ; les articles d'hygiènes ou de pharmacie (+tétines) en caoutchouc vulcanisé non durci ; les verreries de laboratoire, d'hygiène ou pharmacie, même graduée ou jaugé ; la quinine et ses sels ; les médicaments ; les fauteuils roulants et autres véhicules pour invalides, sans mécanisme de propulsion ; les fauteuils roulants & autres véhicules pour invalides, avec moteur/autres mécanismes de propulsion ; les parties et accessoires de fauteuils roulants ou d'autres véhicules pour invalides ; les microscopes ; les électrocardiographes ; les appareils de tomographie pilotés par une machine automatique de TI ; les appareils à rayons X, pour l'art dentaire, + app radio photo/radiothérapie ; les appareils à rayon X, pour usages médico/chirurgico/vétérin, + appradiophoto/radiothérapie ; les appareils à rayons X, pour d'autres usages, + appareils de radiophotographie/ radiothérapie ; les appareils à radiation alpha/bêta/gamma, à usage médical/chirurgical/dentaire /vétérinaire ; les appareils à radiation alpha/bêta/gamma, pour d'autres usages…

matériel servant à la lutte contre certaines maladies comme le VIH/SIDA. Si le Code Général des Impôts[19] prévoit que le matériel servant de lutte contre le VIH/SIDA bénéficie d'une exonération de la TVA, toutefois, la liste du matériel exonéré est dressée par le décret n 2001/954/PM du 1er novembre de 2001. À la lecture de ce décret est exonéré le matériel ci-après : dépistage et confirmation du VIH/SIDA[20], courants de laboratoire[21], de sensibilisation[22] et enfin roulant pour information, éducation et communication[23]. La liste ci-dessus évoquée doit au préalable être autorisée par le ministre en charge des finances et le ministre en charge de la santé[24]. Toutefois, cette liste peut être actualisée par arrêté conjoint des deux ministres[25].

Précisons que, certaines autres maladies non prévues par le Code Général des Impôts peuvent bénéficier des exonérations spéciales à la TVA lors de leur survenance. Ces exonérations seront alors limitées pour une certaine durée fixée par le législateur. Cela avait été perceptible lors de la survenance du Covid-19. En effet, l'ordonnance n 2020/001 du 03 juin 2020 modifiant et complétant certaines dispositions de la loi n 2019/023 du 24 décembre 2019 portant loi de finances de la République du Cameroun pour l'exercice 2020 avait listé le matériel de prévention et de lutte contre le Covid-19 exonéré de la TVA.

Comme autre matériel exonéré de la TVA, nous avons le matériel des personnes handicapées. Au regard de la vulnérabilité de cette catégorie de personnes, le législateur a jugé important d'exempter leur matériel à la TVA.

---

[19] Article 128 du CGI.

[20] Selon l'annexe du décret N°2001/954/PM du 1er novembre 2001, entre dans la catégorie de matériels pour dépistage et confirmation du VIH les biens suivant : tous les tests homologués pour le dépistage du VIH ; chaine ELISA (incubateur laveur de micro plaque, lecteur et imprimante) ; réactifs pour western blot et agitateur ; Cytomètre de flux 5 type Facs count Bectons Dickinson ; Facsan ; appareil complet et accessoires pour la charge virale ; appareil à PCR Banque de sang +4°C.

[21] Il s'agit de : automate de biochimie ; appareil d'ionogramme ; ultracentrifugeuses ; automate d'immuno-analyse ; appareils audiovisuels ; autoclave ; étude bactériologique (simple et co2) ; bain marie simple et bain mari agitateur ; balance à précision ; boite de pétri pour culture bactério-virologie ; stérilisateur ; centrifugeuse (à rotor, ventilée, réfrigérée et non réfrigérée) ; hotte à flux laminaire ; lyophilisateur ; microscope à fluorescence ; gram : violet de gentinfuschine ; giemsa ; acridine orange ; ziehlnelseen ; bleu de méthylène ; congélateur (-86°c, -40°c, -18°c) ; réfrigérateur ; pompe à vide ; machine à glace à paillettes ; gaz (co2), azote.

[22] C'est notamment les cas de : Tee-shirt, casquettes ; banderoles ; gadget ; dépliants, affiches, autocollants ; brochures ; condoms masculins et féminins ; gants (protection individuelles) ; garrot, pissette ; coton hydrophile, carder ; aiguilles vacuitainer à usage unique ; tubes à hémolyse ; portoir pour tubes ; ecouvillons, sparadrap ; équipement pour eau distillé ; panneaux publicitaires ; becher, cryoboxes, cryotubes ; cristallisoir, embouts jetables ; fiole en verre et en plastique ; micro pipettes marques diverses (haute précision) ; unité de filtration complète ; micro tubes à centrifuger : eppendorf, nunc ; eprouvettes ; entonnoirs.

[23] Comme matériel de communication nous avons les véhicules et les motos.

[24] Article 2 alinéa 1er du décret N°2001/954/PM du 1er novembre 2001 fixant la liste du matériel de lutte contre le VIH/SIDA exonéré de la TVA.

[25] Article 2 alinéa 2 du même texte.

Au rang du matériel des personnes handicapées figurent le matériel d'éducation pour enfants déficients visuels ; d'éducation pour enfants déficients auditifs ; d'éducation pour enfants infirmes moteurs cérébraux et enfants déficients intellectuels ; de sports pour personnes handicapées ; pour la rééducation fonctionnelle polyvalente, l'ergothérapie et la psychomotricité des enfants handicapés[26].

Outre l'exonération à la TVA, les équipements des structures sanitaires peuvent bénéficier d'autres types d'exemptions fiscales. C'est le cas des ambulances qui sont exonérées du droit de timbre sur les automobiles. Les ambulances jouent un rôle vital dans la prestation des soins d'urgence. Elles permettent une évacuation rapide des patients. Généralement dans ces véhicules se trouvent des personnes qu'on appelle des ambulanciers qui administrent des soins vitaux, maintiennent la stabilité du patient pendant le transport. Leur expertise est essentielle pour prendre des décisions rapides et adaptées à chaque situation, ce qui peut faire la différence entre la vie et la mort. Tout comme les véhicules des forces de l'ordre qui participent au maintien de l'ordre, l'une des missions du service public, les ambulances participent également au service public. On peut donc conclure que l'exonération fiscale est une preuve de la volonté du législateur d'exonérer les activités du service public du paiement de l'impôt. Cette volonté est également manifestée dans l'exonération des affiches des structures sanitaires du paiement du droit de timbre sur la publicité. Pour une meilleure promotion de la santé par la fiscalité, il faudrait également que les formations sanitaires proprement dites bénéficient des exonérations fiscales.

2. L'exonération des structures sanitaires

Les établissements publics à caractère hospitaliers, en dehors de leurs missions légales, s'investissent dans des activités génératrices de revenus qui n'entrent forcément pas dans les missions d'une formation sanitaire. C'est le cas des prestations offertes par le service de morgue, la vente de certains produits tels les carnets de santé, les thermomètres, les chambres d'hospitalisation, etc. Bien plus, certaines formations sanitaires de première catégorie offrent des prestations de restauration à un prix souvent plus élevé que ceux pratiqués par les opérateurs privés. Pour ces prestations, ils devraient faire l'objet d'un prélèvement fiscal au titre de l'impôt sur les sociétés qui par définition est assis sur les revenus des personnes morales. Cependant, le Code Général des Impôts les exonère du paiement de cet impôt. En d'autres termes, l'établissement public hospitalier, bien qu'exerçant des activités rentrant dans le champ d'application de l'impôt sur les sociétés, est déchargé de l'obligation de s'acquitter dudit impôt. À l'instar de celle qui est accordée aux collectivités territoriales décentralisées, l'exonération des établissements publics hospitaliers du paiement de l'impôt sur les sociétés est automatique et totale.

---

[26] Voir Annexes au Code Général des Impôts version 2022.

Cette exonération n'est soumise à aucune condition. L'administration fiscale se contente de renoncer à l'imposition de ces établissements en ce qui concerne l'impôt sur les sociétés. Cette renonciation est également consacrée en ce qui concerne la patente et la taxe sur la propriété foncière.

S'agissant de la patente, c'est un impôt qui est perçu auprès de toute personne physique ou morale de nationalité camerounaise ou étrangère, qui exerce dans une commune une activité économique, commerciale ou industrielle ou toute autre profession[27]. Toutefois, en raison de leurs activités d'intérêt public, le CGI accorde les exemptions aux établissements sanitaires[28] afin de promouvoir la santé publique. Mais, une obligation de déclarer est exigée à toute personne exerçant une activité soumise à la contribution des patentes, même en cas d'exonération, au Centre des Impôts territorialement compétent dans les quinze (15) jours suivant le démarrage de l'activité[29].

En ce qui concerne la taxe sur la propriété foncière (TPF), c'est un impôt dû annuellement sur les propriétés immobilières, bâties ou non, situées au Cameroun, dans les chefs-lieux d'unités administratives ou dans des agglomérations bénéficiant d'infrastructures et des services urbains à savoir les réseaux de voies carrossables ou bitumées, d'adduction d'eau, d'électricité et/ou de téléphone[30]. On peut dire que les propriétés imposables sont des immeubles urbains. Au détour de la délimitation des propriétés passibles de la taxation, le législateur identifie les personnes redevables. Est redevable de la taxe sur la propriété foncière toute personne physique ou morale propriétaire d'immeuble bâti ou non bâti, y compris tout propriétaire de fait[31]. Par ailleurs, dans le cas où un immeuble est loué soit par bail emphytéotique, soit par bail à construction, soit par bail à réhabilitation, ou a fait l'objet d'une autorisation d'occupation temporaire du domaine public constitutive d'un droit réel, la TPF est établie au nom de l'emphytéote, du preneur à bail à construction ou à réhabilitation ou du titulaire de l'autorisation. Cependant, deux critères peuvent conduire à l'exonération de cet impôt : il s'agit entre autres de la nature juridique des propriétaires et l'affectation des propriétés. C'est sur le fondement de la nature juridique des propriétaires que les formations sanitaires bénéficient d'une exonération de la TPF. Néanmoins, le Code Général des Impôts précise que : « *les redevables de la taxe sur la propriété foncière autant que les personnes exonérées sont tenues de déposer au service des impôts territorialement compétent un double des titres de propriété, des permis de bâtir, des devis de construction et autres documents assimilés, dans le mois qui suit la date de leur délivrance* »[32].

---

[27] Article C8 du CGI

[28] *Ibid.* article C 11.

[29] *Ibid.* article C 21.

[30] Article 577 alinéa 1er du CGI.

[31] Article 577 alinéa 2 du CGI.

[32] *Cf.* article 583 al 2 du CGI.

Dans leurs fonctions sociales et de recherche de l'intérêt général, l'on reconnait un statut spécial aux structures sanitaires. Ce statut a pour effet de mettre celles-ci à l'abri du prélèvement fiscal aussi longtemps qu'elles demeurent concentrées sur leurs missions. Mais, dans l'hypothèse où elles venaient à accomplir des activités subsidiaires, elles peuvent, sauf dispositions contraires de la loi, devenir des sujets fiscaux comme le serait une personne.

B. La persistance d'un assujettissement des structures sanitaires

Lorsque les structures sanitaires interviennent dans le domaine économique, concurrentiel et commercial, elles peuvent être soumises au régime juridique de droit commun. Lorsqu'elles accomplissent des activités ou posent des actes sous l'empire de ce régime, la conséquence sera l'acquittement de l'impôt. Le but est de maintenir une égalité concurrentielle entre les différents acteurs économiques[33]. Les activités des structures sanitaires frappées par les impôts sont les activités économiques (**1**) et les actes concurrentiels (**2**).

1. L'assujettissement des activités économiques

Selon l'arrêt *Commission c/Italie* rendu par la CJCE[34], l'activité économique désigne toute activité qui consiste à offrir des biens et services sur un marché donné. Selon cette affaire, une activité présente un caractère économique lorsqu'elle est susceptible d'être exercée, du moins en principe, par un opérateur privé, dans un but lucratif. Dès lors, une personne publique exercera une activité économique chaque fois que subsidiairement à son activité de satisfaction de l'intérêt général, elle s'investit dans une activité qui pourrait être exercée dans un but lucratif. C'est ainsi que les structures sanitaires sont assujetties non seulement à l'impôt sur les sociétés, mais également à la TVA.

Le législateur camerounais assujettit à l'impôt sur les sociétés, « *les établissements publics, les organismes de l'État jouissant de l'autonomie financière et toute autre personne morale se livrant à une exploitation ou à des opérations à caractère lucratif* »[35]. Pour ce qui est des structures sanitaires, malgré certaines exonérations, elles restent assujetties à l'impôt sur les sociétés. C'est notamment le cas de la Centrale nationale d'approvisionnement en médicaments et consommables médicaux essentiels (CENAME) entend que structure sanitaire assujettie à l'impôt sur les sociétés. Érigée en établissement public administratif, la CENAME « *contribue à la mise en œuvre de la politique pharmaceutique nationale en matière*

[33] CHAMARD-HEIM (C.), « Les EPIC face au droit fiscal », *Gestion & Finances Publiques*, n°12, décembre 2009, p, 32.

[34] CJCE, 16 Juin1987, commission c/Italie, C-118/85, Rec. 1987, p. 2599.

[35] Art 3 du CGI.

d'approvisionnement en médicaments et dispositifs médicaux essentiels »[36]. Elle s'acquitte de cette mission en approvisionnant les formations sanitaires et les officines pharmaceutiques à titre onéreux. L'article 18 du décret de 2005 précise que cet approvisionnement se fait à travers la vente des médicaments et dispositifs médicaux essentiels. Or, l'achat des biens meubles ou immeubles en vue de leur revente est un acte de commerce, donc une opération à caractère lucratif. Bien plus, l'article 21 du décret de 2005 reconnaît que ces opérations génèrent des bénéfices qui sont réinvestis pour la réalisation de son objet social notamment en vue de permettre une amélioration de la qualité du médicament. Au regard de tous ces arguments, la CENAME entre dans le champ de l'impôt sur les sociétés pour ses opérations à but lucratif.

Pour ce qui est de la TVA, le législateur y assujettit « *les personnes physiques ou morales, y compris les collectivités territoriales décentralisées et les organismes de droit public, qui réalisent à titre habituel ou occasionnel et d'une manière indépendante, des opérations imposables entrant dans le champ d'application de ladite taxe... »*[37]. Cet assujettissement a pour fait générateur, « *les opérations accomplies dans le cadre d'une activité économique effectuée à titre onéreux »*[38]. Dès lors, les structures sanitaires entrent dans le champ d'application de la TVA au moment où elles s'investissent dans la vente de biens meubles corporels. C'est le cas de la CENAME qui s'investit à titre principal dans l'approvisionnement en médicaments. Les structures sanitaires peuvent être également assujetties à la TVA pour des opérations assimilées à des prestations de service. La notion de prestation de services est très large et recouvre les opérations autres que les livraisons de biens meubles corporels. Elle comprend notamment la cession ou la concession de biens meubles incorporels (brevets, marques de fabrique), les locations de biens meubles corporels (véhicules, matériels, etc.) ou incorporels (fonds de commerce, brevets). Les opérations de cession ou de concession des biens meubles incorporels, les locations de biens meubles corporels ou incorporels sont assimilables à la prestation de services. À cette liste, le Professeur DEBAT[39] ajoute la location des immeubles, la vente de biens à consommer sur place. C'est le cas des prestations de restauration offertes par certains hôpitaux publics ou encore lorsque ces derniers louent des emplacements à des cafétérias.

En définitive, les structures sanitaires qui se retrouvent dans la posture de consommateur final payent la TVA. Il s'agit des hypothèses dans lesquelles, elles acquièrent des meubles corporels ou font recours à des prestataires de service à condition que lesdites opérations soient effectuées à

---

[36] Article 3 du décret n°2005/252 du 30 juin 2005 portant création, organisation et fonctionnement de la centrale nationale d'approvisionnement en médicaments et consommables médicaux essentiels.

[37] Art 125 al 1er CGI.

[38] Art 126 al 1er CGI.

[39] DEBAT (O.), *Droit fiscal des affaires,* Paris, Montchrestien, 2008, p. 377.

titre onéreux. La structure sanitaire, pour accomplir les différentes missions qui lui sont dévolues, acquiert des biens et fait appel à des prestataires de services. L'un des procédés d'acquisitions des biens peut être la commande publique. C'est le cas du matériel de bureau à l'instar du mobilier, du papier, de l'ordinateur, des stylos ou encore du matériel roulant doté à certains responsables. En réglant le prix de ces différents biens, elles paient concomitamment la TVA au même titre que pour les actes concurrentiels.

2. L'assujettissement des actes concurrentiels

Les actes concurrentiels des structures sanitaires faisant l'objet d'assujettissement sont les contrats de travail conclus avec un particulier ou alors les actes posés dans le circuit économique.

À l'instar des autres personnes morales, les structures sanitaires peuvent recruter les agents relevant du code de travail. Le recrutement de ces agents fait rentrer la structure dans le champ de la cotisation sociale et d'assujettissement à certaines taxes en raison de son statut d'employeur. Aux termes de l'article 4 de l'ordonnance de 1973, « *toute personne physique ou morale employant un ou plusieurs travailleurs relevant du code du travail est tenue de s'affilier à la Caisse Nationale de Prévoyance Sociale* »[40]. Dès lors, les formations sanitaires, à partir du moment où elles emploient des salariés sont également soumises à cette obligation. Selon le législateur, « *tout employeur, à l'exception de l'État, est débiteur vis-à-vis de la Caisse Nationale de Prévoyance Sociale de la cotisation totale et responsable de son versement (...)* »[41]. Par cette affirmation, le législateur consacre l'assujettissement des structures sanitaires aux cotisations sociales. Ces dernières sont assujetties à ce prélèvement public au titre des cotisations patronales. Ainsi, telle que conçue par la loi, « *la cotisation de l'assurance pension est répartie entre le travailleur et son employeur* »[42]. En réalité, c'est en leurs qualités d'employeurs que les structures sanitaires sont directement frappées par la cotisation sociale. Comme on peut le constater, le recrutement des agents relevant du code du travail constitue le fait générateur de cet assujettissement. Autrement dit, les structures sanitaires qu'elles soient publiques ou privées ne peuvent entrer dans le champ de la cotisation sociale que si elles recrutent des travailleurs. En ce qui concerne l'assiette de ce prélèvement, il faut reconnaître qu'il est difficile de la déterminer. Si la rémunération constitue l'assiette des prélèvements effectués à la charge du

---

[40] Art 4 de l'ordonnance n°73-17 du 22 mai 1973 portant organisation la prévoyance sociale, modifiée par la loi n°84-006 du 04 juillet 1984.

[41] Art 5 de la loi n°69-LF-18 du 10 novembre 1969 instituant un régime d'assurance pensions de vieillesse, d'invalidité et de décès, modifiée par les lois n°84-007 du 4 juillet 1984 et n°90-063 du 19 décembre 1990.

[42] Art 4 al 2de la loi n°69-LF-18 du 10 novembre 1969 instituant un régime d'assurance pensions de vieillesse, d'invalidité et de décès, modifiée par les lois n°84-007 du 4 juillet 1984 et n°90-063 du 19 décembre 1990.

salarié, la base de la cotisation patronale pose problème. La loi de 1969 ne précise pas la base sur laquelle est assise la cotisation patronale. Elle se contente d'en fixer le taux[43]. Il est des cas où la structure supporte directement la charge de la cotisation sociale. À ce titre, il y a des raisons de parler de l'assujettissement direct de la structure sanitaire à la cotisation sociale. Cette dernière est également assujettie en tant que contribuable indirect à ce même impôt en raison des retenues à la source qu'elle est habilitée à effectuer.

Outre les cotisations sociales, les structures sanitaires peuvent également être assujetties aux impositions appelées « droits » lorsqu'elles importent et exportent des biens. Ces structures sont redevables des droits de douane quand elles font entrer leurs matériels dans le territoire douanier. Le matériel qui entre sur le territoire douanier est passible des droits d'importations inscrits au tarif des douanes[44]. Il est à relever que le Code des douanes CEMAC ne parle pas de matériel, mais de marchandises. L'article 2 de l'Acte uniforme OHADA relatif au contrat de transport de marchandises par route définit le terme marchandise comme « *tout bien mobilier* ». C'est dans ce sens que le matériel de santé sera entendu comme étant une marchandise. Ainsi, les formations sanitaires paient les droits d'importation inscrits au tarif des douanes lorsqu'elles acquièrent des biens mobiliers hors du territoire douanier.

Les droits de douane inscrits dans la colonne spéciale constituent le tarif minimum des droits de douane d'importation. Le tarif général des droits de douane d'importation est égal au triple du tarif minimum. Il peut être appliqué à certains pays ou à certains produits déterminés. Dans le cas où un État est amené à consentir le bénéfice de la clause de la nation la plus favorisée à un autre État, celle-ci sous-entend en toute éventualité l'application du tarif minimum. Les États membres de la CEMAC ne reconnaissent comme droits de douane et taxes d'effet équivalent que les seuls droits de douane inscrits dans la colonne *ad hoc* sur Tarif Extérieur Commun de la CEMAC. Comme matériel de santé importé nous avons, les produits pharmaceutiques[45]. Il s'agit de tout le matériel qui cause ou menace de causer un préjudice important à la production nationale d'une marchandise identique ou directement concurrente

---

[43] Aux termes de l'article 3 du Décret n°2016 /072, du 15 février 2016 fixant les taux des cotisations sociales et la rémunération applicables dans les branches des prestations familiales, d'assurances – pensions de vieillesse, d'invalidité et de décès, des accidents du travail et des maladies professionnelles gérées par la Caisse Nationale de Prévoyance Sociale, « *Le taux des cotisations sociales dues à la Caisse Nationale de Prévoyance Sociale au titre de l'assurance - pensions de vieillesse, d'invalidité et de décès est fixé à 8,4% du salaire cotisable et réparti comme suit :- 4,2% à la charge de l'employeur ;- 4,2% à la charge du travailleur* ».

[44]Art 3 al 1er du Code des douanes.

[45] Ce sont : produits non mélangés (solutions aqueuses de produits non mélangés, produits des chapitres 28 ou 29, extraits végétaux simples) ; produits mélangés (solutions et suspensions colloïdales à l'exclusion du soufre colloïdal) ; extraits végétaux obtenus par le traitement de mélanges de substances végétales ; sels et eaux concentrés obtenus par évaporation des eaux minérales naturelles ; appareillages identifiables de stomie.

d'un État membre de la CÉMAC, ainsi que celles qui ne sont produites que par l'industrie étrangère. Comme autre droit de douane perçu à l'importation en zone CEMAC, on peut évoquer la Taxe communautaire d'intégration. Elle est perçue en renforcement du mécanisme actuel de financement de la Communauté. La Taxe Communautaire d'Intégration (TCI) est une taxe d'affectation spéciale, instituée dans tous les États membres aux fins de financement du processus d'intégration régionale. Elle fait partie intégrante du Tarif des Douanes de la CEMAC. Elle s'applique aux importations des États membres de produits originaires des pays tiers, mis à la consommation. En tant que produit de consommation, on peut indiquer les produits pharmaceutiques. La TCI est liquidée sur la valeur en douane. Son taux est fixé à 1 %, ce taux pourra être modifié à la hausse ou à la baisse par Règlement du Conseil des ministres. Tout comme à l'importation, les structures sanitaires sont soumises aux droits de douane lorsqu'elles exportent les marchandises. D'après la législation portant le code des douanes, « *les marchandises qui sortent du territoire douanier sont passibles des droits de sortie* »[46].

Au regard de ce qui précède, il convient de retenir que dans l'optique de promouvoir la santé publique, le législateur a fait des structures sanitaires des assujettis partiels. Toutefois il ne s'est pas arrêté en si bon chemin. Il a continué cette promotion en exonérant totalement les patients.

II. L'exonération totale des patients

Le mot patient est dérivé du latin « *patiens* », qui signifie « *celui qui endure* » ou « *celui qui souffre* ». Le patient désigne ainsi toute personne qui bénéficie d'examens médicaux, de traitements prodigués par un médecin ou autres professionnels de la santé pour faire face à une maladie ou des blessures. Le patient peut également être toute personne qui bénéficie d'acte de prévention. Pour assurer la sécurité du patient au regard de sa condition, qui est déjà vulnérable, le législateur lui accorde un certain nombre de privilèges fiscaux. Le patient bénéficie de plusieurs exonérations perceptibles en matière de TVA **(A)** ou de tout autre type d'impôt **(B)**.

A. L'exonération des patients de la TVA

Parce qu'il ne réalise pas une activité économique à titre onéreux lorsqu'il subit les soins médicaux, le patient est alors exonéré de TVA (**1**). L'exonération s'étend aux produits d'assurance vie ayant un volet épargne (**2**).

1. L'exonération de la TVA sur les soins médicaux

Les soins médicaux ou de santé sont appréhendés comme étant un ensemble d'actes thérapeutiques nécessaires à toute personne. Il s'agit des actes administrés par un médecin généraliste ou spécialiste au sein d'un cabinet médical, d'un centre de santé ou d'une clinique. Ces soins médicaux

---

[46] Art 3 al 2 du Code des douanes.

peuvent se réaliser à différentes phases à savoir la consultation, les analyses et les hospitalisations.

Une consultation est définie comme étant la rencontre entre un médecin et un patient dans un cabinet médical ou toute autre structure sanitaire. Au cours de cette rencontre, il va s'établir un entretien singulier, d'un examen clinique et de diverses techniques parfois instrumentales, qui vise à permettre au médecin d'émettre un « *avis sur les symptômes* » du patient, d'établir un diagnostic, et généralement de « *prodiguer des prescriptions* » sous forme d'une ordonnance. Toutefois, avec le développement du diagnostic à distance, se pose la question du rôle de la communication de face-à-face dans la relation médecin-patient.

La nouvelle anthroposémiotique souligne le risque produit par l'analyse d'une consultation comprise comme la simple recherche de signes cliniques dont la signification serait indexée à des protocoles et des références. Même quand les « *Big data* »[47] synthétisent les corrélations observées entre symptômes et causes dans plusieurs pays, ils restent conditionnés par des processus de rationalisation. Or, bien que la consultation en face-à-face soit professionnelle, elle reste une dynamique relationnelle médecin-patient qui permet de saisir la complexité des « signes-traces » du corps.

Concernant les soins d'analyses et de biologies médicales, ils renvoient aux examens biologiques qui concourent au diagnostic, au traitement ou à la prévention des maladies humaines ou qui font apparaitre toute autre modification de l'état physiologique, à l'exclusion des actes d'anatomie et de cytologie pathologiques exécutés par les médecins spécialistes de cette discipline[48]. Ainsi, l'acte de biologie médicale s'inscrit dans une démarche préventive, diagnostique, pronostique et thérapeutique. Le biologiste assure alors la responsabilité de cet acte qui inclut le prélèvement, l'exécution de l'analyse, la validation des résultats de l'analyse de biologie médicale. Ces résultats concourent au diagnostic et à la prescription des soins. C'est pourquoi la recherche de la qualité doit être la préoccupation essentielle et constante du biologiste et de l'ensemble du personnel du laboratoire. Les bonnes pratiques des analyses de biologie médicale sont une des conditions déterminantes de cette qualité.

Enfin, l'hospitalisation quant à elle renvoie à la situation pendant laquelle une personne est internée dans un centre hospitalier. Il existe plusieurs modes d'hospitalisation. Le cas général est celui où le patient est pris en charge par un médecin généraliste ou spécialiste sur la base d'un diagnostic. Pendant la période où le patient se trouve dans le centre de santé, il bénéficie de différents soins appliqués par le médecin. L'hospitalisation ne peut-être assimilable au droit de bail que paye un locataire encore moins au

---

[47] Il s'agit des données massives regroupées par l'informatique.

[48] Voir décision N°0496 D/MINSANTE/SG/DPM du 03 juin 2009 rendant public au Cameroun le Guide de bonne exécution des analyses de biologie médicale.

paiement effectué par une personne qui passe un séjour dans un établissement hôtelier. Pour cette raison le patient bénéficiera d'une exonération fiscale.

Au regard de la nature non économique, sociale et d'intérêt général de ces différents soins médicaux, le législateur a trouvé nécessaire de les exonérer de la TVA[49]. Cet avantage profite également aux produits d'assurance vie ayant un volet d'épargne.

2. L'exonération des produits d'assurance-vie ayant volet épargne

On pourrait trouver paradoxal que les solutions d'assurance-vie soient fiscalisées alors que les comptes d'épargne au niveau des banques rémunèrent plutôt les clients. Le risque majeur dans cette situation porte sur des réalisations massives qui pourraient fragiliser les compagnies. Des solutions alternatives peu onéreuses telles que les banques et les mécanismes informels à l'instar des tontines, prendront le relais. Un domaine qui, jusqu'en 2018, était non imposé. Il a fallu attendre la loi de finances de l'exercice 2019 pour voir imposer les assurances vie de la TVA. Malheureusement, l'imposition de la TVA sur l'assurance-vie verra son heure de gloire écourtée en mi-2019, car, le ministre des Finances, à la suite de la grogne des assureurs, a instruit la suspension des « *mesures de redressement fiscal engagées* » sur les compagnies d'assurance vie.

Dans une correspondance adressée au Directeur Général des Impôts, on notait ceci : « *Dans la mesure où une application inappropriée de la loi fiscale pourrait avoir des conséquences irréversibles induisant la question de la survie des sociétés d'assurance concernées, je vous invite à surseoir à l'exécution des mesures de redressement fiscal engagées sur ces entreprises, en attendant l'aboutissement de la concertation* ». Le ministre des Finances évoque dans la circulaire 2020 fixant les orientations en matière de politique financière la nécessité « *de promouvoir la mobilisation de l'épargne longue* ». C'est finalement la loi de finances pour l'exercice 2020 qui viendra supprimer la perception de la TVA sur les assurances vie. Pour l'exercice 2020, « *les contrats et commissions d'assurance vie ayant un caractère d'épargne* » seront exonérés de TVA au Cameroun. Ces exonérations seront reprises par les différentes lois de finances, y compris celle de 2023 pour l'exercice 2024 et par le CGI dans sa version 2024[50].

À la lecture de la circulaire portant application de la loi de finances 2020, il ressort que « *par contrat d'assurance vie ayant un volet d'épargne, il faut entendre les produits d'assurance vie visant à constituer une épargne* »[51]. L'assurance-vie joue un rôle important dans la prospérité nationale et économique ainsi que dans le bien-être individuel. Elle assure le maintien de la vie de famille quand celle-ci est menacée par le décès d'un gagne-pain ; elle

---

[49] Voir article 128 du CGI.
[50] Article 128 du CGI.
[51] Circulaire n°006/MINFI/DGI/LRI/L du 21 février 2020.

permet de se procurer de l'argent en cas de besoin sous forme d'emprunts sur la valeur de rachat ; elle sert à accumuler des capitaux pour les placements industriels, pour le développement de l'économie, la construction d'ouvrages locaux et la défense du pays. Ce type de contrat prévoit le versement, à un terme fixe, d'un capital à l'assuré ou à ses ayants droit. Toutefois, les contrats souscrits dans un but de prévoyance demeurent quant à eux passibles de la TVA. L'assurance de prévoyance a pour objet la couverture des risques liés à la personne, lesquels se caractérisent par la réalisation d'un aléa. Il s'agit notamment des contrats d'assurance-décès, d'assurance-obsèques et d'assurance-invalidité. Au cas où un même contrat prévoit les deux types de produits, seul le volet épargne est exonéré.

S'il est vrai que les patients bénéficient d'une exonération de la TVA, celle-ci n'est pas l'unique impôt exonéré.

B. L'exonération des patients au-delà de la TVA

En vue de promouvoir la santé des patients, le législateur camerounais a accordé plusieurs autres types d'exonérations fiscales à ceux-ci. L'indentification de ces exonérations (1) précèdera leur incidence (2).

1. L'identification des impôts exonérés

Au rang des impôts dont l'exonération bénéficie aux patients, on peut citer l'impôt sur le revenu de personnes physiques (IRPP), les droits d'enregistrements et des droits de timbre.

Pour ce qui est de l'impôt sur le revenu, c'est un impôt direct et progressif qui porte sur l'ensemble des revenus perçus par les personnes physiques[52]. Comme son nom l'indique, l'IRPP est une contribution publique obligatoire qui pèse sur le patrimoine des personnes physiques. Plus précisément, il est assis sur le revenu global net réalisé par la personne physique. Aux termes de l'article 2 du Code Général des Impôts, ce revenu global net correspond à la somme des revenus catégoriels que la personne physique aura acquis de manière certaine. En fonction des activités menées, une personne physique est susceptible d'acquérir un ou plusieurs revenus. À ce stade de la réflexion, il est strictement question de s'intéresser à l'imposition des revenus des personnes physiques domiciliées au Cameroun. Ainsi, « *sous réserve des dispositions des conventions internationales, l'Impôt sur le Revenu des Personnes Physiques est dû par toute personne physique ayant au Cameroun son domicile fiscal* »[53]. Seulement, les revenus entrant dans le champ d'application de cet impôt sont divers.

---

[52] PARRAT (F), *Fiscalité pratique*, Paris, Vuibert, 2004, p. 15. Selon cet auteur, l'IRPP a été créé en 1842 en Angleterre, il s'est progressivement répandu dans tous les pays occidentaux dès le début du XXe siècle. En France, c'est Joseph CAILLAUX qui en fut le promoteur en 1914.

[53] Article 25 du CGI.

Il ne serait pas superfétatoire de relever qu'en ce qui concerne les personnes physiques fiscalement domiciliées au Cameroun, quelle que soit leur nationalité, celles-ci sont en principe assujetties à l'IRPP au titre de l'ensemble de leurs revenus. Le système mondial est un principe international. Ainsi, les personnes dont le domicile fiscal est situé au Cameroun y sont assujetties à l'IRRP sur l'ensemble de leurs revenus. Il faut tout de même indiquer qu'il en est ainsi sous réserve, bien entendu, des dispositions pertinentes des conventions fiscales internationales relatives à l'élimination des doubles impositions. De la sorte, l'assiette de l'impôt sur le revenu des personnes physiques dû par le contribuable est établie sur « *la somme des différents revenus nets catégoriels, dont dispose le contribuable au titre d'une année d'imposition, majorée le cas échéant, des bénéfices de toutes opérations lucratives auxquelles il se livre, après abattement d'un montant forfaitaire de 500 000 F CFA* »[54].

Le revenu global net dont il s'agit correspond à la somme des revenus nets catégoriels formés des traitements, salaires, pensions et rentes viagères. On entend par là les revenus provenant des traitements, des salaires, indemnités, émoluments, des pensions et rentes viagères, et les gains réalisés par les producteurs d'assurance, les voyageurs représentants placiers, lorsque l'activité rétribuée s'exerce au Cameroun[55]. Les pensions et rentes viagères sont réputées perçues au Cameroun lorsque le débiteur y est établi. Quoiqu'il en soit, chaque contribuable est imposable à l'IRPP à raison de ses revenus personnels acquis. Cette notion de revenu acquis est définie par le législateur fiscal comme « *le revenu dont le bénéficiaire peut se prévaloir d'un droit certain même si le fait qui le rend disponible ne s'est pas encore produit* »[56].

Il convient tout de même de noter qu'en dépit de cette énumération dont la spécificité est le caractère composite des éléments, plusieurs revenus notamment ceux des patients appartenant cette à catégorie sont affranchis de l'IRPP. En effet, les revenus des patients exemptés de l'IRPP au Cameroun sont entre autres les indemnités temporaires, prestations et rentes viagères servies aux victimes d'accidents du travail ou à leurs ayants droit ; les rentes viagères servies en représentation de dommages-intérêts en vertu d'une condamnation prononcée judiciairement pour la réparation d'un préjudice corporel ayant entraîné pour la victime une incapacité permanente totale l'obligeant à avoir recours à l'assistance d'une tierce personne pour effectuer les actes ordinaires de la vie et enfin les pensions pour blessures et invalidité accordées aux personnes qui ont servi aux forces armées[57]. Le constat que l'on peut faire est que, le législateur protège beaucoup plus les revenus des personnes ayant subi un préjudice et qui passeront le reste de leur vie dans une

[54] Article 29 du CGI.
[55] Article 30 du CGI.
[56] Article 67 du CGI.
[57] Article 31 du CGI.

situation d'handicape ou alors à se soigner permanemment. En contrepartie de ce préjudice subi, elles bénéficient de certains paiements.

S'agissant du droit d'enregistrement, il renvoie à l'impôt indirect dû lors de la rédaction de certains actes ou opérations juridiques n'ayant pas donné lieu à un écrit ou lors de la survenance d'évènements à l'instar de l'ouverture d'une succession. En clair, les droits d'enregistrement frappent la transcription ou l'analyse, sur un registre d'actes ou déclarations présentés à l'administration. C'est cette formalité d'enregistrement qui donne lieu à la perception de droits fiscaux sous forme de droits fixes, proportionnels ou progressifs. Les droits fixes sont perçus sur les actes autres que les mouvements de valeurs monétaires à l'instar des contrats de mariage ne contenant pas de libéralités. Les droits proportionnels quant à eux frappent les transmissions de propriétés ou de jouissance à titre onéreux ainsi que les transmissions entre vifs de meubles ou d'immeubles. Les droits proportionnels s'appliquent en règle générale aux transmissions à titre gratuit. Les droits d'enregistrement sont généralement à la charge finale de la personne à laquelle ils profitent. Cependant, le législateur fiscal camerounais a déchargé une certaine catégorie de personnes du paiement de ces droits ; il a consacré l'enregistrement gratis de tous les actes dont les droits sont à la charge des sociétés de prévoyance en l'occurrence ceux des patients[58].

Pour ce qui est enfin du droit de timbre, il est acquitté soit par l'emploi de papiers timbrés de la débite, soit par l'emploi des machines à timbrer, soit par l'apposition de timbres, soit au moyen de visa pour timbre, soit sur une déclaration ou sur une production d'états ou extraits, soit à forfait. Si le droit de timbre est d'une manière générale à la charge de la partie à laquelle l'acte profite[59], il est précisé que sont exempts du timbre « *les actes faits en vertu et en exécution de la réglementation sur les accidents de travail et les maladies professionnelles ainsi que l'expédition des procès-verbaux d'enquête que les parties peuvent se faire délivrer en matière d'accident de travail* »[60]. Précisons également que les patients peuvent bénéficier des droits d'accises. Les exemptions fiscales ainsi présentées ont une incidence.

2. L'incidence des exemptions

La notion d'incidence désigne le « *phénomène par lequel la personne à qui le fisc réclame le montant de l'impôt, la déverse sur un tiers qui, peut-être, parviendra à son tour à en transmettre la charge à autrui, de sorte que le contribuable légalement désigné se borne à faire l'avance de l'impôt et s'en rembourse sur d'autres personnes ignorées du fisc qui le supportent*

[58] *Cf.* article 33è du CGI.

[59] Art 426 CGI.

[60] Article 473 du CGI.

définitivement »[61]. Dans le contexte juridique, l'incidence désigne l'influence d'un phénomène, d'un acte ou d'un fait juridique. Dans le cadre de la présente étude, il faudra y voir l'incidence comme une conséquence ou alors un effet. Retenons que les conséquences peuvent être perceptibles à plusieurs niveaux.

Premièrement, en exonérant le matériel acquis par les structures sanitaires des impôts, cela facilite l'accès audit matériel. En effet, les structures sanitaires s'approvisionnent facilement du matériel lorsque celles-ci ne payent pas les impôts. Cela permet un bon fonctionnement des formations hospitalières. Encore que, la qualité des soins médicaux et d'analyses médicales fournis par ces centres hospitaliers dépend non seulement de la qualité des agents, mais surtout de la qualité du plateau technique. Les exonérations fiscales participent alors à acquérir un matériel de qualité et de quantité aux structures sanitaires. L'on ne peut prétendre améliorer ou promouvoir la santé alors que le plateau technique se trouve défaillant du fait du manque de matériel. La personne qui bénéficie de l'approvisionnement des structures sanitaires du matériel de qualité est le malade, car c'est pour le soigner que ce matériel de pointe est acquis et utilisé.

Deuxièmement, l'exonération des consultations, des analyses biomédicales et des hospitalisations a pour impact l'encouragement des malades à se rendre dans les centres hospitaliers. En imposant les soins médicaux, cela pourrait participer à une limitation de l'accès des malades aux soins médicaux n'ont pas par manque de volonté, mais du fait de l'absence des moyens financiers. S'il y a bien une chose qui caractérise les patients, c'est le manque de moyens financiers. Ce manque de moyens financiers peut même être à l'origine de l'accroissement du taux de mortalité. En exonérant les soins médicaux, l'on donne la chance aux personnes même les plus démunies d'accéder à auxdits soins.

Troisièmement, lorsque les structures sanitaires comme la CENAME bénéficient des exemptions fiscales, cela pourrait contribuer à la baisse du prix des médicaments. À la lecture de l'article 3 alinéa 1er du décret du 30 juin 2005 portant création, organisation et fonctionnement de la CENAME, il ressort que cette structure est chargée « *d'assurer la disponibilité, la permanence et l'accessibilité des médications et dispositifs médicaux essentiels sur toute l'étendue du territoire national ; de garantir la qualité des médicaments et dispositifs médicaux essentiels qu'elle distribue conformément aux normes de qualité prescrites par la réglementation en vigueur ; de fournir les centres d'approvisionnement pharmaceutiques provinciaux en médicaments et dispositifs médicaux essentiels au meilleur rapport qualité/prix* »[62]. En bénéficiant des exonérations fiscales, la

---

[61] ALLIX (E), *Traité élémentaire de sciences des finances*, Paris, Rousseau, 1936, cité par BOUVIER (M), *Introduction au droit fiscal général et à la théorie de l'impôt*, Paris, LGDJ, 2010, 10e éd., p. 44.

[62] Voir article 5 alinéa 1er du décret n°2005/252 du 30 juin 2005 précité.

CENAME acquiert ou fabrique les médicaments à des coûts bas, elle garantit aussi la qualité du médicament. La personne qui en bénéficie à la dernière échelle est le patient. Il convient de souligner que, le prix des médicaments est un élément fondamental dans l'accessibilité des patients aux soins de santé. La baisse des prix des médicaments s'arrime avec les objectifs de santé universelle recherchés par les pouvoirs publics.

Conclusion

En définitive, le Covid-19 a permis de constater que le couple santé et fiscalité est indissociable. Cette pandémie a mis au grand jour le système fiscal camerounais de promotion de la santé publique. Le législateur a dû adopter une fiscalité de crise qui avait plus tendance à exonération. Une fois cette pandémie maitrisée, le législateur post-Covid-19 en vue d'améliorer la santé publique a continué à accorder les exonérations fiscales en matière sanitaire. Dès lors l'on assiste non seulement depuis la période post-Covid-19 à une exemption partielle des structures sanitaires, mais aussi et surtout les patients quant à eux bénéficient d'une exonération totale. Malgré ces différents avantages, la promotion de la santé par la fiscalité reste toujours insuffisante, car l'on assiste à des mesures fiscales pesantes sur les structures sanitaires./-

La politique fiscale post Covid-19 des États de l'Afrique subsaharienne : les exemples du Sénégal, du Cameroun et de la Côte d'Ivoire

Mariéme Gnagna THIAM
Docteur en droit public,
Assistante à la Faculté des Sciences Juridiques et Politiques de l'Université Cheikh Anta DIOP de Dakar (UCAD).

****

Introduction

La crise sanitaire du Covid-19[1], déclarée par l'Organisation Mondiale de la Santé (OMS) pandémie le 11 mars 2020[2], a mis gravement en péril la trajectoire d'émergence ou de développement des économies mondiales[3]. Elle a entraîné l'adoption de mesures de santé publique et sociale à forte incidence économique[4] comme la fermeture des frontières, les mesures de confinement, les restrictions à la circulation intérieure, aux transports publics et aux ordres de rester à la maison, les limites et restrictions des rassemblements, l'adaptation et la fermeture d'entreprise provoquant une chute des recettes et une augmentation des niveaux de la dette. Le Covid-19 a non seulement retardé de plusieurs années les progrès vers l'élimination de l'extrême pauvreté dans le monde, mais elle a aussi obligé les gouvernements à augmenter considérablement les dépenses publiques afin d'amortir le choc

---

[1] Le Covid-19 est une maladie respiratoire contagieuse qui se propage à un rythme exponentiel. La plupart des personnes infectées par le virus présentent une maladie respiratoire d'intensité légère à modérée et se rétablissent sans avoir besoin d'un traitement particulier. Certaines, cependant, tombent gravement malades et ont besoin de soins médicaux. Les personnes âgées et celles qui ont un problème médical sous-jacent, tel qu'une maladie cardiovasculaire, un diabète, une maladie respiratoire chronique ou un cancer, ont plus de risques de présenter une forme grave. N'importe qui, à n'importe quel âge, peut contracter le Covid-19 et tomber gravement malade ou en mourir. (Cf. https://www.who.int/fr/health-topics/coronavirus#tab=tab_1)

[2] Dans un discours liminaire, le Directeur général de l'OMS a déclaré le Covid-19 comme pandémie, c'est-à-dire une épidémie au niveau mondial. Cf lien https://www.who.int/fr/director-general/speeches/detail/who-director-general-s-opening-remarks-at-the-media-briefing-on-covid-19---11-march-2020 (téléchargé le 02 septembre 2023)

[3] Banque Mondiale, *Rapport sur le développement dans le monde 2022 : La finance au service d'une reprise équitable*, 2022, p. 1. Disponible sur le lien https://www.banquemondiale.org/fr/publication/wdr2022

[4] M. BOUVIER, « Crise du coronavirus, crise d'un modèle politique », *RFFP,* n°150, 2020, pp. 5-6.

économique et de protéger les populations. À ce titre, diverses mesures fiscales temporaires, des avantages particuliers ainsi que des facilités de trésorerie ont été adoptés par les pouvoirs publics[5], c'est le cas de l'allongement des délais de dépôt, des déclarations d'impôt, le report du paiement et l'accélération des remboursements des impôts, des procédures de compensation des déficits plus généreux et certaines exonérations fiscales, les charges sociales et les impôts fonciers[6].

Toutefois, depuis l'annonce de la fin de la crise sanitaire, les États africains sont confrontés aux impacts laissés par la pandémie[7] sur la croissance, l'emploi, la dette, les investissements ainsi que les mesures de soutien aux économies précipitant une crise économique dans toutes les régions du monde notamment en Afrique subsaharienne[8]. De plus, les administrations fiscales sont soumises à l'effet conjugué de l'effondrement des recettes fiscales, et de la forte augmentation des besoins en dépenses publiques. Par conséquent, des mesures sont adoptées afin de relancer les économies, développer la résilience et amortir les effets de la crise sanitaire. Ces mesures sont essentiellement des mesures de mobilisation des ressources fiscales pour accroître la pression fiscale à travers un élargissement de l'assiette fiscale, la rationalisation des dépenses fiscales, l'imposition du secteur informel, du numérique et la fiscalité environnementale d'une part. Et d'autre part, des mesures de rénovation du système fiscal à travers des réformes importantes sur les relations entre l'administration et les contribuables, la transparence dans la gestion des recettes, le financement des services publics sociaux par la fiscalité.

---

[5] Au Sénégal, le parlement a adopté l'ordonnance n°002-2020 du 23 avril 2020 relative aux mesures fiscales en soutien aux entreprises dans le cadre de la pandémie du Covid-19. Pour le Cameroun des mesures fiscales sont contenues dans l'ordonnance n°020/001du 03 juin 2020 modifiant et complétant certaines dispositions de la loi n°2019/023du 24 décembre 2019/023 du 24 décembre 2019 portant loi de finances de la république du Cameroun pour l'année 2020 ; S'agissant de la Cote d'Ivoire, c'est l'ordonnance n°2020-357 du 08 avril 2020 relative aux mesures fiscales dans le cadre du plan de riposte à la pandémie de coronavirus, Covid-19.

[6] E. TONI, T. A. C. ADAHI, « Les finances publiques au service de la lutte contre la Covid-19 en Afrique de l'ouest », *Gestion & Finances Publiques,* 2020, p. 110, disponible sur le lien file:///C:/Users/mthiam/Downloads/GFP_2006_0104%20(1).pdf

[7] Selon la Banque mondiale, les fortes augmentations du coût de la vie conjuguées à la faiblesse de la demande extérieure et au resserrement des conditions financières mondiales ont freiné la reprise post-Covid dans de nombreux pays. Les tensions sur les prix des denrées alimentaires, déjà importantes avant la pandémie, se sont encore intensifiées en raison des aléas climatiques, des perturbations de l'approvisionnement aggravées par l'invasion de l'Ukraine par la Russie, d'une fragilité et d'une insécurité accrues et, dans certains pays, de fortes dépréciations monétaires. (Banque mondiale, *Perspectives économiques mondiales*, janvier 2023, p. 5, disponible sur le lien https://thedocs.worldbank.org/en/doc/c7292ee84f0635b28721419e3b367d0e-0350012023/related/GEP-January-2023-Regional-Highlights-SSA-FR.pdf

[8] Banque Mondiale, *Perspectives économiques régionales*, Avril 2020, p. 6, disponible sur le lien https://www.imf.org/fr/Publications/REO/SSA/Issues/2020/04/01/sreo0420 (téléchargé le 02 septembre 2023).

Ces différentes mesures dites politiques fiscales sont prises pour reconstituer les marges de manœuvre budgétaires en vue de garantir le financement des politiques publiques, notamment celles sociales. En effet, selon Bernard Castagnède, la politique fiscale s'entend de plusieurs façons[9]. Au sens large, elle renvoie à « *l'ensemble des mesures en matière fiscale qui touchent au statut de la propriété, aux libertés publiques, aux règles relatives aux rapports économiques et à la répartition des revenus* »[10]. Précisément, elle renvoie aux mesures exerçant des effets sur le niveau de la pression fiscale, la répartition du prélèvement, la définition des dispositifs techniques de l'imposition, les décisions relatives à l'assiette ou au tarif des différents impôts et taxes. Ainsi, Gérard Tournié la considère comme « *l'ensemble des décisions prises pour instituer, organiser et appliquer les prélèvements fiscaux conformément aux objectifs des pouvoirs publics* »[11]. Cette conception large de la politique fiscale concerne l'impôt pris sur ses trois fonctions que sont : la fonction de collecte de recettes pour le financement des recettes, la fonction de régulation pour la satisfaction des objectifs à caractère politique ou économique[12] et la fonction de redistribution pour la réduction des inégalités sociales. Sous ce registre, la politique fiscale détermine ainsi les caractères généraux des impôts à instituer, elle est un élément majeur de l'action gouvernementale.

Dans une acception stricte, la politique fiscale désigne « *l'utilisation faite de l'impôt à des fins économiques ou sociales* »[13], c'est-à-dire un aspect particulier de l'intervention conjoncturelle de l'administration publique avec sa volonté d'agir sur les déséquilibres économiques[14]. À ce titre, elle est un des moyens de réalisation de la politique économique comme la politique budgétaire et dépasse le cadre purement juridique de la matière fiscale pour prendre en considération des réalités économiques, historiques, sociales, politiques[15]. Sous ce registre, la politique fiscale se distingue de la gouvernance fiscale c'est-à-dire la manière dont les règles du jeu fiscal sont décidées et appliquées. Cette dernière recherche la performance, l'efficacité

---

[9] B. CASTAGNEDE, *La politique fiscale*, Paris, PUF, 2008, p. 3. Cf. aussi M. LAURE, *Traité de politique fiscale*, Paris, PUF, 1956, 426 pages ; G. TOURNIE, *La politique fiscale sous la 5e République : Introduction à l'étude du système fiscal français*, Toulouse, Privat, 1985, 176 p ; E. DIARRA, « Les politiques fiscales en France », *RFFP*, n°139, 2015, pp. 233-247 ; Etc.

[10] P. BELTRAME, *Sciences et techniques fiscales : Eléments de sciences fiscales*, Paris, PUF, 1959, p. 13.

[11] G. TOURNIE, *La politique fiscale sous la 5è République : Introduction à l'étude du système fiscal français, op cit.*, p. 5.

[12] G. ORSONI, *L'interventionnisme fiscal*, op cit., p. 11.

[13] B. CASTAGNEDE, *La politique fiscale*, Paris, PUF, 2008, p.3.

[14] J. SPLINDER, *Histoire des politiques budgétaires et fiscales, in* Gilbert ORSONI (dir.), *Dictionnaire encyclopédique.Finances publiques*, Paris, Economica, 2017, 2ème édition, p. 686.

[15] L. GODBOUT, *L'intervention gouvernementale par la politique fiscale : le rôle des dépenses fiscales, étude comparée : Canada, États-Unis, France*, Paris, Economica, 2006, 310 p.

et l'efficience de l'administration fiscale[16] pour une bonne pratique fiscale. Toutefois, la bonne gouvernance en matière fiscale se concrétise à travers des politiques fiscales, ce qui confond souvent les deux notions.

Lorsque la politique fiscale se rapporte à une situation de crise[17] comme le Covid-19, elle est d'abord conjoncturelle et permet la prise en charge de besoins ponctuels de recettes, la sauvegarde de l'activité économique[18] et le soutien aux ménages[19]. En effet, la situation d'urgence lié au Covid-19 justifie l'adoption de mesures fiscales par les pouvoirs publics afin de soutenir les contribuables et assurer des services publics essentiels. Ces mesures d'élargissement des fonctions de l'État avec une forte progression des dépenses à caractère économique, social et culturel comme la période de l'État providence, traduisent les efforts des États dans la régulation et la croissance économique. Cependant, elles ont un coût budgétaire assez important et accroissent le déficit public en ce qu'elles répondent au besoin de financement et de soulagement des conséquences économiques subites de le Covid-19. Toutefois, après la crise sanitaire[20] des mesures fiscales structurelles qui visent à agir sur des données ou segments particuliers d'une économie nationale[21] pour assurer la reprise économique. Sous ce rapport, la politique fiscale joue un rôle dans la détermination et la mise en place de régimes fiscaux qui peuvent contribuer à relever les défis budgétaires au lendemain du Covid-19.

En effet, la crise a révélé une nécessité de réforme profonde des politiques fiscales afin de garantir une meilleure efficacité du système fiscal. Le choc économique occasionné a démontré aux États que des règles et mesures fiscales ne sont plus adaptées et doivent être remplacées ou modifiées[22]. La crise économique post Covid-19 se présente comme une opportunité pour une nouvelle transition fiscale des pays africains en ce

---

[16] G. MESTRALLET, J. SAMSON, M. TALY, *La réforme de la gouvernance fiscale*, Paris, LGDJ, 2005, p.3

[17] S. OUEDRAOGO, « Les politiques fiscales dans un contexte de crise budgétaire : le cas des États membres de l'UEMOA », *in* Abdou Aziz Daba KEBE et Lamine KOTE (dir.), *La mobilisation des ressources publiques dans le contexte du Plan Sénégal Emergent (PSE)*, Dakar, L'Harmattan Sénégal, 2021, p.139.

[18] Cf Sénégal Ordonnance n°002-2020 du 23 avril 2020 relative aux mesures fiscales en soutien aux entreprises dans le cadre de la pandémie du Covid-19 ; Cameroun, Ordonnance N°2020/001 du 03 juin 2020 modifiant et complétant certaines dispositions de la loi n°2019/023 du 24 décembre 2019 portant loi de finances de la République du Cameroun pour l'exercice 2020 ; Côte d'Ivoire, Ordonnance n°2020-357 du 08 avril 2020 relative aux mesures fiscales dans le cadre du plan de riposte à la pandémie de coronavirus, Covid-19.

[19] C'est le cas des mesures temporaires adoptées pendant la pandémie de Covid-19.

[20] Le 5 mai 2023, l'OMS a déclaré la fin du Covid-19 en tant qu'une urgence sanitaire internationale, c'est à dire une menace sur la sante mondiale.

[21] B. CASTAGNEDE, op, cit, p. 5.

[22] M-L. SALVADOR, « Les leçons de la crise en droit fiscal », *in* Jacques LARRIEU (dir.), *Crises et Droit,* Toulouse, Presses de l'Université de Toulouse Capitole/LGDJ, 2012, p. 230.

qu'elle est le terreau de réformes structurelles conformes aux réalités socio-économiques de l'Afrique[23].

C'est à l'analyse de ces réformes de politique fiscale que nous allons nous atteler dans le cadre de cette étude à travers un cadre spatial délimité à trois États à savoir le Sénégal, la Côte d'Ivoire et le Cameroun. Le choix de ses trois États se justifie par leur lien historique avec la France, mais aussi par les ressemblances de systèmes fiscaux de ces États. Par ailleurs, étudier les politiques fiscales post Covid-19 de ces États nous permettront de voir comment dans les différents espaces économiques UEMOA (Sénégal, Côte d'Ivoire) et CEMAC (Cameroun) les systèmes fiscaux ont-ils résisté aux conséquences de la crise du Covid-19. Parallèlement, cette étude permettra d'apprécier les choix politiques des pouvoirs publics sénégalais, ivoiriens et camerounais en matière fiscale après la crise du Covid-19 précisément les stratégies fiscales développées pour la relance de la croissance économique. En d'autres termes, cette étude va nous édifier sur les options de politique fiscale à développer par les États en faveur de la croissance économique. De plus, les répercussions économiques du Covid-19 notamment l'aggravation des inégalités nécessitent l'adoption de politiques fiscales inclusives portées sur une progressivité du système fiscal, une meilleure prise en compte de la capacité contributive, une réduction de la taxe sur la consommation considérée comme régressive et des mesures favorables aux personnes vulnérables[24].

Dès lors, *quelles politiques fiscales seraient adaptées pour les États d'Afrique subsaharienne après la crise du Covid-19 ?* La réponse à ce questionnement exige de faire, d'une part la revue des mesures fiscales adoptées par la Côte d'Ivoire, le Cameroun le Sénégal, et pour relever les défis budgétaires au lendemain du Covid-19. D'autre part, il s'agit d'identifier des secteurs et mécanismes fiscaux pertinents qui permettront de relever les nouveaux défis économiques. En outre, il s'est agi de voir les diverses recommandations et propositions de réformes faites par les partenaires techniques et financiers[25] afin de relancer l'économique et de créer des marges budgétaires. À l'analyse, la finalité des politiques fiscales Covid-19 adoptées depuis la fin de la pandémie visent à assurer une mobilisation optimale des recettes fiscales à travers l'élargissement de l'assiette fiscale et l'instauration de nouvelles impositions comme la fiscalité du numérique, la fiscalité environnementale, la fiscalité du secteur informel. Sous ce sillage, une rationalisation des dépenses fiscales et des mesures de lutte contre l'évitement

---

[23] A. S. NDZANA BILOA, « La crise économique post covid-19 : une opportunité pour une nouvelle transition fiscale des pays africains », *RAFiP*, n°8, 2nd semestre 2020, p.313.

[24] Banque Mondiale, Situation économique du Sénégal en 2023 : Répondre aux besoins des groupes vulnérables pour le développement national, Washington, p.12. Disponible sur le lien http://documents.worldbank.org/curated/en/099062823113535386/P179266073283a0440b7bb07c2beab98121

[25] Les recommandations de la Banque mondiale et du FMI assorties de conditionnalités de prêt. Cf www.imf.org

fiscal sont aussi adoptées afin de garantir un meilleur consentement à l'impôt. Parallèlement, les autorités gouvernementales promeuvent un système fiscal ouvert, inclusif et performant où les contribuables auront confiance en l'administration et les politiques fiscales auront pour finalité la réduction des inégalités sociales.

Pour les États étudiés, les conséquences financières de la crise sanitaire du Covid-19 ont précipité l'adoption de politiques fiscales qui doivent assurer une mobilisation optimale des recettes fiscales (**I**) et rénover le système fiscal (**II**).

I. Des politiques d'optimisation des recettes fiscales

La pandémie Covid-19 a occasionné un déficit public et aggravé les tendances inflationnistes, la baisse de l'aide publique au développement, le resserrement des conditions d'octroi de crédit, les changements climatiques, les politiques démographiques ont accru le besoin en financement interne. À cet effet, pour faire face à ses multiples crises, les autorités camerounaises, ivoiriennes, et sénégalaises ont adopté des mesures fiscales d'élargissement de l'assiette (A) et de limitation des pertes de recettes fiscales (B).

A. Les mesures d'élargissement de l'assiette fiscale

La crise du Covid-19 a entrainé une décélération de la croissance économique. Pour relancer l'économie, les autorités gouvernementales ont adopté des politiques fiscales qui accroissent les recettes sans décourager l'activité économique. Il s'agit principalement des mesures d'élargissement de l'assiette fiscale et de taxation des niches fiscales.

L'assiette fiscale s'entend comme la base imposable, asseoir l'impôt consiste à rechercher la matière imposable afin de déterminer la base d'impôt[26]. Elle consiste à aller chercher la matière imposable c'est-à-dire ce qui tombe sous le coup de la loi fiscale[27]. Dans les pays subsahariens notamment ceux qui font l'objet de notre étude, l'assiette fiscale a la particularité d'être étroit c'est-à-dire beaucoup d'impôts ne sont pas recouvrés ou leur produit est faible au regard de leur potentiel. Sous ce sillage, l'UEMOA avait adopté en 2006 un programme de transition fiscale qui visait à faire un transfert progressif de la pression fiscale, de la fiscalité de porte vers la fiscalité intérieure dont l'une des mesures phares consistait à élargir l'assiette fiscale[28]. De plus en 2019, la Commission avait adopté le Plan dénommé Plan d'actions pour la mobilisation optimale des recettes fiscales dans les États membres de l'UEMOA composé d'un ensemble de mesures et actions de nature à accroitre de manière significative le niveau actuel de

---

[26] G. ORSONI (dir.), *Dictionnaire encyclopédiques des Finances publiques,* Paris, Economica, 2017, p. 52.

[27] L. TROTABAS, *Précis de science et de législation financières*, Paris, Dalloz, 1935, p. 279.

[28] Cf. Annexe à la décision n 10/2006/CM/UEMOA/portant du programme de transition fiscale au sein de l'UEMOA.

collecte des recettes fiscales en vue de consolider l'espace budgétaire des États membres et de leur permettre d'une part, de poursuivre les dépenses d'investissement nécessaires à la mise en œuvre des plans de développement économique et social et d'autre part, de respecter les critères de convergence du Pacte de l'Union.

À titre illustratif, au Cameroun, des mesures fiscales d'élargissement de l'assiette fiscale ont été adoptées avec la mise en place d'une taxe sur les transferts d'argent assise sur les opérations de transfert et retrait d'argent[29],la taxation des plus-values sur cessions des titres des entreprises camerounaises[30]. Pour le Sénégal, la stratégie de mobilisation des recettes à moyen terme[31] adoptée par la loi de finances vise à élargir l'assiette fiscale de sorte que la pression fiscale atteint le taux fixé par le pacte de convergence de l'UEMOA qui est de 20%[32]. Techniquement, elle prévoit à travers des mesures fiscales cibles sur les impôts sous-exploités et ceux qui sont supportés par des personnes à revenus élevés d'accroître le niveau de recouvrement des recettes afin de garantir plus d'équité dans la répartition de la charge fiscale. La loi de finances pour l'année 2021 a institué une taxe spécifique sur les produits textiles et l'élargissement de la taxe sur les corps gras alimentaires à tous les produits de charcuterie ainsi que la taxation des conditionnements et emballages non récupérables au même titre que les sachets en plastique, le relèvement du taux applicable à 15% sur les terrains non bâtis ou insuffisamment bâtis[33]. Concernant la Côte d'Ivoire, le gouvernement a adopté des mesures fiscales ponctuelles en vue d'améliorer la capacité de mobilisation des ressources fiscales comme l'extension de la TVA aux entreprises de transports publics de personnes et/ou de marchandises, l'institution d'une taxe sur la communication audiovisuelle. En effet, les mesures fiscales portées sur le revenu et sur le patrimoine présentent une approche sociale de l'impôt en ce sens qu'elles touchent aux signes extérieurs de richesse et donc d'inégalités sociales.

Parallèlement, les autorités gouvernementales ont instauré de nouvelles impositions en vue d'accroître les recettes fiscales. Historiquement les périodes de crise sont propices à des réformes fiscales majeures[34], en ce

---

[29] Loi de finances n°2021-026 du 16 décembre 2021 portant loi de finances de la République du Cameroun pour l'exercice 2022.

[30] Loi n°2020-018 du 17 décembre 2020 portant loi de finances de la République du Cameroun pour l'exercice 2021.

[31] Loi n°2019-17 du 20 décembre 2019 portant loi de finances pour l'année 2020.

[32] Cette stratégie a donné lieu au programme de « *gestion de la fiscalité intérieure et du foncier* » pédagogiquement appelé « Yaatal » de la DGID qui signifie l'extension de l'assiette fiscale.

[33] Loi n°2020-33 du 22 décembre 2020 portant loi de finances pour l'année 2021.

[34] Au Sénégal, les politiques d'ajustement structurel on conduit à la réforme du système fiscal avec une codification des différents textes fiscaux en 1992 (A.A.D. KEBE, *La répartition des compétences entre la loi et le règlement en droit fiscal sénégalais*, Thèse de doctorat, Université Cheikh Anta Diop, 2012, p. 277).

sens que « *la crise révèle des inadaptations des moyens et des règles en vigueur qu'il faut réformer* »[35]. Ainsi, la crise sanitaire du Covid-19 a ouvert des opportunités pour les administrations fiscales de créer de nouvelles impositions, sur des secteurs qui jadis échappaient à l'impôt. Il s'agit de la fiscalité du numérique, de la fiscalité environnementale, la fiscalité du secteur informel entre autres.

Concernant de la fiscalité du numérique, le Sénégal a adopté la TVA des biens et prestations des services immatériels réalisées au profit d'un particulier non assujetti établi au Sénégal à partir de l'étranger. Cette mesure vise à adapter la fiscalité à l'ère du numérique et aux transformations digitales que la crise du Covid-19 a accélérées. Sous ce rapport, la TVA est une imposition qui offre le plus grand rendement avec un système d'administration plutôt simple. L'essor de l'économie numérique à travers les géants du GAFA (Google, Apple, Facebook, Amazon...) a développé le commerce électronique qui représente une opportunité économique pour le continent africain, sa fiscalisation est un défi pour les administrations fiscales qui pourront y trouver une potentielle source de recettes fiscales pour répondre à la pression économique actuelle. Cette TVA concerne les opérations de vente en ligne de biens et services via des plateformes numériques qui connaissent un essor évident notamment pendant la crise sanitaire de Covid-19, ou le secteur du numérique a été très dynamique. Pour la Côte d'Ivoire, l'annexe fiscale 2022 (article 7) fait des précisions relativement aux règles de territorialité en matière de TVA applicables aux ventes en ligne, aux prestations de services numériques ainsi qu'aux commissions perçues par les plateformes numériques d'intermédiation. Elle institue une procédure simplifiée d'immatriculation fiscale à distance, ainsi qu'une procédure simplifiée de déclaration et de paiement en ligne de la TVA exigible, pour les opérateurs de plateformes numériques, ne disposant pas d'installations professionnelles sur le territoire ivoirien. De même, elle prévoit également un régime spécifique de sanctions pour les opérateurs qui refuseraient de se conformer auxdites dispositions. Selon le législateur ivoirien, cette nouvelle taxation permettra d'accroitre les recettes fiscales et à corriger « *les distorsions de concurrence entre les entreprises classiques et celles utilisant des modèles économiques fortement numérisés* »[36].

S'agissant la fiscalité environnementale, c'est l'ensemble des impôts, taxes dont l'assiette est constituée par un polluant ou plus généralement par un produit ou un service qui détériore l'environnement ou qui se traduit par un prélèvement sur des ressources naturelles[37]. C'est un levier efficace pour

[35] M-L. SALVADOR, « Les leçons de la crise en droit fiscal », *in* Jacques LARRIEU (dir.), *Crises et Droit*, Toulouse, LGDJ, 2012, p. 229.

[36] Cf. Annexe fiscale à la loi de finances n°2023-1000 du 18 décembre 2023 portant Budget de l'État pour l'année 2024.

[37] OCDE, *Etudes de l'OCDE sur la croissance verte : Vers une croissante verte ?*, Editions OCDE, 2015. Disponible sur le lien https://doi.org/10.1787/9789264235663-fr

lutter contre les changements climatiques qui ont des conséquences considérables sur les économies africaines dont l'agriculture occupe une partie importante. En effet, la variabilité de la pluviométrie, les retards relevés dans le démarrage des pluies, les pauses pluviométriques, la diminution des surfaces cultivables liée à la dégradation des terres et la baisse de la productivité agricole entraînent des effets néfastes sur la production. Diverses mesures fiscales sensibles aux changements climatiques ont été ont été prises par les autorités protéger l'environnement. C'est ainsi qu'au Sénégal des mesures pour orienter les choix d'investissement des entreprises[38] et les incitations fiscales visant à orienter les comportements en faveur de l'environnement ont été prévus dans le dispositif fiscal. De plus, il a été créé des taxes ayant pour base un polluant[39] afin de collecter des recettes pour financer les politiques de protection environnementale. En Côte d'Ivoire, des mesures en faveur de la préservation des ressources environnementales ont été instituées : la taxe environnementale et la redevance environnementale annuelle à la charge des établissements classés[40].

Sous cette même lancée, les autorités gouvernementales ont choisi d'imposer un secteur à fort potentiel fiscal qui est le secteur informel[41]. En effet, principale source de subsistance de la majorité des citoyens africains, il renvoie à toutes les activités économiques des travailleurs et des entités économiques qui ne sont pas couvertes ou insuffisamment couvertes par des dispositions formelles, notamment les activités de production souterraine ne sont pas matriculées par les services fiscaux[42]. Toutefois, la fiscalisation du secteur informel présente quelques difficultés liées à la conformité fiscale, la complexité de la législation fiscale qui démotivent les contribuables candidats à la formalisation. Ainsi, toute politique d'imposition du secteur informel doit avoir un régime simplifié qui pourra faciliter la conformité fiscale. Des efforts ont été déjà réalisés par les États étudiés à travers des politiques d'amnistie fiscale pour inciter les contribuables à la conformité comme l'avait initié le Cameroun en 2023 avec l'institution d'un programme de régularisation volontaire et l'amnistie fiscale pour les mutations immobilières non

---

[38] Cf. article 253 du CGI qui institue un mécanisme fiscal de réduction d'impôt visant à promouvoir l'usage de l'énergie renouvelable.

[39] Taxe sur les sachets plastiques, les taxes sur les produits pétroliers, les taxes sur les véhicules de tourisme dont la puissance est supérieure ou égale à 13 chevaux Cf. Annexe de la loi de finances pour l'année 2024, *Le budget vert 2024*, disponible sur le lien https://budget.sec.gouv.sn///articles/fichiers/65298e57-4aa0-4dba-bf96-d20d0a2a028a.pdf

[40] Cf. Annexe fiscale à la loi de finances n°2023-1000 du 18 décembre 2023 portant Budget de l'État pour l'année 2024

[41] DPEE, *Evaluation du potentiel fiscal du secteur informel au Sénégal*, février 2023, disponible sur le lien Evaluation du Potentiel Fiscal du secteur informel au Sénégal - Direction de la Prévision et des Etudes Economiques (dpee.sn)

[42] ATAF, *L'imposition efficace du secteur informel en Afrique*, Manuel de l'ATAF, 2021, p. 7.

commerciales[43]. De même au Sénégal, il a été institué un Prélèvement de Conformité fiscale (PCF) dans l'optique de favoriser l'équité fiscale entre les acteurs économiques[44]. De même, la SRMT a prévu une amnistie avec un dispositif d'accompagnement qui sera mis en place pour identifier les acteurs non immatriculés et les acteurs du secteur informel pour une durée d'au moins deux ans, en fournissant un appui/accompagnement dans le processus de déclaration et une procédure de rappel des échéances[45].

En somme, il est clair que la crise du Covid-19 a révélé la nécessité d'élargir l'assiette pour une optimisation de la mobilisation des recettes fiscales pour financer le gap budgétaire et le déficit créé par la crise sanitaire et les crises économiques qui ont suivi. Sous ce rapport, les autorités gouvernementales ont adopté des mesures tendant à limiter les pertes de recettes fiscales.

B. Des mesures de rationalisation des pertes de recettes fiscales

Après la crise Covid-19, les autorités gouvernementales camerounaises, ivoiriennes et sénégalaises ont adopté des mesures allant dans le sens de réduire drastiquement les pertes de recettes fiscales avec une rationalisation des dépenses fiscales et un durcissement du dispositif envers les comportements frauduleux.

Pour les dépenses fiscales, il faut préciser que conformément à la décision n°08/2015/CM/UEMOA instituant les modalités d'évaluation des dépenses fiscales dans les États membres de l'UEMOA, celle-ci est « *un transfert de ressources publiques résultant d'une réduction des obligations fiscales relativement à un système fiscal de référence ; plutôt qu'une dépense directe. Elle résulte d'une mesure dérogatoire de nature fiscale prise par une autorité habilitée, en vue d'alléger la charge d'impôt d'un contribuable ou d'un secteur d'activités et qui entraine un manque à gagner des recettes pour le trésor public* »[46]. Manifestation de l'utilisation de l'impôt dans une finalité extérieure à la fonction traditionnelle de couverture des charges publiques. Elle traduit la fonction instrumentale de l'impôt comme un outil utilisé par la puissance publique pour orienter, conduire, exécuter sa politique économique et sociale[47]. Elle illustre le degré de volontarisme dans les politiques fiscales pour faire de l'impôt un moyen de satisfaction d'objectifs autres que de

---

[43] Cf. loi n°2023/019 du 19 décembre 2023 portant loi de finances de la République du Cameroun pour l'exercice 2024.

[44] La loi n°2019-17 du 20 décembre 2019 portant loi des finances pour l'année 2020. Le PCF est institué, indépendamment de l'acompte sur les importations des produits de consommation au taux de 12% prévu à l'article 220 du CGI. C'est un prélèvement sur les importations réalisées par les personnes physiques ou morales qui ne souscrivent pas régulièrement à leurs obligations déclaratives et de paiement.

[45] Loi n°2019-17 du 20 décembre 2020 portant loi de finances pour l'année 2020.

[46] Article 1er de la Décision n°08/2015/CM/UEMOA instituant les modalités d'évaluation des dépenses fiscales dans les États membres de l'UEMOA.

[47] G. ORSONI, *L'interventionnisme fiscal*, Paris, PUF, 1995, p. 10.

pourvoir à l'entretien de la force publique et aux dépenses d'administration[48]. Toutefois, même si elles visent à favoriser certaines activités économiques[49], un comportement ou orienter les choix. Cependant, elle est considérée comme négative parce qu'elles représentent un manque à gagner le contraire des recettes fiscales[50], c'est-à-dire des renonciations de recettes avec des incidences similaires aux dépenses budgétaires. En effet, qu'il s'agisse du Sénégal, du Cameroun ou de la Côte d'Ivoire, les dépenses fiscales ont un coût budgétaire élevé[51], contribuant au creusement du déficit public et porte atteinte à la mobilisation efficace des ressources fiscales, d'où la nécessité de les rationaliser[52]. Par une action de régulation constante des finances publiques, la rationalisation des dépenses fiscales repose essentiellement sur leur évaluation[53], celle-ci renvoie à la mise en œuvre effective de la dépense fiscale et de l'adéquation entre les objectifs affichés et les effets produits. Sous ce rapport, il s'agit d'évaluer les dépenses fiscales à travers leur coût budgétaire précis associé à chaque mesure dérogatoire particulière afin de guider les choix de politique fiscale. Ainsi, les dépenses fiscales qui atteignent les objectifs assignés à un coût budgétaire raisonnable et efficient doivent être maintenues. L'évaluation du coût permet de mesurer la masse budgétaire des dépenses fiscales, le cœur de la rationalisation consiste à analyser la légitimité des dépenses fiscales c'est-à-dire le cadre légal adapté, l'objectif défini, mesurable et atteint[54].

Ainsi, la rationalisation des dépenses fiscales consiste à arbitrer en fonction des objectifs visés précisément le coût et le bénéfice des dépenses fiscales justifient-elles leur maintien. Elle se fait mesure par mesure suivant un plan de rationalisation. Par exemple en Côte d'Ivoire, le plan de rationalisation des exonérations adopté en Conseil des ministres en 2019 et

---

[48] Cf. article 13 de la Déclaration des Droits de l'Homme et du Citoyen.

[49] Le développement économique de zones urbaines défavorisées, inciter les dons en faveur des associations caritatives, faciliter l'accès au logement, développer l'énergie verte, mobiliser le secteur agricole, alléger le coût de la santé, promouvoir l'éducation, l'emploi des jeunes, des petites et moyennes entreprises, promouvoir la recherche et l'innovation, susciter les investissements dans un secteur économique, dissuader les activités polluantes.

[50] M. COLLET, *Droit fiscal*, Paris, PUF, coll. Thémis, 2023, 11ème édition, p. 194.

[51] En Côte d'Ivoire, de 2019 à 2022, les dépenses fiscales sont chiffrées respectivement à FCFA 381, 7 milliards ; 354,8 milliards ; 381,5 milliards ; 349, 6 milliards. Pour le Cameroun, elles sont estimées à 584,6 milliards en 2019 ; 452,2 milliards en 2020 et 439,6 milliards en 2021. Au Sénégal, les dépenses fiscales sont estimées de 2019 à 2021 respectivement à 750 milliards, 842,3 milliards et 952 milliards.

[52] H. El KTINI, *Les dépenses fiscales en droit marocain : contribution à la rationalisation du système des incitations fiscales*, Thèse, Université Grenoble Alpes, 2020, p. 20.

[53] P. THÉOUA-N'DRI, « Financement des budgets et pratique des dépenses fiscales dans l'espace UEMOA : Réflexion sur un couple contesté », *Afrilex*, 2021, p. 21.

[54] E. CALDEIRA, A-M. GEOURJON, « De l'évaluation du coût à la rationalisation des dépenses fiscales dans les pays en développement », FERDI, Note brève n°207, 2020, p. 2. Disponible sur le lien https://ferdi.fr/dl/df-ZrxzSGVm8fAwNzRMs54REFAo/ferdi-b207-de-l-evaluation-du-cout-a-la-rationalisation-des-depenses.pdf

mis en œuvre en 2021 a permis la suppression des exonérations liées à l'investissement accordé à la loterie nationale de la Côte d'Ivoire (LONACI) ainsi que les subventions publiques allouées à l'association pour la promotion des exportations (APEX-CI). S'agissant du Sénégal, la rationalisation des dépenses fiscales par un meilleur ciblage des exonérations de la TVA (qui représente 88% des dépenses fiscales) a été amorcée avec la loi de finances rectificative 2022 qui a supprimé les exonérations sur la consommation d'eau et d'électricité et les exonérations fiscales pour les cimenteries. Pour le Cameroun, un plan d'action assorti des recommandations visant à supprimer les exonérations de l'impôt sur les sociétés est en cours. De plus, il est prévu la réforme de la loi n°2013/004 du 18 avril 2013 pour rationaliser les incitations et promouvoir une saine concurrence entre les opérateurs économiques[55].

Les mécanismes d'optimisation fiscale concernent aussi la lutte contre la fraude et l'évasion fiscale. En effet, les systèmes fiscaux des États à faible revenu sont marqués par des pertes de recettes dues à un évitement fiscal au niveau national et au niveau international. Sur le plan international, les pertes de recettes fiscales sont assez importantes. Le rapport 2020 de la CNUCED sur le développement économique en Afrique indique que les flux financiers illicites privent l'Afrique de 88,6 milliards de dollars chaque année, soit un potentiel de recettes fiscales pour les États africains. À ce titre, les États étudiés ont pris des mesures concernant la lutte contre l'évasion fiscale tels les prix de transfert. Les prix de transfert sont les prix auxquels une entreprise transfère des biens corporels, des actifs incorporels, ou rend des services à une autre entreprise appartenant au même groupe[56]. Ils sont des mesures qui tendent à lutter contre les transferts indirects de bénéfice et à instaurer une politique de lutte contre l'évasion et la fraude fiscales internationales. Pour leur contrôle, une obligation déclarative est effectuée au niveau des services fiscaux. À ce propos, il est fait obligation aux contribuables qui remplissent des conditions bien définies de déposer annuellement dans les services de l'administration fiscale, une documentation ou déclaration simplifiée des prix de transfert pour justifier la politique de prix de transfert pratiquée. Ainsi, en Côte d'Ivoire, l'article 22 de l'annexe fiscale 2023 instaure explicitement l'obligation formelle de soumettre une vérification la documentation en matière de prix de transfert en cas de contrôle. De même, pour le Sénégal, la loi de finances rectificative pour l'année 2022 a modifié l'article 638 du CGI concernant le contenu de la documentation que la personne morale établie au Sénégal doit mettre à la disposition de l'administration des impôts. Ces

---

[55] Rapport du FMI, *Cameroun : rapport des services du FMI pour les consultations de 2023 au titre de l'article iv, Cinquième revue de l'accord au titre de la facilité élargie de crédit et de l'accord au titre du mécanisme élargi de crédit*, 2024, disponible sur le lien file:///C:/Users/mthiam/Downloads/null-002.2024.issue-051-fr.pdf

[56] E.D. BA, *Le droit fiscal à l'épreuve de la mondialisation : la règlementation des prix de transfert au Sénégal*, Thèse de doctorat en droit, Université Paris-Est, 2011, p. 15.

mesures ont permis d'aligner le Sénégal et la Côte d'Ivoire sur les normes et pratiques fiscales internationales et de renforcer les capacités de son administration fiscale à mieux lutter contre la fraude et l'évasion fiscales.

Aussi, l'administration fiscale sénégalaise dans sa logique de lutte contre l'évasion fiscale n'a-t-elle pas dénoncé la convention fiscale de non-double imposition liant le Sénégal à l'Ile Maurice afin de lutter contre le chalandage fiscal[57].

Les politiques fiscales développées par les États étudiés permettront d'augmenter les recettes fiscales en ce sens qu'elles exploitent des niches de recettes importantes. La crise Covid-19 a révélé les vulnérabilités de nos systèmes fiscaux et la nécessité impérieuse de les réformer afin de tirer un meilleur profit. A ce titre, il devient urgent outre les réformes entamées qui visent le système fiscal dans son aspect formel, c'est-à-dire les impôts et taxes qui composent le système fiscal, de procéder à la réforme du système fiscal dans sa dimension sociale afin de réduire les inégalités sociales.

II. Des politiques de rénovation du système fiscal

La crise du COVID-19 a augmenté la pauvreté et creusé les inégalités sociales, pour les pays à faible revenu comme la Côte d'Ivoire, le Cameroun et le Sénégal doivent mobiliser davantage de ressources fiscales afin de financer leur développement. Sous ce rapport, il faut rappeler que la fiscalité est un outil important de lutte contre les inégalités et qu'ainsi les politiques justes et équitables (B) en faveur des personnes vulnérables fondées sur la relation de confiance entre l'administration et les contribuables (A) garantiront une justice fiscale.

A. L'amélioration de la confiance entre l'administration et les contribuables

Traditionnellement basés sur l'unilatéralité, les rapports entre l'administration et les contribuables devraient muter en raison de la crise sanitaire. Contrairement à sa logique régalienne et perçue comme attentatoire au patrimoine, les règles qui régissent l'impôt doivent être un moyen d'établir la confiance entre l'administration et les contribuables. C'est une solution pour une mobilisation accrue plus performante des recettes fiscales en ce sens qu'il concerne les relations entre les contribuables et le fisc en vue d'accroître le consentement à l'impôt[58] précisément dans les pays subsahariens.

En effet, les nouvelles politiques fiscales devront prendre en compte les mutations actuelles sur la conception l'impôt afin de le légitimiser[59]

---

[57] En effet selon les autorités sénégalaises, ladite convention a fait perdre plus 150 milliards de FCFA en 17 ans d'existence. La dénonciation de cette convention a pris effet en 2020.

[58] A. BARILARI, « Le consentement à l'impôt », *RFFP*, n°147, 2019, p. 191.

[59] L. DOMINICI, « Vers une 'nouvelle forme' de consentement à l'impôt pour pérenniser la démocratie », *Gestion et finances publiques*, n°6, 2020, p.80.

précisément l'évolution progressive de la conception africaine de l'impôt[60] qui se rapproche plus de l'impôt-échange que de l'impôt-solidarité[61]. L'impôt-échange qui considère l'impôt comme « *le prix payé par le contribuable pour la sécurité et les services que lui apporte l'État* »[62]. Cette conception de l'impôt considère l'impôt comme une simple quote-part de puissance productrice, sous forme de services personnels ou de contributions de toutes natures que chaque citoyen doit à la communauté en échange reçu[63]. La confiance envers le système fiscal suppose que les contribuables acceptent mieux de payer « (s')*ils savent que leurs impôts servent à financer les services dont ils ont besoin* »[64]. Comme le souligne Michel Bouvier « *le civisme fiscal classique s'appuie sur la confiance du contribuable dans le processus politique de décision, le nouveau civisme fiscal procède quant à lui de rapports de confiance mutuelle entre les contribuables et l'administration. Il s'est ainsi opéré un déplacement du consentement à l'impôt du cadre parlementaire vers le cadre administratif, la Direction générale des finances publiques. C'est parce que le sens de l'impôt a évolué et qu'il apparaît de plus en plus comme le prix d'un service rendu que l'administration a elle-même changé d'attitude* »[65].

Ces politiques fiscales post Covid-19 portées sur le renforcement de la confiance entre l'administration et les contribuables permettront d'accroître la mobilisation des recettes en ce sens qu'elles favoriseront un meilleur civisme fiscal. Ainsi, au Sénégal, il ressort de l'enquête effectuée par Afrobaromètre en 2022[66] que la majorité des Sénégalais acceptent de payer

---

[60] P. THEOUA -N'DRI, « Perceptions africaines et conception de l'impôt », in *Les finances publiques entre globalisation et dynamiques locales. Mélanges en l'honneur de Diarra Eloi et Yonaba Salifou*, Dakar, L'Harmattan Sénégal, 2021, p. 321.

[61] La théorie de l'impôt solidarité qui s'est développée à la fin du 19e siècle, elle repose sur le principe objectif selon lequel une société forme un tout dont les éléments sont en interrelations. Si l'un des éléments vient à montrer quelque faiblesse, il s'ensuit que c'est l'ensemble qui s'en trouve lui-même affaibli. En conclusion de quoi, il convient de veiller à répartir correctement les richesses si l'on veut éviter des dysfonctionnements (M. BOUVIER, M.C ESCLASSAN, J-P. LASSALE, *Finances publiques*, Paris, LGDJ, 2021, 19e édition, p. 698).

[62] O. NEGRIN, « Une légende fiscale : la définition de l'impôt de Gaston Jèze », *RDP*, n°1, 2008, p. 140.

[63] M. G. THIAM, *L'interprétation de la loi fiscale dans les États d'Afrique noire francophone : les exemples du Benin, Mali et Sénégal*, Thèse de Doctorat, Université Cheikh Anta Diop de Dakar, 2023, p. 15.

[64] M. ESTEVAO, K. KOCHHAR, E. OLOVO QKERE, « Gagner la confiance des contribuables pour augmenter les recettes fiscales », *IMF blogs*, 2022, disponible sur le lien https://blogs.worldbank.org/fr/voices/gagner-la-confiance-du-contribuable-pour-augmenter-les-recettes-fiscales.

[65] M. BOUVIER, « Un système fiscal français en mutation », *Après-demain*, 2014, p. 3.

[66] CRES, Afro baromètre, *Impôts et taxes au Sénégal : Entre déficit d'informations et faible légitimité*, 2022. p.9. disponible sur le lien https://www.afrobarometer.org/wp-content/uploads/2022/02/ad502-impots_au_senegal_entre_deficit_dinformations_et_faible_legitimite-depeche_afrobarometer-12jan21.pdf

davantage d'impôts pour de meilleurs services publics sociaux (eau, assainissement, infrastructures routières, sécurité, santé). De même, la SRMT adoptée par le gouvernement du Sénégal dont la déclinaison opérationnelle au niveau de la DGID a donné lieu à la mise en place du programme *« Yaatal »* accorde une place importante à la communication sur la finalité de l'impôt. Il s'agit d'une application de la fonction redistributive qui fait de l'impôt un instrument de correction des inégalités sociales, un levier de financement des politiques publiques et une preuve de l'efficacité de l'action publique. Par le financement des services sociaux collectifs ne pouvant être assuré par le marché en raison des externalités qu'ils comportent, l'impôt exerce sa fonction de satisfaction de l'intérêt général[67].

Parallèlement à l'instauration de la confiance, la transparence dans la gestion fiscale doit être une priorité pour les autorités gouvernementales[68]. En effet, la confiance n'est possible que dans un système fiscal transparent. La transparence suppose que *« l'organisation et la procédure de gestion des deniers publics soient claires et simples tout en apportant les garanties de sécurité les plus absolues. De ce point de vue, elle exige que les citoyens à la fois contribuables et usagers des services publics de même que leurs représentants soient clairement, régulièrement et complètement informés de tout ce qui concerne la gouvernance et la gestion des fonds publics »*[69]. Quand elle concerne spécifiquement les recettes fiscales, la transparence fiscale peut être définie comme la divulgation, la diffusion et la publication de données quantitatives et qualitatives sur le système fiscal, dont une société a besoin pour demander des comptes aux décideurs et pour porter un jugement éclairé sur les performances du système fiscal sur une période donnée[70]. Elle facilite le contrôle en ce sens qu'elle souligne, informe les contribuables des décisions fiscales comme l'assiette, le taux, les activités de recouvrement de

---

[67] P. NEMO, *Philosophie de l'impôt*, Paris, PUF, 2019, p.212.

[68] Cf pour les pays de l'UEMOA, la directive n°02/2009/CM/UEMOA portant Code de transparence dans la gestion des finances publiques au sein de l'UEMOA a fait de la transparence un véritable pilier de la bonne gouvernance. En effet, le code de transparence s'inscrit dans une option de respect de la réglementation, de protection des citoyens, contribuables et fonctionnaires, et de défense de certaines valeurs, notamment : la protection des contribuables, par l'instauration de règles claires et connues des citoyens et par la moralisation de la gestion des finances publiques. Pour le Cameroun, la directive n°06/UEAC-190-CM-22 relative au Code de transparence et de bonne gouvernance dans la gestion des finances publiques dispose que les textes relatifs à la fiscalité sont facilement lisibles par le contribuable. Une information large, régulière et approfondie sur la fiscalité et ses évolutions est faite au bénéfice de l'ensemble des contribuables (Section I, 1.)

[69] A. ISSOUFOU, « La transparence des finances publiques, un nouveau principe budgétaire dans l'Union Economique et Monétaire Ouest-Africaine (UEMOA), *Ceracle*, 2020, p.3. Disponible sur le lien https://ceracle.com/la-transparence-des-finances-publiques-un-nouveau-principe-budgetaire-dans-lunion-economique-et-monetaire-ouest-africaine-uemoa/

[70] R. MURPHY et A. BAKER, *Making Tax Work: À Framework for Enhancing Tax Transparency, Washington DC, Initiative Globale pour la Transparence Budgétaire (GIFT)*, 2021, https://fiscaltransparency.net/making-tax-work

l'administration fiscale[71], les informations sur la finalité des recettes, les informations sur les cas de fraude et d'évasion fiscales, les plans et les stratégies de mobilisation de recettes. Ces informations doivent cependant être exhaustives, actuelles et complètes pour permettre aux contribuables d'apprécier la performance du système fiscal. Ainsi, elles pourront fonder la confiance dans le gouvernement dans la réalisation des objectifs sociaux et économiques, en ce sens que la transparence est un pilier de la bonne gouvernance[72]. Celle-ci peut contribuer à améliorer la gouvernance du système fiscal lorsque les contribuables exigent de meilleurs services en échange du respect des lois fiscales.

Outre le renforcement des relations de confiance entre administrations fiscales et les contribuables, les politiques fiscales post Covid-19 doivent tendre à une meilleure justice fiscale par une répartition juste et équitable de la charge fiscale selon la capacité contributive des populations et des politiques fiscales favorables aux personnes vulnérables.

B. Des politiques fiscales équitables

L'équité fiscale fait de l'impôt un instrument de solidarité nationale[73]. Elle est un concept plus sociologique que juridique qui renvoie à l'appréciation du juste, le respect absolu de ce qui est dû à chacun. L'équité fiscale représente un idéal démocratique, un impératif, mieux elle lutte contre les inégalités et prône une uniformité dans le traitement des citoyens[74]. Elle fait de l'impôt un instrument de nivellement entre les classes sociales, c'est dire que l'instrument fiscal servira à mobiliser les recettes tout en réduisant les inégalités et la pauvreté.

Concrètement, les politiques fiscales équitables sont généralement celles dites progressives[75] qui prennent en compte les capacités contributives des contribuables. La doctrine des facultés contributives procède pour sa part de l'idée selon laquelle il convient de déconnecter les ressources des dépenses publiques pour établir la charge fiscale des contribuables. Elle signifie que les prélèvements doivent être proportionnés, dans une mesure qu'il faut déterminer, aux facultés des contribuables appréhendées à partir de leurs revenus, de leur fortune, voire de leur consommation. Doctrine fondamentale du droit fiscal, elle vise à s'assurer que l'impôt ne soit pas défavorable aux

---

[71] Les rapports d'activité du ministère des finances dont relèvent la direction des impôts, les rapports sur les dépenses fiscales,

[72] K. A. P. THEOUA, *Les finances publiques de l'Union économique et monétaire ouest-africaine (UEMOA) et la Logique de performance*, Thèse de doctorat, Université de Cocody d'Abidjan, 2010, pp. 131et s.

[73] V. DUSSART, « Fiscalité et solidarité », *in* Maryvonne Hecquard-Theron (dir.), *Solidarité(s) : Perspectives juridiques*, Paris, LGDJ, 2009, p. 243.

[74] M. BOUVIER, « Justice fiscale, légitimité de l'impôt et société post-moderne », *RFFP*, n°124, 2013, p. 15

[75] E.R.A. SELIGMAN, *L'impôt progressif en théorie et pratique*, Paris, Giard et Brière, 1909, p.4.

ménages les plus faibles, et adhère donc à la progressivité de l'impôt [76]. À titre illustratif au Sénégal, il a été adopté le rehaussement du taux plafond de l'IRPP de 40 à 43% pour toute quotité de revenu imposable supérieure à 50. 000. 000 FCFA en aggravant la progressivité de l'impôt sur le revenu suivant leurs capacités contributives. Cette mesure qui consacre le relèvement du bouclier fiscal est un dispositif de plafonnement des impôts directs, elle vise à assurer une meilleure justice fiscale.

Outre l'impôt sur le revenu, les politiques fiscales doivent porter sur des impôts à fort potentiel, mais faiblement exploités. Il s'agit des impôts fonciers et des droits d'accises. S'agissant de la fiscalité foncière, elle est un impôt qui est moins susceptible de créer des distorsions sur la croissance économique, en ce sens qu'il frappe les revenus fonciers[77], c'est dire donc que seuls les propriétaires et bailleurs seront concernés. Pour le Sénégal, les recettes fiscales qui sont généralement affectées au budget des collectivités territoriales ne représentent que 0,3% des recettes fiscales [78]et la problématique principale de cette imposition réside dans son système de gestion. Impôt déclaratif assis sur la valeur vénale ou locative des propriétés, il est généralement sous-évalué ce qui contraste avec le développement du secteur immobilier dans les grandes villes africaines. En effet, le renchérissement des coûts des loyers et des propriétés foncières est dû au niveau des équipements et infrastructures que l'État finance avec le produit des impôts. Par ailleurs, il faut aussi souligner que traditionnellement, les propriétés foncières constituent des investissements rentables pour épargner. Ainsi, accroître les recettes issues des propriétés foncières est une priorité des autorités gouvernementales, notamment sénégalaises avec une meilleure évaluation foncière. Pour illustration au Sénégal, le programme « *Yaatal* » dispose d'un volet foncier qui vise un accès massif aux titres de propriété dans des délais raccourcis d'utilisation par un enrôlement massif de contribuables, un recensement des propriétaires immobiliers, une digitalisation intégrale des procédures et un renforcement de la conformité fiscale. Sous ce rapport, des mesures de renforcement de l'obligation légale pour les entités délégataires de service public urbain ou rural dans le secteur de l'eau et de l'électricité ont été instituées[79]. Lesdits délégataires auront ainsi l'obligation de communiquer,

---

[76] J. M. MONNIER, « La justice fiscale entre tensions et débats », *Pouvoirs Locaux : les cahiers de la décentralisation/Institut de la décentralisation*, 2012, 95, p. 54. Disponible sur le lien https://hal.science/hal-00772298/document#:~:text=La%20doctrine%20des%20facult%C3%A9s%20contributives%20proc%C3%A8de%20pour%20sa%20part%20de,la%20charge%20fiscale%20des%20contribuables.

[77] Au Sénégal, il s'agit de la contribution foncière sur les propriétés bâties, la contribution foncière sur les propriétés non bâties et la surtaxe foncière sur les propriétés insuffisamment bâties.

[78] ICTD, Renforcer l'évaluation foncière à des fins fiscales à Dakar, 2021, p.1 disponible sur le lien https://www.ictd.ac/fr/blog/renforcer-evaluation-fonciere-fins-fiscales-dakar-senegal/

[79] Voir Annexe au projet à la loi de finances pour 2024, *Évaluation des voies et moyens*, p. 5.

au plus tard le 31 janvier de chaque année, à l'administration fiscale des informations tirées de leurs portefeuilles clients. Cette mesure permettra une collecte d'informations à des fins fiscales pour une collecte optimale de l'impôt foncier. De même en Côte d'Ivoire, des aménagements dans le CGI afin de relever le niveau de recettes de l'impôt foncier à travers l'article 7 ont permis d'adopter une nouvelle base minimale de taxation en matière d'impôt sur le patrimoine foncier qui est la valeur marchande des biens imposables déterminée par une commission prévue par le CGI. Pour l'impôt sur le revenu foncier, il est proposé de retenir comme base minimale, les valeurs locatives fixées par la Commission prévue par le CGI. De même, les autorités ivoiriennes ont supprimé l'exonération de l'impôt foncier sur les terrains nus nouvellement acquis[80].

Sur un autre registre, les droits d'accises représentent un potentiel fiscal qui peut être mieux exploité à des fins fiscales et pour des considérations d'ordre sanitaire ou social. Les accises sont des taxes à la consommation frappant une opération individualisable ou un bien particulier comme les taxes particulières sur le vin, les tabacs, les produits de luxe, les boissons sucrées et les produits gras alimentaires[81]. Outre leur fort potentiel de recettes, les accises visent à internaliser les externalités négatives, l'abus de consommation en faisant supporter les coûts sociaux (santé, pollution, congestion) aux consommateurs (tabacs, alcools, carburants). Faciles à prélever surtout quand elles sont spécifiques, les accises peuvent servir de substitut imparfait pour fiscaliser des activités qui échappent à la fiscalité directe. Elles présentent cependant des risques de concurrence entre les pays fiscaux limitrophes, d'où les politiques d'harmonisation fiscale par les organisations communautaires comme la CEDEAO[82] et l'UEMOA[83] afin de rendre cohérents les systèmes de taxation. La particularité des droits d'accises est qu'elles peuvent conduire à des comportements plus sains comme le suggère l'OMS avec des taxes destinées à la santé les recettes générées peuvent servir à des politiques sanitaires ou mobiliser des recettes pour financer les politiques de protection sociale comme la couverture sanitaire universelle faisant ainsi progresser l'équité en matière santé[84]. Au Sénégal, les droits d'accises ont été souvent institués pour améliorer le rendement de l'impôt[85]. C'est le cas des taxes sur

---

[80] Cf. Annexe fiscale à la loi de finances n°2023-1000 du 18 décembre 2023 portant Budget de l'État pour l'année 2024 (Article 20 CGI).

[81] M. COLLET, *Droit fiscal, op cit.*, p. 7.

[82] Directive C/Dir.2/06/09 portant harmonisation des législations des États membres de la CEDEAO en matière d'accises.

[83] Directive n°03/98/CM/UEMOA du 22 décembre 1998 portant harmonisation des législations des États membres en matière de Droits d'accises Modifié par la directive n°03/2009/CM/UEMOA du 27 mars 2009

[84] Voir les initiatives de l'OMS sur les taxes santé disponible sur le lien sur https://www.who.int/health-topics/health-taxes#tab=tab_1

[85] La taxe sur les tabacs à tous produits fabriqués à partir du tabac ainsi qu'aux matériels associés tels que les pipes à eau, les pipes et leurs parties, les préparations pour pipes, les

les produits fabriqués à partir du tabac, les taxes sur les bouillons alimentaires, les taxes sur jeux de hasard et autres impositions sur les produits gras alimentaires[86].

La crise sanitaire a laissé des séquelles sociales qui ne seront prises en charge dans les politiques fiscales que par des mesures de redistributions des richesses. Pour ce faire, des mécanismes fiscaux en faveur des personnes pauvres ou vulnérables, mais aussi la réaffectation des recettes fiscales au financement des politiques sociales favoriser une meilleure équité fiscale. Concrètement, des politiques fiscales sensibles au genre pour financer la protection sociale et le financement des services sociaux de santé pour les femmes et les jeunes filles permettent de garantir une croissance économique inclusive[87] et une réduction des inégalités/-.

---

inhalateurs contenant ou non de la nicotine, les matériels de la chicha, la cigarette électronique ou tout autre dispositif de cette nature que l'on porte à la bouche pour inhaler (Cf., Voies et moyens Sénégal pour l'année 2024).

[86] Au Sénégal, il a été institué une taxe sur les bouillons alimentaires de 15% (Loi n°2021- 29 du 05 juillet 2021)

[87] OECD, *Politique fiscale et égalité femmes-hommes : Un bilan des approches nationales*, Paris, OECD Publishing, 2022, https://doi.org/10.1787/c2ca4314-fr.

L'incidence de la crise sanitaire du COVID-19 sur les politiques publiques fiscales des États d'Afrique subsaharienne francophone : le cas du Cameroun

Dr Ghrevy SOLLO,
Ph.D en droit public
Université de Douala (Cameroun).

****

Introduction

On s'en souviendra très longtemps encore des propos de Gaston Jèze qui disait : « *Il y a des dépenses publiques ; il faut les couvrir* »[1]. Il n'avait pas tort de le dire, car, c'est en ces termes qu'il faut définir aujourd'hui l'action de l'État, au lendemain de la pandémie du Covid-19. Entre 2019 et 2022, celle-ci a touché la quasi-totalité des États d'Afrique au sud du Sahara, laissant derrière elle des décès, des familles attristées et des gouvernements au bord de l'effondrement. Cette crise a eu une grande incidence sur les finances de chacun des États touchés, les obligeant à revoir leurs politiques publiques. Si l'on reste encore perplexe sur les chiffres des victimes données par l'Organisation Mondiale de la Santé (OMS) et la vitesse avec laquelle cette crise a frappé les pays d'Afrique au sud du Sahara comme le Nigéria, la Cameroun ou l'Afrique du Sud, l'étonnement reste encore plus grand quant aux incidences qu'elle a causées à chacune des politiques publiques fiscales de ces États.

Le Cameroun, deuxième pays le plus touché par cette pandémie au sud du Sahara derrière l'Afrique du Sud[2], était déjà déstabilisé sur le plan interne par une triple crise avant cette pandémie, notamment la crise de Boko Haram à l'Extrême-Nord causée par les exactions de la secte terroriste survenue en 2014. La crise centrafricaine qui a touché de plein fouet la façade Est du Cameroun, en particulier les régions de l'Est, de l'Adamaoua et du Nord depuis 2012 et qui a causé le déplacement de près de 270 000 réfugiés centrafricains en terre camerounaise. Et enfin la crise plus ou moins politique survenue dans les régions anglophones du Nord-Ouest et du Sud-Ouest du

---

1 MOLINIER (J.), « L'apport de Gaston Jèze a la théorie des Finances publiques », *Revue d'histoire des facultés de droit*, One Line, p. 56.

2 FOMBA (B.) et all., « Impacts des politiques publiques liées à la pandémie de la Covid-19 sur le secteur informel, les femmes et les jeunes : cas du Burkina Faso, du Cameroun, de la Cote d'Ivoire et du Sénégal », *Desk Review du Cameroun*, 2021, CEREG, Cameroun, p. 6.

pays en 2016[3]. Toutes ces crises étaient un trop-plein pour les finances publiques camerounaises dont couvrir les charges générées par elles, devenait la principale priorité des pouvoirs publics, à côté des autres missions régaliennes habituelles. La crise sanitaire du Covid-19 a tout simplement contribué à davantage affaiblir le tissu économique et social camerounais en moins de deux ans, laissant d'énormes séquelles qui justifient l'attention de son incidence sur les politiques fiscales des États d'Afrique noire francophone au sud du Sahara, principalement au Cameroun.

Tenter de définir la notion d'incidence, présente un défi certain. Cette notion est empruntée du latin médiéval *incidentia* et dérivée du latin classique *incidere* qui signifiait « tomber dans ou sur ; arriver par coïncidence ». Aujourd'hui il est difficile de trouver un texte légal qui la définisse, mais le rapprochement avec divers pans des sciences sociales donne une idée assez précise. Littéralement, un incident est un évènement inattendu. Sur le plan du droit[4], la définition de la notion d'« incidence » envisagée par le Titre XI du Livre 1er du Code de procédure civile consacré aux dispositions communes à toutes les juridictions, en est un exemple. Ici, l'adjectif « incident » caractérise tout acte de procédure susceptible de modifier le cours normal de l'instance tel qu'un acquiescement, un désistement, une décision de radiation du rôle ou une décision de sursis à statuer.

Il faut également préciser qu'en matière processuelle, un incident peut aussi avoir le sens d'accessoire. En droit processuel, la notion d'incidence renvoie à un ensemble d'événements qui modifient le cours de l'instance soit en ce qu'ils affectent sa continuité (suspension ou interruption), soit en ce qu'ils provoquent son extinction (péremption, désistement, acquiescement, etc.). En matière fiscale *a contrario*, les incidences font généralement référence à des répercussions plus ou moins directes, des conséquences qui peuvent survenir d'un fait ou d'une crise le cas échéant, sur les politiques des États touchés et qu'il faut dissocier de l'incident de procédure dans le cadre d'un procès. Par ailleurs, la crise n'est rien d'autre qu'un évènement touchant réellement ou potentiellement un grand nombre de personnes, affectant un domaine ou un secteur d'activité et susceptible d'entrainer des incidences. L'expérience de la crise du Covid-19 peut être citée ; elle est donc susceptible d'entrainer une restructuration de la politique des États touchés.

A l'image de la notion d'incidence, une politique, c'est un ensemble polysémique d'adjectifs distincts de par leur objectif. En référence à la gouvernance d'un État, une politique est un ensemble de règles et de procédures collectives, formalisées ou non, par lesquelles les acteurs concernés participent à la décision et à la mise en œuvre des actions publiques.

---

[3] Plan de réponse socio-économiques des NU contre la Covid-19, 6 juillet 2020, p. 9.

[4] Il y lieu de préciser que le Cameroun partage une similarité des textes avec les pays d'expression française, des textes pour la plupart hérités de la colonisation française et qui continuent d'illuminer les pans de son droit positif. Bien qu'une singularité soit observée dans la transposition qui eut été faite, nombreux sont ces textes synonymiques à ceux de la France.

Dans l'approche du droit public qui corrobore avec la présente étude, Jean-Claude Thoenig définit une politique publique comme un programme d'action propre à une ou plusieurs autorités publiques ou gouvernementales. Elles sont donc des moyens mis en œuvre par les pouvoirs publics pour atteindre un objectif dans un domaine particulier[5] tel : apporter une réponse aux effets de la crise sanitaire causée par le Covid-19, répondre plus ou moins à l'objectif visé par la mise sur pied de politiques fiscales d'urgences. Penser à ces moyens concours à définir une politique fiscale comme un ensemble de décisions prises par les pouvoirs publics en matière de fiscalité. Or en ce qui concerne la fiscalité elle-même, le grand Larousse la définit comme étant le système de perception des impôts, l'ensemble des lois qui s'y rapportent et les moyens qui y conduisent[6].

Apparue dans la ville de Wuhan en Chine en décembre 2019, l'épidémie de la coronavirus (Covid-19) est déclarée pandémie mondiale le 11 mars 2019 par l'OMS. Le 24 juin 2020, elle a déjà fait plus de 476 911 décès sur près de 9 237 691 cas confirmés. Outre l'Arrêté n°0824/MINSANTE du 9 avril 2020 portant mise en place des mesures de prévention et de contrôle du coronavirus au Cameroun, le Premier ministre, Chef du Gouvernement du Cameroun, communique le 17 mars 2020, 13 mesures à mettre en œuvre pour lutter contre la propagation de la Covid-19[7]. Ces mesures d'ordre sanitaire particulièrement, ont été réaffirmées le 24 mars 2020 pour les appliquer de façon stricte. Le Cameroun n'était pas le seul État d'Afrique au sud du Sahara à avoir pris ces mesures puisque le pouvoir exécutif de Madagascar a adopté en Conseil des ministres, après avis des Présidents de l'Assemblée nationale, du Sénat et de la Haute Cour Constitutionnelle, le décret n°2020-359 du 21 mars 2020 proclamant « l'État d'urgence sanitaire » sur tout le territoire de la République de Madagascar[8]. D'après son contenu, ce premier acte juridique allait instaurer – pour « *des raisons de sécurité sanitaire, de calamité publique et pour permettre le fonctionnement régulier des pouvoirs publics* »– l'une des situations d'exception prévues à l'article 61 de la Constitution de la IVe République de Madagascar, en l'occurrence l'État d'urgence.

Toutefois, pour des raisons économiques, le gouvernement camerounais va assouplir ces mesures restrictives de lutte contre l'épidémie le 30 avril 2020, rouvrant notamment les bars après 18 heures et levant les limitations sur le nombre de passagers dans les transports en commun. Le Cameroun, n'ayant pas décidé du confinement total de ses populations, mise sur les mesures ciblant la prévention, notamment la distanciation sociale, le

---

[5] http://www.erudit.org, revues, 1965-v6, du 20 janvier 2024.

[6] http://www.profiscal.com/

[7] Voir Arrêté n°0824/MINSANTE du 09 avril 2020 portant mise en place des mesures de prévention et de contrôle du coronavirus au Cameroun.

[8] *In* « Rapport final et synthèse des recommandations » sur : *Etude du cadre juridique de l'État d'urgence dans le contexte de la crise liée à la Covid-19*, p. 6.

port du masque, l'évitement des grands rassemblements, le lavage régulier des mains, la fermeture des bars après 18 heures, etc. Malheureusement, le non-respect des mesures de distanciation va amener le Gouvernement à renforcer les actions de communications et sensibilisation. La propagation de cette pandémie va poser d'énormes défis aux États touchés, en les amenant à repenser non seulement leurs politiques de santé, d'accompagnement social, d'éducation, de promotion du sport, etc., mais également et surtout leurs politiques fiscales. Au Cameroun, ces mesures vont se justifier par le fait que quelques mois seulement après la déclaration du premier cas confirmé, le pays comptait déjà 313 décès confirmés. Les mesures de restriction contre toute exposition à la pandémie, imposées par le gouvernement, vont entrainer la perte des milliers d'emplois, une baisse des revenus tant pour les entreprises que pour l'État.

C'est en cela et sur un double plan que se justifie l'intérêt de mener une étude sur l'incidence de la crise sanitaire sur les politiques publiques fiscales des États d'Afrique au sud du Sahara et principalement au Cameroun. Car sur le plan théorique, l'étude permet de garantir une meilleure prise de décisions par les pouvoirs publics en vue non seulement de panser les stigmates laissés par la crise à l'économie camerounaise en général et à la politique fiscale en particulier, mais également de prendre des mesures préventives appropriées à l'avance afin de réduire au maximum les effets pervers des éventuelles crises. Ensuite, l'intérêt du sujet se perçoit dans la pratique. L'étude permettra de faire un diagnostic des amendements apportés au système fiscal camerounais afin de résorber la crise, en donnant un souffle nouveau au secteur économique.

Cette délimitation spatiale s'explique par plusieurs raisons. Non seulement il y a eu convergence de politiques en raison de l'héritage juridique que partagent ces États, mais également de la difficulté à obtenir des sources concrètes d'analyse ne permettant pas d'étendre l'étude à d'autres États francophones au sud du Sahara comme ceux de la CEMAC ou de l'UEMOA, qui partagent le même héritage juridique. Bien qu'on observe une convergence des textes législatifs de la plupart de ces États, l'accès reste toutefois très limité au regard du mouvement de communautarisation qui a drainé un maximum de principes applicables en fonction des réalités de chaque zone.

Au regard des enjeux qui découlent de l'analyse, il convient de questionner l'effet de la crise sur les politiques publiques fiscales des États de l'Afrique subsaharienne francophone : quel effet cette crise a eu sur les politiques publiques fiscales des États d'Afrique sub-saharienne francophone notamment au Cameroun ? Cette question conduit à interroger le cadre juridique sur les finances publiques en général et la fiscalité en particulier depuis la fin de la crise.

Faire une fixation sur l'incidence de la crise sanitaire de COVID-19 sur les politiques fiscales des États d'Afrique subsaharienne francophone, c'est comme tenter d'identifier l'effet de serre dans l'atmosphère. C'est très complexe, et même très difficile, car elles relèvent de divers ordres. Elles sont autant de l'ordre sanitaire, qu'elles relèvent en plus de l'économie et de la chaine d'approvisionnement. Mais le cas échéant, l'étude tant à se pencher sur les politiques publiques fiscales, et ce serait donc un de penser qu'on puisse toutes les dénombrer. Toutefois, cette complexité amène à s'interroger sur la portée que cette crise a eue sur les politiques fiscales de ces États.

En réalité, cette crise a eu une double incidence sur les politiques publiques fiscales des États d'Afrique francophone au sud du Sahara, et particulièrement au Cameroun. Elle a non seulement entrainé la déstabilisation de la politique fiscale de l'État **(I)**, mais en plus, elle a obligé le gouvernement à faire des réformes en matière de politiques fiscales **(II)**.

I. La déstabilisation de la politique fiscale de l'État

En principe dans la gestion du budget des personnes morales de droit public, aucun moyen financier appréhendé comme dernier public ne peut être mobilisé s'il n'est budgétisé[9]. Face à la montée exponentielle de la pandémie du coronavirus débutée en 2019 et qui a particulièrement fragilisé l'économie nationale, le fonctionnement des services publics et privés, les pouvoirs publics ont été obligés, en plus des mesures barrières prises, de revoir également la politique budgétaire. À partir du budget de 2020 qui était en cours d'exécution, un nouveau budget sera conçu, intégrant les réalités nouvelles qui n'avaient pas été prises en compte avant la survenance de la crise. L'intégration de ces réalités va impacter d'une façon ou d'une autre sur le cours de la politique fiscale entamée depuis la dernière crise économique observée en 2011. La nécessité pour le gouvernement de prendre en compte ces réalités sera à l'origine de l'instauration d'une politique fiscale d'urgence par la loi des finances de 2020 (A), et le renforcement de ces mesures fiscales d'urgence sous la loi des finances de 2021 (B).

A. L'instauration d'une politique fiscale d'urgence par la loi des finances de 2020

Tout comme dans d'autres États touchés par la pandémie, plusieurs mesures ont été prises par le gouvernement du Cameroun pour alléger les effets néfastes de la crise sur les populations touchées. Parmi ces mesures, celles prises notamment par le ministère des finances (MINFI), visant à atténuer les effets économiques du virus sur l'entreprise camerounaise[10]. Des politiques d'accompagnement en matière fiscale et financière seront formulées par le gouvernement, à l'instar des mesures fiscales de riposte et de

[9] BILOUNGA (S. T), *Finances publiques camerounaises. Budgets- Impôts- Douanes-Comptabilité publique*, Paris, L'Harmattan, 2020, pp. 155 et suivantes.
[10] KOUAM (H.), « Les Mesures fiscales liées à la pandémie du Covid-19 ».

résilience face aux effets de la crise (1), ainsi que des mesures d'amortissement de la crise (2).

1. L'adoption de mesures fiscales de riposte et de résilience contre les effets de la crise

La crise sanitaire a particulièrement impacté le secteur informel. Au regard de la forte contribution de ce secteur au renforcement de l'économie nationale, les jeunes entreprises affaiblies par la crise et des moyens économiques limités en plus des restrictions imposées par le respect des mesures barrières n'étaient plus assez productives. En secours, une série de mesures administratives, fiscales, douanières et financières ont été prises par le gouvernement en direction des entreprises du secteur privé et en occurrence des acteurs du secteur informel, pour préserver l'activité économique, l'emploi et partant, la croissance économique. L'objectif visé par ces mesures étant la réponse à la crise, la stabilisation de l'activité et la relance de la croissance, la préservation de la viabilité budgétaire du Gouvernement et du tissu économique ainsi que l'assurance de l'appui aux filières de croissance pour maintenir l'offre à un niveau compatible avec la demande[11]. Ces mesures ont été prises à court et à moyens terme.

À court terme, les deux principales mesures d'urgence prises par le Gouvernement ont concerné les assouplissements et exonérations fiscalo-douanières, notamment la suspension temporaire de paiement d'impôts et taxes, le report des délais de respects d'obligations fiscales et douanières, le report des contrôles fiscaux et moratoires, déductibilités des dépenses liées à la lutte contre le Covid…) ; les discussions avec le secteur bancaire pour accorder des moratoires sur les échéances bancaires pour les entreprises impactées, notamment les PME et les TPE[12].

À moyen terme, le gouvernement va prendre sept mesures successives afin de contrecarrer l'expansion des effets de la crise. Il s'agit entre autres : de l'acquisition d'intrants pour la production agricole vivrière et pastorale, notamment les produits susceptibles de réduire la dépendance alimentaire ; la poursuite de l'apurement de la dette intérieure notamment aux entreprises des sous-secteurs sinistrés du fait de la crise, en privilégiant les factures inférieures à 150 millions de FCFA pour atteindre le maximum d'entreprises, en particulier les PME et les TPE ; de la mise en place d'un Fonds de relance économique au profit du secteur productif ; de la mise en place d'un cadre de concertation avec les principaux acteurs économiques afin d'atténuer les effets de la crise et de favoriser une reprise rapide de l'activité économique ; de l'accélération des réformes sur le climat des affaires (*Doing Business*) notamment concernant les mesures relatives à la taxation des entreprises et le

[11] *Plan de réponses socio-économiques des NU contre la Covid-19*, 06 Juillet 2020, p. 34.

[12] FOMBA (B.) et all., « Impacts des politiques publiques liées à la pandémie de la Covid-19 sur le secteur informel, les femmes et les jeunes : cas du Burkina Faso, du Cameroun, de la Côte d'Ivoire et du Sénégal », *op. cit.*, p. 49.

commerce international ; la promotion de l'innovation technologique pour la transformation des produits de l'agriculture et de l'élevage pour une diversification locale de l'offre, source de création d'emplois divers ; et enfin de la promotion des énergies alternatives/renouvelables dans la transformation et la gestion des déchets.

2. L'adoption de mesures fiscales d'amortissement de la crise

Afin d'amortir le choc de la crise, le gouvernement du Cameroun va opter pour une priorisation sociale des dépenses fiscales de l'État à travers trois mesures : optimiser le budget de l'État ; restructurer la dette et le *Basket Fund* alimenté par les Partenaires techniques et financiers, ainsi que la socialisation du compte d'affectation spéciale Covid-19 et la réparation des dépenses de la crise. À travers l'Ordonnance n°2020/001 du 3 juin 2020 modifiant et complétant certaines dispositions de la loi n°2019/023 du 24 décembre 2019 portant loi de finances de la République du Cameroun pour l'exercice 2020, sera institué un Compte d'Affectation Spéciale (CAS Covid-19). Ce compte intitulé « Fonds spécial de solidarité nationale pour la lutte contre le coronavirus et ses répercussions économiques et sociales » est désigné pour lutter contre le Coronavirus et d'un montant de 180 milliards FCFA, destinés à couvrir les dépenses de riposte contre la crise. Par cette enveloppe, l'État va décider d'orienter sa politique fiscale en faveur de sa population, en prenant sur elle de couvrir directement certaines charges comme la santé, l'éducation, les subventions en matière commerciale, etc.

Dans ce sillage, quatre mesures fortes et cumulatives seront prises sur le plan des finances publiques et de l'économie. Et comme le précise Henri KOUAM[13], cette stratégie globale d'accompagnement gouvernementale multidimensionnelle et multisectorielle prenait en charge :

- les dépenses sanitaires liées à la lutte contre la pandémie du Coronavirus au Cameroun ;
- les dépenses de soutien social de l'État aux personnels vulnérables et affectés par la crise sanitaire due au Covid-19 ;
- les aides financières de l'État aux entreprises dans les secteurs d'activités affectés par la pandémie ;
- le financement de la recherche et de l'innovation dans le cadre de la lutte contre le Coronavirus.

Outre les mesures prises par le gouvernement dans le but de lutter efficacement contre les effets pervers de la crise sanitaire, dès 2021, tout un programme de renforcement des mesures fiscales d'urgence et de riposte contre cette crise sera instauré.

---

[13] KOUAM (H.), « Les Mesures fiscales liées à la Pandémie du Covid-19 au Cameroun », *Fellow in Economics*, Nkafu Policy Institute, Electronic copy available at : https://ssrn.com/abstract=3761775, p. 4.

B. Le renforcement des mesures fiscales d'urgence par la loi des finances de 2021

Afin de renforcer la lutte contre les effets de la crise, le gouvernement du Cameroun va initier un vaste programme de renforcement des mesures d'urgence. Ce vaste programme prendra en compte les dispositions de la loi de finances de 2021 qui s'inscrivent dans l'agenda de consolidation des finances publiques fixé par les autorités[14]. Ces dispositions ont eu pour effet de renforcer et consolider les récentes réformes entreprises en vue de rendre le système fiscal camerounais plus efficace en termes de mobilisation des ressources, simple, équitable et favorable à la relance de l'activité dans un contexte post-Covid. Il s'agira entre autres des mesures d'ordre général (1) et des mesures d'ordre spécifiques (2).

1. Le renforcement par des mesures d'ordre général

Il faut considérer comme mesures d'ordre général, un ensemble de mesures prises par le gouvernement en vue de renforcer la riposte contre les effets de la crise. C'est le cas du relèvement du plafond de garantie prévu dans la loi de finances 2020 de 40 à 200 milliards de FCFA, pour permettre à l'État l'octroi d'une garantie à hauteur maximale de 25% du montant du prêt accordé par des banques aux entreprises sinistrées. Il s'agit là d'un effet de levier ouvrant la voie à plus de 800 milliards à impact sur la liquidité, dans l'optique d'améliorer la solvabilité des entreprises affectées par la pandémie Covid-19.

Sur le plan des finances publiques, la loi des finances de 2021 va prévoir six mesures nouvelles, notamment des mesures de soutien à la relance de l'économie ; des mesures de promotion de l'import substitution ; des mesures d'amélioration du climat des affaires ; des mesures d'élargissement de l'assiette de l'impôt ; des mesures de sécurisation des recettes ; et des mesures de renforcement de la fiscalité locale[15].

En matière de fiscalité, 11 mesures seront prises par le gouvernement[16], notamment : la réduction de 2% à 1,5% du taux de l'acompte et du minimum de perception au profit des entreprises cotées en bourses, afin d'inciter les entreprises à recourir au marché financier pour le financement de la relance économique. Ceci pourrait encourager les entreprises à maintenir leurs employées, car des mesures liées aux marchés de travails ne sont pas suffisamment ajustées pour supporter l'activité économique pendant la pandémie ; la reconduction au titre de l'exercice 2021 de la transaction spéciale prévue par la loi de finances 2020, dans l'optique d'aider les entreprises fortement affectées par la crise sanitaire à se libérer de leurs dettes fiscales ; la prorogation d'une année supplémentaire de la période de reports des déficits fiscaux et des amortissements réputés différés au profit des

---

[14] DGI, *Mesures fiscales nouvelles de la loi des finances de 2021*, préambule, p.2.

[15] *Ibid.*, p.3.

[16] KOUAM (H.), « Les mesures fiscales liées à la pandémie du Covid-19 au Cameroun », *op. cit.*, pp. 5-8.

entreprises relevant des secteurs directement affectés par le Covid-19 ; la consécration de la déductibilité totale des moins-values sur cession des créances des entreprises en restructuration relevant des secteurs affectés par la crise sanitaire ; l'enregistrement au droit fixe des cessions de créances des entreprises en restructuration et affectées par la crise ; l'assouplissement des conditions de déductibilité des provisions sur créances à l'encontre des entreprises justifiant des difficultés de trésorerie en raison de la crise.

Il faut en plus citer : la suppression de la condition d'agrément à un régime dérogatoire pour le bénéfice de l'application du droit fixe sur la prise en charge du passif lors des opérations d'apports partiels d'actifs ; la consécration de la déductibilité intégrale pour la détermination de l'impôt sur les sociétés, des dépenses engagées par les entreprises au profit de leurs salariés en raison du Covid-19. Ceci constitue également des mesures prises pendant la pandémie pour alléger les effets du virus tout en assurant la productivité des entreprises et leurs employés. Le télé-travail a occasionné des coûts additionnels sur les dépenses des entreprises pendant cette période. Cela justifie des mesures ciblant les dépenses liées à la pandémie Covid-19 : la rationalisation des conditions de réduction des pertes relatives aux avaries, par l'institution d'un seuil de déduction forfaitaire au titre des casses, fixé à 0,5% du volume global de la production ; la clarification du régime de TVA sur les prestations de services fournies aux clients étrangers afin de préserver la compétitivité des entreprises camerounaises ; la prorogation pour une année supplémentaire de la période de report des déficits fiscaux au profit des établissements de crédit et des entreprises du secteur privé.

2. Le renforcement par des mesures d'ordre spécifique

Outre les mesures d'ordre général, plusieurs mesures spécifiques ont été prises par le gouvernement pour relancer les secteurs et filières particulièrement sinistrés du fait de la pandémie. Il faut observer que ces mesures, tout comme celles d'ordre général, ont été prises par secteur d'activité. Elles relèvent par exemple dans le secteur des transports : la suppression de la taxe à l'essieu au profit des transporteurs. Pour le secteur hôtelier et restauration, il est prévu : la reconduction au titre de l'exercice 2021 de la suspension de la taxe de séjour afin d'améliorer le taux de fréquentation des établissements d'hébergement fortement impactés par la crise, ainsi que l'exonération fiscale et douanière sur les investissements de relance des activités dans ce secteur, sous réserve de l'identification préalable du besoin des entreprises et établissements touristiques sinistrés ; l'exemption temporaire de l'impôt sur les sociétés pour les entreprises du secteur hôtelier, au titre de l'année 2021[17].

Dans le secteur forestier également, trois (03) principales mesures seront envisagées, notamment : la réduction de 4% à 3% du taux de la taxe

[17] Idem.

d'abattage au profit des entreprises forestières justifiant d'un certificat en matière de gestion durables des forêts ; la mensualisation du paiement de la redevance forestière annuelle afin de ménager la trésorerie des entreprises ; la soumission des droits d'accises à taux général de 25% pour les meubles et ouvrages, les cure-dents, les fleurs naturelles et artificielles importés.

S'agissant du secteur des TIC, le ministère des Finances va opter pour la mise en place d'un régime fiscal volontariste de promotion des start-ups pour les entreprises innovantes dudit secteur avec notamment : l'exonération de la patente, l'exonération de toutes les charges fiscales y compris les retenues à la source des salaires pour une période de 3 à 5 ans, l'exonération de la TVA sur les prêts consentis par les établissements de crédits, la dispense des droits d'enregistrement des baux, des mutations immobilières et prêts consentis par les non-professionnels de crédit.

Pour ce qui est du secteur agricole, il est envisagé, d'une part, dans les filières riz, blé et poisson le réajustement graduel du taux du tarif extérieur commun (TEC) sur ces biens de première nécessité défiscalisés à la suite des émeutes de la faim en 2008, et d'autre part la ré fiscalisation totale ou partielle des importations de maïs et de tourteaux de soja à travers l'abrogation des dépenses fiscales induites par la loi de finances de 2007. Par ailleurs, un renforcement du régime fiscal de promotion du secteur agricole dans l'optique de promouvoir la politique gouvernementale de l'import-substitution sera mené, à travers l'exonération de TVA des intrants et équipements agricoles, d'élevage et de pêche.

Enfin, pour le secteur de la santé, il est prévu l'élargissement des incitations douanières en faveur des industries pharmaceutiques, à travers l'exonération totale des droits et taxes de douane en faveur des intrants destinés à cette industrie, ainsi que l'application du droit de douane réduit de 5% et l'exonération de TVA sur les équipements industriels destinés à ladite industrie.

Au demeurant, la crise a révélé la faiblesse et la très forte dépendance de l'économie du Cameroun au marché des biens et services importés, de nos structures socio-collectives et économiques, la déconnexion de nos structures socio-économiques du numérique, la faiblesse de l'offre intérieure dans le PIB[18]. À partir de la loi des finances de 2021, des réformes multiformes seront formulées par le gouvernement en vue de relancer l'économie nationale à partir de sa fiscalité, afin d'optimiser les recettes de l'État.

II. La mise en place de réformes gouvernementales

Au lendemain de la crise sanitaire, la capacité résiliente de chaque État touché a amené le gouvernement du Cameroun à procéder à des réformes assez considérables de sa politique fiscale en particulier. Ces réformes font

[18] *Stratégie de riposte du Cameroun face à la Covid-19 et de résilience économique et sociale*, juin 2020, p. 8.

suite à un ensemble de réflexions entamées au lendemain de la crise, et liées au relèvement économique ainsi qu'à l'assainissement du budget de l'État. Les réflexions entamées visant à identifier des mesures fiscales propres à accroitre les recettes de l'État ont permis la consécration des mesures de relance de l'économie (A) et d'optimisation de la collecte des recettes fiscales de l'État (B).

A. La consécration d'une politique de relance économique

La relance de l'économie va apparaître comme la première incidence des réformes enclenchées par l'État dès 2022. Le gouvernement à travers la loi de finances de 2022 conduite par la prescription du Chef de l'État dans sa circulaire n°001 du 30 août 2021[19], va donner une nouvelle orientation à la politique fiscale publique de l'État, figée sur la relance de l'économie à l'instar de l'amélioration du climat des affaires (1), et la promotion des activités socioéconomiques (2).

1. L'amélioration du climat des affaires

Parmi les nombreuses mesures prises, il sera prévu par la loi de finances de 2022 une politique visant à améliorer le climat des affaires. Cette politique d'amélioration passe par la mise en place d'un ensemble de dix mesures de simplification des procédures fiscales, et d'accompagnement des activités des entreprises et des associations à but non lucratif.

Relativement aux mesures de simplification des procédures fiscales, la loi des finances va prévoir entre autres cinq mesures : notamment l'ouverture de la possibilité pour les contribuables de générer leurs Attestations de conformité fiscale durant toute la période avant la mise en œuvre des mesures de recouvrement forcées ; la suppression de l'exigence de certification de l'Attestation de Localisation pour l'immatriculation en ligne, en adéquation avec des réformes de dématérialisation et de simplification des procédures fiscales ; la dispense de l'obligation de présentation d'une Attestation d'exonération de TVA pour l'acquisition des biens et services expressément énumérés aux articles 122 et 128 du CGI[20] ; la substitution du visa préalable du Directeur Général des Impôts, par une simple validation des

---

[19] Circulaire relative à la préparation du budget de l'État pour l'exercice 2022.

[20] Selon les dispositions de l'article 122 du CGI de 2022, les Entreprises ayant pour activités l'agriculture, l'élevage et la pêche, bénéficient des avantages fiscaux ci-après : - Dispense des charges fiscales et patronales sur les salaires versés aux ouvriers agricoles saisonniers par les exploitants individuels ; - Exonération de la TVA sur l'achat des pesticides, des engrais et des intrants, ainsi que des équipements et matériels de l'agriculture, de l'élevage et de la pêche figurant à l'annexe du présent titre ; - Exonération des droits d'enregistrement des mutations de terrains affectés à l'agriculture, à l'élevage et à la pêche ; - Exonération des droits d'enregistrement des conventions de prêts destinées au financement des activités agricoles, de l'élevage et à la pêche ; - Exonération de la taxe foncière des propriétés appartenant aux entreprises agricoles, d'élevage et de pêche, et affectés à ces activités, à l'exclusion des constructions à usage de bureau.

services gestionnaires pour le remboursement des crédits TVA au profil des organismes reconnus d'utilité publique[21].

Par ailleurs, cinq autres mesures d'accompagnement des activités des entreprises et organismes seront mises sur pied, et portées sur : la clarification du régime fiscal des organismes à but non lucratif à travers : la confirmation de la dispense des impôts et taxes (contribution de la patente, impôt sur les sociétés, taxe sur la propriété foncière) pour leurs activités à but non lucratif, l'assujettissement à la TVA des opérations imposables réalisées par lesdits organismes, l'aménagement d'un régime fiscal allégé pour leurs activités commerciales ; la transposition dans le CGI de l'exonération de la TSR prévu par le code pétrolier au profit des entreprises pétrolières en phase de recherche et de développement, dans un souci d'harmonisation des législations en la matière ; la consécration du principe de transfert des créances et des dettes fiscales dans le cadre des opérations de restructuration d'entreprises ; la consécration d'une pénalité de principe de 15% pour les contribuables qui s'acquittent spontanément des impositions mises à leur charge au terme d'un contrôle fiscal ; l'encadrement de la durée des interventions sur place en matière de contrôle, à travers la consécration de la date de début des opérations matérielles de contrôle dument constatées par un procès-verbal, comme point de départ pour le décompte des délais[22].

Outre les mesures d'amélioration du climat des affaires, les mesures gouvernementales vont également concerner la promotion des activités socioéconomiques.

2. La promotion des activités socioéconomiques

En ce qui concerne les activités socioéconomiques, leur promotion se traduit dans la loi de finances de 2022 par des mesures fiscales permanentes et ponctuelles d'accompagnement des activités socioéconomiques en temps de crise. Les premières sont relatives à l'allègement de la charge fiscale des personnes physiques et morales[23] à travers :

- la réduction de 5 à 3% du taux de TSR sur les rémunérations versées aux adjudicataires des commandes publiques domiciliées à l'étranger ;
- la réduction de 15 à 5% du taux des droits d'enregistrement sur les cessions massives des droits sociaux, afin d'alléger le cout de restructurations d'entreprises ;
- l'allègement des droits d'enregistrement sur les mutations par décès (successions), afin de réduire le coût fiscal des transmissions de patrimoine ;

[21] *Innovations fiscales de la loi de finances*, exercice 2022, p. 6.
[22] Idem., p. 7.
[23] Idem., p. 10.

- la consécration de l'enregistrement gratis des donations faites aux organisations et associations religieuses à but non lucratif, afin d'alléger la charge fiscale gravant les actes caritatifs ;
- la simplification des conditions de déductibilité des pertes relatives aux créances douteuses des établissements de crédit, à travers la dispense de l'obligation de justifier l'épuisement des voix de recouvrement pour les créances de faible montant ayant fait l'objet de provisionnement sur une période de 5 ans ;
- la consécration des taux d'amortissement spécifiques à certains secteurs afin de prendre en compte les évolutions technologiques récentes ;
- l'extension aux contrats d'apprentissage des exonérations des charges fiscales et patronales jadis limitées aux contrats à durée indéterminée et aux stages pré-emploi.

Pour les secondes, il s'agit des mesures fiscales ponctuelles[24]. La loi de finances de 2022 prévoit à cet effet des mesures de soutien d'une part, au profit des entreprises dans le cadre de l'emploi jeune ainsi que dans certains secteurs d'activités, et d'autre part en faveur des opérations de relance économique des Zones Economiquement Sinistrées (ZES) comme :

- la dispense des rappels d'impôts ainsi que des pénalités sur la période non prescrite, au profit des contribuables qui régularisent spontanément au cours de l'exercice 2022, leur situation au regard de l'impôt sur les revenus fonciers et la taxe sur la propriété foncière ;
- l'ouverture de la possibilité d'un étalement sur une période de cinq (5) ans, de l'imposition de la plus-value de réévaluation pour les entreprises qui procèdent à une réévaluation libre ;
- la déduction intégrale pour la détermination de l'impôt sur les sociétés au titre de l'exercice fiscal clos au 31 décembre 2021, des dons et libéralités consentis par les entreprises en faveur du plan présidentiel de reconstruction et de développement des ZES ;
- la consécration pour une durée de sept (7) ans, des facilités ci-après aux entreprises de la filière banane : le bénéfice de l'exonération de la patente, de l'IS et du Minimum de perception de la TVA ainsi que des droits d'enregistrement pour les entreprises de la filière situées en ZES, ainsi que le bénéfice de la réduction de 50% de l'acompte et du Minimum de perception de l'impôt sur les sociétés, et le calcul dudit acompte sur la valeur FOB pour les entreprises de la filière non situées en ZES.

B. L'optimisation de la collecte des recettes fiscales de l'État

Outre les mesures de relance économique, la loi de finances pour l'exercice 2022 va entrainer une vague de mesures nouvelles visant à optimiser la collecte des recettes fiscales de l'État. Seront donc adoptées des

---

[24] Idem., p. 11.

mesures de sécurisation des recettes fiscales (1), ainsi que des mesures d'élargissement des recettes fiscales (2).

1. L'adoption des mesures de sécurisation des recettes fiscales

Face à la montée exponentielle de l'internet et de la criminalité du numérique, chaque État trouve le moyen de sécuriser ses recettes. La survenance de la pandémie du coronavirus est tout simplement venue déclencher ce mécanisme, tout en renforçant les nombreuses formulations de politiques. Des mesures ont dont été prises non seulement pour la sécurité des recettes fiscales de l'État, mais également pour accroitre le rendement de l'économie du pays après le passage de la crise. Toutes ces mesures ont été initiées par les législateurs de 2021 et de 2022.

Avec la loi de finances de 2021, on dénombre sept mesures différentes, visant à sécuriser les recettes fiscales. Il s'agit de : l'interdiction du paiement des impôts et taxes en espèce auprès du réseau fiscal et la généralisation aux centres divisionnaires des impôts des modalités de paiement en vigueur dans les unités de gestion spécialisée, à savoir le paiement par virement bancaire, par voie électronique ou en espèce auprès des guichets des banques[25] ; la consécration du télépaiement comme mode de règlement obligatoire des impôts et taxes pour les grandes entreprises relevant du portefeuille de la DGE[26] ; la consécration de la délivrance et de la notification des quittances par voie électronique, avec pour conséquence la suppression des quittances manuelles qui sont source de fraudes diverses[27] ; la consécration de la notification de l'AMR par voie électronique[28] ; la révision de 30 à 15 jours du délai de paiement des impôts et taxes émis sur Avis de Mise en Recouvrement consécutif à une défaillance déclarative ou de paiement[29] la sécurisation des recettes des TSPP à travers la consécration de la possibilité d'initier les mesures de recouvrement forcées à l'encontre des marketeurs[30] ; l'institution d'une solidarité de paiement de la taxe d'abatage entre les entreprises qui acquièrent des grumes sur le marché local et l'exploitant forestier, y compris les associations et groupements d'intérêt commun qui exploite les forêts communales[31]

En 2022, la loi de finances prévoir également un ensemble de mesures, notamment : l'optimisation de la collecte des impôts et taxes. Cependant la loi des finances votée pour l'exercice 2022 fera face à un énorme enjeu budgétaire, notamment la coquette somme de FCFA 5 752 400 000, soit 3 188 700 000 attendus au titre des recettes fiscales. Et pour faire, la loi des

---

[25] Voir article L 7 de la loi de finances pour l'exercice 2021, p.17.

[26] Article 7.

[27] Article L 8.

[28] Article L 53.

[29] Idem.,

[30] Article 253 bis.

[31] Articles 242 et 247 bis.

finances va consacrer d'une part des mesures de sécurisation de recettes fiscales. Ces mesures sont pour l'essentiel relatives à : la soumission au précompte de tous les achats effectués auprès des industriels, importateurs et exploitants forestiers ; l'institution d'une obligation de tenue de comptabilité séparée ressortant le résultat de chacune des activités, pour les entreprises exerçant une ou plusieurs activités détachables en marge de leurs activités principales[32].

Il faut noter qu'en plus de ces mesures, cinq (05) programmes de sécurisation des recettes verront également le jour. Notamment le programme de sécurisation des recettes forestières ; le programme de sécurisation des recettes des mines, de l'eau et de l'énergie ; le programme de sécurisation des recettes domaniales, cadastrales et foncières ; le programme de sécurisation des recettes routières ; et le programme de sécurisation des recettes de l'élevage et des pêches, qui viendront tous compléter les mesures d'élargissement de l'assiette mises en place.

2. L'adoption des mesures d'élargissement de l'assiette

Avec la loi de finances de l'exercice 2021[33], quatre (4) mesures d'élargissement fiscales seront inscrites au programme par le gouvernement du Cameroun, visant à : renforcer le dispositif de taxation des plus-values sur cessions des titres des entreprises camerounaises à l'étranger, à travers l'obligation de déclaration spontanée des cessions directe et indirecte effectuées à l'étranger[34], et l'institution d'une amande de 100% en cas d'absence de déclaration desdites cessions[35] ; la clarification du régime d'enregistrement des conventions assimilées aux cessions des fonds de commerce afin de mettre un terme aux pratiques d'optimisation fiscale observée[36] ; le renforcement des conditions de déductibilité des intérêts rémunérant les avances en compte courant associées à travers l'exigence de libération totale du capital souscrit et l'existence d'une convention de prêt écrite et dument enregistrée[37] ; l'affirmation du principe d'une déclaration fiscale annuelle récapitulative simplifiée par contribuable, dans le cadre de l'optimisation de la fiscalité des particuliers[38].

Ces mesures seront relativisées par la loi de finances de l'exercice 2022, notamment en ce qui concerne la soumission au précompte de tous les achats effectués auprès des industriels, importateurs et exploitants forestiers ; et l'institution d'une obligation de tenue de comptabilité séparée ressortant le

[32] *Innovations fiscales de la loi des finances*, exercice 2022, *op. cit.*, p.14.
[33] *Innovations fiscales de la loi des finances*, exercice 2021, *Op. Cit.*, p. 15.
[34] Article L 1. De la loi des finances de l'exercice 2021, p. 15.
[35] Article L 105 ter.
[36] Article 543.
[37] Article 7 B.
[38] Article 74 et 74 bis.

résultat de chacune des activités, pour les entreprises exerçant une ou plusieurs activités détachables en marge de leur activité principale[39].

Conclusion

Bien que la pandémie soit vaincue, les séquelles restent visibles malgré les efforts consentis. La plupart des gouvernements qui n'avaient pas intégré l'aspect « risque » et la survenance d'une pandémie éventuelle dans leurs prévisions ont subi de graves pertes non seulement sur le plan humain, mais également et surtout sur le plan économique. L'intégration des mesures de riposte contre la crise et les moyens de relèvement économique ont poussé le gouvernement du Cameroun à prendre des mesures assez pondérâtes. Centrée sur une approche purement juridique d'interprétation des textes qui ont encadré cette période, la présente étude a eu pour objectif de relever l'incidence que la crise du Covid-19 a eue sur les politiques publiques fiscales des États d'Afrique francophone subsaharienne, et au Cameroun en particulier. En réponse à la question de sa portée, l'étude a démontré que non seulement la crise a entrainé la déstabilisation de la politique publique fiscale de l'État, mais également elle a obligé le gouvernement à faire des réformes nouvelles de sa politique fiscale, que la présente étude a tenue à démontrer sous le prisme de l'incidence de la crise sanitaire du Covid-19 sur les politiques publiques fiscales des États d'Afrique subsaharienne francophone, notamment au Cameroun./-

[39] *Innovations fiscales de la loi des finances*, exercice 2022, *Op. Cit.*, p. 14.

Les transformations des fonctions fiscales de l'État du Cameroun au lendemain de la crise sanitaire à Covid-19

Dr Sandrine Glwadys BEFOLO SOUGA
Ph.D en Droit Public/Université de Douala (Cameroun).

****

Introduction

Il est généralement admis qu'à la suite d'une crise s'opèrent des changements. Tel a été par exemple le cas de la crise sanitaire à Covid-19 qui est venue bouleverser les règles préétablies en matière de finances publiques dans les États d'Afrique subsaharienne francophone. C'est peut-être la raison pour laquelle le projet de rédaction de l'ouvrage collectif portant sur ***La fiscalité post Covid-19 en Afrique subsaharienne francophone : regards croisés*** pourrait trouver une justification. À cet égard, les mesures prises par les pouvoirs publics pour juguler la crise ont eu pour conséquence une transformation voire une modification progressive[1] de grande ampleur des fonctions fiscales de l'État.

Classiquement, les fonctions fiscales de l'État étaient intimement liées à celui-ci. Cela suppose que si l'État subit une crise, de manière corrélative, les fonctions fiscales connaitront en retour des effets. Si pour Raymond Muzellec, la fonction financière a été longtemps considérée comme unique[2], il n'en demeure pas moins qu'au fil du temps, il y a eu évolution des fonctions fiscales de l'État. À ces dernières se sont associées deux autres fonctions à savoir : la fonction économique et la fonction sociale. Définir les fonctions fiscales de l'État nécessite de s'interroger sur l'utilité de l'impôt[3]. Celle-ci dépend de la conception que l'on se fait du prélèvement fiscal.

La conception classique de l'impôt repose sur l'idée de Gaston Jèze selon laquelle, « *il y a les charges publiques, il faut les couvrir* »[4]. La fonction de l'impôt était donc essentiellement financière. Elle consistait à se procurer des recettes pour financer les services collectifs nécessaires à l'organisation de la vie sociétale, c'est-à-dire l'entretien de la force publique et aux dépenses

---

[1] FAME NDONGO Jacques, « Avant-propos », *in* Magloire ONDOA et Patrick Edgard ABANE ENGOLO (dir.), *Les transformations contemporaines du droit public en Afrique*, Paris, L'Harmattan, 2018, p. 6.

[2] MUZELLEC Raymond, *Finances publiques*, Paris, Dalloz, 2009, 15e éd., p. 551.

[3] PHILIP Loïc, *Finances publiques*, Paris, Cujas, 1989, p. 346.

[4] JEZE Gaston, *Cours élémentaire de science des finances publiques et de législation financière française*, Paris, Marcel Giard, 1931, p. 9.

d'administration courantes[5]. Cette idée classique de l'impôt est liée à l'image de l'État-gendarme qui prévalait à une époque. Le changement de l'État ayant induit le changement du rôle de l'impôt, les fonctions économique et sociale se sont ajoutées à la fonction financière. L'impôt est alors envisagé en tant qu'un instrument de politique économique et sociale[6] ; matérialisant la fin de la neutralité de l'impôt au profit de son interventionnisme. Nous sommes là en présence d'une fiscalité qui devient flexible et qui s'adapte à l'évolution et à la conjoncture.

La fonction économique renvoie aux différentes actions de l'impôt sur l'économie[7]. Tantôt il agit sur conjoncture économique[8] et tantôt sur les structures économiques[9]. Agir sur la conjoncture économique renvoie à élaborer un ensemble de règles visant à mettre en œuvre une politique de relance, à travers des exonérations du taux de l'impôt sur la dépense, de l'impôt sur le revenu des personnes physiques et morales[10] ou une politique de stabilisation. L'action de l'impôt sur l'économie se traduit également sur les structures économiques : il s'agit de l'édiction des mesures de facilitation ou d'entrave à la croissance des entreprises, mais aussi à travers une réorientation des investissements vers certains secteurs d'activités[11]. Plus concrètement, cette politique fiscale structurelle ou sectorielle vise, selon le Professeur Bernard Castagnède, la correction des déséquilibres ou plus généralement, la réalisation des objectifs économiques poursuivis par les pouvoirs publics[12]. Elle consiste alors à l'édiction de mesures dérogatoires à la règle fiscale commune, avec pour but d'alléger la charge du bénéficiaire.

Relativement à la fonction sociale qui renvoie à l'égalité sociale, l'impôt agit sur la société à travers la recherche de l'équité fiscale[13]. Celle-ci se traduit comme l'affirme Raymond Muzellec par une égalité devant l'impôt d'une part et par une égalité par l'impôt d'autre part[14]. Lorsqu'elle recherche l'égalité devant l'impôt, la fonction sociale s'attèle à rendre la charge fiscale égale et obligatoire pour tous les citoyens. Ce qui sous-entend la disparition des privilèges fiscaux[15]. Par contre, lorsqu'elle recherche l'égalité par l'impôt, la fonction sociale vise à privilégier les contribuables démunis en les taxant moins. C'est le caractère redistributif de l'impôt qui transparaît, plus soucieux

---

[5] GEST Guy et TIXIER Gilbert, *Manuel de droit fiscal*, Paris, LGDJ, 1986, 4e éd., p. 48.
[6] CASTAGNEDE Bernard, *La politique fiscale*, Paris, PUF, « Que sais-je ? », 2008, 1er éd., p. 3.
[7] PHILIP Loïc, *Finances publiques*, *op.cit.*, p. 348.
[8] CASTAGNEDE Bernard, *La politique fiscale*, *op.cit.*, p. 6.
[9] *Ibid.*, p. 8.
[10] MUZELLEC Raymond, *Finances publiques*, *op.cit.*, p. 559.
[11] GEST Guy et TIXIER Gilbert, *Manuel de droit fiscal*, *op.cit.*, p. 52.
[12] CASTAGNEDE Bernard, *La politique fiscale*, *op.cit.*, p. 8.
[13] BOUVIER Michel, ESCLASSAN Marie-Christine et LASSALE Jean-Pierre, *Finances publiques*, Paris, LGDJ, 2018-2019, 17e éd., p. 761.
[14] MUZELLEC Raymond, *Finances publiques*, *op.cit.*, p. 555.
[15] *Ibidem*.

des injustices[16]. Cette théorie de « *l'impôt justicier* » ou de la « *justice par l'impôt* » est celle des auteurs socialistes pour qui la fonction fondamentale du système fiscal est la « *fonction distributive* »[17], laquelle se rapproche de la justice distributive d'Aristote selon laquelle la distribution d'un bien est équitable si elle satisfait à l'égalité proportionnelle.

Ces fonctions ont connu une influence de la crise au point où elles ont été reconfigurées. C'est pour cette raison fondamentale qu'il nous a semblé utile de mener la présente réflexion. En effet, l'on a pu observer que pendant le déroulement de la crise, la fonction financière de la fiscalité a été minorée, alors que celles économique et sociale ont été priorisées. Pour preuve, les mesures fiscales édictées par le gouvernement du Cameroun avaient pour principal objectif de soutenir les entreprises camerounaises et les ménages durement affectés par la crise sanitaire dite à Covid-19. Il semble donc évident que pendant la crise, les fonctions économique et sociale ont été priorisées au détriment de la fonction financière. Confirmant ainsi leur transformation, voire leur modification progressive.

L'intérêt d'une telle étude est binaire. Elle est à la fois théorique et pratique. Au plan théorique, l'étude permet de présenter les changements opérés au sein des fonctions fiscales de l'État du Cameroun. Ceux-ci renvoient à l'adaptation de la rentabilité fiscale aux exigences économiques et sociales. En réalité, il s'agit d'analyser les conséquences de l'interventionnisme fiscal sur le rendement de l'impôt. Malgré la controverse doctrinale[18] qui a existé entre la thèse de la « *neutralité fiscale* » et celle de « *l'interventionnisme fiscal* », c'est-à-dire l'interventionnisme fiscal a su s'imposer au point de devenir l'élément fondamental du prélèvement fiscal. À la limite, les objectifs économiques et sociaux peuvent faire disparaitre l'objectif financier[19]. Les mesures incitatives, constituées des exonérations ou d'allègements d'impôts, ont une incidence directe sur le niveau des recettes publiques. Ainsi par exemple, les droits de douane destinés à protéger le marché national ne sont

[16] BRACHET Bernard, *Le système fiscal français*, Paris, LGDJ, 1997, 7e éd., p. 20.
[17] GEST Guy et TIXIER Gilbert, *Manuel de droit fiscal*, *op.cit.*, p. 53.
[18] Pour l'école libérale, l'impôt avait pour objectif unique le financement des charges publiques d'un État, l'État-gendarme. La notion de prélèvement fiscal était donc confondue à celle de budget, de trésor et de charges publiques. Pour Gabriel ARDANT par exemple, l'impôt est davantage une technique libérale qu'instrumentaliste. Cette thèse de la « *neutralité fiscale* » a été limitée par les différentes interventions de la fiscale dans l'économie et le social. Dans le domaine économique par exemple, le rôle de l'impôt pourrait consister selon le Professeur Bernard CASTAGNEDE, à « *ranimer une économie menacée de déflation et de sous-emploi* » ou alors à un « *effet de relance peut être assurée par une baisse des impôts sur le revenu, autorisant une augmentation de la demande des biens de consommation* ». Dans le domaine sociale, l'équité se situe au cœur de la fiscalité qui, de surcroit, ne saurait s'écarter de ses préoccupations sans risques, à terme, de développer l'inefficacité aussi bien au plan économique que social. Cf. GEST Guy et TIXIER Gilbert, *Manuel de droit fiscal*, *op.cit.*, p. 48 ; ARDENT Gabriel, *Théorie sociologique de l'impôt*, 1965 cité par PHILIP Loïc, *Finances publiques*, *op.cit.*, p. 348 ; CASTAGNEDE Bernard, *La politique fiscale*, *op.cit.*, p. 6.
[19] GEST Guy et TIXIER Gilbert, *Manuel de droit fiscal*, *op.cit.*, p. 55.

vraiment efficaces que s'ils dissuadent l'importation ; mais alors, la matière imposable disparaissant, leur rendement devient nul[20]. En outre, l'octroi des avantages fiscaux est susceptible d'ouvrir une brèche dans laquelle risque de s'engouffrer l'évasion fiscale. Ce qui causerait un manque à gagner pour le Trésor public[21]. *À contrario*, il est aussi vrai qu'une mesure incitative qui réussit peut indirectement engendrer une augmentation du rendement des impôts : la relance d'une activité provoquée par une réduction de l'impôt sur les bénéfices aura pour conséquence des rentrées de TVA supplémentaires voire, même, de par le gonflement de la base d'imposition, un accroissement du produit de l'impôt sur les bénéfices lui-même[22].

Au plan pratique, elle permet de constater que la survenance de la crise sanitaire à Covid-19 a révélé les manquements du système fiscal camerounais. Ce dernier était plus préoccupé à mettre en avant la rentabilité fiscale au détriment de la prise en compte des conditions de vie de la population. Face à une telle réalité, en quoi consistent les transformations des fonctions fiscales de l'État du Cameroun au lendemain de la crise sanitaire à Covid-19 ?

L'analyse d'une telle interrogation laisse croire qu'au lendemain de la crise sanitaire à Covid-19, ces transformations consistent en une réorientation de la rentabilité fiscale. Celle-ci doit désormais tenir compte des réalités sociales et économiques du pays. Ainsi, nous essayerons pour notre part de montrer qu'au lendemain de la crise sanitaire, les fonctions fiscales de l'État ont connu une réforme. Certaines mesures d'allègements et d'exonérations ont été maintenues même après la crise. L'analyse des textes réglementaires pendant et après la crise nous a permis de constater que les transformations des fonctions fiscales de l'État suite à la survenance du Covid-19 consistent en une adaptation de la fonction financière au tissu économique (**I**) et en une rénovation des fonctions économique et sociale (**II**).

I. Une adaptation de la fonction financière au tissu économique

La raison essentielle de l'impôt est la couverture des dépenses publiques[23]. Pour remplir cette fonction financière, l'impôt doit être productif. Cet impératif de rendement exige que l'impôt soit payé par le plus grand nombre possible de contribuables[24] et qu'il frappe le plus largement possible la matière imposable. Or, pendant la crise sanitaire à Covid-19, le caractère productif de l'impôt a été contraint d'épouser les réalités économiques camerounaises en s'adaptant aux différentes mesures fiscales dérogatoires

---

[20] *Ibidem.*
[21] *Ibid.*, p. 56.
[22] *Ibid.*, p. 54.
[23] JEZE Gaston, *Cours élémentaire de science des finances publiques et de législation financière française*, *op.cit.*, p.151.
[24] Principe de l'universalité de l'impôt.

prises. L'objectif étant non seulement de protéger une catégorie des contribuables (**A**), mais aussi de préserver une catégorie d'activités (**B**).

A. L'acclimatation du rendement fiscal aux catégories de contribuables

La crise sanitaire à Covid-19 a eu de lourdes conséquences sur l'activité générale des entreprises[25]. Il va s'en suivre des répercussions importantes sur la productivité et le chiffre d'affaires. En effet, l'arrêt ou la baisse des activités de entreprises[26] va nécessite de l'État la prise des mesures fiscales compensatoires pour éviter leur faillite. Ce qui porterait même préjudice au rendement fiscal en ce que les contribuables constituent les premiers pourvoyeurs des deniers publics. C'est ainsi qu'il a été consenti des exonérations de l'impôt sur les bénéfices (IS) pour soutenir les Petites et Moyennes Entreprises (1) et des allégements de charges visant les grandes entreprises (2) à l'effet de les aider à faire face aux effets négatifs de la crise.

1. La réduction du taux de l'IS au profit des PME

L'activité des Petites et Moyennes Entreprises a été fortement affectée durant la pandémie à Covid-19. Certaines ont dû mettre leurs employés en chômage technique, d'autres procédant au licenciement pur et simple du personnel. Face à ce constat et pour éviter que ces entreprises ne soient asphyxiées par les charges fiscales, l'État a réduit leur taux d'imposition sur les bénéfices. Sur ce, après avoir analysé les critères d'éligibilité (a), il sera question de relever les modalités d'application de ladite réduction (b).

a. Les critères d'éligibilité

La réduction du taux de l'impôt sur les bénéfices de 25% s'applique exclusivement aux contribuables réalisant un chiffre d'affaires annuel hors taxes égal ou inférieur à trois milliards FCFA et qui relèvent du centre des impôts des moyennes entreprises ou d'un centre spécialisé des impôts[27]. Les contribuables nommément désignés dans cet article du code général des impôts renvoient aux PME. Selon l'article 3 (nouveau) alinéa 1 de la loi de 2015 modifiant et complétant certaines dispositions de la loi n°2010/010 du 13 avril 2010 portant promotion des Petites et Moyennes Entreprises au Cameroun, « *est considérée comme une PME, toute entreprise, quel que soit son secteur d'activité, qui emploie au plus cent (100) personnes et dont le chiffre d'affaires annuel hors taxes n'excède pas trois (3) milliards de FCFA* ». Celles-ci se regroupent en trois catégories distinctes : les Très Petites

---

[25] NSEGBE Antoine de Padoue, NDOCKI Désiré et YEMMAFOUO, « Gouvernance de la covid-19 et impact socio-économiques et politiques des mesures prises dans le cadre de la lutte contre la pandémie au Cameroun », *Revue de géographie de bordeaux*, n°282, juillet-décembre, p. 420.

[26] Annulation des commandes, baisse de la demande, défaut de la matière première, personnel confiné.

[27] Article 17 bis alinéa 1 du CGI.

Entreprises, les Petites Entreprises et les Moyennes Entreprises[28]. C'est donc à cette catégorie de contribuables que s'applique le taux réduit de 25%[29] sur les bénéfices réalisés au lieu de 30% constituant le taux normal[30].

Par ailleurs, le chiffre d'affaires considéré est celui de l'exercice d'imposition. En conséquence, lorsqu'au terme d'un exercice fiscal N, une PME jusqu'alors soumise au taux de 25% réalise un chiffre d'affaires supérieur à trois milliards, celle-ci est transférée à l'initiative des services ou à son initiative, à la structure de gestion appropriée (Direction des Grandes Entreprises, ci-après DGE) avec application pour le calcul de son impôt sur le bénéfice au titre de cet exercice, du taux de 33%[31].

b. Les modalités d'application

En tant que mesure fiscale de soutien aux PME qui ont été durement touchées par la crise sanitaire à Covid-19, le taux réduit de l'impôt sur les bénéfices de 25% n'est pas soumis à une autorisation de l'administration fiscale. Celle-ci se réserve toutefois le droit d'effectuer les contrôles d'usage ultérieurs afin de s'assurer de l'éligibilité des PME à ce taux, conformément aux dispositions du Livre des Procédures fiscales[32]. Ainsi, s'il est établi au terme d'une procédure de contrôle, que le chiffre d'affaires effectif d'un exercice fiscal est supérieur à trois milliards, alors que c'est le taux réduit de l'impôt sur les sociétés de 25% qui a été appliqué, il est procédé au rappel du complément sur la base du taux de droit commun de 30%. Par ailleurs, l'application du taux réduit de 25% n'exclut pas le bénéfice des réductions prévues par d'autres régimes dérogatoires, notamment le régime de promotion des Centres de gestion agréés et les régimes incitatifs de la loi du 18 avril 2013 fixant les incitations à l'investissement privé au Cameroun. Aussi, les PME éligibles au taux réduit de 25% demeurent assujetties à l'impôt sur le revenu et au minimum de perception au taux en vigueur, conformément aux dispositions des articles 21, 22, 69 (c), 89 et 91 du code général des impôts.

Au final, la réduction du taux de l'impôt sur les bénéfices des Petites et Moyennes Entreprises est une mesure de protection de ce secteur

---

[28] Article 2 (nouveau) de la loi n°2015/010 du 16 juillet 2015 modifiant et complétant certaines dispositions de la loi n°2010/001 du 13 avril 2010 portant promotion des Petites et Moyennes Entreprises.

[29] Ce taux réduit était d'abord fixé à 28% dans la loi n°2021/026 du 16 décembre 2021 portant de finances de la République du Cameroun pour l'exercice 2022. Il a été réduit à trois points dans la loi n°2022/020 du 27 décembre 2022 portant loi de finances de la République du Cameroun pour l'exercice 2023.

[30] Article 17 (1) du CGI.

[31] Circulaire n°004/MINFI/DGI/LRI/L du 20 février 2023 précisant les modalités d'application des dispositions fiscales de la loi n°2022/020 du 27 décembre 2022 portant loi de finances de la République du Cameroun pour l'exercice 2023.

[31] Article 17 (1) du CGI.

[32] Voir Circulaire N°004/MINFI/DGI/LRI/L du 20 février 2023 précisant les modalités d'application des dispositions fiscales de la loi n°2022/020 du 27 décembre 2022 portant loi de finances de la République du Cameroun pour l'exercice 2023.

névralgique de l'économie camerounaise et qui constitue également 90% du tissu économique.

2. L'allègement des charges fiscales au profit des grandes entreprises

Le Covid-19 n'a pas laissé indifférente l'activité des grandes entreprises. Elle a été également touchée par la crise sanitaire. Il a fallu aussi pour l'État d'édicter des mesures fiscales d'allègement afin de protéger l'activité de ces contribuables. Pour ce faire, l'on a procédé à un réaménagement de la taxe spéciale des entreprises pétrolière et forestière (a) et à une réévaluation libre du régime fiscal des immobilisations (b).

a. Le réaménagement de la taxe sur le revenu des entreprises pétrolière et forestière

À la suite de la confirmation du premier cas de Covid-19 au Cameroun[33], le Premier Ministre prescrit le 17 mars 2020, treize mesures visant à limiter et à contrôler l'expansion de la pandémie dans le pays[34]. Parmi celles-ci, la fermeture des frontières. La fermeture des frontières terrestre, aérienne et maritime a entrainé un arrêt des exportations du bois et du pétrole brut, provoquant ainsi la forte chute de ces matières premières[35].

Pour ce qui est de la consécration de l'exonération de la Taxe spéciale sur le revenu (TSR) des titulaires de contrats pétroliers et leurs sous-traitants en phase de recherche. Jusqu'au 31 décembre 2021, les titulaires de contrats pétroliers et leurs sous-traitants au Cameroun étaient passibles de plein droit de la TSR au taux de 5% pour les rémunérations des prestations d'assistance, de location d'équipements, de matériels et de toutes prestations de services versées aux compagnies étrangères en phase de recherche et de développement. La loi de finances de la République du Cameroun pour l'exercice 2022 a modifié l'article 225 *ter* du CGI en ramenant à 3% le taux réduit d'une part et d'autre part en supprimant le taux super réduit de 2%.

Relativement à la taxe d'abattage, la loi de finances pour l'exercice 2023 prévoit la réduction de 4% à 3% du taux de la taxe d'abattage des entreprises forestières justifiant d'une certification.

b. La réévaluation libre du régime fiscal des immobilisations

Les opérations de réévaluation d'actifs sont notamment susceptibles de générer une imposition immédiate de l'écart de réévaluation constaté, les plus-values latentes ainsi matérialisées constituant un produit imposable.

---

[33] Le 06 mars 2020, au moyen d'un communiqué de presse, le ministre de la santé publique confirme le premier cas de covid-19 au Cameroun.

[34] FERMOSE Janvier, « Cameroun », *in* Thierry OBRIST et Trésor-Gauthier M. KALONJI (dir.), *Droit fiscal en Afrique subsaharienne francophone*, Bruxelles, Bruylant, 2022, p. 192.

[35] NSEGBE Antoine de Padoue, NDOCKI Désiré et YEMMAFOUO, « Gouvernance de la covid-19 et impact socio-économiques et politiques des mesures prises dans le cadre de la lutte contre la pandémie au Cameroun », *op.cit.*, p. 15.

Dans le contexte de la crise sanitaire, le législateur a dérogé temporairement à cette règle afin de faciliter la réalisation de telles opérations. C'est ainsi qu'une mesure de neutralisation temporaire a été instaurée dans la loi de finances pour l'exercice 2022 afin d'améliorer la situation financière des entreprises impactées par les conséquences économiques de la pandémie de Covid-19. Cette mesure consiste à l'étalement sur cinq ans de l'imposition de l'écart de réévaluation des immobilisations. Ainsi, les entreprises qui procèdent à la réévaluation libre de leurs immobilisations conformément aux dispositions de l'Acte Uniforme OHADA relatif au droit comptable et à l'information financière, peuvent réintégrer l'écart de réévaluation afférent aux immobilisations amortissables dans leurs bénéfices imposables, à parts égales sur une période de cinq ans[36]. Dès lors, l'entreprise peut réintégrer dans les résultats de chacun des exercices de la période de réintégration, seulement une fraction représentant 1/5ème de l'écart de réévaluation pour chaque immobilisation dument inscrite au registre d'inventaire et répertoriée au bilan. Toutefois, la cession d'une immobilisation amortissable entraine l'imposition immédiate de la fraction non encore réintégrée de l'écart de réévaluation afférente à ce bien[37]. Cette mesure s'est étendue dans la loi de finances pour l'exercice 2023. En effet, dans la loi de finances 2022, les immobilisations non amortissables n'étaient pas éligibles au bénéfice de cette mesure de faveur. La loi de finances pour l'exercice 2023 étend cette mesure d'étalement de l'imposition à des immobilisations non amortissables[38].

Quoi qu'il en soit, la réévaluation libre des immobilisations par les entreprises durement touchées par le Covid-19 est une autre mesure fiscale qui permet l'utilisation prorogée d'un bien qui devrait normalement déjà être amorti.

Au regard de ce qui précède, il ressort que la crise sanitaire à Covid-19 a induit une réorientation de la fonction financière de l'impôt, contraint de s'adapter à la population fiscale, mais aussi aux différents secteurs d'activités. En outre, ces mesures d'allègements ont engendré un véritable manque à gagner pour le Trésor public.

B. L'accommodation de la productivité de l'impôt aux catégories d'activités

La crise sanitaire à Covid-19 a mis à mal plusieurs secteurs d'activités. Les mesures de confinement restreignant la liberté d'aller et de venir des Camerounais et la fermeture des frontières ont eu des conséquences

---

[36] Circulaire N°012/MINFI/DGI/LRI/L du 13 juillet 2022 précisant les modalités d'application des dispositions fiscales de la loi n°2021 du 16 décembre 2021 portant loi de finances de la République du Cameroun pour l'exercice 2022.

[37] *Idem.*

[38] Article vingtième de loi N°2022/020 du 27 décembre 2022 portant loi de finances de la République du Cameroun pour l'exercice 2023.

drastiques dans le secteur des transports, de l'hôtellerie et de la restauration[39]. L'objectif financier de l'impôt a dû être conformé à la conjoncture de crise. Pour remédier à cette situation, des mesures fiscales de soutien ont été consacrées pour préserver ces différents secteurs d'activités. Après avoir analysé les avantages fiscaux concédés au secteur du transport et du tourisme (1), il sera ensuite analysé, ceux concédés au secteur de l'hôtellerie et de la restauration (2).

1. Le soutien au secteur du transport et du tourisme

Pour préserver le secteur du transport des répercussions liées au Covid-19, il y a eu suppression de la taxe à l'essieu (a) et prorogation de la période de report des déficits fiscaux et des amortissements (b).

a. La suppression de la taxe à l'essieu

La lecture de l'article 609 du CGI de 2019 édifie sur la signification de la taxe à l'essieu. Celle-ci a été instituée sur les véhicules automobiles de charge utile au moins égale à trois tonnes et circulant sur le territoire camerounais. Étant donné que le secteur du transport ayant été durement touché par le Covid-19, l'exonération de la taxe à l'essieu a été décidée en mai 2020 dans le cadre des mesures de soutien à l'économie camerounaise. Il avait été décidé que les transporteurs assujettis y seraient exonérés dès le deuxième trimestre de l'exercice 2020[40].

Cette mesure suspensive a été reconduite dans la loi de finances pour l'exercice 2021. Mieux encore, les lois de finances pour les exercices 2022, 2023 et 2024, les dispositions du CGI relatives à la taxe sur l'essieu ont été totalement supprimées[41]. Dès lors, les transporteurs peuvent facilement relance leurs activités, sources génératrices de revenu.

b. La prorogation de la période de report des déficits fiscaux et des amortissements réputés différés

Aux termes des dispositions de l'article quinzième de la loi de finances pour l'exercice 2021[42], les personnes exerçant dans le secteur du transport et du tourisme, bénéficient au titre de l'exercice 2021, d'une prorogation d'une année supplémentaire du délai de report des déficits fiscaux et des amortissements réputés différés.

S'agissant des déficits fiscaux, lesquels au 31 décembre 2020 se situaient au quatrième exercice qui suit l'exercice déficitaire, les entreprises exerçantes dans le secteur du tourisme et du transport ont jusqu'à l'exercice

[39] Voir la stratégie gouvernementale de riposte face à la pandémie de coronavirus (Covid-19).

[40] Ordonnance N°2020/001 du 03 juin 2020 modifiant et complétant certaines dispositions de la loi n°2019/2023 du 24 décembre 2019 portant loi de finances de la République du Cameroun pour l'exercice 2020.

[41] Articles 609, 610, 611 (nouveau), 612, 612 bis et l'article 613 du CGI.

[42] Loi n°2020/018 du 17 décembre 2020 portant loi de finances de la République du Cameroun pour l'exercice 2021.

2021 pour les reporter à la faveur de la prorogation d'une année supplémentaire. Il s'agit notamment des déficits fiscaux survenus au titre de l'exercice 2016. Ainsi, les excédents desdits déficits qui n'ont pas pu être reportés sur les bénéfices de l'exercice 2021 (déclarations attendues au plus tard le 15 mars 2022) sont caducs et doivent être réintégrés au résultat. Pour les déficits fiscaux survenus après 2016, ils continuent d'être reportés en 2022, et ce, jusqu'au cinquième exercice qui suit l'exercice déficitaire[43].

Pour ce qui est des amortissements réputés différés qui au 31 décembre se situaient au dixième exercice qui suit l'exercice déficitaire, les entreprises exerçantes dans le secteur du tourisme et du transport ont jusqu'à l'exercice 2021 pour les déduire, à la faveur de la prorogation d'une année supplémentaire. Il s'agit notamment des amortissements réputés différés comptabilisés au titre de l'exercice 2010[44]. Pour les amortissements réputés différés comptabilisés après 2010, ils continuent d'être déductibles en 2022, et ce, jusqu'au onzième exercice qui suit l'exercice déficitaire.

2. Le soutien au secteur de l'hôtellerie

Les mesures fiscales de soutien au secteur de l'hôtellerie étaient limitées dans le temps[45]. Cette temporalité n'a cependant pas empêché lesdites mesures d'avoir l'effet escompté, c'est-à-dire la préservation de la matière imposable. Ces mesures étaient duales : concernaient la suspension de la taxe de séjour (a) et l'exonération de l'impôt sur les sociétés (b).

a. La suspension de la taxe de séjour

À la lecture du Code général des impôts modifié en 2020, 2022, 2023 et 2024, il est institué une taxe de séjour assise sur les nuitées passées dans les établissements d'hébergement classés ou non[46]. Celle-ci est due par la personne hébergée et est collectée par l'établissement d'hébergement, à savoir les hôtels, les motels, les auberges et les résidences-hôtels meublés. Le tarif de ladite taxe est fixé selon la catégorie de l'établissement d'hébergement. Pour les hôtels 5 étoiles la taxe est de 5000 FCFA la nuitée, 4000 FCFA pour les hôtels 4 étoiles, 3000 FCFA pour les hôtels 3 étoiles, 2000 la nuitée pour les établissements meublés et autres gîtes, 1000 FCFA pour les hôtels 2 étoiles et enfin 500 FCFA pour les hôtels de 1 étoile et autres établissements d'hébergement non classés[47]. Le paiement de cette taxe nécessite que l'activité d'hébergement de ces établissements soit florissante.

En effet, la fermeture des frontières camerounaises a mis en difficulté l'activité principale des établissements hôteliers. Ce qui n'a pas permis aux

---

[43] Cf. Circulaire N°012/MINFI/DGI/LRI/L du 13 juillet 2022 précitée.
[44] *Idem.*
[45] Conformément aux dispositions de l'article dix-huitième de la loi de finances pour l'exercice 2021, les mesures de soutien au secteur de l'hôtellerie étaient valables pour l'exercice 2021 exclusivement, soit entre le 1er janvier et le 31 décembre 2021.
[46] Article 221 du CGI.
[47] Article 222 du CGI.

contribuables de remplir leurs obligations fiscales. Dès lors, les établissements d'hébergement classés ou non[48] ont été exonérés d'office du paiement de la taxe de séjour pour le reste de l'exercice 2020[49]. Cette exonération va se poursuivre tout au long de l'exercice budgétaire 2021 et sera définitivement arrêtée en début d'exercice 2022[50]. Cet avantage fiscal qui n'est pas des moindres a favorisé la résilience des établissements d'hébergement.

b. L'exonération de l'impôt sur les sociétés au titre de l'exercice fiscal clos

L'article dix-huitième alinéa (2) de la loi du 17 décembre 2020 portant loi de finances de la République du Cameroun pour l'exercice 2021 dispose que : « *sont exonérés de l'impôt sur les sociétés au titre de l'exercice fiscal clos au 31 décembre 2021, les établissements d'hébergement classés ou non* ». Cette mesure fiscale de faveur s'ajoute à la panoplie des avantages fiscaux en soutien au secteur de l'hôtellerie. L'objectif de cette mesure était de diminuer la charge fiscale face à la baisse drastique du chiffre d'affaires. Afin de permettre aux établissements d'hébergement de retrouver leur niveau de rentabilité d'antan. En outre, cette exonération emporte dispense de paiement des acomptes mensuels et du minimum de perception.

À la suite de ce qui vient d'être dit, il ressort que la fonction financière de l'impôt s'est adaptée. Elle n'a plus pour seul objectif de remplir les charges de souveraineté de l'État. Mieux encore, elle ne peut plus avoir comme l'affirmait Maurice DUVERGER, « *ni pour but, ni pour résultat d'exercer une pression sur les contribuables pour les inciter à une action ou à une abstention quelconque* »[51]. Au contraire, elle est aujourd'hui plus un instrument de réalisation de la justice sociale et un régulateur de l'économie.

II. Une rénovation des fonctions économique et sociale

L'impôt n'est plus seulement à l'heure actuelle un moyen de financement ; il est également un moyen permettant de réaliser certains objectifs de politique économique et sociale[52]. Les situations de guerre et de crise[53] ont soulevé les limites de la neutralité fiscale et de l'« *État-gendarme* »[54]. Toute chose qui a permis à l'État d'arborer sa casquette

---

[48] Ordonnance N°2020/001 du 3 juin 2020 modifiant et complétant certaines dispositions de la loi n°2019/2023 du 24 décembre 2019 portant loi de finances de la République du Cameroun pour l'exercice 2020.

[49] C'est-à-dire de juin à décembre 2020, soit 7 mois. Car la taxe de séjour se paye mensuellement, au plus tard le 15 du mois suivant Cf. article 221 du CGI.

[50] Circulaire n°012/MINFI/DGI/LRI/L du 13 juillet 2022 précitée.

[51] GEST Guy et TIXIER Gilbert, *Manuel de droit fiscal*, *op.cit.*, p. 51.

[52] *Idem.*

[53] ARDANT Gabriel, *Histoire de l'impôt. Livre II. Du XVIIIe au XXIe*, Paris, Fayard, coll. Les grandes études historiques, 1972 p. 525.

[54] CARRE de MALBERG Raymond, *Contribution à la théorie générale de l'État*, Tome 1, Paris, Sirey, p. 261.

d'interventionniste dans le domaine économique et social[55] ; et cela se fait le plus souvent au moyen de l'outil fiscal. C'est la raison pour laquelle, lors de la crise sanitaire à Covid-19, l'impôt a été utilisé comme l'instrument par excellence de riposte et de limitation des effets négatifs de la crise au plan socio-économique. Ce sont les fonctions économique et sociale de l'impôt qui sont mises en avant à ce niveau. Les différentes mesures fiscales de régulation de la conjoncture économique et de redistribution des richesses édictées lors de la crise sanitaire et même après, ont conduit à une rénovation des fonctions économique (A) et sociale (B) de l'impôt.

A. La redynamisation de l'activité économique

La crise sanitaire à Covid-19 a paralysé l'économie camerounaise qu'il était impératif de procéder à une redynamisation, voire à une relance économique post-Covid-19. C'est ainsi que l'impôt s'est positionné comme un levier de développement économique[56] ou alors comme une technique interventionniste contrairement à ce que pensait Gabriel Ardant[57]. Ces actions sur l'économie sont orientées soit sur la conjoncture à travers la mise en œuvre d'une politique d'expansion ou de relation économique (1) et soit sur les structures au travers des incitations à l'investissement (2).

1. La suppression des impôts et taxes pour la relance économique

Les mesures fiscales contenues dans la loi de finances 2021 visent pour l'essentiel à relancer l'économie camerounaise et à soutenir les acteurs économiques dont les activités ont été impactées par la crise sanitaire à Covid-19. Celles-ci s'expliquaient davantage par le souci de relancer l'activité économique et d'affermir la matière imposable. À ce titre, cette loi contient un nombre important de mesures fiscales de relance. Il s'agit notamment de l'exonération de la TVA au profit des prestations sanitaires (a) et au renforcement du secteur agricole (b).

a. L'exonération de la TVA au profit des prestations sanitaires

Le Covid-19 ayant entrainé une dégradation importante de la situation économique des ménages qui connaissaient déjà des difficultés à accéder aux différentes prestations sanitaires, il a été consenti par la loi de finances pour l'exercice 2021, une exonération de la TVA sur les examens, consultations, soins, hospitalisation, travaux d'analyse et biologie médicale et de fournitures[58].

---

[55] ABECASSIS Philippe, BATIFOULIER Philippe et ZEGHNI Sylvain, *Le rôle de l'État dans la vie économique et sociale*, Paris, Ellipses, 1996, pp. 5-6.

[56] CHAMBAS Gérard, *Fiscalité. Développement en Afrique subsaharienne*, Paris, Economica, 1994, pp. 1 et s.

[57] ARDENT Gabriel, *Théorie sociologique de l'impôt*, E.V.P.E.N, 1965. Cité par Loïc PHILIP, *Finances publiques*, *op.cit.*, p. 348

[58] Article 128 (11) du CGI de 2021.

Cette exonération des prestations sanitaires peut être considérée comme une mesure fiscale innovante dans la mesure où elle n'apparaissait pas dans le code général de l'impôt d'avant crise d'une part, et d'autre part parce qu'elle a connu non seulement un prolongement dans le code général des impôts de 2022[59], mais également une extension des prestations sanitaires exonérées aux fournitures de prothèses effectuées dans les formations sanitaires[60]. Le code général des impôts révisé en 2023 et en 2024 va également dans cette même lancée.

Ainsi, pour encourager l'accès aux prestations sanitaires, les pouvoirs publics dispensent les usagers de ce service public de la TVA sur certains actes médicaux.

b. Le renforcement du dispositif du secteur agricole et des mesures d'allègements au profit des entreprises en restructuration

Dans le cadre du renforcement de la promotion de l'import-substitution, l'on observe que la loi de finances 2023 a solidifié les mesures fiscales incitatives au profit des entreprises du secteur de l'agriculture, de l'élevage et de la pêche. Jadis cantonnées à la phase d'investissement[61], les facilités sont dorénavant accordées aux acteurs de ce secteur dans la phase de la phase d'exploitation.

En phase d'exploitation, les exploitants individuels et les entreprises agricoles, de l'élevage et de la pêche bénéficient pendant les 05 premières années d'exploitation d'exonération de la contribution des patentes, de l'acompte et du minimum de perception de l'IRPP et de l'exonération de l'impôt sur le revenu[62]. Au-delà de la cinquième année, ces exonérations ne sont plus consenties ; seules les patentes y sont encore exonérées[63].

Relativement aux mesures d'allègement au profit des entreprises en restructuration, il s'agit de la déductibilité totale des moins-values sur cession des créances desdites entreprises et de l'enregistrement au droit fixe des cessions d'actions des entreprises en restructuration affectées par la crise.

Pour ce qui est de l'enregistrement au droit fixe des cessions d'actions, les entreprises en restructuration ont bénéficié de l'enregistrement

---

[59] Article 128 (12) du CGI de 2022.

[60] *Ibidem.*

[61] Ces entreprises du secteur de l'agriculture, de l'élevage et de la pêche bénéficient d'une exonération des droits d'enregistrement. Il s'agit notamment des droits d'enregistrements des mutations de terrains affectées à l'agriculture, à l'élevage et à l'aquaculture et des droits d'enregistrements des conventions de prêts destinés au financement des activités agricoles, d'élevage et de la pêche. Les entreprises desdits secteurs d'activités bénéficient en outre d'exonération de la taxe foncière des propriétés. Voir article 121 (1) CGI version 2019.

[62] Circulaire N°004/MINFI/DGI/LRI/L du 20 février 2023 précisant les modalités d'application des dispositions fiscales de la loi n°2022/020 du 27 décembre 2022 portant loi de finances de la République du Cameroun pour l'exercice 2023.

[63] *Idem.*

au droit fixe de 20.000 FCFA, au lieu du droit proportionnel de 2%, pour les actes présentés à partir du 1er janvier 2022.

Dans cette même lancée, la loi de finance 2021 avait également permis aux entreprises affectées par la crise sanitaire à se libérer de leurs dettes fiscales[64]. Ce qui leur permettrait de présenter une situation financière plus saine. Pour bénéficier de ladite mesure, les redevables doivent simplement introduire une demande au Directeur Général des Impôts dans les mêmes conditions de forme que celles fixées aux points 300 et 301 de la circulaire n°006/MINFI/DGI/LR/L du 21 février 2020 précisant les modalités d'application des dispositions de la loi de finances au titre de l'exercice 2020.

Une fois de plus, l'objectif financier de l'impôt est mis de côté en faveur de la relance économique.

2. L'amplification des mesures de relance de l'activité économique

Le Covid-19 a relevé les limites de l'économie camerounaise axée sur les importations. D'où il était important de contribuer à la relance d'une économie de croissance durable, inclusive à travers la transformation structurelle de l'économie. Celle-ci consiste à la diversification de la base de production de l'économie et de la promotion de la compétitivité des secteurs clés[65]. Dans cette mouvance, la mise en œuvre de la politique d'import-substitution constitue une véritable solution. À cet effet, des mesures dérogatoires de suppression, de diminution ou de réaménagement des droits d'accises (a) et de l'acompte de l'impôt sur le revenu (b).

a. La réduction des taux des droits d'accises

Les droits d'accises constituent des impôts indirects sur la vente ou l'utilisation de certains produits de luxe, notamment l'alcool et le tabac. Il s'agit généralement d'une mesure dissuasive à la consommation des produits dangereux. Dans la loi de finances pour l'exercice 2023, il est fait mention de la réduction du tarif des droits d'accises spécifiques sur les emballages non retournables et sur les boissons produites à partir de la matière première locale.

Pour ce qui est du premier volet, depuis le 1er janvier 2019, les droits d'accises sur les emballages non retournables sont fixés à 5 FCFA par unité d'emballages et plafonné à 10% de la valeur du prix unitaire du produit. Mais avec l'entrée en vigueur de la loi de finances 2023, ce plafond a été réduit et ramené à 5% et assis sur la même base qui est en l'occurrence sur le prix unitaire du produit[66]. L'objectif de cette mesure de réduction consistait à

---

[64] Point 14 de la circulaire N°00000242/C/MINFI du 30 décembre 2020 portant instructions relatives à l'exécution des lois de finances, au suivi et au contrôle de l'exécution du budget de l'État et des autres entités publiques pour l'exercice 2021.

[65] Voir Programme d'appui à la relance économique post-covid-19 du Cameroun, p. 16.

[66] Circulaire n°004/MINFI/DGI/LRI/L du 20 février 2023 précisant les modalités d'application des dispositions fiscales de la loi n°2022/020 du 27 décembre 2022 portant loi de finances de la République du Cameroun pour l'exercice 2023.

encourager la relance économique de ce secteur d'activité qui était déjà asphyxié par ce taux élevé.

Concernant le second, les boissons produites exclusivement à partir de la matière première issue de l'agriculture locale sont régies au seuil 40% requis en cas d'indisponibilité de la matière première locale. Dans l'optique de la poursuite de la promotion de l'utilisation des intrants d'origine locale, en droite ligne de la politique de l'import-substitution. Ainsi, la loi de finances pour l'exercice 2023 habilite le ministre chargé des finances à déroger au seuil de 40% requis en cas d'indisponibilité de la matière première locale. Ce taux réduit est de 30% ; cette réduction constituerait sans doute une mesure de renforcement de la relance économique. Le relèvement de la croissance économique est alors fondé sur la stimulation fiscale de l'investissement[67].

b. L'aménagement des modalités de détermination de l'acompte de l'impôt sur le revenu

Depuis son institution par la loi de finances 2016, l'abattement sur la base de calcul de l'acompte de l'impôt sur le revenu s'appliquait aux seules entreprises de production du secteur de la minoterie[68]. Pour répondre aux besoins de certains secteurs d'activités spécifiques et dans un souci de promouvoir la production locale, la loi de finances pour l'exercice 2023 a étendu l'abattement de 50% applicable sur la base de calcul de l'acompte de l'impôt sur le revenu aux entreprises de production des produits pharmaceutiques et des engrais et le régime de faveur de l'acompte sur la marge brute aux entreprises de distribution des engrais.

En effet, jusqu'ici limité aux distributeurs des produits pharmaceutiques, pétroliers, gaziers, de la minoterie et de la presse, le régime de l'acompte sur la marge brute est désormais étendu aux entreprises de distribution d'engrais[69] et de produits pharmaceutiques, c'est-à-dire des entreprises de produits pharmaceutiques, qui réalisent des opérations de fabrication locale des médicaments[70]. Dès lors, lesdites entreprises ont la possibilité de payer uniquement la moitié de l'impôt sur le revenu constituant l'acompte au cours d'un exercice fiscal, le reste pouvant être soldé ultérieurement. Cette mesure constitue sans doute un véritable moyen de booster la relance économique de ces entreprises. Par-là, l'impôt modifie le comportement des agents économiques[71].

---

[67] CASTAGNEDE Bernard, *La politique fiscale*, *op.cit.*, p. 6.

[68] Voir l'article 21 du CGI de 2016.

[69] Il s'agit de toute personne qui achète les engrais auprès d'un producteur ou d'un importateur d'engrais.

[70] Voir le point 25 de la circulaire n°004/MINFI/DGI/LRI/L du 20 février 2023 précisant les modalités d'application des dispositions fiscales de la loi n°2022/020 du 27 décembre 2022 portant loi de finances de la République du Cameroun pour l'exercice 2023.

[71] GEST Guy et TIXIER Gilbert, *Manuel de droit fiscal*, *op.cit.*, p. 51.

Au regard de ce qui précède, il ressort que l'intervention de l'impôt dans le secteur économique pendant et surtout après le Covid-19 a été palpable par des abattements et des incitations à l'investissement ou à la relance économique. L'on est désormais en présence d'une fiscalité qui prend en compte des impératifs de la vie économique. Elle n'a pas constitué un obstacle ni à la croissance économique dans son ensemble ni au développement de tel ou tel secteur de l'économie. En dehors de cette adaptation de la fonction économique aux changements apportés par la crise sanitaire à Covid-19, la fonction sociale de l'impôt a également subi une transformation à travers la restauration de l'équité fiscale jadis rompue par ladite crise.

B. Le rétablissement de l'équité fiscale

Le système fiscal est un important facteur de cohésion sociale[72]. Aussi pour être accepté, il ne doit pas comporter trop d'injustices ou rester neutre face à la situation alarmante de certains contribuables ou du risque de disparition de certaines activités. C'est cet état de fait qu'a engendré la crise sanitaire à Covid-19 en créant des inégalités voire des injustices entre les contribuables. La fonction sociale de l'impôt est intervenue pour mettre en avant son caractère juste et surtout pour rétablir l'équité sociale qui a été rompue du fait de la crise. Ceci s'est fait selon la subdivision opérée par le Professeur Raymond MUZELLEC au travers de l'égalité devant l'impôt (1) et de l'égalité par l'impôt (2).

1. Le rétablissement de l'équité horizontale

L'un des principes fondamentaux de l'impôt est celui de l'universalité. Celui-ci suppose que la charge fiscale soit supportée par tous les citoyens. Ce qui implique la disparition des privilèges fiscaux et même des niches fiscales[73] d'une part et le renforcement des mesures de lutte contre la fraude et l'évasion fiscales d'autre part. Ce qui supposerait que les différentes mesures d'allègement et d'exonération[74] édictées pendant le Covid-19, auraient en quelque sorte contribué au renforcement de l'inégalité entre les contribuables. Cela n'était pourtant pas le cas. Au contraire, ces mesures ont permis de remettre les contribuables sur un même pied d'égalité à travers l'équité horizontale. Cette dernière est un principe qui voudrait que les personnes égales soient traitées de manière indifférenciée[75]. Pourtant, on

---

[72] ORSONI Gilbert et VIESSANT Céline, *Éléments de finances publiques*, *op.cit.*, p. 216.

[73] MUZELLEC Raymond, *Finances publiques*, *op.cit.*, p. 555.

[74] Les différentes exonérations, allègements et dispenses d'impôts, droits et taxes qui ont permis de préserver le tissu économique seraient la cause de la baisse des recettes fiscales. La fin de ces mesures devrait normalement permettre un rehaussement des recettes fiscales. Il faut le souligner, l'édiction des mesures incitatives ne contribue pas uniquement un manque à gagner pour le trésor public. Elles peuvent également engendrer indirectement une augmentation du rendement des impôts. Voir GEST Guy et TIXIER Gilbert, *Manuel de droit fiscal*, *op.cit.*, p.54.

[75] FRICKHA Ahmed, *L'équité fiscale*, Mémoire de fin d'études pour l'obtention de la Maitrise en sciences comptables, Université de SFAX, 2003, p.4.

constate qu'avant le Covid-19, plusieurs contribuables échappaient à l'imposition, ce qui était en déphase avec les objectifs de rendement fiscal fixés par le Gouvernement. C'est dire que l'élargissement de l'assiette fiscale a permis de rétablir l'équité horizontale entre les contribuables.

La politique de relance économique post-Covid-19 nécessite des recettes fiscales énormes. C'est la raison pour laquelle l'État a décidé d'élargir l'assiette fiscale en taxant les secteurs d'activités qui échappaient jusqu'alors à l'imposition. Il s'agit des contribuables non professionnels. Concernant cette catégorie, elle regroupe des personnes bénéficiant des revenus de traitement, salaires, pensions, rentes viagères, des revenus de capitaux mobiliers et des revenus fonciers, et d'une manière générale, de tout revenu passif[76]. Entrent dans cette nouvelle catégorie de contribuables : les salariés, les propriétaires fonciers, les détenteurs de parts d'actions et d'obligations et toute personne physique qui bénéficie d'un revenu et qui n'appartient ni au régime simplifié ni au régime du réel. Il a été institué afin d'assurer le suivi de cette frange de la population fiscale. Cette mesure d'extension de la population fiscale ne voudrait laisser aucun contribuable échapper à ses obligations fiscales. En réalité, elle a supprimé une injustice en fiscalisant les individus qui échappaient à l'impôt. Ainsi par exemple, l'une des innovations de la loi de finances pour l'exercice 2024 est la taxation des actifs numériques[77].

Ceci est donc contraire à la pensée de Maurice Duverger pour qui l'interventionniste fiscal constitue un facteur d'inégalité lorsqu'il affirmait :« *l'interventionnisme commence où l'égalité finit* ». L'interventionnisme fiscal est parfois destiné à compenser les inégalités[78].

2. La restauration de l'équité verticale

La crise sanitaire à Covid-19 a entrainé une baisse des activités de certains contribuables due aux mesures de distanciation sociale[79]. À cause de cette situation particulière, ceux-ci devaient automatiquement bénéficier d'un traitement particulier. C'est l'équilibre vertical qui est mis en avant. Elle exige que les contribuables qui se trouvent dans des situations différentes bénéficient des mesures fiscales différentes. Ainsi, pour soutenir les entreprises en difficulté, le gouvernement a accordé des aides financières (a) et des exonérations des charges fiscales aux petits commerçants (b).

a. L'octroi des aides financières aux entreprises en difficulté

La Covid-19 a mis plusieurs entreprises en difficulté du fait de l'arrêt de leurs activités et d'une baisse drastique du chiffre d'affaires. Pour soutenir financièrement ces entreprises, il a été créé un compte d'affectation spéciale

[76] Voir le point 42 de la circulaire N°00000026/C/MINFI du 28 mars 2023 portant instructions relatives à l'exécution de la loi de finances, au suivi, et au contrôle de l'exécution du budget de l'État et des autres entités publiques pour l'exercice 2024.
[77] Article 35.e du CGI de 2024.
[78] GEST Guy et TIXIER Gilbert, *Manuel de droit fiscal*, *op.cit.*, p.55.
[79] Voir Programme d'Appui à la relance économique post-covid-19 du Cameroun

intitulé « *Fonds spécial de solidarité nationale pour la lutte contre le coronavirus et ses répercussions économiques et sociales* »[80]. L'une des dépenses de ce Fonds constituait des aides financières de l'État au profit des entreprises sous pression dans les secteurs d'activités affectés par la pandémie à Covid-19[81]. Sur les 180 milliards FCFA dont disposaient le Fonds, 72,7 milliards ont été orientés vers le renforcement de la résilience des entreprises à travers le décret n°2020/3221/PM fixant la répartition de la dotation du compte d'affectation spéciale.

Toujours sur le volet financier, il y a eu le relèvement du plafond de garantie à hauteur maximale de 25% du montant du prêt accordé par des banques aux entreprises sinistrées[82]. Il s'agit là d'un effet de levier ouvrant la voie à plus de 800 milliards FCFA qui aura un impact sur la liquidité et surtout pourrait améliorer la solvabilité des entreprises affectées par la pandémie. En outre, il y a eu également le recours à des sources innovantes de financement à l'instar des crédits relais qui sont un moyen d'accès facile au crédit. La Covid-19 présente ainsi l'opportunité d'utiliser des instruments fiscaux innovants pour aider les entreprises à ne pas faire faillite.

Ces mesures d'aide financière aux entreprises en difficulté se sont poursuivies après le Covid-19. En effet, dans son Programme d'appui à la relance économique post-Covid-19, le gouvernement camerounais a demandé un prêt de 81.000.000 euros, soit plus de cinq milliards de FCFA pour le financement dudit Programme. L'objectif étant de contribuer à la relance économique par un soutien aux entreprises durement affectées par la pandémie. Le soutien à la trésorerie des entreprises touchées par la crise constitue l'un des points essentiels du Programme d'appui à la relance économique post-Covid-19.

b. L'exonération de l'impôt libératoire et des taxes communales pour soutenir les petits commerçants

Les effets systémiques de la pandémie à Covid-19 ont été également ressentis dans le secteur informel. Les plus touchés ont été les petits commerçants. Il s'agit généralement des contribuables soumis au régime de l'impôt libératoire[83] dans plusieurs secteurs d'activités dont le commerce, la restauration, les services, le transport et le bâtiment[84]. C'est la loi de 2015 qui précise ce que l'on entend par petit commerçant. Selon celle-ci, il s'agit des

---

[80] Article vingt-sixième (bis) de l'ordonnance du 03 juin 2020 modifiant et complétant certaines dispositions de la loi n°2019/023 du 24 décembre 2019 portant loi de finances de la République du Cameroun pour l'exercice 2020.

[81] *Ibidem.*

[82] *Ibidem.*

[83] Articles C 45 et s. du CGI 2024.

[84] UM-NGOUEM Marie-Thérèse, BEND Albin et al., *Le secteur informel face au covi19 : quelles politiques publiques pour une économie inclusive et résiliente au Cameroun ?* Rapport technique 3, Groupe d'études et de recherches en économie appliquée, Laboratoire d'analyse des politiques de développement, p. 7.

personnes comme le « *call-boxeur* », le « *coiffeur* », la « *bayam-sellam* », le « *conducteur de moto-taxis* », avec un chiffre d'affaires ne dépassant 10 millions[85]. Ceux-ci sont généralement soumis à l'impôt libératoire et à d'autres impôts communaux.

Déjà pendant le Covid-19, les mesures d'exonérations des petits commerçants des charges fiscales avaient été consenties par le gouvernement. Il s'agissait de l'exonération de la taxe de stationnement au titre du deuxième trimestre de l'exercice 2020 au profit des transporteurs par taxis et moto-taxis. Par ailleurs, des exonérations ont été consenties sur des droits de place sur les marchés au titre du deuxième trimestre de l'exercice 2020 aux revendeurs de vivres relevant du régime de l'impôt libératoire[86].

Il y a eu poursuite de ces exonérations même après la crise sanitaire. Il s'agit notamment de l'exonération de l'impôt libératoire et de toutes les taxes communales[87]. Par ces mesures d'exonération, l'État protège les petits commerçants en rompant l'inégalité créée par la crise sanitaire et en restaurant l'équité fiscale entre les contribuables.

Conclusion

Pour mieux remplir son rôle dans la société, l'impôt à travers ses fonctions doit s'adapter aux différentes crises. Ce qui lui permettra de parvenir à une rentabilité financière qui tient compte non seulement des exigences économiques, mais aussi sociales./-

[85] Loi N°2015/018 du 21 décembre 2015 régissant l'activité commerciale au Cameroun.

[86] Article quinzième (bis) de l'ordonnance N°2020/000 du 3 juin 2020 modifiant et complétant certaines dispositions de la loi n°2019/2023 du 24 décembre 2019 portant loi de finances de la République du Cameroun pour l'exercice 2020.

[87] Articles C48 et s. du CGI.

La Zone de libre-échange continentale africaine et la fiscalité post-Covid 19 dans les États d'Afrique subsaharienne francophone

Dr Eugène NZAMBOUNG
Ph.D en Droit public
Assistant à la l'Université de Yaoundé II (Cameroun).
et
Dr Mohamadou OUMAROU
Ph.D en Droit public
Assistant à l'Université de Ngaoundéré (Cameroun).
****

Introduction

S'il y a un symbole ardent, de la régionalisation du droit international[1] dans les États du globe, c'est bien l'apparition et la diversification des communautés économiques[2], animées par la doctrine de l'intégration[3]. Entendue comme l'élimination des barrières et obstacles économiques et politiques en vue d'un rapprochement des États membres d'une communauté, l'intégration[4] apparaît désormais comme le visage moderne de la mondialisation. Elle se déploie en Afrique depuis la fin des indépendances et s'exprime aujourd'hui par un acteur nouveau : la zone de libre-échange continentale africaine (ZLECAF). Assise sur la trajectoire de la Communauté économique africaine dans la Vision 2063 de l'agenda de l'Union africaine (UA), la création de la ZLECAF est l'expression la plus quintessenciée de la dynamique de l'intégration des indépendances à nos jours. Créée le 21 mars 2018 lors du deuxième sommet extraordinaire de l'UA, la ZLECAF indique un accord de libre-échange entre 54 États de 1,3 milliard d'habitats éliminant entre eux les droits de douane ainsi que les restrictions quantitatives à l'importation. L'accord d'adhésion est entré officiellement en vigueur le 30 mai 2019, après ratification par 22 pays de l'UA. Plus grande Zone de libre-

[1] Stéphane DOUMBE-BILLE (dir.), *La régionalisation du droit international*, Bruxelles, Bruylant, 2012, 418 p.

[2] Togba ZOGBELEMOU, *Droit des organisations d'intégration économique en Afrique (CEDEAO-CEMAC-UEMOA-ZMAO)*, Paris, L'Harmattan, 2014, p. 16.

[3] Dominique CARREAU, Patrick JUILLARD, Régis BISMUTH, Andrea HAMANN, *Droit international économique,* Paris, Dalloz, 2017, 6e éd., pp. 22-27.

[4] Alain ONDOUA, « Le Cameroun à l'épreuve de l'intégration sous régionale en Afrique centrale », *in Entre les ordres juridiques. Mélanges en l'honneur du doyen François HERVOUËT* , Paris, LGDJ, 2015, pp. 409-420.

échange au monde avec un produit intérieur brut (PIB) évalué à 3,4 milliards de dollars américain et ratifié à ce jour par plus de 44 États membres de l'UA. La ZLECAF est mise en œuvre effectivement le 1er janvier 2021 après un report dû à la crise du covid-19. Sa mise en œuvre est un espoir pour les économies africaines frappées drastiquement par la pandémie de la Coronavirus dont les effets se sont multipliés dans divers domaines.

En effet, l'intégration régionale en Afrique a pris une nouvelle dimension avec l'adoption de la ZLECAF. Cet accord vise à stimuler les échanges commerciaux intra-africains, à accroître la compétitivité du continent et à favoriser le développement industriel à travers la création du plus grand marché intégré au monde, avec plus de 1,3 milliard de consommateurs. Les États africains ont désormais pris conscience de l'intérêt d'élaborer un *« cadre permettant de surmonter les obstacles au commerce intra-africain et de contribuer à la création des marchés régionaux plus vastes, susceptibles de réaliser des économies d'échelle, de renforcer la compétitivité et de soutenir les systèmes de production et les marchés de l'Afrique »*[5]. La ZLECAF représente une avancée majeure dans les efforts d'intégration continentale initiés par le traité d'Abuja de 1991, qui recherchait la création d'une Communauté économique africaine. En réduisant et en supprimant les barrières tarifaires entre les pays membres, la ZLECAF ambitionne d'accroître les échanges intra-africains. Ce processus d'intégration, bien qu'ambitieux, pose d'importants défis aux États, notamment en matière de fiscalité, un pilier essentiel du financement de leurs politiques publiques. Cet Accord naît de la volonté des États africains au lendemain de leurs indépendances, d'établir une intégration économique. Celle-ci est motivée par l'idéologie du panafricanisme. Elle préconisait que les richesses du continent soient utilisées pour le développement de son peuple et de parvenir à l'unification du marché financier et économique. C'est dans cet engrenage que l'on peut inscrire le projet de libre-échange continental.

L'accord portant création de la zone de libre-échange continentale africaine, signé à Kigali (Rwanda) le 21 mars 2018, lors du Sommet extraordinaire de l'UA par 44 États membres, marque un engagement politique et une volonté ferme d'être liés par ce Traité. Cet accord reconnait que les Zones de libre-échange des Communautés économiques régionales (CER)[6] servent de piliers, à la création de la zone de libre-échange continentale africaine.

---

[5] Patrice BADJAN LIBON, *Réformes institutionnelles de la CEMAC : jeu des acteurs, intérêt des États,* Paris, L'Harmattan, 2013, p. 17.

[6] Il s'agit de l'Union du Maghreb arabe (UMA), le Marché commun de l'Afrique orientale et australe (COMESA), la Communauté des États sahélo-sahéliens (CEN-SAD), la Communauté d'Afrique de l'Est (CAE), la Communauté économique des États de l'Afrique centrale (CEEAC), la Communauté économique des États de l'Afrique de l'Ouest (CEDEAO), l'Autorité intergouvernementale pour le développement (IGAD), et la Communauté de développement de l'Afrique australe (SADC).

En résumé, la ZLECAF est un cadre juridique visant à créer un espace économique de réduction de barrières douanières unique en Afrique où les biens, services et capitaux circuleront plus librement. En cela, la ZLECAF se distingue d'autres degrés d'intégration. La doctrine distingue cinq degrés d'intégration économique dans l'ordre croissant suivant : la zone de libre-échange, l'union douanière, le marché commun, l'union économique ou marché unique, et l'union économique et monétaire. Les Professeurs GUILLOCHON et KAWECKI partagent cette conception et apportent des précisions sur ces degrés d'intégration[7]. La zone de libre-échange désigne un espace où les barrières aux échanges intra-zone sont abaissées ou supprimées, mais les États membres ne relèvent pas des droits de douane communs sur les importations en provenance des États tiers[8]. L'union douanière va plus loin que la zone de libre-échange, puisqu'il y est prévu en plus un tarif extérieur commun (TEC) pour les échanges avec les États tiers, les barrières au commerce étant éliminées entre États membres[9]. Le marché commun rajoute la liberté de mouvement des facteurs de production à l'union douanière[10]. Le marché unique ou marché commun[11] comprend une harmonisation des standards, normes ou réglementations[12] internes. L'union économique au sens plein est un marché unique[13] ou commun dans lequel ont été mis en place au moins une politique monétaire commune et un degré important d'harmonisation ou de coordination sur de nombreux thèmes de politique économique, financière, sociale et monétaire des États membres. L'union économique aboutit à l'intégration économique complète lorsqu'elle s'accompagne de l'unification des politiques économiques sectorielles, conjoncturelles et structurelles sous l'égide d'une autorité supranationale. Les deux premiers degrés sont qualifiés par ces auteurs d'intégration commerciale et les trois dernières d'intégration par les marchés encore appelée intégration économique[14]. C'est donc dire que la ZLECAF est une intégration

[7] Bernard GUILLOCHON, Anne KAWECKI, *Economie internationale, commerce et macroéconomie,* Paris, Dunod, 2006, 5e éd., p. 8.

[8] C'est le cas de l'ALENA, Accord de Libre-échange Nord-Américain entre le Canada, les États-Unis et le Mexique signé en 1994.

[9] C'était le cas de l'UDEAC.

[10] BEGNI BAGAGNA, *L'harmonisation des politiques fiscales en Zone CEMAC : esquisse de théorie du droit fiscal communautaire*, Thèse de Doctorat/Ph.D en Droit public, Université de Douala, 2012, p. 9.

[11] Bernard GUILLOCHON et Anne KAWECKI, *Economie internationale, commerce et macroéconomie, op.cit.,* p. 163.

[12] *Ibid.,* p. 158.

[13] *Idem.*

[14] Selon Ernst HASS et Philippe SCHMITTER, l'intégration économique se situe au-delà de la simple libéralisation des échanges. D'après ces auteurs, "*accept as relevant any form of economic union which involves some measure of continuing central administrative control whether on the basis of a supranational or an intergovermental of factor mobility. In short economic union (in the most genera sense) must aim at more than the removal of administrative and fiscal obstacle to trade*". James MOUANGUE KOBILA, « Les nouvelles dynamiques de

commerciale qui implique la réduction des droits de douane et justifie donc les craintes sur le sort de la fiscalité des États membres. Du substantif du latin *« fiscus »* désignant *« le panier où l'on mettait l'argent »*[15], la fiscalité[16] désigne l'ensemble des règles juridiques applicables à l'impôt. Elle englobe les mécanismes et principes régissant les prélèvements obligatoires effectués par l'État. Elle est donc bien plus qu'un simple outil de financement des dépenses publiques, mais le reflet de la souveraineté nationale et de la capacité d'un État à redistribuer les ressources et à influencer les comportements économiques et sociaux[17]. Dans le cadre de la ZLECAF, les questions fiscales revêtent une importance cruciale, car elles touchent directement à la capacité des États africains à maintenir leur autonomie financière tout en s'adaptant aux nouvelles dynamiques commerciales et économiques qui découleront de cette intégration continentale. De là apparait l'apport juridique de l'étude.

Sur le plan théorique, l'analyse de cette incidence permet de repenser le concept de souveraineté fiscale dans un contexte de globalisation et d'intégration régionale. La ZLECAF impose aux États membres une transformation de leur cadre juridique et fiscal afin de faciliter les échanges commerciaux, ce qui pose la question des limites de la souveraineté fiscale face aux impératifs d'une intégration continentale. Comment les États peuvent-ils continuer à exercer leur pouvoir de taxation tout en respectant les engagements pris au niveau régional ? Cette problématique touche au cœur du droit public et interroge les mécanismes juridiques de conciliation entre l'intégration régionale et la préservation des intérêts nationaux. De même, l'étude renseigne sur la place du fait régional dans le développement de ces États. Sur le plan pratique, cette étude vise à comprendre comment les États d'Afrique subsaharienne francophone peuvent adapter leurs systèmes fiscaux à la nouvelle réalité économique imposée par la ZLECAF dans un contexte de finances publiques en quête de performance[18]. En particulier, il s'agit de proposer des pistes pour compenser les pertes de recettes douanières et de réfléchir aux modalités de coopération régionale pour éviter la concurrence fiscale entre États membres. L'ambition de l'étude est donc de questionner l'impact de l'Accord pour la fiscalité des États d'Afrique subsaharienne

---

l'intégration en Afrique Centrale », Communication au colloque organisé à l'institut de France à Paris les 15 et 16 Octobre par l'association des internationalistes et le secrétariat général (français) à la commémoration du cinquantenaire des indépendances africaines, http//www.bing.com/search

[15] Jean-Luc ALBERT, Jean-Luc PIERRE et Daniel RICHER (dir.), *Dictionnaire de droit fiscal et douanier*, Paris, Ellipses, 2007, p. 253.

[16] *Idem.*

[17] Gérard CORNU (dir.), *Vocabulaire juridique,* Paris, PUF, 2024, 15ème éd., p. 461 ; Jacques GROSCLAUDE, Philippe MARCHESSOU, Bruno TRESCHER, *Droit fiscal général,* Paris, Dalloz, 2019, 12ème éd., p. 3.

[18] Pélagie THEOUA-N'DRI, *Les finances publiques de l'Union économique et monétaire ouest-africaine (UEMOA) et la logique de performance,* Thèse de doctorat en Droit Public, Université d'Abidjan-Cocody, 2010, 465 p.

francophone après la douloureuse crise du Covid-19. Il s'agit de saisir ses apports et éventuelles préoccupations pour les États dominés par une importance de l'économie informelle sous fiscalisé. De plus, ces États sont encore dépendants majoritairement de l'instrument fiscal au regard de la nature généralisée d'économies en voie de développement, mais en proie à une mal gouvernance prédatrice de leurs capacités de mobilisation fiscale.

Sous ce regard, quelle est l'incidence de la zone de libre-échange continentale africaine sur la fiscalité post-Covid 19 des États d'Afrique subsaharienne francophone ? Pour y répondre, des référents méthodologiques sont indispensables. Le libellé et le champ de l'étude imposent primitivement le recours à la méthode juridique[19] et comparative[20]. Enfin, l'interdisciplinarité de l'objet d'étude mobilisant droit, économie et sociologie pour ne citer que celles-là, infère le regard critique sur l'application de la norme fiscale. À partir donc d'un raisonnement appuyé sur l'interprétation des textes fiscaux, mâtiné de la comparaison des systèmes fiscaux et des pratiques fiscales des États sous étude sera soutenue l'hypothèse d'une contribution variable de la ZLECAF à leur fiscalité. Elle se dessine d'une part, sur la structure des systèmes fiscaux par leur transformation progressive (**I**) et d'autre part, sur les recettes fiscales par leur mobilisation conditionnée (**II**).

I. La transformation affirmée des systèmes fiscaux

L'intégration économique induite par la ZLECAF transforme les systèmes fiscaux des États membres par la révision progressive des législations fiscales (**A**) et l'harmonisation des politiques fiscales qu'elle induit (**B**).

A. La rénovation de la législation fiscale

La modernisation des législations fiscales est essentielle pour s'adapter aux nouvelles dynamiques commerciales régionales. Cela passe par des réformes au niveau à la fois communautaire (1) et interne (2).

1. La réforme des règles fiscales communautaires

L'accord portant création de la zone de libre-échange continentale africaine par ses objectifs généraux et spécifiques informes à suffisance sur les aspirations des pays africains[21]. En effet, les pays africains, déterminés à renforcer leurs relations économiques en tenant compte des aspirations

[19] Véronique CHAMPEIL-DESPLATS, *Méthodologie du droit et des sciences du droit*, Paris, Dalloz, 2014, pp. 109-117.

[20] Elisabeth ZOLLER, « La méthode comparative en droit public », *in Le droit à l'épreuve des siècles et des frontières. Mélanges en l'honneur du Professeur Bertrand ANCEL*, Paris/Madrid, LGDJ/Iprolex, 2018, pp. 1571 et 1575.

[21] Paul-François OHANDJA, « OHADA, ZLECAF et harmonisation globale du droit des affaires en Afrique : la nécessité d'une approche pluraliste », *Revue Sénégalaise du Droit*, n°38, 2024, pp. 61-87.

énoncées dans l'agenda 2063[22]. Cet accord prescrit l'élimination des barrières tarifaires et non-tarifaires au commerce des marchandises ainsi que l'élimination progressive des tarifs douaniers lors des exportations et des importations, de tout obstacle qui pourrait porter atteinte aux échanges commerciaux[23]. Toutes les dispositions et règles commerciales instituées par la ZLECAF auront une influence sur les revenus fiscaux, notamment les pertes des recettes fiscales. Cependant, les répercussions de la ZLECAF ne seront pas uniquement visibles sur les revenus fiscaux *stricto sensu*, mais une autre façade se révèle importante, sérieuse, voire même pour la bonne conduite des échanges. Il s'agit de l'harmonisation du cadre fiscal des États.

En réalité, le droit fiscal supranational semble connaître un essor remarquable au cours des dernières décennies qui ont vu le passage de l'UDEAC à la CEMAC voire de la CEDEAO à l'UEMOA[24]. Cette évolution traduit clairement la transnationalité des préoccupations fiscales des États au regard des mutations économiques et sociales qui traversent le monde actuel. La construction communautaire en matière fiscale n'échappe pas au mouvement d'ensemble. On peut considérer qu'elle est passée par deux phases. La première, qui nous renvoie au « *marché commun* », reposait sur un principe d'harmonisation. La seconde qui s'installe, alors que la première n'a pas totalement disparu, se situe dans le cadre de « *l'union économique et monétaire* »[25], elle a pour principe l'intégration fiscale[26]. La communautarisation de la politique fiscale des États d'Afrique francophone subsaharienne s'est structurée à partir de cette idée[27]. La démarche trouve ses limites dans la méthode utilisée, car le recours aux directives nécessite l'unanimité des États membres. Quand celle-ci fait défaut, faute d'une volonté politique clairement affichée, il ne reste plus qu'à utiliser un instrument juridique non contraignant : le code de bonne conduite.

---

22 En effet, l'Agenda 2063 de l'UA ne se résume en 7 points essentiels ou aspirations parmi lesquels ;

- une Afrique prospère fondée sur la croissance inclusive et le développement durable ;
- un continent intégré, uni sur le plan politique et ancré dans les idéaux du panafricanisme et la vision de la renaissance africaine ;
- une Afrique qui agit en tant qu'acteur et partenaire forts, unie et influente sur la scène mondiale.

23 Alain ETOA, *La mise en œuvre de la Zone de libre-échange continentale africaine (ZLECAF) : une analyse des opportunités politico-économiques et des défis de développement au Cameroun,* Mémoire de Master II en Droit public, Université de Douala, 2020-2021, p. 5.

24 Wehelmine-Adjimon AGUEMON, *Droit douanier et harmonisation de la fiscalité de porte dans l'UEMOA et la CEDEAO : cas du Bénin et de la Côte d'Ivoire*, Thèse de Doctorat en Droit public, Université d'Abomey-Calavi, 2018, p. 298.

25 *Ibid.*

26 Léopold DONFACK SOKENG et James MOUANGUE KOBILA, « La CEMAC : à la recherche d'une nouvelle dynamique de l'intégration en Afrique Centrale », *AADI,* Vol.6, 1998, pp. 65-72.

27 Alain Symphorien NDZANA BILOA, *La fiscalité, levier pour les pays africains de la Zone franc : le cas du Cameroun,* Paris, L'Harmattan, 2015, 348 p.

La ZLECAF, dans le processus d'intégration économique, doit être préalable à l'instauration de l'union douanière pour enfin aboutir au marché commun. Cependant, force est de constater que l'UEMOA prétend avoir rendu effective l'union douanière depuis le 1er janvier 2000[28] avec l'entrée en vigueur du Tarif Extérieur Commun (TEC), alors que dans la pratique la ZLECAF n'est pas totalement une réussite. Des entraves tarifaires existent sur les mouvements de marchandises au niveau des frontières des États membres de l'Union[29]. L'union douanière ne se limite pas seulement à une mise en vigueur du TEC, elle doit aussi permettre la libre circulation effective des personnes et des biens originaires des Communautés d'intégration. Au sein de l'Union comme au niveau de la CEDEAO, on peut noter ainsi un empressement des autorités communautaires à réaliser l'intégration économique. Ce mouvement d'ensemble est loin d'être suivi au niveau national, en tout cas pas au même rythme. Cette situation peut s'expliquer par une crainte de la baisse des recettes douanières, pourtant importantes dans les recettes fiscales des États membres[30].

Il faut d'emblée souligner que la politique fiscale nationale d'inspiration communautaire s'est traduite par le jeu de l'harmonisation fiscale en CEMAC tout comme à l'UEMOA et concrétisé par des avancées en matière de convergences de fiscalité indirecte et directe[31]. Mais, à l'instar des autres périmètres d'intégrations régionales, l'imperfection du processus d'harmonisation[32] semble appeler des mesures correctrices pour une politique fiscale plus cohérente et efficace. L'acceptation des transferts de souveraineté à l'échelon communautaire[33] est faite à pas mesure en raison de la réticence et la prudence des États à se dessaisir d'un pouvoir régalien depuis longtemps resté un monopole des instances nationales. En réalité, comme la souveraineté fiscale, la question de l'importance et de la nécessité de l'harmonisation des politiques fiscales ne fait nullement l'unanimité. L'harmonisation se démarque de l'uniformisation par la modestie de ses objectifs[34]. Elle présente

---

[28] Salif CISSE, Préface à Commission de l'UEMOA, Statistiques du commerce extérieur de l'UEMOA de 1996-2006, 2008.

[29] Voir Commission de l'UEMOA, Rapport sur le fonctionnement de l'UEMOA, Lomé, 2011, p. 19.

[30] BNETD (Afrique études), *Etude d'impact de l'Union douanière de l'UEMOA sur les économies des États membres*, Rapport final, mars 2007, p. 55.

[31] BEGNI BAGAGNA, *L'harmonisation des politiques fiscales en Zone CEMAC : esquisse de théorie du droit fiscal communautaire*, *op.cit.*, pp. 12 et s.

[32] Wehelmine-Adjimon AGUEMON, *Le droit douanier et l'harmonisation de la fiscalité de porte dans l'UEMOA et la CEDEAO : cas du Bénin et de la Côte d'Ivoire*, *op.cit.*, pp. 29 et s.

[33] François HERVOUËT « Les relations entre ordre juridique communautaire et ordre juridique nationale », in *Droit administratif : permanences et convergences. Mélanges en l'honneur de Jean-François LACHAUME*, Paris, Dalloz, 2007, pp. 649-665.

[34] Roger-Athanase MEYONG ABATH, *L'harmonisation fiscale et douanière en Zone CEMAC. Fiscalité communautaire en Afrique centrale (Cameroun, Centrafrique, Congo, Gabon, Guinée Equatoriale, Tchad)*, Sarrebruck, Editions universitaires européennes, 2011, p. 15.

cependant des risques. Pour SALIN, l'harmonisation n'est pas nécessaire et peut même s'avérer préjudiciable[35]. Par exemple, ses moyens sont plus complexes et l'écueil de la fragmentation juridique est proche. De plus, les décisions fiscales doivent toujours être évaluées en fonction de leur propre mérite et non par comparaison avec ce qui existe dans les autres pays. En tout état de cause, l'harmonisation conduit les États à la rénovation de leur législation fiscale.

2. La réforme des règles fiscales internes

En matière fiscale, les instruments de diffusion de la norme fiscale se caractérisent par leur interaction, leur diversité et leur complexité[36]. Outre la dispersion des sources des décisions émanant des institutions politiques[37] et la diversité des acteurs impliqués directement ou indirectement au processus décisionnel, le système normatif offre une diversité d'outil qui semble travestir l'idéal d'unicité conceptuelle de la décision de politique fiscale[38]. Tout en s'éloignant de la technique fiscale dont elle est la nourricière, par la voie de la conception, la « politique fiscale » au-delà de la « législation fiscale », expression largement utilisée, mais demeurée restrictive car perçue de manière circonscrite à travers l'élaboration ainsi que l'écriture des textes régissant la matière fiscale au sein des administrations[39]. La législation fiscale peut ainsi se résumer en cet ensemble d'instruments et outils juridiques mis à contribution pour l'élaboration et la mise en œuvre de la politique fiscale[40]. C'est l'armature juridique constituée par l'ensemble des textes de toutes

---

[35] Pascal SALIN, *L'arbitraire fiscal : comment sortir de la crise ?,* Paris, Slatkine, 1996, p. 250.

[36] Séni Mahamadou OUEDRAOGO, « Regard extérieur sur les mutations récentes des administrations fiscales africaines », *in* Magloire ONDOA et Patrick Edgard ABANE ENGOLO (dir.), *Les transformations contemporaines du droit public en Afrique. Actes du colloque organisé à l'Université de Yaoundé II du 19 au 20 janvier 2017*, Paris, L'Harmattan, 2018, pp. 119-132. La complexité souvent reprochée au système fiscal résulte de plusieurs caractéristiques, certaines dues à l'accumulation au fil des temps, des mesures d'inspiration diverses, d'autres au souci de concilier, dans le même instrument, différents objectifs parfois contradictoires.

[37] En tant que discipline, la doctrine appréhende les institutions politiques comme un « droit non juridique » se rapprochant davantage de la sociologie et de la science politique. Il convient d'analyser la décision de création des dépenses fiscales non seulement sous le prisme sociologique et politiste des institutions politiques amis aussi sous un angle purement juridique prenant en compte le système normatif camerounais et la matière fiscale. Voir Didier MAUS, « Où en est le droit constitutionnel ? », *in Mouvement du droit public. Mélanges en l'honneur de Franck MODERNE*, Paris, Dalloz, 2004, p. 698. Voir également Richard EVINA OBAM, *La politique fiscale au Cameroun depuis les années 1980*, *op.cit.*, p. 83.

[38] Thierry LAMBERT, « La politique fiscale sous la cinquième République entre réforme et changement », *in* Thierry LAMBERT (dir), *Les chantiers fiscaux à engager,* Paris, L'Harmattan, 2002, pp. 13-15.

[39] Pierre ALAKA ALAKA, *La gouvernance fiscale : le dispositif fiscal camerounais ou comment comprendre et envisager les politiques fiscales au Cameroun*, Paris, Edilivre, 2009, p. 14.

[40] Richard EVINA OBAM, *La politique fiscale au Cameroun…*, *op.cit.*, p. 14.

valeurs rentrant dans l'ordre fiscal national de chaque État. Elle intègre en son sein, outre les textes normatifs législatifs et règlementaires, les instruments internationaux s'appliquant dans le domaine de la fiscalité.

Les questions fiscales évoquées dans un contexte d'intégration comme l'UEMOA et la CEMAC ne sont pas dépourvues d'intérêt. De surcroît les questions douanières dans un cadre d'intégration et de mondialisation généralisé par une tendance au libre-échange, revêtent une importance particulière pour des États africains en développement[41]. Le droit douanier apparaît comme la traduction juridique des règles régissant les mouvements de marchandises au niveau des frontières[42]. Dans les États membres de l'UEMOA et de la CEMAC, il existe un droit douanier national influencé par les exigences internationales de l'OMD et des bailleurs de fonds, et par le droit douanier communautaire. Ce qui induit une modification du droit douanier national des États membres, qui *a posteriori* n'a pas eu un impact sur l'accroissement de leurs recettes douanières dans le temps. Le droit douanier de l'Union a laissé place au droit douanier de la Communauté, en renforçant une union douanière élargie aux États membres[43].

La rénovation de la norme fiscale interne est donc une gymnastique à la fois intellectuelle et technique qui vise à proposer au législateur via le gouvernement et son administration fiscale, des modifications, sur les fondements de la fiscalité par la suppression de certains impôts ou la création de nouveaux, tout en se penchant sur le réajustement des procédures et des techniques n'ayant pas pu défier le temps[44]. Cette rénovation de la législation ainsi présentée, s'est produite avec la mise en œuvre de la ZLECAF dans les différents États membres et concerne prioritairement la fiscalité de porte. Ceci étant, en décidant de transférer une parcelle de leur souveraineté fiscale par l'adhésion à l'accord portant création de la ZLECAF, les États ont l'obligation de respecter cet accord qu'ils ont librement signé ainsi que de le faire appliquer par des organes législatifs, exécutifs et judiciaires sous peine d'engager à l'égard des États envers lesquels ils se sont obligés[45]. C'est pourquoi les États ont instauré des réformes législatives qui réduisent des droits de douane sur 90% des marchandises au taux linéaires jusqu'à 0,5 % pour les pays les non moins avancés (PMA) et 10 ans pour les pays les moins

[41] Henri Martin Martial NTAH A MATSAH, « Les fonctions de la douane dans les États africains face à l'expansionnisme économique chinois par la politique de « nouvelle route de soie », *Revue Européenne et Internationale de Droit Fiscal,* n°4, 2021, pp. 546-554.

[42] François ABENG MESSI, « L'impôt au Cameroun : entre territorialité, extra-territorialité, et re-territorialité », *RFFP,* n°156, 2021, p. 109.

[43] Gérard CHAMBAS, « La TVA et transition fiscale en Afrique les nouveaux enjeux », *Afrique contemporaine,* n°215, 2005, pp. 181-194.

[44] Pierre ALAKA ALAKA, *La gouvernance fiscale : le dispositif fiscal camerounais ou comment comprendre et envisager les politiques fiscales au Cameroun, op.cit.,* p. 24.

[45] Wehelmine-Adjimon AGUEMON, *Droit douanier et harmonisation de la fiscalité de porte dans l'UEMOA et la CEDEAO : cas du Bénin et de la Côte d'Ivoire, op.cit.*, p. 298.

avancés (si on applique un taux de 25% la première année)[46]. Pour les 7% des marchandises « sensibles », les droits de douane seront réduits dans un délai de 10 ans pour les pays non PMA et de 13 ans pour les PMA[47]. Ces réformes de grande envergure qui libéralisent le commerce entre les États membres conduisent incontestablement à l'harmonisation des politiques fiscales.

B. L'harmonisation des politiques fiscales

L'harmonisation des politiques fiscales au sein de la ZLECAF signifie pour les États membres le renforcement de la coopération fiscale régionale (**2**), conséquence de la réduction de leur souveraineté fiscale (**1**).

1. La réduction de la souveraineté fiscale des États

La souveraineté fiscale[48], qui constitue l'un des fondements de la souveraineté étatique, est au cœur des systèmes financiers publics[49]. Elle se matérialise par le pouvoir exclusif de l'État de déterminer les règles fiscales applicables sur son territoire, en termes de prélèvements obligatoires et de gestion des recettes publiques. L'État exerce ainsi une autonomie totale dans la définition de ses politiques fiscales, en fonction de ses priorités économiques, sociales et budgétaires. Cependant, dans le cadre d'une intégration régionale comme celle de la ZLECAF, cette souveraineté est progressivement limitée, au profit de la mise en place d'un cadre commun. L'harmonisation des règles fiscales réduit nécessairement[50] la marge de manœuvre des États en matière de politique fiscale. Ils perdent une part de leur liberté à ajuster leurs régimes fiscaux en fonction de leurs priorités nationales, qu'il s'agisse de promouvoir des secteurs spécifiques de l'économie ou de redistribuer la richesse par des mécanismes fiscaux différenciés. En d'autres termes, les États doivent souvent renoncer à une partie de leur capacité à utiliser la fiscalité comme un instrument d'ajustement économique pour répondre aux besoins conjoncturels. Aussi, la ZLECAF, en

---

[46] Jean-Arnau ELOUGA METOMO, *Les incidences fiscales de la Zone de libre-échange continentale africaine (ZLECAF) au Cameroun*, Mémoire de Master en droit public, Université de Yaoundé II, 2024, p. 31.

[47] *Idem.*

[48] Aaron LOGMO MBELEK, « La souveraineté fiscale des États africains au Sud du Sahara (face aux enjeux du développement, l'exemple de Cameroun) », *Etudes administratives africaines,* 2010, pp. 39-54 ; Alexandre MAITROT de la MOTTE, *Souveraineté fiscale et construction communautaire. Recherche sur les impôts directs,* Paris, LGDJ, 2005, 552 p. ; Guy GEST, « Considérations générales sur la notion de souveraineté fiscale », *in* Gérard COHEN-JONATHAN (dir.), *Mélanges Paul AMSELEK,* Bruxelles, Bruylant, 2005, pp. 33 et s.

[49] Yakouba OUEDRAOGO, « Pouvoir d'imposition et territoire dans les États de l'UEMOA », *Afrilex,* 2021, pp. 1-32 ; François ABENG MESSI, *Le territoire et l'impôt en droit fiscal camerounais*, Thèse de Doctorat/Ph.D en Droit Public, Université de Yaoundé II, 2015, pp. 8 et s.

[50] Andréas KALLERGIS, *La compétence fiscale,* Paris, Dalloz, 2018, p. 585 ; BEGNI BAGAGNA, *L'harmonisation des politiques fiscales en Zone CEMAC : esquisse de théorie du droit fiscal communautaire, op.cit.*, pp. 5 et s.

réduisant les barrières tarifaires, ouvre la voie à une concurrence accrue entre les États membres, non seulement sur le plan commercial, mais également sur le plan fiscal. Dans un espace économique intégré, les entreprises sont incitées à déplacer leurs investissements vers les États où la pression fiscale est plus faible ou plus avantageuse. Ce phénomène pousse les États à adopter des régimes fiscaux de plus en plus compétitifs pour attirer ou retenir les entreprises, au risque d'affaiblir leurs bases fiscales. Cette dynamique entraîne une forme de course au moins-disant fiscal où les États, contraints par la concurrence intra-africaine, pourraient être tentés de réduire les taux d'imposition ou d'offrir des incitations fiscales importantes aux investisseurs étrangers. En ce sens, la ZLECAF, en intensifiant la concurrence fiscale, peut limiter davantage la capacité des États à mener des politiques fiscales autonomes et souveraines, et à financer de manière durable leurs charges.

2. Le renforcement de la coopération fiscale régionale

Si la ZLECAF impose des contraintes en termes de souveraineté fiscale, elle ouvre également la voie à des formes de coopération régionale plus avancées en matière fiscale. Cette coopération est essentielle pour éviter la concurrence déloyale entre les États, mais aussi pour renforcer la lutte contre des phénomènes comme la fraude et l'évasion fiscales, qui sapent les efforts de mobilisation des ressources internes. Elle se réalise en amont par le partage d'informations fiscales[51]. Il est l'un des piliers de la coopération régionale en matière fiscale[52]. Il permet aux administrations fiscales de mieux contrôler les flux transfrontaliers et d'identifier les tentatives d'évasion fiscale. Grâce à des mécanismes de coopération administrative et d'échange d'informations, les administrations fiscales peuvent ainsi accéder à des données sur les revenus et les actifs des contribuables résidant dans d'autres États membres. L'État membre a notamment pour obligation de fournir aux autres États membres tous les renseignements fiscaux sollicités ainsi que toutes les évolutions de la législation fiscale interne ou les conventions fiscales signées par celui-ci[53].

En Afrique subsaharienne francophone, où les administrations fiscales souffrent souvent de capacités institutionnelles limitées, le renforcement de ces mécanismes de partage d'informations pourrait grandement améliorer l'efficacité des systèmes fiscaux nationaux. L'échange d'informations permettrait, par exemple, de détecter des stratégies d'évitement fiscal sophistiquées, souvent utilisées par les multinationales, telles que le transfert artificiel de bénéfices vers des juridictions à fiscalité plus favorable. De plus, une telle coopération renforcerait la confiance mutuelle entre les administrations fiscales, ce qui est indispensable pour la mise en œuvre d'une fiscalité régionale harmonisée.

---

[51] Voir. Article 5 de l'Accord portant création de la ZLECAF.

[52] *Idem*, Voir aussi l'article 5 alinéa 1 du protocole sur le commerce des Services.

[53] *Idem.*

Aussi, dans un contexte où les pertes de recettes fiscales liées à la fraude et à l'évasion fiscales sont considérables, la ZLECAF offre une opportunité de renforcer les efforts régionaux pour combattre ces fléaux. Selon certaines estimations, l'Afrique perd chaque année des milliards de dollars à cause de l'évasion fiscale, un phénomène amplifié par le manque de coordination entre les administrations fiscales nationales. L'intégration régionale promue par la ZLECAF permettra aux États membres de coordonner leurs efforts en matière de contrôle fiscal, notamment en développant des initiatives conjointes pour lutter contre les pratiques abusives, telles que les prix de transfert ou les paradis fiscaux. De plus, des accords bilatéraux et multilatéraux peuvent être mis en place pour permettre une meilleure collaboration entre les agences fiscales. Ce renforcement des capacités permettrait aux États membres de mieux identifier les pratiques fiscales déloyales, et de renforcer la mobilisation des ressources internes.

Dans ce sillage l'Accord permet d'améliorer la transparence fiscale. La mise en place des mécanismes permettant de surveiller les transactions financières transfrontalières renforce la capacité des États à vérifier les déclarations fiscales des entreprises et à s'assurer que celles-ci s'acquittent correctement de leurs obligations fiscales. Ce qui contribue à la réduction de la corruption et à la promotion de l'éthique des administrations fiscales et pourrait donc favoriser une meilleure mobilisation des recettes fiscales.

II. La mobilisation conditionnée des recettes fiscales

La mise en œuvre de la ZLECAF impacte directement la structure des recettes fiscales des États membres (**A**). Si les droits de douane régressent, des réformes s'imposent pour compenser cette perte par un renforcement des recettes fiscales internes (**B**).

A. La régression observable des recettes douanières

La suppression progressive des barrières tarifaires (**1**) au sein de la ZLECAF, phénomène inévitable dans un espace de libre-échange, entraîne une diminution des recettes douanières (**2**) pour les États membres.

1. La suppression progressive des droits de douane

Les pays participants à la ZLECAF s'engagent à supprimer progressivement jusqu'à 90% les droits de douane sur le commerce des biens et des services d'ici 2030[54]. En réalité, la suppression des barrières commerciales en Afrique est une tâche complexe en raison des disparités entre les pays[55]. Il faut d'emblée souligner que les 54 pays qui ont signé la ZLECAF présentent des différences considérables en termes de développement

[54] Lo MOUBARACK, Sy AMAYE, « Défis, opportunités, impacts et facteurs de succès de la ZLECAF », *Research papers and Policy papers,* 2022, p. 5.
[55] CNUCED, *Le développement économique en Afrique*, Rapport sur les flux financiers illicites et le développement durable en Afrique, Genève 2020, p. 6.

économique, de production locale, et de capacité commerciale[56]. Le Nigéria, l'Égypte et l'Afrique du Sud représentent à eux seuls 50% du PIB du continent. Les avantages de la réduction des droits de douane dans le cadre de la ZLECAF dépendront du niveau de spécialisation et de compétitivité d'un pays dont les droits de douane déjà élevés subiront un impact moindre. Selon le groupe de la Banque Mondiale, des pays tels que le Cameroun, le Nigéria, l'Éthiopie, le Madagascar, la RDC et l'Égypte seront confrontés à des impacts significatifs en raison de leurs barrières commerciales élevés, avec des effets variables sur leur situation budgétaire[57].

L'inclusion des pays les moins avancés (PMA) dans les accords commerciaux reconnaît les disparités entre les pays. Les PMA peuvent perdre d'importantes recettes tarifaires en raison de la libéralisation du commerce et leurs industries locales pourraient être confrontées à une concurrence accrue de la part de rivaux internationaux, ce qui mettrait en péril les emplois locaux. C'est pourquoi les PMA se voient accorder une période de 10 (dix) ans, plus longue que les 5 (cinq) ans accordés aux pays développés, pour supprimer les barrières commerciales. Ce délai prolongé vise à atténuer l'impact économique, mais son efficacité dépend des mesures de soutien en faveur de la main-d'œuvre locale, des agriculteurs et des petites entreprises[58].

La ZLECAF reconnait également un groupe des six États membres, dont cinq PMA (Éthiopie, Madagascar, Malawi, Soudan, Zambie et Zimbabwe). Connus sous le nom de G6. Ces pays ont invoqué les principes du traitement spécial et différencié, en citant des défis de développement scientifiques, et auront besoin de plus de temps pour supprimer les barrières commerciales. Le G6 a connu de l'assemblée de la ZLECAF une période de réduction tarifaire de 15 ans plus longue que les 10 ans prévus pour les autres PMA et les 05 ans prévus pour tous les autres pays.

Ce qu'il faut retenir c'est que la suppression des droits de douane est l'un des objectifs de la ZLECAF qui institue la libéralisation substantielle lors du commerce transfrontalier. Aussi, la communauté procède généralement à l'identification des produits qui seront exemptés d'impôts ; il s'agit en grande partie des produits d'origine animale et végétale[59]. Enfin de compte, les

---

[56] Lo MOUBARACK, Sy AMAYE, « Défis, opportunités, impacts et facteurs de succès de la ZLECAF », *op.cit.*, p. 5.

[57] *Ibid.*, pp. 5 et s.

[58] La prise en compte des PMA dans les accords commerciaux reconnaît les disparités entre les pays. Elle reconnaît que les PMA peuvent perdre d'importantes recettes tarifaires en raison de la libéralisation du commerce et que leurs industries locales pourraient être confrontées à une concurrence internationale accrue, ce qui mettrait en péril les emplois locaux. Par conséquent, les PMA se voient accorder 10 ans, soit plus que les 05 accordés aux pays développés, pour supprimer les barrières commerciales. Cette période de mise en œuvre plus longue vise à atténuer le choc financier, mais son efficacité dépend des mesures de soutien en faveur de la main-d'œuvre locale des agriculteurs des petites entreprises.

[59] Jean-Arnau ELOUGA METOMO, *Les incidences fiscales de la Zone de libre-échange continentale africaine (ZLECAF) au Cameroun*, *op.cit.*, p. 60.

objectifs de la ZLECAF de créer un marché libéralisé pour les marchandises et des services à travers l'élimination progressive des barrières tarifaires et non-tarifaires afin de poser les bases de création d'une union douanière continentale est un projet audacieux et ambitieux[60]. Cependant, les États misent dans ce projet, car ils perdent des ressources fiscales liées à la suppression des droits de douane qui alimentent en grande partie leur budget.

2. La diminution quantitative des recettes douanières

La mise sur pied d'une Zone de libre-échange continentale africaine, dont la finalité vise la suppression des barrières douanières entre les territoires des États, est donc considérée comme une aubaine pour les activités douanières des États de la CEMAC et de l'UEMOA. Cela peut être considéré en réalité comme la traduction africaine de *« la vision de la mondialisation (qui) n'est applicable que par la facilitation du commerce (...), qui ne peut être véritablement atteint que par la mise en œuvre d'un haut degré de simplification et d'harmonisation entre les États, même regroupés en sous régions, de leurs législations douanières, ainsi que de la suppression des entraves aux échanges »*[61]. Il est donc indéniable que l'institution d'un tel espace territorial est vectrice d'une plus-value considérable au sein de cette communauté, preuve de ce qu'il existe véritablement une *« intégration par les territoires en Afrique »*[62]. Néanmoins, force est de relever qu'au-delà de toutes les aspirations, des bienfaits, et des gains escomptés que les États entendent tirer de la ZLECAF, un constat s'impose. Ceux-ci n'échapperont pas aux répercussions fiscales de cet accord[63].

En effet, en éliminant les barrières tarifaires et non tarifaires lors des échanges commerciaux, les États membres fragilisent ce qu'il est convenu d'appeler *« la fiscalité de la frontière »*[64] et exposent ainsi leurs finances. Si nous prenons le cas du Togo, les données obtenues de 51 pays, dont 41 pays africains membres de la ZLECAF et 10 pays non membres confirment notre hypothèse selon laquelle cet accord influence positivement les importations et les exportations de biens et services avec à court terme des pertes de recettes fiscales (droits de douane). Ces données renseignent que les importations des biens et services du Togo vers des pays de l'Afrique sont passés de 128,76

---

[60] *Ibid.*

[61] Alphonse AYESSA, *Eléments de droit douanier, des procédures et des techniques douanières dans les États membres de la CEMAC*, Paris, Connaissances et Savoirs, 2011, p. 47.

[62] Voir John Richard KEUDJEU De KEUDJEU, « L'intégration par les territoires en Afrique Centrale : le cas de la Zone CEMAC », *in* Adama KPODAR et Dodzi Komla KOKOROKO (Etudes réunies par), *L'État inachevé. Mélanges en l'honneur du Professeur Koffi AHADZINONOU*, Poitiers, Presses Universitaires Juridiques de Poitiers, 2021, pp. 113-128.

[63] Lo MOUBARACK, Sy AMAYE, « Défis, opportunités, impacts et facteurs de succès de la ZLECAF », *op.cit.*, p. 5.

[64] Vincent DOIX, « Ajustement fiscal à la frontière, qualification et interactions avec le système commercial international », *RIDE*, 2020, pp. 319-342.

milliards en 2019 à 199,71 milliards de FCFA en 2021, soit une hausse de 25%[65]. Ils montrent également que sur la période 2019-2021, les droits de douane collectés s'élèvent en moyenne à 54,09 milliards de F CFA. Cette étude estime que si les textes de la ZLECAF étaient en vigueur depuis 2019, le Togo aurait perdu un montant des droits de douane d'environ 54 milliards de FCFA[66]. Les estimations du modèle de gravité montrent également que la ZLECAF entrainerait une hausse des échanges commerciaux entre le Togo et ses partenaires avec par ricochet une augmentation des recettes fiscales intérieures respectivement de 2,809% et 3,532%[67]. Ces résultats exhortent les décideurs publics à promouvoir la spécialisation du Togo dans la production des biens et services dont il dispose d'un avantage comparatif. Cette stratégie permettra au Togo de produire plus les biens et services à moindres coûts afin de les écouler dans la ZLECAF et de réduire le chômage.

La ZLECAF étant la plus grande Zone de libre-échange au monde, la Conférence des Nations Unies sur le Commerce et le Développement (CNUCED) prévoit que l'Afrique pourrait perdre 4,1 milliards de dollars de recettes tarifaires à court terme[68]. Il est donc nécessaire que les pays africains mettent en œuvre des réformes pour couvrir ce manque à gagner potentiel et soutenir le financement du développement. Cependant, force est de constater que la libéralisation du commerce et l'augmentation du volume des échanges dans le cadre de la ZLECAF accroissent les risques de blanchiment d'argent d'origine commerciale et de flux financiers illicites (FFI) à travers la surfacturation des échanges[69]. De ce fait, en sa qualité de partenaire clé de la Commission de l'Union africaine, l'ATAF apporte un soutien technique à l'élaboration et à la mise en œuvre de la stratégie de l'UA en matière de FFI.

Au regard de l'importance de la ZLECAF et de ses implications sur la mobilisation des ressources intérieures, l'ATAF entend mettre l'accent davantage sur les douanes et le commerce avec la création d'une unité spécialisée chargée de procurer une assistance technique à ses membres en ce qui concerne la ZLECAF, les taxes à l'importation et les FFI liés au commerce. Tout cela a pour finalité l'augmentation des recettes fiscales.

B. L'augmentation espérée des recettes fiscales internes

Face à la baisse des droits de douane, les États africains doivent élargir leur base fiscale **(1)** et moderniser leurs administrations pour optimiser les

[65] Jean-Arnau ELOUGA METOMO, *Les incidences fiscales de la Zone de libre-échange continentale africaine (ZLECAF) au Cameroun*, *op.cit.*, p. 32.
[66] *Ibid.*
[67] *Ibid.*, p. 33.
[68] Alain Symphorien NDZANA BILOA, *Sauvons l'impôt pour préserver l'État*, Paris, éditions du Panthéon, 2018, p. 85.
[69] Paul-François OHANDJA, « OHADA, ZLECAF et harmonisation globale du droit des affaires en Afrique : la nécessité d'une approche pluraliste », *op.cit.*, pp. 65 et s.

recettes fiscales internes (**2**) afin de maintenir la viabilité des finances publiques et de profiter pleinement de cet Accord commercial.

1. L'élargissement de l'assiette fiscale interne

La fiscalité de manière générale est d'essence dynamique. Ce dynamisme se répercute de *facto* et de *jure* sur l'ensemble des éléments qui la composent[70]. À cet effet, l'assise des prélèvements publics en est innervée. Cette sève fiscaliste irrigue considérablement les opérations de politique fiscale des États membres de la ZLECAF[71]. En effet, le champ d'application de la ZLECAF est vaste. L'accord réduira les droits de douane entre les pays membres et traitera d'aspects de politique générale liés notamment à la facilitation des échanges et aux services, tout en englobant les dispositions réglementaires telles que les normes sanitaires et les barrières techniques au commerce[72]. Si elle est pleinement mise en œuvre, la ZLECAF permettrait de réorganiser les marchés et les économies de la région et stimuler la production dans les secteurs des services, de l'industrie manufacturière et des ressources naturelles[73].

Alors que l'économie mondiale en général et celle africaine en particulier est en proie aux bouleversements provoqués par la pandémie du Covid-19[74], la création de ce vaste marché régional constitue une occasion idoine pour les pays africains de diversifier leurs exportations, accélérer leur croissance et attirer les investissements directs étrangers corollaires de l'élargissement de l'assiette fiscale au niveau interne de chaque État membre[75]. Cependant, considérer que l'impôt est utile au développement est du domaine du truisme[76]. Il est indispensable que tous les États, et par conséquent ceux d'Afrique francophone, disposent de financements nécessaires à leur développement économique et à leur croissance, notamment dans le cadre de l'engagement mondial en faveur des Objectifs de

---

[70] Yousoupha Sakrya DIAGNE, *La réforme du code général des impôts au Sénégal : principales mesures et implications,* Thèse de Doctorat en Droit, Université de Reims Champagne-Ardenne, 2017, p. 68.

[71] Mamoudou BARRY, *Politiques fiscales et douanière en matière d'investissements étrangers en Afrique francophone : cas du secteur des ressources naturelles et extractives,* Paris, LGDJ, 2020, p. 220.

[72] Article 4 de l'Accord portant création de la Zone de Libre-échange Continentale africaine.

[73] *Idem.*

[74] Gérard-Martin PEKASSA NDAM et Patrick NGANGUE NEMALEU, « Les finances publiques camerounaises à l'épreuve de la crise sanitaire à coronavirus », *Le NEMRO, Revue trimestrielle de droit économique,* n°18, 2020, pp. 49-74 ; Errol TONI, André Claver ADAHI, « Les finances publiques au service de la lutte contre la Covid-19 en Afrique de l'ouest », *GFP*, n°6, 2020, pp. 104-112.

[75] Alain Symphorien NDZANA BILOA, « La crise économique post-covid-19 : une opportunité pour une nouvelle transition fiscale des pays africains », *RAFiP,* n°8, 2nd semestre 2020, pp. 316-317.

[76] Mathurin MBOUNOU-NGOPO, *La fiscalité et l'impératif de développement du Centrafrique*, Paris, L'Harmattan, 2019, 379 p.

Développement Durable (ODD)[77]. Quand les États sont en difficultés financières, de façon quasi permanente, ils font appel à des bailleurs de fonds, que sont le FMI et la Banque Mondiale qui leur imposent des programmes d'ajustement structurel (PAS)[78]. En effet, ils conditionnent leurs aides à des réformes structurelles que sont l'ouverture des marchés, la réforme des codes des investissements et des codes miniers, ou encore la mise en place d'un impôt sur le revenu et de la TVA dans des formes qui ne sont pas toujours adaptées aux économies des pays d'Afrique francophone[79].

Ces plans règlent, ponctuellement, quelques situations délicates, mais ils peuvent aussi être source de difficultés sociales et financières délicates, mais ils peuvent aussi être source de difficultés sociales et financières. Il arrive parfois qu'ils génèrent des dévaluations qui ne sont pas toutes souhaitées par les États. La mise en place de l'impôt sur le revenu, sous la forme d'un impôt déclaratif unique[80], peut être difficile dans les pays qui n'ont aucune culture administrative. L'impôt cédulaire et l'impôt portant sur des signes extérieurs tangibles ont un réel intérêt. L'application de la TVA pose des difficultés budgétaires dès lors que les États ne sont pas en situation de rembourser les crédits de TVA[81]. La suppression des frontières entre États, dans certains espaces ; les prive de la TVA douanière et laisse libre cours à la circulation des marchandises et aux trafics, ce qui est de nature à perturber les marchés locaux. Il n'est pas indispensable de faire un *« marché commun »* dont l'Union européenne serait un modèle[82]. Il ne suffit pas d'arrêter des assiettes taxables, de fixer des taux ou des tarifs, encore faut-il que les impôts soient réellement recouvrés[83]. Cette préoccupation est partagée par tous les gouvernements, mais, en Afrique, c'est un peu plus compliqué en raison de la difficulté à faire utiliser les outils bancaires traditionnels. Il ne sert à rien d'avoir des dispositifs juridiques sophistiqués, souvent empruntés à l'occident si, en pratique, ils sont inopérants[84]. L'ONU dispose d'un comité d'experts qui se préoccupe des relations fiscales entre les pays en développement et les pays développés ; elle propose un modèle de convention fiscale concernant les doubles impositions,

---

[77] Alain Symphorien NDZANA BILOA, *Un système fiscal 3G pour financer le développement durable*, Paris, Les éditions du Panthéon, 2021, p. 20.

[78] Roland ATANGA FONGUE, *Contrôle fiscal et protection du contribuable dans un contexte d'ajustement structurel : le cas du Cameroun*, Paris, L'Harmattan, 2007, 342 p.

[79] Pierre ALAKA ALAKA, *«* Systèmes fiscaux : l'expérience camerounaise des réformes *»*, *Idara*, vol. 13, n°26, 2003, pp. 75-107.

[80] Sasso PAGNOU, « La justice fiscale au Togo », *RAFiP*, n°1, 1er semestre 2015, pp. 81-102.

[81] Vian ONANGA OPISINNA, *Problématique de l'application de la TVA dans l'espace OHADA*, Paris, L'Harmattan, 2016, 371 p.

[82] Nathalie BUEB, *Les régimes douaniers et fiscaux dérogatoires dans la communauté Européenne,* Paris, L'Harmattan, 2011, p. 21.

[83] Pierre ALAKA ALAKA, *Les difficultés du recouvrement de l'impôt au Cameroun : Contribution à l'étude des dysfonctionnements administratifs*, Thèse de doctorat, Université de Paris II, Panthéon-Assas, 1996, 288 p.

[84] Alain Symphorien NDZANA BILOA, *La Fiscalité, levier pour l'émergence des pays africains de la Zone franche, le cas du Cameroun*, Paris, L'Harmattan, 2015, pp. 34 et s

qui est mieux adapté que le modèle de convention, concernant le revenu et la fortune, de l'OCDE[85]. Néanmoins, une grande partie des pays d'Afrique francophone utilisent le modèle de convention OCDE[86]. Tout cela peut influencer l'organigramme de l'administration fiscale pour sa mise en œuvre. Il faudra donc engager une modernisation des administrations fiscales pour les arrimer aux exigences de la ZLECAF.

2. La modernisation des administrations fiscales

Afin de maximiser les bénéfices de la ZLECAF, les États membres devront moderniser et renforcer leurs administrations fiscales. Comme on peut l'observer, les dynamiques de construction du marché commun à travers l'élimination des entraves fiscales ont été enclenchées[87]. Elles trouvent leur meilleure expression avec les réformes des administrations qui ont en charge les affaires fiscales. Dans le cadre d'une réflexion sur les incidences fiscales de la ZLECAF sur la fiscalité post-Covid-19 en Afrique francophone, l'examen des mutations qui ont concerné l'une des vitrines institutionnelles de l'administration coloniale est intéressant à plusieurs égards. D'un point de vue historique, les administrations fiscales ont créé de la torpeur au sein des populations et ont longtemps constitué un moyen d'asservissement des peuples colonisés[88]. C'est pourquoi, au lendemain des indépendances, la nouvelle administration fiscale devrait constituer le marqueur d'une intendance retrouvée. L'enjeu de la transformation était de gagner le pari de l'acculturation institutionnelle[89]. Les efforts ont pu donc être concentrés sur les changements pour une africanisation de l'administration fiscale.

Depuis quelques années, on observe que les administrations fiscales des États africains d'expression française connaissent des réformes substantielles dont l'objectif est d'accroître leurs performances dans la mobilisation des ressources internes[90]. Soulignons à la suite du Professeur Séni Mahamadou OUEDRAOGO que les tendances en matière de réforme concernent l'organisation de l'administration fiscale (intégration, organisation fonctionnelle, segmentation…), la fusion des régies de recettes, leur autonomie de gestion, la modernisation des procédures et l'adoption

---

[85] OCDE, *La politique fiscale dans les pays de l'OCDE : évolutions et réformes récentes,* Etude de politique fiscale de l'OCDE, Paris, éditions OCDE, n°9, 2005, p. 12.

[86] Lire. Nations Unies, Commission Economique pour l'Afrique, *Erosion de la base d'imposition et transfert des bénéfices en Afrique : réforme de l'imposition des entreprises multinationales,* Éthiopie, Addis-Abeba, CEA, mai 2018, 70 p.

[87] Jean-Marie NYAMA, *Droit douanier de la CEMAC : régimes et procédures de dédouanement, fiscalité douanière, contentieux douanier,* Yaoundé, édition du CERFOD, 2003, p. 16.

[88] Séni Mahamadou OUEDRAOGO, « Regards extérieurs sur les mutations récentes des administrations fiscales africaines », *op.cit.,* p. 120.

[89] *Ibid.*

[90] Gérard-Martin PEKASSA NDAM, « Les transformations de l'administration fiscale camerounaise », *in* Magloire ONDOA (dir.), *L'administration publique camerounaise à l'heure des réformes*, Yaoundé, Harmattan-Cameroun, 2010, pp. 29-65.

d'indicateurs pour mesurer leurs performances[91]. Selon le Professeur Gérard-Martin PEKASSA NDAM, les différentes transformations qu'a connues l'administration fiscale au Cameroun se sont opérées en deux grands axes qu'il faut clarifier[92].

Sur le plan structurel, certains pays africains, surtout ceux d'expression française, ont revu le schéma administratif de leur fiscalité. Si nous prenons l'exemple du Cameroun et du Sénégal, on observe la segmentation de la population fiscale qui a abouti à la création d'une Direction des Grandes Entreprises (DGE) qui est la structure qui traite de la fiscalité des grandes entreprises implantées dans ces pays en général et celle des entreprises multinationales en particulier[93]. Au sein de la DGE, une structure appelée *« Unité des prix de transfert »* a été créée et elle est dédiée à toutes les questions liées aux pratiques des prix de transfert. À cela s'ajoute la création des services chargés des questions d'échanges de renseignements à des fins fiscales appelées *« Unité d'échanges de renseignements »* qui sont rendues d'ailleurs opérationnelles au Sénégal en 2015 et en cours d'opérationnalisation au Cameroun. D'autres pays d'Afrique, comme le Togo et le Burundi, ont opté plutôt pour la création des offices de recettes[94]. Le premier trait qui retient l'attention sur les offices des recettes burundais (OBR) et togolais (OTR) est leur origine législative, car ils sont créés chacun par la loi[95].

Sur le plan fonctionnel, on assiste à l'arrimage des administrations fiscales des États d'Afrique francophone à la logique de performance qui est communément appelée la Direction par Objectif (DPO)[96]. Sur le plan quantitatif, les administrations fiscales africaines membres de la ZLECAF sont astreintes à collecter, au cours d'un exercice fiscal des ressources fiscales d'un montant précis afin de contribuer à l'exercice du budget de l'État. Sur le plan qualitatif, la DPO est axée sur l'élargissement de l'assiette des impôts, le suivi des contribuables, le contrôle et le recouvrement des impôts. On peut y

---

[91] Séni Mahamadou OUEDRAOGO, « Regards extérieurs sur les mutations récentes des administrations fiscales africaines », *op.cit.*, p. 120.

[92] Gérard-Martin PEKASSA NDAM, « Les transformations de l'administration fiscale camerounaise », *op.cit.*, pp. 29-65.

[93] Voir pour le Cameroun ; décret n°2003/165 du 30 juin 2003 portant organisation du ministère des Finances.

[94] Errol TONI, « Les offices de recettes en Afrique francophone DGI+DGDDI : l'équation complexe », *GFP*, n°02, 2018, pp. 110-115. Cette stratégie consiste à fusionner l'administration fiscale et douanière en une seule administration ayant une certaine autonomie de gestion.

[95] Loi n°1/11 du 14 juillet 2009 portant création, organisation et fonctionnement de l'office burundais des recettes et la loi n° 2012-16 du 14 décembre 2012 portant création de l'Office togolais des recettes.

[96] La DPO est une approche de management conçue au cours des années cinquante. Elle a connu des évolutions à l'instar de la Direction Participative Par Objectifs (DPPO). Lire dans ce sens Richard EVINA OBAM, *L'intégration du pilotage des performances en finances publiques camerounaises*, Mémoire de Master en administration publique, ENA, 2005, p. 20.

ajouter la dématérialisation des procédures fiscales[97]. Tout cela est institué dans l'optique de lutter efficacement contre la fraude et l'évasion fiscales des multinationales. On peut y ajouter aussi la simplification des régimes fiscaux, l'amélioration de la collecte d'impôts et la formation des agents fiscaux. En général, l'instauration d'une ZLECAF impose donc un cadre fiscal efficace, voire performant, pour faire face aux échanges transfrontaliers croissants et pour garantir une collecte adéquate des recettes fiscales.

Conclusion

En somme, l'Afrique subsaharienne francophone fait l'objet de défis importants dans le financement de son développement. La crise sanitaire à Covid-19 a renforcé ces besoins. Dans le sillage, des conclusions de la Conférence d'Addis-Abeba sur le financement du développement en Afrique, il urge pour le continent de mettre en place de nouvelles stratégies de financements son développement. La ZLECAF constitue en ce sens une opportunité. La mise en œuvre de cet Accord représente d'abord une opportunité pour la réforme des systèmes fiscaux de ces États. En modernisant la législation fiscale et en renforçant l'intégration fiscale, elle crée des conditions d'une augmentation des recettes fiscales.

Mais cette mobilisation demeure conditionnée. La fragilisation de la fiscalité de porte due à la suppression progressive des droits de douane et la diminution consécutive des recettes douanières doit être compensée par une consolidation de la fiscalité interne. Celle-ci est possible par une meilleure exploitation de l'Accord à travers l'institution des mesures d'élargissement de l'assiette fiscale et modernisation de l'administration fiscale. C'est donc en un mot la gouvernance fiscale des États membres qu'il faut réformer pour bénéficier de ce formidable outil d'intégration régionale africaine./-

---

[97] Gérard-Martin PEKASSA NDAM, « Les transformations de l'administration fiscale camerounaise », *op cit.*, p. 43.

La fiscalité environnementale post-Covid-19 en Afrique : le cas du Cameroun

Dr Patrick Gérard SOROK A BOL
Inspecteur des Régies Financières
Ph.D en Droit Public à l'Université de Yaoundé II (Cameroun).
****

Introduction

La récente crise sanitaire a assurément mis à l'épreuve la résilience des systèmes juridiques contemporains[1]. Çà et là, le droit a subi des mutations dont l'objet était de faire face à ladite crise et de toujours offrir à l'ensemble des membres du corps social, un cadre de vie décent[2]. Si les mesures relatives à la riposte ont fait l'objet d'une mondialisation, il faut dire que le droit camerounais n'est pas resté en marge de cette démarche. Entre les mesures liées au confinement et celles portant sur l'accès au soin des citoyens, tout a été fait dans le sens d'endiguer cette pandémie[3]. Une fois, cette période sombre de l'histoire de l'humanité écoulée, il n'est pas mal venu de placer le curseur sur l'état du droit post crise. En la matière, c'est le volet environnemental qui a retenu l'attention de la présente réflexion notamment en rapport avec la fiscalité.

Dans le langage juridique, la fiscalité est entendue comme un ensemble des règles juridiques qui constituent le cadre fiscal de l'État[4]. Dans une autre assertion, la fiscalité est tirée de l'impôt et sert à le désigner. Or, derrière la notion d'impôt, il y a forcément allusion à une marque d'autorité, voire une démarche autoritaire en ce sens que le citoyen n'est pas libre de s'y soustraire. Aussi, selon Gaston JEZE ce vocable fait référence à « *une prestation de valeurs pécuniaires exigée des individus d'après les règles fixes, en vue de couvrir des dépenses d'intérêt général et uniquement à raison du*

---

[1] Wachsmann (P.), « Les libertés et les mesures prises pour lutter contre la propagation du Covid-19 », *La Semaine Juridique*, n°20-21, 2020, p. 948.

[2] Fontaine (L.), « La constitutionnalisation des pouvoirs d'exception comme garantie des droits ? L'exemple des démocraties Est- Européennes à la fin du XVe siècle », *CRDF*, n°6, 2007, p. 44.

[3] Bouhon (F.) et al., « L'État belge face à la pandémie de Covid-19 : esquisse d'un régime d'exception », *Courrier Hebdomadaire du Crisp*, n°2446, Vol. 1, 2020, pp.5-56.

[4] Owona Ndouguessa (F-L), « La conciliation juridique de l'impôt avec la morale : essai de relativisation du principe de l'amoralisme du droit fiscal », *RADSP*, n 15, Vol. VIII, 2019, p. 78.

fait que les individus qui doivent les payer sont membres d'une communauté organisée »[5]. C'est en vertu de cette assertion que l'on fait allusion à la tentation fiscale c'est-à-dire l'ambition de la couverture des dépenses afférentes à la transition écologique par les ressources fiscales.

En droit, l'environnement est perçu comme un « objet » destiné à être protégé par le droit. En effet, l'approche positiviste permet de cerner une diversité de définitions allant des plus restrictives à celles les plus larges. Ainsi par exemple, l'Institut du Droit International (I.D.I.), dans sa résolution du 4 septembre 1997 reprend les termes de l'article 2 alinéa 10 de la Convention du Conseil de l'Europe sur la responsabilité civile des dommages résultant d'activités dangereuses pour l'environnement en précisant que ce terme englobe « *les ressources naturelles abiotiques et biotiques, notamment l'air, l'eau, le sol, la faune et la flore ainsi que l'interaction entre ces mêmes facteurs. Il comprend aussi les aspects caractéristiques du paysage* ». Cette définition est restrictive. Mais, il convient de rappeler que nombre des traités et autres instruments juridiques pertinents, à commencer par la Déclaration de Stockholm et celle de Rio de 1992 et la grande majorité des auteurs s'abstiennent de toute définition[6].

De son côté, la CIJ a entendu ce terme comme n'étant pas « *une abstraction, mais bien l'espace où vivent les êtres humains et dont dépendent la qualité de leur vie et de leur santé, y compris pour les générations à venir »*[7]. Cette définition par négation ne permet pas de savoir ce qu'est l'environnement. Néanmoins, elle offre la possibilité de cerner le lien entre cette notion et l'être humain ainsi que l'ouverture en faveur du développement durable. Pour sa part, le tribunal constitué dans le cadre de la CPA a, dans la sentence relative au *Rhin de fer* du 24 mai 2005, remarqué que, d'une manière générale, le mot « environnement » englobe l'air, l'eau, la terre, la faune et la flore, les écosystèmes et les sites naturels, la santé et la sécurité humaine, ainsi que le climat (§58). Plus synthétiquement, il s'agit d'un ensemble d'éléments nécessaires à la vie (d'où les termes de « biosphère » ou « d'écosystème » auxquels on peut l'assimiler) ; l'environnement humain étant circonscrit aux éléments nécessaires à la vie des êtres humains. Ce sens offre l'avantage de reprendre les divers éléments constitutifs de la notion, mais n'intègre pas les biens culturels, aspect important qui a permis d'étendre ostensiblement le contenu du concept « environnement ». Ceci démontre que la meilleure définition est celle qui rassemblerait tous les éléments en lien avec l'homme, notamment le patrimoine culturel. Ainsi donc, *l'environnement comprend « les ressources naturelles abiotiques et biotiques, telles que l'air, l'eau, le sol, la faune et la flore, et l'interaction entre les mêmes facteurs ; les biens*

---

[5] Jèze (G.), *Cours de Finances publiques 1935-1936*, Paris, LGDJ, 1936, p. 25.
[6] Daillier (P.), Forteau (M.) et Pellet (A.), *Droit international public*, Paris, Dalloz, 8è éd., p. 1413.
[7] CIJ, *Licéité de la menace ou de l'emploi d'armes nucléaires, avis du 8 juillet 1996,* Rec. 1996, pp. 241-242, §29.

qui composent l'héritage culturel ; et les aspects caractéristiques du paysage »[8].

C'est en fin d'année 2019 que la pandémie du Covid-19 est apparue en Chine dans la ville de Wuhan. Il s'agit d'un virus qui propage une maladie infectieuse de type respiratoire[9] à celui qui est atteint et qui a causé une mortalité de grande importance dans le monde. En réalité, la maladie affecte les poumons au point de mettre fin à la vie du patient si rien n'est fait à temps. L'évolution de la crise est allée crescendo. Sous-estimé au départ[10], son impact est devenu mondial au point où, dès le 11 mars 2020, l'Organisation Mondiale de la Santé l'a qualifiée de « pandémie ». Les États se sont donc orientés vers des ripostes normatives[11] étant entendues que pour la plupart, lorsque cette crise a surgi, très peu d'entre eux s'étaient déjà dotées de législations susceptibles de leur permettre de faire face à l'urgence sanitaire. On notait déjà l'existence de législations d'exception[12], mais la spécification de l'urgence sanitaire était peu ou pas du tout prise en compte.

Les ripostes normatives ci-dessus évoquées vont aller de pair avec un certain nombre de restrictions des droits et libertés, ce qui a suscité des interrogations autour de la survivance ou du sort réservé à l'État de droit dans un tel contexte. De l'État de droit, on sait presque tout ! Sa définition[13], son évolution[14] et sa finalité[15] sont constamment abordées par la doctrine. En revanche, il n'est pas mal venu de l'analyser à l'épreuve de la crise, surtout lorsqu'il semble que les ripostes normatives visent davantage à privilégier l'éradication de la maladie au détriment des droits et libertés des citoyens.

---

[8] Voir Annuaire de la CDI, 1996, vol. II (2ème partie), §378.

[9] Vallar (C.), « Le Conseil d'État en faveur d'un confinement modulé et adapté », *AJDA*, 2020, p. 851.

[10] Fourmont (J-P), « Le système politique italien face au corona virus », *LPA*, n°153, 2020, p. 9.

[11] Wachsmann (P.), « Les libertés et les mesures prises pour lutter contre la propagation du Covid-19 », *La Semaine Juridique*, n°20-21, 2020, p. 948.

[12] Fontaine (L.), « La constitutionnalisation des pouvoirs d'exception comme garantie des droits ? L'exemple des démocraties Est-Européennes à la fin du XVe siècle », *CRDF*, n°6, 2007, p. 44.

[13] La notion d'État de droit peut être définie au sens formel et au sens matériel. La protection de la suprématie juridique de la Constitution permet de définir l'État de droit au plan formel ; Au plan matériel, l'État de droit peut être appréhendé à partir de trois éléments à savoir, la participation du peuple à l'exercice de la souveraineté, la protection de l'ordre démocratique et le contrôle des actes de l'administration. Pour un approfondissement lire utilement : Chevallier (J.), *L'État de droit*, Paris, Montchrestien, 1994, 2e éd., 159p ; Leisner (W.), « L'État de droit : une contradiction ? », in *Recueils d'étude en hommage à Charles Eisenmann,* Paris, Cujas, 1977, pp. 65-79 ; Donfack Sokeng (L.), « L'État de droit en Afrique », *Afrique juridique et politique*, vol. 1, n°2, juillet-décembre 2002, pp. 87-125.

[14] Redor (M-J), *De l'État légal à l'État de droit. L'évolution des conceptions de la doctrine publiciste française (1879-1914)*, Paris, Economica-PUAM, 1992, p. 299.

[15] L'État a, du point de vue téléologique, une double finalité à savoir, la limitation du pouvoir et la protection des droits et libertés.

Parler des ripostes normatives revient à traiter des mesures juridiques qui sont prises par les autorités étatiques dans le cadre de la lutte contre le Covid-19. C'est le lieu de rappeler que pour faire face à la crise, la plupart des États se sont mobilisés et se sont démarqués par un arsenal de mesure oscillant entre réforme législative et édiction d'actes règlementaires. La crise sanitaire a affecté tous les secteurs d'activités au point où des institutions telles que les assemblées parlementaires ont dû adapter leur mode de fonctionnement à la crise[16]. Au-delà des normes écrites, les juridictions étatiques ont aussi rendu une pléthore de décisions en rapport avec le contrôle des mesures de riposte. En la matière, l'État camerounais a aussi pris des mesures qui tendent vers la gestion de la crise sanitaire. Si on peut se satisfaire de la gestion de la crise, l'interrogation subsiste quant à ce qui a été après la pandémie. C'est dans cette perspective qu'il convient de se poser la question suivante : quelle est la configuration de la fiscalité environnementale post-Covid-19 au Cameroun ? Cette interrogation revêt un double intérêt. Dans un premier temps, elle permet de mettre en perspective, la fonction instrumentale de l'impôt au Cameroun. Dans un second temps, elle sert à illustrer l'influence du temps sur le droit, plus exactement sur sa vocation à la mutabilité. Partant de l'analyse des textes et des pratiques, il convient de souligner que la configuration de la fiscalité environnementale en période post-Covid-19 est duale. Cela se traduit par le caractère immuable de sa vocation (**I**) et par son inconsistance (**II**).

I. La vocation immuable de la fiscalité environnementale

Le droit camerounais n'a pas procédé spécifiquement à des réformes relatives à la fiscalité environnementale. En tout état de cause, ce qui prévaut, c'est le financement de la transition écologique par la fiscalité (A) et l'orientation vers les exonérations fiscales (B).

A. L'orientation vers le financement de la transition écologique par la fiscalité

La législation camerounaise semble prioriser la duplication du financement de la transition écologique par l'impôt. C'est ainsi que l'on peut distinguer à la fois, le financement générique (1) et celui qui est susceptible d'être qualifié de spécifique (2).

1. Le financement générique

On peut appréhender le financement générique comme celui qui est alimenté par tout type d'impôt[17]. Autrement dit, il est question pour l'État et les autres personnes publiques de mobiliser les ressources fiscales, abstraction

---

[16] Delphy (C.), « L'État d'exception : la dérogation au droit commun comme fondement de la sphère privée », *NQF*, Vol. 16, n°4, Nation, Nationalisme, Privé et public, nov. 1995, pp. 73-114.

[17] Barilari (A.), « Le consentement à l'impôt, fragile mais indispensable aporie », *Regards Croisés sur l'Economie*, n°1, Vol.1, 2007, p. 27.

étant faite de l'activité qui les génère pour les mettre au service de la protection et la préservation de l'environnement[18]. Dans le contexte camerounais, cette première modalité se justifie à la fois par l'importance des questions environnementales depuis les réformes de 1996 et surtout par la nécessité de l'impôt.

Relativement à l'importance croissante des préoccupations environnementales, il faut souligner que depuis 1996, la législation camerounaise s'est orientée de manière décisive vers la prescription de la transition écologique. Le texte constitutionnel du 18 janvier 1996 a, dès son préambule, souligné que : « *toute personne a droit à un environnement sain. La protection de l'environnement est un devoir pour tous. L'État veille à la défense et la promotion de l'environnement* ». Cette formulation qui pose les bases du droit constitutionnel de l'environnement[19] atteste d'une volonté de rompre avec les habitudes et de s'orienter vers un mode de vie favorable à l'environnement. Dans le même sens, la loi de 1996 portant loi-cadre relative à l'environnement n'hésite pas à souligner que « *l'environnement constitue en République du Cameroun un patrimoine commun de la Nation* »[20] et que « *sa protection et la gestion rationnelle des ressources qu'il offre à la vie humaine sont d'intérêt général* »[21].

À l'analyse, le droit camerounais a, dès cette période, posé les bases de la transition écologique en plaçant les préoccupations environnementales au cœur des politiques publiques. Il en est ainsi parce qu'il promeut un cadre de vie sain, propre et durable et incite tous les membres du corps social et les personnes publiques en particulier, à prendre des mesures qui tendent vers la transition écologique[22]. Cette importance de croissance des problématiques liées à l'amélioration du cadre de vie de l'homme et au changement des manières de vivre et de produire les biens et richesses peut justifier le fait que la fiscalité, prise dans sa globalité, soit mise au service de la transition écologique. L'orientation prescrite par le constituant et le législateur fait que tout impôt est susceptible d'être affecté aux dépenses relatives à la protection et à la prévention des atteintes à l'environnement. En tout état de cause, le financement est générique compte tenu de la nécessité de l'impôt dans les États comme celui du Cameroun.

---

[18] Martinez (J-C), « La légitimité de la fraude fiscale », in *Etudes de finances publiques. Mélanges Paul-Marie Gaudemet*, Paris, Economica, 1984, p. 921.

[19] Kouty (M.), « Le financement de la transition écologique en Afrique francophone : le rôle de la politique monétaire », *Actes de la troisième Conférence internationale sur la francophonie économique*, 2022, p. 2.

[20] Article 2 alinéa 1 de la loi n°91/12 du 5 août 1996 portant loi-cadre relative à la gestion de l'environnement.

[21] *Idem.*

[22] Ouedraogo (S-M), « Regard extérieur sur les mutations récentes des administrations fiscales africaines », *in* Magloire Ondoa et Patrick Edgard Abane Engolo (dir.), *Les transformations contemporaines du droit public en Afrique*, Paris, L'Harmattan, 2018, p. 78.

Relativement à la nécessité de l'impôt, il convient de souligner qu'elle fait partie des principes majeurs du droit fiscal contemporain[23]. Initialement, ce principe a été posé par le Conseil Constitutionnel français qui, dans l'une de ses décisions, déclare que « *pour l'entretien de la force publique et pour les dépenses de l'administration, une contribution commune est indispensable* »[24]. La doctrine contemporaine est unanime sur la nécessité de l'impôt[25] étant entendu qu'il constitue la principale ressource dont dispose l'État et les autres Collectivités publiques[26]. De nos jours, la nécessité de la ressource fiscale est affirmée et consolidée par les législations nationales. En vertu de ce principe, la fiscalité est perçue comme une ressource publique permettant de couvrir les charges publiques et la transformation structurelle de la société passe par l'optimisation des ressources fiscales[27]. La principale conséquence de ce postulat est que c'est au travers de l'impôt que s'opère la transition écologique. C'est à juste titre que le financement générique est perceptible au Cameroun sans invalider le financement spécifique.

2. Le financement spécifique

Le financement spécifique a trait à celui qui s'opère par le biais de la fiscalité verte[28]. Cela induit une affectation de ladite fiscalité au service des questions écologiques. C'est le lieu de souligner que de nos jours, les mesures fiscales à fin environnementale connaissent une importance progressive[29] dans les États d'Afrique noire francophone et au Cameroun en particulier. Il ressort en effet de la législation camerounaise, une forte tendance à la fiscalisation des activités ayant un impact sur l'environnement. Il sied ainsi de procéder à l'identification de la fiscalité verte préalablement à son appréciation dans le sens du financement de la transition écologique.

Pour ce qui est de l'identification de la fiscalité verte, source de financement de la transition, il est important de souligner que celle-ci présente des figures plurielles. La législation camerounaise procède à une double démarche qui consiste à procéder systématiquement à la fiscalisation des activités polluantes et à identifier les activités en question. Dans le premier cas, on peut lire dans la loi relative aux établissements classés dangereux,

---

[23] Jèze (G.) et Boucard (M.), *Éléments de la science des finances et de la législation financière française*, Paris, Giard & Brière, 1902, vol. 2, p. 611.

[24] CC, Décision du 29 décembre 1983.

[25] Drezet (V.), « Pour l'impôt. Mieux l'impôt, voilà l'enjeux », *Pouvoirs,* n 4, 2015, pp. 35-45.

[26] Monnier (J-M), « La politique fiscale : objectifs et contraintes », *Les Cahiers français : documents d'actualité*, 2008, p. 5.

[27] Jacquemot (P.) et Raffinot (M.), « La mobilisation fiscale en Afrique », *Revue d'Économie Financière*, n 131, Vol.3, 2018, p. 243.

[28] Au sens de Sylvie Caudal, il s'agit d'un « ensemble d'instruments fiscaux institués à l'objectif de contribuer à la protection de l'environnement », *in* Caudal (S.), *La fiscalité de l'environnement*, Paris, LGDJ, 2014, p. 33.

[29] Hertzog (R.), « Le droit fiscal de l'environnement : en croissance sur des fondements incertains », *RFFP*, n 114, 2011, p. 149.

insalubres et incommodes que : « *les établissements classés qui polluent l'environnement sont assujettis au paiement de la taxe annuelle* »[30]. Il se dégage de cette disposition que l'origine de l'imposition est clairement identifiée ou déterminée. Contrairement aux autres ressources fiscales, le fait générateur du paiement des impôts et taxes[31] est l'atteinte que certaines activités portent à l'environnement.

Dans la seconde hypothèse, les activités dites polluantes sont identifiées comme assujetties au paiement de l'impôt. À titre illustratif, la loi portant régime des forêts, de la faune et de la pêche énonce au sujet des ressources génétiques du patrimoine que « *les retombées économiques ou financières résultant de leur utilisation donnent lieu au paiement à l'État des royalties dont le taux et les modalités sont fixées (...) par arrêté du MINFI (...)* »[32]. Toujours concernant ce domaine, le Code général des Impôts n'hésite pas à instituer une redevance forestière[33] en direction des opérateurs du secteur compte tenu de l'impact de la déforestation sur le changement climatique et l'environnement en général. En dehors du secteur des forêts et de la faune, il faut souligner que dans le contexte camerounais, les exploitants des mines et des hydrocarbures sont soumis à une redevance annuelle[34]. Bien plus, l'on note des droits spécifiques qui sont exigibles à l'occasion d'une autorisation de prospection ou de délivrance d'un permis de recherche ou d'exploitation. Enfin, il convient de se référer à l'institution de la taxe sur l'extraction ou la taxe *ad valorem*[35].

En guise d'interprétation, deux postulats sont susceptibles d'être formulés. Le premier consiste à mettre en avant l'idée selon laquelle tous les instruments fiscaux sont institués dans l'optique de renforcer ou de dynamiser la protection de l'environnement. Parce que jusqu'ici, il n'est pas possible de se passer de certaines activités compte tenu de leur importance au vu des ressources qu'elles génèrent, la législation camerounaise a opté pour une fiscalisation assez rigide. S'il est vrai qu'elle n'affecte pas expressément le produit desdits impôts et taxes à la transition écologique, il ne fait pas de doute que les moyens mis par l'État dans le financement de la transition en question proviennent en partie de la fiscalité verte. Le second postulat a trait à la

---

[30] Article 25 alinéa 1 de la loi n°98/015 du 14 juillet 1998 relative aux établissements classés dangereux, insalubres ou incommodes.

[31] Damarey (S.), *Droit public financier, op. cit.* p. 152.

[32] Article 12 alinéa b2 de la loi n 94/01 du 20 janvier 1994 portant régime des forêts, de la faune et de la pêche.

[33] Lire dans ce sens, les articles 241 à 244 du Code Général des Impôts. Un texte qui traite au-delà de la redevance forestière, des taxes d'abattage.

[34] Pierrat (E.), « La fiscalité », *in Le droit du livre*, Paris, Éditions du Cercle de la Librairie, 2013, 3e éd., pp. 295-301.

[35] Lauriol (J.), « Le développement durable à la recherche d'un corps de doctrine », *Revue Française de Gestion,* n°152, Vol.5, 2004, p. 135.

formalisation des mesures fiscales répressives[36] au Cameroun. Il s'agit en fait de la taxation des comportements jugés nuisibles à la transition écologique. Il en ressort que face à la forte tendance qui consiste à financer les questions environnementales grâce à l'apport extérieur, la fiscalité se présente comme le principal moyen de pourvoir aux ressources nécessaires pour concrétiser la transition écologique. La législation camerounaise autorise en la matière à envisager un financement qui est à la fois générique et spécifique et qui tend vers des mesures incitatives.

B. L'orientation vers des mesures incitatives par la fiscalité

À la lecture de la législation camerounaise, les mesures incitatives en rapport avec la protection de l'environnement sont de deux ordres. Il s'agit plus précisément des incitations *stricto sensu* (1) et des exemptions (2).

1. La présentation des incitations

Dans le contexte camerounais, c'est la loi n°2013/004 du 18 avril 2013 qui fixe les incitations à l'investissement privé en République du Cameroun et distingue les incitations génériques et celles qui sont spécifiques. De la sorte, l'investisseur qui sollicite l'octroi des avantages prévus par ladite loi est tenu de se conformer à l'ensemble des dispositions législatives et réglementaires qui lui sont applicables[37]. Aussi, selon l'article 4 de cette loi, tout investisseur dont l'activité est conforme aux dispositions législatives et réglementaires en vigueur, qui satisfait l'un des quatre critères peut prétendre au bénéfice des avantages. Le premier critère est relatif à la création d'emplois Le deuxième critère alternatif est celui de parvenir à une activité annuelle d'exportations à concurrence de 10 à 25% du chiffre d'affaires hors taxes.

S'agissant du troisième critère, le traitement fiscal avantageux est également envisageable à l'égard d'un candidat qui contribue à la valeur ajoutée à concurrence de 10 à 30% du chiffre d'affaires hors taxes. La valeur ajoutée dont il s'agit représente la création ou l'accroissement de valeur apporté par l'entreprise aux biens et services en provenance de tiers dans l'exercice de ses activités professionnelles courantes. Elle s'apprécie aussi à l'aune des mesures prises en vue de participer au développement durable.

De multiples secteurs au Cameroun bénéficient des avantages fiscaux qui sont consacrés dans le code général des impôts conformément à l'article 128 (1)[38]. Sont exonérés de la TVA les opérations suivantes, dès lors qu'elles sont soumises aux droits d'enregistrement de même les opérations immobilières de toutes natures réalisées par des non-professionnels et les

[36] Veuillot (M) et Marly (P.), « Fiscalité climat et transition énergétique en Afrique », *op. cit.* p. 2.
[37] Pekassa Ndam (G-M), « Les transformations de l'administration fiscale camerounaise », *in* Magloire Ondoa (dir.), *L'administration publique camerounaise à l'heure des réformes*, Yaoundé, Harmattan-Cameroun, 2010, p. 29.
[38] Article 128 alinéa 1.

mutations de droits réels immobiliers et les mutations de fonds de commerce soumises au droit de mutation ou à une imposition équivalente.

L'article 335 du CGI dispose que sont enregistrés gratis généralement tous les actes dont l'enregistrement est à la charge de l'État, d'une personne morale publique de l'État, des organisations internationales, sous réserve de dispositions contraires de l'accord de siège avec un État de la Communauté, de la Banque des États de l'Afrique Centrale. De même tous les actes dont les droits sont à la charge des sociétés de prévoyance, de secours et de prêts mutuels agricoles ou des organismes coopératifs qui y sont affiliés, n'emportant pas une mutation de propriété ou de jouissance.

En ce qui concerne les droits d'enregistrement, les missions diplomatiques et consulaires sont, sous réserve de réciprocité et en application des dispositions de la Convention de Vienne sur les privilèges et immunités diplomatiques et de l'article 338 alinéa 24 du Code général des impôts[39], exemptés desdits droits à l'occasion de l'acquisition ou de la location de biens immobiliers destinés à leur usage officiel. Sont seuls concernés ici, les bâtiments abritant les bureaux des missions et organisations internationales, les résidences officielles des Chefs de missions et assimilés, ainsi que celles des Cadres jouissant du statut de diplomate. C'est ce que l'on retient de la convention de Vienne du 18 avril 1961 sur les relations diplomatiques. Selon ce texte, « *l'État accréditant et le chef de la mission sont exempts de tous impôts et taxes nationaux, régionaux ou communaux, au titre des locaux de la mission dont ils sont propriétaires ou locataires, pourvu qu'il ne s'agisse pas d'impôts ou taxes perçus en rémunération de services particuliers rendus* »[40]. Cependant, selon le même texte, cette exemption fiscale ne s'applique pas à ces impôts et taxes lorsque, d'après la législation de l'État accréditaire, ils sont à la charge de la personne qui traite avec l'État accréditant ou avec le chef de la mission[41]. Aussi, les personnes physiques peuvent être exemptes de cet impôt, exclusivement pour leurs activités soumises à l'impôt libératoire[42].

L'article 128 (16) du CGI[43] les biens et services exclusivement destinés à l'usage officiel des missions diplomatiques ou consulaires étrangères et des organisations internationales sont, sous réserve de réciprocité, d'accord de siège et de quotas fixés par les autorités camerounaises, exonérées de la TVA. Selon l'instruction interministérielle n°0000060/MINFI/DIPL du 26 mars 2010 relative à l'application des privilèges diplomatiques en matière fiscale et douanière, il faut entendre par « biens et services à usage officiel », les biens et services destinés aux

[39] Article 338 alinéa 24

[40] Alinéa 1er de l'article 23.

[41] Alinéa 2 de l'article 23.

[42] Article 27 alinéa 4.

[43] Introduites en la faveur de la loi n°2010/015 du 21 décembre 2010 portant loi de finances de la République du Cameroun pour l'exercice 2011.

missions officielles de la représentation diplomatique, du poste consulaire ou de l'organisation internationale.

L'accélération de la mondialisation et l'extrême mobilité des facteurs de production qui en a d'écoulées sont venues renouveler la nécessité pour les États de créer des environnements économiques propres non seulement à retenir les investissements existants, mais également à capter ceux à la recherche de point de fixation ou d'établissement avantageux[44]. La fiscalité s'avère alors être un levier actionnable capable d'y contribue.

Aussi, endroit fiscal camerounais, il n'existe pas que le régime d'exonération comme avantages fiscaux, mais aussi un régime d'exemption consacré dans le code l'impôt. Bien que le régime de l'investissement ait été supprimé par la loi n°2013/017 du 16 décembre 2013 portant loi de finances de la République du Cameroun pour l'exercice 2014, d'autres régimes d'impositions passe-droit existent. Ainsi en est-il par exemple des régimes des mesures fiscales incitatives à l'investissement privé au Cameroun notamment dans le but de renforcer la protection de l'environnement.

2. La justification des incitations fiscales

L'impôt vise à agir sur les structures économiques et les comportements sociaux par le biais d'exonération et plus rarement de sur-taxation. L'impôt peut être utilisé dans le cadre d'une action globale ou pour une action plus sélective. En ce qui concerne l'action globale, on peut par exemple citer la lutte contre l'inflation ; un prélèvement peut avoir pour but de réduire le pouvoir d'achat ou de taxer la marge des entreprises pour lutter contre l'inflation. En ce qui concerne l'action plus sélective l'État peut, à partir d'avantages fiscaux, encourager la recherche, la formation et l'apprentissage.

L'État peut aussi stimuler l'épargne ou l'investissement dans une activité. L'action en matière sociale : celle-ci peut aussi être globale ou sélective. En ce qui concerne l'action globale, il s'agit de la redistribution des richesses. L'impôt peut être utilisé comme un moyen de redistribution de la richesse entre les particuliers et ainsi assurer un nivellement des revenus et des fortunes. La théorie de la justice par l'impôt qui se traduit par la surimposition des plus grosses capacités contributives et l'exonération des plus faibles. Pour l'action sélective : sur-taxation des alcools et tabacs, de la production cinématographique à caractère érotique et des films violents. Exonération fiscale dans le cadre de l'encouragement.

La nature pécuniaire de l'impôt signifie qu'il est soldé en argent. Cette charge est acquittée sous forme monétaire. Dit autrement, « *l'impôt doit être recouvré en argent, et non plus en nature, à l'instar du service militaire ou de la corvée qui ont longtemps constitué un moyen de payer l'impôt* »[45]. Pour ce

---

[44] Selon la loi de finances de la République du Cameroun pour l'année 2015.

[45] Maitrot de La Motte (A.), « La notion d'impôt. Le droit fiscal à la recherche de son objet », *in* Tusseau (G.) (dir.), *Les notions juridiques*, Paris, Economica, 2009, p. 105.

faire, l'assiette est le plus souvent constituée d'éléments monétaires. L'impôt est alors prélevé sur une certaine somme d'argent ou sur une valeur convertie en termes monétaires. C'est le cas pour les avantages en nature liés à la jouissance d'un véhicule automobile ou d'un logement de fonction en matière de traitements et salaires.

Dans la mise en œuvre de la politique fiscale, l'État peut faire recours à d'autres moyens visant à garantir l'égalité des contribuables devant l'impôt. Ainsi, l'État peut faire recours soit à la politique de régulation et de stabilisation, soit à celle de l'incitation et modification des comportements[46]. Dans le premier cas, la politique fiscale joue un rôle important sur l'équilibre macroéconomique. On distingue généralement les politiques centrées sur la demande, des politiques d'offre (plus favorables à l'épargne et à la compétitivité des entreprises). Cette opposition renvoie à deux interprétations théoriques de la fiscalité.

Dans le second cas les incitations fiscales visant à modifier les comportements économiques occupent une place de plus en plus importante dans la politique fiscale[47]. L'interventionnisme fiscal ne se contente plus d'intervenir économiquement ou socialement, il est de plus en plus utilisé pour décourager les activités nuisibles (principe du pollueur-payeur basé sur l'internalisation du coût de la pollution, taxe sur les véhicules polluants) ou pour encourager les activités positives au niveau environnemental (dépenses d'isolation, investissements dans les énergies renouvelables) ou social (emploi d'une aide à domicile, soutien scolaire…).

Les incitations fiscales prennent la forme d'un prélèvement ou d'une réduction (principe du crédit d'impôt) qui impacte le système économique[48]. Dans le cas d'un marché, tout prélèvement de l'impôt modifie la relation entre le prix payé par l'acheteur et le prix encaissé par le vendeur. La différence entre le prix toutes taxes et/ou toutes charges sociales comprises et le prix hors taxes, est appelée le « coin fiscal »[49]. Les bienfaits de l'impôt sont généralement associés au fait que le coût monétaire du prélèvement est compensé par une modification des comportements économiques. Dans le cas contraire, il y a un risque d'inconsistance de la fiscalité environnementale.

II. L'inconsistance de la fiscalité environnementale

Du point de vue de sa dimension matérielle, la fiscalité environnementale se traduit par son inconsistance. Il en est ainsi dans la

---

[46] Hertzog (R.), « Le droit fiscal de l'environnement : en croissance sur des fondements incertains », *op. cit.*, p. 149.

[47] Raimana Lallemant-Moe (H.), « Les deux visages de l'impôt à finalité écologique », *Pouvoirs*, n°161, 2017, p. 150.

[48] Ragot (X.), « Quel financement de la politique climatique : dette, taxes, inflation ? », *Policy Brief*, n 116, 2023, p. 2.

[49] Kennedi (G.) et Tran (L.), « Comment financer la transition écologique ? », *Regards croisés sur l'Économie*, n°20, Vol.1, 2017, p. 160.

mesure où le produit de l'impôt vert est de faible importance, ce qui plombe l'idéal de transition écologique. À l'analyse, cette inconsistance est imputable à la fois à l'administration (A) et au contribuable (B).

A. Une inconsistance imputable à l'administration fiscale

L'analyse du fonctionnement de l'administration fiscale dans le contexte camerounais autorise à faire le constat de nombreuses failles qui ne favorisent pas la mise en place d'une fiscalité environnementale consistante. On peut le voir à l'aune de la minoration de la performance (1) et de la tolérance administrative (2).

1. La minoration de la performance

Au-delà de sa prise en compte par le droit administratif en général, la performance a réussi à pénétrer le champ du droit de la fonction publique[50]. L'objectif de cette évolution est de permettre à ce que l'activité administrative ait un impact sur la vie socio-économique des usagers. De plus en plus, on voit émerger des thématiques telles que l'efficience[51] du fait de la prévalence d'une nouvelle gestion publique centrée sur les résultats. À l'époque contemporaine, le respect de la légalité par les agents publics ne suffit plus à faire d'eux, un personnel exemplaire[52]. Encore faudrait-il que leur rendement soit de nature à améliorer la performance de l'administration[53]. En d'autres termes, de nos jours, la qualité du rendement de l'administration prend en compte non seulement leur respect de la légalité et de la loyauté, mais aussi, les résultats qu'il produit[54].

Il faut dire que cette évolution est consécutive à la relation que l'administration publique entretient désormais avec l'économie, car, on voit monter en puissance le management public dans la gestion de l'administration. Étant entendu que ce sont les agents publics qui travaillent pour le compte de l'administration, ceux-ci sont tenus au respect des exigences du management en question. Le processus d'institutionnalisation de la performance a ainsi eu un impact sur les exigences de rendement de l'administration publique, laquelle ne peut plus se contenter à offrir un service minimum aux usagers. Ainsi que le souligne **Jacques Chevallier**, « *la juridicisation des préceptes managériaux a entrainé la transformation en*

---

[50] Lapin (J.), « Performance et fonction publique de l'État : les récentes réformes », *RFAP*, n°131, 2003, p.601 ; Lire également Taillefait (A.), « Sélectivité et performance de la fonction publique », *in* Nathalie Albert (dir.), *Performance et droit administratif*, Paris, Litec, 2009, pp. 171-190.

[51] Mockle (D.), « Les approches critiques du droit administratif », *Les Cahiers de Droit*, n°3, vol.57, 2016, p. 499.

[52] Chante-Grellet et Pichat, « Fonctionnaires publics », in *Répertoire de Droit administratif*, Tome XVI, 1899, p. 573.

[53] Sissoko (D.), « La Fonction publique et les impératifs du développement en Afrique Noire francophone : le cas du Mali », *R.J.P.I.C.*, 1986, n°3-4, p. 927.

[54] Lapin (J.), « Performance et fonction publique de l'État : les récentes réformes », *op. cit.* p. 602.

profondeur non seulement de l'action publique, mais encore du droit lui-même »[55]. En France, c'est depuis la loi organique relative aux lois de finances de 2001 que le vocable performance est généralisé dans l'administration publique[56]. Avec les programmes d'ajustement structurel et la volonté de relancer les économies africaines, cette exigence est aussi prise en compte par les administrations publiques africaines.

Il faut néanmoins souligner que plusieurs éléments sont susceptibles d'accroître le rendement du personnel de l'administration. Il en est ainsi de l'amélioration de la qualité de la formation, l'organisation des stages de perfectionnement, mais surtout, une meilleure utilisation des agents publics[57]. C'est à ce niveau qu'interviennent les incompatibilités, car, c'est grâce à elle que l'administration peut valablement et réellement utiliser le personnel qu'elle recrute pour l'aider à accomplir ses tâches[58].

Le problème que pose la fiscalité environnementale en période post-Covid-19 est celui de la minoration de la performance. Ce postulat peut d'ailleurs être surprenant quand on sait que depuis la mise en place des programmes d'ajustement structurel, le Cameroun s'est orienté vers l'optimisation des ressources fiscales[59]. Ce qui pose problème, c'est le fait qu'en matière de fiscalité, ce sont les impôts classiques dont le recouvrement obéit à la logique de performance[60]. En ce qui concerne celui relatif à l'environnement, son recouvrement est de faible importance. De nombreuses raisons servent à justifier cette faible mobilisation des ressources fiscales. Dans un premier temps, l'on note l'inadaptation de l'administration à l'imposition vert. L'on note surtout la faible segmentation de l'administration fiscale qui n'a pas toujours un volet spécialisé sur les impôts et taxes liés à l'environnement[61]. Enfin, la faible digitalisation de l'administration fiscale justifie en partie l'inconsistance de la fiscalité environnementale. Une inconsistance qui a aussi pour fait générateur, l'exacerbation de la tolérance administrative en matière fiscale.

---

[55] Chevallier (J.), « Management public et droit », *Politiques et management public*, n°3, 2008, p. 94.

[56] Lire utilement l'article 4 de la loi N°2001-692 du 1er août 2001 relative aux lois de finances.

[57] Lapin (J.), « Performance et fonction publique de l'État : les récentes réformes », *op. cit.* p. 602.

[58] Flukiger (A.), « Le droit administratif en mutation : l'émergence d'un principe d'efficacité », *RDAF*, 2001, p. 2.

[59] Owona Ndouguessa (F-L), *L'orientation des sources du droit fiscal au Cameroun : essai de systématisation de la rationalité des droits africains*, Thèse de doctorat/Ph. D en Droit Public, Université de Yaoundé 2, 2015, p.117.

[60] Evina Obam (R.), « La politique fiscale au Cameroun. Étude sur l'exercice de la compétence fiscale des États depuis la décennie 1980, Thèse de doctorat en Droit, Université Aix-Marseille, 2006, p. 129.

[61] Abanda Atangana (A.), *L'administration fiscale et contribuables au Cameroun,* Paris, L'Harmattan, 2011, p. 35.

2. L'exacerbation de la tolérance administrative

L'actualité politique de ces dernières années, au Cameroun et dans le monde, souligne à profusion l'importance de la fiscalité dans la mise en œuvre des politiques sociales[62]. Au Cameroun et en France, par exemple, se pose la question de la justice fiscale ou encore de la finalité de l'impôt, préoccupation souvent à l'origine des changements socio-politiques majeurs observés dans plusieurs États. L'impôt ou le système fiscal mis en œuvre sera alors décrié et dénoncé si le peuple, dont le consentement est essentiel, le juge disproportionné, injuste et inopportun. Au centre de la problématique fiscale se trouve le bien-être des citoyens, d'où la tendance contemporaine vers la densification de la pression fiscale par le biais du contrôle.

Il est important de souligner que la pertinence du contrôle fiscal n'est plus à démontrer à l'époque contemporaine. Au plan téléologique, il présente une triple finalité : le rendement budgétaire, la garantie du respect de l'égalité de tous devant l'impôt et la régulation de l'économie[63]. Le renforcement du contrôle passe par la diversification des organes de contrôle. Jusqu'ici, l'administration fiscale monopolise quasiment le recouvrement et le contrôle. Or, du fait des carences constatées en ressources humaines, il faut souhaiter que d'autres acteurs interviennent dans le circuit du recouvrement et du contrôle. C'est dans ce sillage qu'il faut situer l'implication des Collectivités territoriales décentralisées dans le contrôle fiscal[64], tout comme on peut se référer à la participation de l'administration sectorielle en la matière.

L'un des éléments qui justifient l'inconsistance de la fiscalité environnementale est sans doute relatif à l'insoumission des opérateurs dont les activités dégradent l'environnement aux obligations environnementales. Le non-respect des obligations sus évoquées a forcément une incidence sur le paiement de l'impôt. Un opérateur qui n'enregistre pas son activité, ne donne aucun renseignement pour faciliter la localisation de son activité et ne fait aucune déclaration ne peut pas valablement payer l'impôt[65]. Il y a ainsi une catégorie d'acteurs qui se déploie dans le circuit de production des richesses, qui ont des revenus, mais ne paient aucun impôt. Ce qui est prévalent dans le contexte camerounais, c'est la recherche de la rentabilité et l'accroissement

[62] Les mouvements sociaux observés en 2008 au Cameroun ont abouti à une défiscalisation de l'importation et la vente de certains produits de grande consommation considérés comme de « première nécessité ». La crise politique dite des « gilets jaunes » qui a traversé la France, avait pour origine la décision prise par le gouvernement français d'augmenter les prix de carburant et certaines taxes.

[63] Roemer (F.), *Contentieux fiscal*, Bruxelles, Paradigmes, 2014, 2e éd., p. 7. Lire aussi : Abeng Messi (F.), *Le territoire et l'impôt en droit fiscal camerounais*, Thèse de doctorat/Ph.D en droit Public, Université de Yaoundé II, 2015, p. 341.

[64] Zok à Moubeke (Y-F), « La contractualisation de l'impôt au Cameroun », *RADP*, n°13, Vol. VII, 2018, p. 49.

[65] Paillaud (O.) et al., « La fiscalisation du secteur informel : le gisement existe-t-il et peut-il être exploité ? », *Economie de Madagascar*, n°3, 1998, p. 186.

des revenus[66]. Les opérateurs concernés par ce type d'activité font tout pour ne pas payer l'impôt. Une situation qui est renforcée par la tolérance administrative.

Il convient de souligner que dans le langage juridique, la notion de tolérance administrative désigne une « *situation illégale dans laquelle se trouve, de son fait, l'administré et par l'acceptation de cette illégalité par l'administration* »[67]. Ce qui revient à dire qu'elle est le résultat du comportement de deux acteurs, l'administré auteur de l'illégalité et l'administration qui s'abstient d'utiliser les moyens dont elle dispose pour y mettre fin[68]. Selon un auteur, « *Saluées pour la souplesse qu'elles révèlent quant à l'application particulière des règles de droit, les tolérances administratives sont aujourd'hui et de plus en plus souvent décriées pour les effets pervers qu'elles recèlent* »[69]. En Afrique subsaharienne et plus particulièrement dans le contexte camerounais, la tolérance administrative facilite non seulement l'occupation privative du domaine public, mais également l'essor des activités économiques en marge du droit fiscal. Tout le monde sait que ces activités existent, y compris l'administration, mais personne n'ose les contrôler dans le but de rentabiliser les ressources fiscales et par extension, de les fiscaliser. La principale conséquence de ce laxisme du Fisc est sans doute, l'inconsistance de la fiscalité environnementale. Une inconsistance qui est aussi imputable à l'attitude du contribuable.

B. Une inconsistance imputable au contribuable

A bien y regarder, l'inconsistance de la fiscalité environnementale n'est pas imputable exclusivement à l'administration fiscale. Ce qui est aussi palpable, c'est la réticence du contribuable, laquelle se traduit d'une part par la permanence de la fraude (1) et de l'évasion fiscales (2).

1. La permanence de la fraude fiscale stricto sensu

La permanence de la fraude fiscale est un phénomène observé sur le plan mondial autant pour des communautés presque abouties que pour des communautés en pleine expansion. La fraude fiscale est un concept « dont chacun parle et que nul ne connait » et son contenu est diversifié[70]. La fraude discale est un mécanisme dangereux, car il vise à occulter une partie de la

---

[66] Gauthier (J-F) et al., « La fiscalisation du secteur informel : recherche impôt désespérément », *Tiers-Monde*, n°168, 2001, p. 796.

[67] Grabias (F.), « Contribution à une définition de la notion de tolérance administrative », *in* Xavier Bioy et al. (dir.), *Tolérance et droit*, Toulouse, Presses de l'Université de Toulouse 1 Capitole, 2013, p. 28.

[68] Tallineau (L.), « Les tolérances administratives », *AJDA* 1976, p. 3.

[69] Grabias (F.), « Contribution à une définition de la notion de tolérance administrative », *op. cit.* p. 25.

[70] Josserand (L.), « Les mobiles dans les actes juridiques du droit privé », *Dalloz*, 1928, n°171.

base d'imposition et à se dispenser du paiement de l'impôt par des contraintes à la loi fiscale ou en utilisant des mécanismes quelque peu abusifs[71].

Les divergences entre les législations sont les principaux germes de la concurrence fiscale déloyale qui favorise la fraude et l'évasion fiscales que combat le forum mondial sur la transparence internationale. Désormais soucieux de supprimer ces disparités catalyseur de la délinquance fiscale, les États membres de la CEMAC ont consenti à réceptionner et acclimater les règles de transparence internationale édictées par l'OCDE et l'ONU, ceci en harmonisant leurs législations fiscales. Seulement, faute de régulation efficace, on observe la permanence de la fraude fiscale au sens strict c'est-à-dire la fraude légale et la fraude illégale. Selon le Professeur Pierre Alaka, il existe deux types de fraude fiscale : une fraude fiscale dite « artisanale » que pratiquent des fraudeurs isolés et dont les moyens mis en œuvre se résument dans des étreintes de petite amplitude. Il qualifie ces fraudeurs de « *contribuables mollusques* », c'est-à-dire ceux dont l'amateurisme en matière de fraude n'a d'égal que la grossièreté de leurs techniques. Il désigne également la fraude exercée par les multinationales de fraude « industrielle », c'est-à-dire celle exercée par les « *contribuables félins* »[72].

En effet, la fraude fiscale a comme objectif, et parfois donc comme résultat, d'échapper à tout ou partie de l'obligation fiscale. La fraude est un acte de mauvaise foi. Elle s'exerce à l'encontre d'un objet, la loi, et n'existe donc que s'il y a une règle obligatoire à laquelle tenter de se soustraire. La loi constitue donc l'élément légal. Mais elle implique également l'utilisation d'un, ou plutôt au vu de la grande habileté et l'imagination des fraudeurs, d'une multitude de moyens. L'action est distinguée de l'intention lorsque l'élément matériel est recherché. Ses deux principales manifestations sont alors l'action ou l'omission, lorsqu'il y a abstention. Enfin l'élément intentionnel traduit, au sens strict, la volonté d'aller contre la loi[73]. Dans le domaine fiscal, ces éléments caractéristiques demeurent, mais sont définis de manière moins restrictive que dans le droit pénal. L'élément légal est défini de manière très large puisque toute violation commise de mauvaise foi est une fraude. Ceci s'explique par l'exigence de répression et laisse une latitude supplémentaire au juge dans l'évaluation de la situation[74]. L'élément matériel, en fiscalité, est principalement le comportement actif même si la fraude par omission n'est ni rare ni exclue. L'intention du contribuable doit alors éclairer les circonstances. L'élément matériel dans son sens propre renvoie à

---

[71] Baur (J.P), *Les aspects internationaux de l'impôt, Droit fiscal général*, centre de publications universitaire 2001-2002, p.359.

[72] Alaka Alaka (P.), « Propos sur l'africanisation de l'impôt et de son droit », *Revue de l'AFDD*, n°97 nov. 2006, p 20-27.

[73] Saint-Amans (P.), « Les perspectives de la fiscalité internationale », *Droit fiscal*, 2017, comm. 474.

[74] Kilic (R.), « L'instrument privilégié de la lutte contre l'évasion et la fraude fiscale : la coopération administrative en matière fiscale », *Gestion et finances publiques*, 2012, p. 928.

l'opération fiscale destinée à se soustraire à l'imposition et doit être sanctionné par un texte[75].

L'imprécision qui touche le concept de fraude fiscale provient de la distinction opérée parfois entre la fraude dite légale et la fraude illégale que nous avons soulignée plus haut. L'expression fraude légale, qui reste empreinte d'un certain paradoxe, a d'ailleurs une double signification. Elle désigne, dans un premier sens, la sous-estimation de la matière imposable que permettent certains régimes fiscaux de faveur. Cependant, le plus souvent, elle désigne les procédés juridiques qui permettent d'échapper à l'impôt sans contrevenir à la loi ce qui lui confère un deuxième sens. En outre, la fraude légale se situe alors aux confins de la légalité, fondée sur l'habileté, l'expression est alors synonyme d'évasion fiscale. La fraude illégale désigne au contraire la violation ouverte de la loi fiscale. Le terme est employé en symétrique par rapport à l'expression : fraude légale.

2. La constance de la fraude fiscale lato sensu

L'évasion fiscale s'entend comme l'ensemble des comportements du contribuable, particulier ou entreprise, visant à réduire le montant des impositions dont il doit légalement s'acquitter. Fondée sur le transfert du patrimoine vers un autre pays au régime fiscal plus avantageux, l'évasion fiscale apparaît comme une notion ambiguë, à la frontière entre la fraude et l'optimisation fiscale[76]. Si la fraude cherche à abaisser le montant de l'impôt, elle repose cependant sur des moyens illégaux.

L'évasion fiscale se rapproche davantage de l'optimisation fiscale, laquelle vise à réduire la charge fiscale par une utilisation pertinente de la réglementation. Joseph AYANGMA fait une distinction entre l'évasion fiscale admise qui se rapproche de l'optimisation fiscale et celle qui n'est pas admise : « *L'évasion fiscale admise envoie à l'optimisation fiscale c'est-à-dire le refus habile de l'impôt, l'utilisation subtile des possibilités qu'offre la réglementation fiscale sans l'enfreindre* »[77]. Elle a en commun avec la fraude la volonté de ses auteurs de contourner la norme fiscale en vigueur dans le but d'éluder l'impôt, mais repose sur des mécanismes réguliers ou en apparence réguliers[78]. En raison du caractère opaque de ces opérations, l'évasion fiscale est par nature difficile à évaluer. La complexification de la finance internationale et le caractère immatériel de l'économie numérique ont pu encore accroître les montants de l'évasion fiscale depuis les années 1990[79].

---

[75] Conformément au principe de droit pénal « *nullum crimen nulla poena sine lege* », c'est-à-dire que l'infraction et la peine qui lui est attachée doivent obligatoirement être établies par un texte.

[76] Sur cette notion, voir Maitrot de La Motte (A.), *Droit fiscal de l'Union européenne*, Bruxelles, Bruylant, 2016, 2e éd., p. 9, note 1.

[77] Ayangma Ayangma (J.), *La pratique du contrôle fiscal des prix de transfert dans l'espace CEMAC. Le cas du Cameroun,* Yaoundé, l'Harmattan Cameroun, 2015, 358p.

[78] Leservoisier (L.), *Les paradis fiscaux*, Paris, PUF, 1992, p. 2.

[79] Voir Ardant (G.), *Histoire de l'impôt*, Paris, Fayard, 1971, t. 1, p. 156.

Les conséquences budgétaires et sociales sont importantes. Les capitaux transférés dans des structures privilégiées sont autant de ressources qui n'alimentent pas les économies nationales, obligeant les États à accroître leur endettement public ou leurs impôts, afin de maintenir leur niveau de dépenses publiques[80]. L'évasion fiscale est ressentie comme une injustice. Sur le plan social, les ménages qui la pratiquent (et qui sont souvent des ménages à hauts revenus) réduisent ainsi leur part dans le financement des biens collectifs. Sur le plan économique, les entreprises qui n'utilisent pas l'évasion fiscale souffrent d'une distorsion de concurrence et d'un déficit de compétitivité.

Enfin, sur le plan politique, les faibles résultats de l'action de certains États pour contrer l'évasion fiscale peuvent accroître le sentiment de défiance envers l'autorité publique. Lutter contre l'évasion fiscale nécessite la mise en place de règles internationales et communautaires. Or, la fiscalité est un secteur marqué par son caractère souverain et son rôle d'instrument d'attractivité économique[81]. Dépassant leurs prérogatives nationales, il s'agit pour les États de s'accorder sur un certain nombre de points comme la remise en cause du secret bancaire, l'établissement de la liste des paradis fiscaux au niveau international, l'harmonisation fiscale, l'échange d'informations, la mise en place de véritables moyens de lutte contre l'évasion fiscale au niveau communautaire.

Conclusion

Parvenu au terme de cette réflexion, il est important de souligner que la fiscalité environnementale est restée immuable après la crise sanitaire liée à la Covid-19 qui a fait des ravages dans le contexte camerounais. Ce caractère immuable est lié à l'absence de réformes de la législation la régissant ce qui fait que sa vocation initiale demeure identique à savoir, financer la transition écologique et opter pour des mesures incitatives. Ce qui est surtout saisissant, c'est le fait que du point de vue matériel, cette fiscalité est inconsistante et ne joue pas pleinement son rôle qui est de faciliter et d'accélérer la transition écologique. Reste à souhaiter que la dynamique communautaire vienne provoquer la réforme de la fiscalité environnementale pour un impôt au service du cadre de vie de l'homme./-

[80] Bequet (P.), *Contrebande et contrebandiers*, Paris, PUF, 1972.

[81] Dussart (V.), « La police fiscale », *Droit fiscal*, 2014, comm. 695 ; De Ricolfis (T.), Lejeune (O.), « L'action de la police judiciaire dans la lutte contre la fraude fiscale complexe », *Droit fiscal*, 2016, comm. 498.

L'autonomie fiscale des Collectivités Territoriales des États d'Afrique subsaharienne francophone au lendemain de la crise sanitaire à Covid-19 : les exemples du Cameroun, du Bénin et du Sénégal.

Dr Martin NJAMA BOYOCK

Ph. D. en Droit Public, Université de Dschang (Cameroun).

****

Introduction

Composante essentielle des finances publiques, nul ne peut valablement contester que la fiscalité des États d'Afrique subsaharienne francophone n'ait pas été soumise à un traumatisme[1] au lendemain de la crise sanitaire à Covid-19. En effet, la persistance des effets de la crise a permis de constater les manquements des systèmes fiscaux africains. L'on a pu observer que durant la crise sanitaire, les gouvernements respectifs du Cameroun, Bénin et Sénégal n'ont pas manqué de prendre des mesures gouvernementales d'adaptation à la crise. Car, jamais les finances publiques des États d'Afrique subsaharienne francophone n'avaient subi un tel choc[2]. Jamais l'autonomie fiscale des collectivités territoriales n'a été amoindrie comme cela a été le cas face à la récente crise sanitaire.

Face à cette situation dérangeante, il nous a donc semblé utile en tant qu'observateur des systèmes fiscaux africains, de mener une réflexion d'ensemble dans le cadre de cet ouvrage collectif portant sur ***La fiscalité post Covid-19 en Afrique subsaharienne francophone : regards croisés***, afin de pouvoir démontrer que d'une manière générale, la fiscalité a été utilisée par les pouvoirs publics africains durant la crise sanitaire tantôt comme un levier[3] devant servir à résoudre la crise, tantôt comme un instrument devant permettre d'analyser les effets de la crise sanitaire sur elle, afin de proposer à terme des remèdes devant aboutir à l'éradication totale de la crise. « L'autonomie fiscale des collectivités territoriales des États d'Afrique subsaharienne francophone au lendemain de la crise sanitaire à Covid-19 : les cas du Cameroun, Bénin et Sénégal ». C'est une contribution à la question des transformations

---

[1] MOYSAN (Émilie) (dir), *Les finances publiques face à la crise sanitaire : quelle résilience ?*, Actes du colloque organisé le 18 janvier 2021 à l'Université du Mans, Paris, Enrick B. Editions, 2023, p. 3.

[2] *Ibid.* p. 3.

[3] LUPPI (Philipe), « L'utilisation du levier fiscal pour résoudre la crise sanitaire », *in* MOYSAN (Émilie) (dir), *Les finances publiques face à la crise sanitaire : quelle résilience ? op.cit.*, p. 10.

contemporaines des finances publiques et de la fiscalité dans les États d'Afrique subsaharienne francophone. Il convient de mentionner au passage que le choix des pays comme le Cameroun, Bénin et Sénégal peut s'expliquer par le fait que ces pays disposent d'une même structure étatique.

En effet, la structure de l'État leur fut léguée par la colonisation qui a conditionné son système d'administration par une adaptation de comportement fiscal de ces États[4], à savoir que ce sont des États unitaires décentralisés[5]. Ce qui a eu pour conséquence directe la conduite du pilotage du système financier local et national par le pouvoir central. L'objectif étant de limiter les risques d'éclatement[6] de l'État unitaire. De ce fait, la thématique ainsi formulée n'est peut-être pas nouvelle en doctrine[7]. Mais elle est sans cesse renouvelée dans le sens de l'étude de l'autonomie financière des collectivités territoriales. Deux raisons peuvent le justifier. En premier lieu, *« il n'est pas superflu de faire remarquer que la règle du fondement législatif des impôts et taxes n'a pas un caractère universel »*[8]. De son avis, les collectivités locales peuvent être dotées d'un véritable pouvoir fiscal.

---

[4] FOTSING (Jean-Baptiste), *Le pouvoir fiscal en Afrique. Essai sur la légitimité fiscale dans les États d'Afrique noire francophone,* Paris, LGDJ, 1995, p. 14.

[5] Par État unitaire décentralisé, il faut entendre que la décentralisation territoriale est expressément inscrite dans sa Constitution ou dans une loi fondamentale à l'instar de la France et du Cameroun. Un tel État est, et demeure, unitaire parce qu'il ne connaît qu'un seul pouvoir politique et par conséquent un seul centre de décisions politiques, une seule Constitution, une seule catégorie de lois adoptées par un seul Parlement et ayant vocation à s'appliquer à l'ensemble du territoire et enfin, un seul gouvernement. Dès lors, l'inscription de la décentralisation au rang des normes Constitutionnelles, constitue une garantie que le mode d'organisation du territoire, exprimée par des collectivités territoriales autonomes et distinctes de l'État, occupe une place importante dans la gestion territoriale de cet État. Lire à ce sujet, NGONO TSIMI (Landry), *L'autonomie administrative et financière des collectivités territoriales décentralisées : l'exemple du Cameroun,* thèse pour le doctorat en droit public, Université Paris-Est Créteil Val-de-Marne, 2010, tome 1, p. 279.

[6] YAMTCHEU KAYE (Estelle-Audrey), *L'impôt local en droit camerounais,* Thèse de doctorat/Ph.D en droit public, Université de Douala, 2022, p. 114.

[7] HOLO (Théodore), « La décentralisation au Bénin : mythe ou réalité ? », *RBSJA*, n°7 décembre 1986 ; GADJI (Abraham), « Décentralisation et développement local : réflexions à partir de l'exemple de la Côte d'Ivoire », *Revue ivoirienne de droit*, n°41, 2010 ; MAMBO (Paterne), « Réflexion sur la libre administration des collectivités territoriales en droit ivoirien », *Cahiers de administratifs et politistes de ponant*, 2012/N°20 ; PHILIP (Loïc), « L'autonomie financière des collectivités territoriales », *Les cahiers du Conseil constitutionnel*, n°12/2002 ?, p. 96 ; MEDE (Nicaise), « L'autonomie retenue : étude sur le principe de libre administration des collectivités territoriales en Afrique de l'ouest francophone », *RJPÉF*, avril-juin 2008 ; KEUDJEU DE KEUDJEU (John-Richard), *Recherches sur l'autonomie des collectivités territoriales décentralisées au Cameroun,* Thèse de doctorat/Ph.D en droit public, Université de Douala, 2010-2011, 750 p. ; NGUECHE (Sylvie), *La formation de l'autonomie financière des collectivités territoriales au Cameroun,* Thèse de doctorat/Ph.D en droit public, Université de Yaoundé II, 2015.

[8] MEDE (Nicaise), YENOUSSI (Nicolas) (dir.), *Impôts locaux et développement local,* Actes du colloque des 14-15 octobre 2021, Dakar, L'Harmattan Sénégal, 2022, p. 26.

Seulement, il convient de relever que l'idée développée par le professeur Nicaise MEDE est totalement vraie lorsqu'on se retrouve dans un État fédéral[9]. À titre d'illustration, dans les 26 cantons suisses, la création d'impôts s'accompagne toujours de la compétence de recouvrement. D'abord, les administrations cantonales assurent les tâches liées à la détermination de l'assiette, à la liquidation et au recouvrement de l'impôt. Elles prélèvent ensuite sur les cagnottes recouvrées les parts qui reviennent au canton et reversent les reliquats au gouvernement fédéral. Toute chose qui relève de l'illusion[10] dans les États unitaires d'Afrique subsaharienne francophone. Ici par contre, l'on observe plutôt que la logique unitaire de l'État est caractérisée par l'exorbitance des compétences de l'administration centrale dans le prélèvement et la répartition des impôts locaux au profit des CTD[11]. En second lieu, la querelle sur la possibilité d'existence d'un pouvoir fiscal des CTD est vieille. Mais, le débat est souvent renouvelé sous l'angle de la question de l'existence ou non d'un pouvoir fiscal qui serait reconnu aux collectivités territoriales décentralisées. En effet, certains auteurs ont longtemps soutenu qu'il existe des affaires locales propres sur lesquelles les collectivités territoriales détiendraient *« des droits aussi sacrés que ceux des individus »*. D'autres soutiennent au contraire que *« les affaires locales n'ont d'autres sources institutives qu'un auto dessaisissement de l'État (qui) ... juridiquement demeure relatif, temporaire et toujours révocable »*[12]. Aujourd'hui cette controverse doctrinale est close. Elle n'a plus qu'un intérêt historique, car le droit positif a consacré avec clarté que *« les affaires locales ne sont locales que parce que le pouvoir central les a abandonnées aux autorités locales »*[13]. C'est là aussi que réside tout l'intérêt de la présente investigation intellectuelle. Cet intérêt est théorique et pratique.

D'un point de vue théorique, on a trop souvent tendance à parler indifféremment d'autonomie financière et d'autonomie fiscale des

---

[9] Un pays comme la Suisse offre un exemple qui met l'entonnoir en l'envers. Il est à ce titre intéressant de faire remarquer qu'en tant qu'État fédéral, les 26 cantons qui composent la Suisse ont la compétence de créer les impôts et taxes. Ce qui suscite un phénomène de concurrence fiscal doublé de *shopping fiscal* des résidents : lire Thierry OBRIST, « La concurrence fiscale entre les collectivités suisses : écho de la suisse » cité par MEDE (Nicaise), YENOUSSI (Nicolas) (dir.), *Impôts locaux et développement local, op.cit.* p. 26.

[10] LEWIN (Florence), « L'illusion de l'autonomie fiscale locale : les liaisons du budget de l'État et des budgets locaux », *in* Jean-Claude MARTINEZ (dir.), *L'autonomie financière territoriale, un paradigme planétaire revisité,* Paris, L'Harmattan, 2014, pp. 579-591.

[11] YAMTCHEU KAYE (Estelle-Audrey), *L'impôt local en droit camerounais, op.cit.*, p. 45.

[12] FOTSING (Jean-Baptiste), *Le pouvoir fiscal en Afrique. Essai sur la légitimité fiscale dans les États d'Afrique noire francophone,* op cit, p. 197 ; CHAPUSAT (Louis-Jérôme), *La notion d'affaires locales en droit administratif français*, Thèse, Université de Paris II, 1971, p. 338 ; PONTIER (Jean-Marie), « La répartition des compétences entre l'État et les collectivités locales », *in La décentralisation pour la rénovation de l'État, op.cit.*, p. 11.

[13] PONTIER (Jean-Marie), « La répartition des compétences entre l'État et les collectivités locales », *in* DEBBASCH (Charles) (dir), *La décentralisation pour la rénovation de l'État,* Paris, PUF, 1976.

collectivités territoriales décentralisées, parfois à un point tel qu'on a même du mal à opérer la différence entre ces deux notions. La doctrine ne parvient pas à cerner le concept d'autonomie fiscale et de s'accorder sur une définition unanimement partagée, faisant ainsi de l'autonomie fiscale un concept relatif[14]. D'ailleurs, un auteur fait remarquer à ce sujet que : *« le nœud du problème de l'autonomie financière, c'est l'autonomie fiscale »*[15].

Voilà l'ultime occasion de rappeler que l'autonomie financière comprend au moins cinq aspects qui sont les suivants : l'autonomie de dépenser, l'autonomie de fiscaliser ou de fixer l'assiette, l'autonomie d'emprunter, la péréquation, les ressources propres insuffisantes. Il en ressort que l'autonomie fiscale est une composante essentielle de l'autonomie financière[16]. Parlant de l'autonomie financière des CTD, le Professeur André ROUX précise qu'elle se décline notamment en deux aspects. Le premier est institutionnel et implique une certaine *« reconnaissance aux autorités régionales ou locales d'un libre pouvoir de décision aussi bien en matière de dépenses qu'en matière de recettes »*[17]. Le second est un aspect financier ou matériel. Il s'agit de *« la possibilité pour les collectivités régionales ou locales d'assurer le financement de leurs dépenses par des ressources propres en volume suffisant »*[18]. En d'autres termes, l'autonomie fiscale des CTD renvoie dans un premier temps à la capacité de prendre une décision financière[19] et dans un second temps, à la faculté de disposer des ressources financières propres dans la gestion des collectivités locales. Ce qui suppose que l'autonomie fiscale des CTD est tributaire de leur autonomie financière[20].

Mais avant tout développement au fond, il faut commencer par dire que l'autonomie fiscale des collectivités territoriales renvoie à la faculté reconnue aux CTD de créer de nouveaux impôts et taxes, mais aussi, et surtout de déterminer l'étendue de leur assiette fiscale ainsi que de voter les taux d'impôts. Précisément, elle consiste en la production de nouvelles normes

---

14 BELEBENIE (Pierre), *Les transformations de la fiscalité locale au Cameroun,* Paris, L'Harmattan, 2016, p. 226.

15 ROBERT (Fabrice), *Les collectivités territoriales en France*, Paris, La documentation française, collection « Les notices », 3ème édition revue et corrigée, notice n°18, p. 118.

16 MEYONG ABATH (Roger), « L'expérience camerounaise d'autonomie financière territoriale », *in* MARTINEZ (Jean-Claude) (dir), *L'autonomie financière territoriale. Un paradigme planétaire revisité*, Paris, L'Harmattan 2014, p. 272.

17 ROUX (André), « L'autonomie financière des collectivités territoriales dans les constitutions européennes », *in Mélanges en l'honneur de Jean Gicquel. Constitutions et pouvoirs,* Paris, Montchrestien-Lextenso, 2008, p. 485.

18 *Ibid.*

19 ROUX (André), « L'autonomie financière des collectivités territoriales en Europe », Rapport introductif *Annuaire International de Justice Constitutionnelle*, 2006, p. 499.

20 ELYOUSFI (Mohamed), « Les transferts d'impôts aux collectivités territoriales : le cas du Maroc », *in* MARTINEZ (Jean-Claude) (dir), *L'autonomie financière territoriale. Un paradigme planétaire revisité*, *op cit,* p. 218.

fiscales, c'est-à-dire de créer et de lever l'impôt[21]. En ce sens, l'autonomie fiscale des collectivités territoriales apparait davantage comme une prérogative, mieux une aptitude juridique reconnue à celles-là par l'État[22]. Il en découle que l'autonomie fiscale renvoie au pouvoir régalien de lever l'impôt et d'en fixer le produit. Elle est par voie de conséquence, une composante essentielle de l'autonomie financière[23]. *In fine,* on peut retenir avec les Professeurs Louis TROTABAS et Jean-Marie COTTERET que dans une conception plus large incluant les pouvoirs publics, l'autonomie fiscale ou le pouvoir fiscal renvoie d'une manière générale au *« pouvoir d'édicter un système d'impôt soit législatif, soit règlementaire »*[24].

D'un point de vue pratique, il est question de voir à travers cette étude que les collectivités locales des États unitaires contrairement à celles des États fédéraux ne peuvent créer de nouveaux impôts, encore moins modifier l'assiette fiscale. Plus encore, les règles de fixation des taux d'imposition restent complexes, et davantage, aucune loi ne permet encore aux collectivités territoriales décentralisées des États d'Afrique subsaharienne francophone de modifier par elles-mêmes leur assiette fiscale. Dans un tel contexte, parler d'une autonomie fiscale des collectivités territoriales revient à dire que leurs assemblées délibérantes sont uniquement habilitées à voter les taux d'impôts suivant les dispositions légales en vigueur. Pourtant, dans sa conception ontologique, l'idée d'autonomie fiscale des CTD va bien au-delà. Elle est supposée renvoyer non seulement au vote des taux d'imposition par les assemblées délibérantes, mais aussi à la répartition de leurs recettes fiscales dans le cadre de l'intercommunalité[25].

Or, dans la pratique, l'autonomie fiscale des collectivités territoriales est résiduelle[26] par le fait qu'elle se traduit par une autonomie de gestion très limitée, impliquant une participation financière de l'État par des dotations ou des transferts d'impôts visant à compenser l'augmentation des dépenses des collectivités territoriales[27]. À la vérité, les CTD gèrent pour la plupart des cas, les impôts et les moyens financiers qui leur sont concédés par l'État[28]. Qui

---

[21] ROUX (André), « L'autonomie financière des collectivités territoriales en Europe », *Annuaire International de Justice Constitutionnelle*, Paris, Economica, PUAM, 2006, p. 499.

[22] NOAH (Benoit Ghislain Thierry), *La compétence financière des collectivités locales en Afrique francophone subsaharienne : les cas du Cameroun, Gabon, Côte d'Ivoire, Bénin et Sénégal,* Thèse de Doctorat/Ph.D en droit public, Université de Douala, p. 101.

[23] MEYONG ABATH (Roger), « L'expérience camerounaise d'autonomie financière territoriale », *op.cit.* p. 269.

[24] TROTABAS (Louis), COTTERET (Jean-Marie), *Droit fiscal,* Paris, Dalloz, 1985, p. 44.

[25] Lire utilement, PAGNOU (Sasso), « Intercommunalité et politique fiscale locale », *in* Nicaise MEDE, Nicolas YENOUSSI (dir.), *Impôts locaux et développement local,* op. cit., pp. 407-425.

[26] NOAH (Benoit-Ghislain-Thierry), *La compétence financière des collectivités locales en Afrique francophone subsaharienne..., op.cit.* p. 99.

[27] TALSI (Jihane), « Les concours financiers de l'État aux collectivités territoriales », *in* MARTINEZ (Jean-Claude), (dir), *L'autonomie financière territoriale..., op.cit.,* p. 152.

[28] Une lecture des dispositions constitutionnelles des 3 Etats étudiés révèle qu'en réalité, les CTD de ces États ne disposent quasiment pas d'un véritable pouvoir fiscal autonome. Puisque

plus est, la crise sanitaire à Covid-19 n'a introduit au Cameroun, Bénin et Sénégal ni de changement significatif en termes de recettes supplémentaires ni l'élargissement de l'autonomie fiscale. Le passage de la crise a plutôt maintenu un impôt local pluriel, se composant à la fois des ressources propres et de ressources partagées[29].

Partant de ces considérations liminaires, mener notre étude peut conduire à l'interrogation suivante : que reste-t-il de l'autonomie fiscale des collectivités territoriales des États d'Afrique subsaharienne francophone au lendemain de la crise sanitaire à Covid-19 ? La réponse avancée en guise d'hypothèse générale se traduit par l'idée selon laquelle la survenance de la crise sanitaire dans ces trois États n'a eu aucun impact, mieux elle n'a entrainé aucune réforme majeure en ce qui concerne l'autonomie fiscale des collectivités territoriales au sein de ces États unitaires décentralisés. En conséquence, il est loisible de constater que si, l'autonomie fiscale des CTD s'avère comprimée ou confuse[30] au Cameroun en raison non seulement d'une tutelle encore trop pesante et surtout à cause de la superposition contradictoire des textes législatifs en vigueur dans ce pays. Par contre, l'autonomie fiscale des collectivités territoriales présente au Bénin et au Sénégal de grands signes d'affaiblissement en raison de leur hypothétique ancrage constitutionnel[31]. C'est la raison pour laquelle l'autonomie fiscale des collectivités territoriales y demeure très limitée dans la mesure où le pouvoir fiscal local n'est pas normatif. Ainsi, l'on verra à partir d'une démonstration bipartite fondée sur l'exégèse des textes[32] en vigueur dans les trois États objet de notre étude[33],

---

ce dernier étant conféré par la loi, leur pouvoir de gestion et de décision fiscal est limité par l'État lui-même. À ce titre, les lois camerounaises du 10 juillet 2009 portant régime financier des CTD et Béninoise du 15 janvier 1999 portant sur le même objet sont suffisamment claires dans la mesure où elle considère que la fiscalité qui est aux collectivités territoriales attribuées est constitutive de leur autonomie fiscale. D'ailleurs, l'article 26 al 3-d de la loi constitutionnelle camerounaise du 18 janvier 1996 qui dispose à cet effet que : « *la création des impôts et taxes et la détermination de l'assiette, du taux et des modalités de recouvrement de ceux-ci sont du domaine de la loi* ». Dans le même ordre d'idées, l'article 8 de la loi n°98-007 du 15 janvier 1999 portant régime financier des communes en République du Bénin dispose que : « *la création des impôts et taxes est du domaine de la loi. Le conseil communal par sa délibération en fixe le taux dans la limite du plafond déterminé par la loi de finances* ». Tel est également le sens de l'article 16 de la Directive n°01/2011/CM/UEMOA du 24 juin 2011 portant régime financier au sein de l'UEMOA qui précise que : « *le principe de la légalité de l'impôt implique que la création des impôts et taxes est du domaine de la loi* ».

29 TOGBE (Jean-Claude), TOKO (Bienvenu), « Les recettes partagées au Benin », *in* Nicaise MEDE, Nicolas YENOUSSI (dir.), *Impôts locaux et développement local, op.cit.* pp.125-148.

30 BELEBENIE (Pierre), *Les transformations de la fiscalité locale au Cameroun, op.cit.* p. 226.

31 DIOUKANE (Abdourahmane), *Les finances locales sénégalaises,* Paris, L'Harmattan, 2018, p. 18.

32 Il s'agit précisément des textes à valeur constitutionnelle, législative et réglementaire en vigueur au Cameroun Bénin et Sénégal.

33 Les États d'Afrique noire francophone ont inscrit dans leurs constitutions ou dans les lois de manière plus ou moins explicite, le principe de l'autonomie financière des collectivités territoriales. Lire NHIOMOG MAHOP (Bernard), « Des autonomies financières territoriales

qu'au lendemain de la crise sanitaire à Covid-19 l'autonomie fiscale des CTD, apparait davantage comme un pouvoir fiscal dérivé[34]. Elle a donc toujours été considérée comme une simple faculté des autorités locales à moduler le niveau de pression fiscale que le pouvoir central entend souvent répercuter sur les contribuables locaux. Autrement dit, l'autonomie fiscale des collectivités territoriales des États d'Afrique subsaharienne francophone demeure au lendemain de la crise sanitaire à Covid-19, tantôt encadrée par les pouvoirs publics (**I**), tantôt diluée par les immixtions de l'État (**II**).

I. Une autonomie fiscale des CTD encadrée par les pouvoirs publics

La souveraineté fiscale est entendue par le professeur Nicolas GUILLET, comme « *la compétence pour une collectivité d'exercer la totalité du pouvoir en matière d'imposition : création de l'impôt, fixation de l'assiette et des taux, recouvrement et suppression de l'impôt* »[35]. Dans cette perspective, si l'attribution d'un pouvoir fiscal au CTD pouvait constituer une source d'autonomie certaine, elle n'est pas admise dans un État unitaire décentralisée et se présente davantage comme un danger, une entrave à l'unité et à l'indivisibilité. Cela dit, la compétence fiscale des collectivités territoriales des États d'Afrique subsaharienne francophone découle de l'autonomie administrative et financière qui leur est conférée par l'État en vertu de leurs constitutions[36] respectives. Ce point de vue est d'ailleurs partagé par la professeure STECKEL-MONTES qui constate que « *la souveraineté fiscale appartient à l'État dans la mesure où le pouvoir central crée librement des impositions de toutes natures et utilise librement leur produit* »[37].

Pour s'en convaincre, il suffit de prendre pour exemple l'article 102 de la Constitution sénégalaise du 22 janvier 2001 qui dispose que : « *les collectivités territoriales s'administrent librement par des assemblées élues* »[38]. Dans cet ordre d'idées, si le constituant sénégalais ne fait pas directement allusion à l'autonomie financière des collectivités locales, il laisse néanmoins le soin au législateur d'en fixer les contours. En revanche, les constituants camerounais et béninois sont plus explicites ; ils précisent à cet égard que seuls les parlements sont compétents pour déterminer en vertu de

---

entre affirmation et réalité : le Gabon et la République du Congo », *in* MARTINEZ (Jean-Claude) (dir), *L'autonomie financière territoriale…, op cit*, p. 293.

[34] Commission des communautés européennes, *Le pouvoir fiscal dans les États membres de la communauté*, Études, série concurrence, 1969, p. 51 ; STECKEL-MONTES (Marie-Christine), « Un pouvoir fiscal en trompe-l'œil », *RFDC*, 2005/1 n° 61, p. 20.

[35] GUILLET (Nicolas), « L'avenir de l'autonomie financière des collectivités territoriales après la loi organique du 29 juillet 2004 », *RGCT*, janvier-février 2005, n° 32, p. 45.

[36] NOAH (Benoit Ghislain Thierry), *La compétence financière des collectivités locales en Afrique francophone subsaharienne…*, p. 100.

[37] STECKEL-MONTES (Marie-Christine), « Un pouvoir fiscal local en trompe-l'œil », *op cit*, p. 19.

[38] Article 102 de la constitution Sénégalaise du 22 janvier 2001 modifiée.

leurs constitutions, les règles de détermination de l'assiette fiscale et de fixation des taux d'imposition et des modalités de recouvrement de ceux-ci[39].

Toutefois, un exemple frappant est qu'au lendemain de la crise sanitaire à Covid-19, l'autonomie fiscale des collectivités territoriales des États d'Afrique subsaharienne francophone demeure fortement encadrée par les pouvoirs publics. Deux raisons semblent justifier ce point de vue. La première tend à faire véhiculer l'idée selon laquelle l'autonomie fiscale desdites collectivités est demeurée au lendemain de la pandémie à coronavirus bien enserrée dans la fixation des taux d'imposition par leurs assemblées délibérantes (A). La seconde raison vise à démontrer qu'au lendemain de la crise sanitaire, cette autonomie fiscale est apparue comme confinée dans la détermination de l'assiette fiscale suivant les dispositions légales (B).

A. Une autonomie fiscale des collectivités territoriales enserrée dans la fixation des taux d'imposition par les assemblées délibérantes

Le passage de la crise sanitaire à Covid-19 n'a provoqué aucune transformation relativement à l'exercice du pouvoir fiscal reconnu aux collectivités territoriales en Afrique subsaharienne francophone. Cela suppose que l'autonomie fiscale des collectivités n'a subi aucune réforme. C'est-à-dire que l'activité des collectivités territoriales décentralisées est la même à savoir que : c'est toujours à l'administration fiscale qu'il revient, dans le cadre de la mise en œuvre de ses compétences fiscales régaliennes, d'initier la modification de l'ordonnancement juridique[40]. Dans ce cas, l'exécutif communal ou régional ne peut en faire autrement, puisque sa marge de manœuvre est réduite puisqu'encadrée, sinon limitée par les différents pouvoirs publics camerounais, béninois et sénégalais.

Ces faits sont révélateurs de ce que l'autonomie fiscale des collectivités territoriales est un pouvoir fiscal dérivé[41]. Il en est ainsi dans la

---

[39] Au Cameroun, l'article 26 de la constitution dispose que : « *la loi est votée par le parlement. Sont du domaine de la loi, la création des impôts et taxes et la détermination de l'assiette, du taux et des modalités de recouvrement de ceux-ci* ». Au Sénégal, la constitution dispose que : « *l'assemblée représentative de la République porte le nom d'assemblée nationale. Elle exerce le pouvoir législatif. Elle vote seule les lois et consent à l'impôt* ». Pour sa part, l'article 98 de la loi n°90-32 du 11 décembre 1990 portant constitution de la République du Bénin telle que modifiée par la loi n°2019 -40 du 07 novembre 2019 dispose que : « *sont du domaine de la loi ... l'assiette, le taux et les modalités de recouvrement des impositions de toute nature* ».

[40] Au Bénin comme dans les autres États pris comme échantillons de l'étude, l'impôt est le produit de la loi et seul le parlement peut l'instituer, décider de la matière imposable et des modalités de recouvrement.

[41] Cela induit que les collectivités territoriales existantes au Cameroun, Bénin et Sénégal ne disposent d'aucune réelle habilitation législative pour fixer de manière souveraine les taux d'imposition. Elles ne peuvent se limiter qu'au vote des taux d'impôts et à la détermination de la différence de taux entre chaque impôt. Lire à ce sujet, DETERNE (Julia), « *L'autonomie financière territoriale en quête de ressources : les impôts nationaux transférés aux collectivités locales. L'exemple français de deux vagues des transferts* », *in* Jean-Claude MARTINEZ (dir.), *L'autonomie financière territoriale, un paradigme planétaire revisité*, op cit, p. 202.

mesure où la loi permet aux CTD du Cameroun, Bénin et Sénégal, de fixer chaque année, par délibération, les taux des principaux impôts locaux. Mais les assemblées délibérantes locales ne peuvent légalement et valablement s'exprimer qu'en se conformant aux prescriptions législatives en vigueur dans ces pays en matière de fiscalité locale[42]. Comme quoi, l'opération de fixation des taux d'imposition par ces assemblées se matérialise premièrement à travers le vote du taux et tarif des impôts locaux dans la fourchette définie par le législateur (1) et deuxièmement à travers l'application des mesures d'exonérations sur certaines parts d'impôts locaux (2).

1. Le vote du taux et tarif des impôts locaux dans la fourchette définie par le législateur

Comme mentionné plus haut, la compétence fiscale des collectivités territoriales en matière de la création de leurs ressources propres de nature fiscale ou non fiscale relève principalement de la compétence du législateur[43]. Vu que l'assiette et les intervalles des taux et tarifs des impôts locaux sont déterminés par le parlement, il revient simplement aux CTD de fixer dans les limites de la fourchette définie par le législateur, la part et le montant des impositions qui seront prélevées dans leur région ou commune[44]. En raison de cela, investi d'une compétence fiscale dérivée, l'organe délibérant de la collectivité territoriale qui règle par délibération des affaires régionales et communales peut être en conséquence chargé du vote du taux et tarif de certains impôts dans les intervalles de la fourchette définie par la loi[45]. C'est précisément dans cette optique que les assemblées délibérantes des CTD sont habilitées par les lois portant sur la fiscalité locale au Cameroun[46], Bénin[47] et Sénégal[48], à voter le taux et tarif des impôts locaux.

Ces dernières peuvent également être autorisées par le parlement à fixer l'assiette et le taux des impositions dont elles peuvent recevoir tout ou partie du produit des impôts nationaux. Cette autorisation se présente comme étant une délégation du pouvoir constituant au pouvoir législatif[49]. Mais en

---

[42] SEGO (Pierrot), « Le cadre normatif de la fiscalité locale au Bénin », *in* MEDE (Nicaise), YENOUSSI (Nicolas) (dir.), *Impôts locaux et développement local, op.cit.* p. 35.

[43] PHILIP (Loïc), « Le pouvoir fiscal local bénéficie-t-il d'une protection Constitutionnelle ? », *op.cit.*

[44] Loi camerounaise n°2009/019 du 15 décembre 2009 portant fiscalité locale.

[45] Le taux plafond doit être respecté par la collectivité locale.

[46] Loi n°2019/024 du 24 décembre 2019 portant code général des collectivités territoriales décentralisées.

[47] Loi n°2021-14 du 20 décembre 2021 portant code de l'administration territoriale en République du Benin.

[48] Loi n°2013-10 du 28 décembre 2013 portant code général des collectivités locales au Sénégal.

[49] Non sans prévoir le montant des recettes qui vont alimenter le budget des communes et des régions dans les limites des taux fixés annuellement le législateur intervient généralement pour accorder les subventions et dotations, pour fixer le taux des ristournes au profit des collectivités territoriales, provenant de la vente des produits de base, de la vente des terrains domaniaux et

réalité, les CTD votent les taux et tarifs dans la limite de la fourchette définie par la loi[50]. À savoir : la patente[51], de la licence[52], l'impôt libératoire[53] et du produit de la taxe communale[54] à l'exception de la TDL[55]. En conséquence, l'application différenciée des taxes facultatives d'une collectivité à une autre contribue le plus souvent des structures fiscales entre les collectivités territoriales à forte fiscalité et celles à faible fiscalité[56]. Tel a d'ailleurs été le cas en période de sévices de la crise sanitaire à Covid-19. En ce sens que des mesures d'allègements fiscaux ont été prises en faveur des contribuables relevant de la catégorie de l'impôt libératoire afin de leur permettre de faire face aux effets néfastes de la crise sanitaire.

2. L'application des mesures d'exonération de certains impôts locaux

Mis à part le fait que la crise sanitaire n'a produit aucun impact sur l'autonomie fiscale des collectivités territoriales des États d'Afrique subsaharienne francophone, il faut néanmoins souligner l'application par les pouvoirs publics des mesures d'exonération de certains impôts locaux. Et comme on pouvait s'y attendre, l'on a assisté pendant le déroulement de la crise sanitaire à l'exonération de l'impôt libératoire en ce qui concerne la situation fiscale des petits contribuables, comme la suppression des tickets d'obtention des places dans les marchés, à l'annulation des taxes pour les vendeurs ambulants[57]. Mais aussi à la suppression de la taxe à l'essieu au

---

de l'exploitation forestière. Au Sénégal, le législateur ne se contente pas seulement à organiser l'administration des collectivités locales, il fixe aussi les règles de recettes ordinaires et dépenses extraordinaires. Ainsi, bien que créés par délibération de l'organe délibérant, les impôts directs et indirects voient le plus souvent leurs modalités d'assiette et de perception ainsi que les taux maxima déterminés par le législateur.

[50] Bien que l'impôt libératoire soit liquidé et émis par les services des impôts et recouvré par le receveur municipal affecté à la mairie, les tarifs de l'impôt libératoire sont quant à eux arrêtés par les collectivités territoriales bénéficiaires du produit de cet impôt à l'intérieur d'une fourchette fixée par catégorie d'activité. Toutefois, il faut noter qu'au lendemain de la crise sanitaire à covid-19, la fixation des différentes catégories de l'impôt libératoire continue de s'opérer de manière forfaitaire. Les catégories de l'impôt libératoire n'ont pas changé. Elles vont toujours de la catégorie A à la catégorie D. chaque catégorie déterminant en son sein les différents contribuables qui y sont assujettis ainsi que les divers montants qu'ils doivent payer et qui se rattachent normalement à la catégorie mise en cause. Il y'a aussi que, la catégorisation législative des différents impôts locaux signifie que les collectivités territoriales peuvent, à l'intérieur de chaque catégorie de l'impôt libératoire, appliquer des taux spécifiques à chaque activité dans la limite de la fourchette concernée[50].

[51] Art. 13 de la loi n°2009/019 du 15 décembre 2009 portant fiscalité locale

[52] Article 37.

[53] Article 46 (2).

[54] Article 61.

[55] Article 57.

[56] PAGNOU (Sasso), « Intercommunalité et politique fiscale locale », *in* MEDE (Nicaise), YENOUSSI (Nicolas) (dir), *Impôts locaux et développement local,* op cit, pp. 407-425.

[57] La mesure d'exonération au titre du 2ème trimestre de l'impôt libératoire et des taxes communales au profit des revendeurs des vivres concernait uniquement les revendeurs de vivre

profit des transporteurs, et les taxes pour les taxis et mototaxis[58]. Ce qui illustre bien à titre d'exemple que dans le cadre de sa stratégie de riposte à la crise sanitaire à Covid-19, le gouvernement camerounais, pour ne parler que de lui, avait décidé d'un certain nombre de mesures fiscales d'accompagnement au bénéfice des entreprises et ménages durement affectés par la crise. L'objectif du gouvernement était sans doute de renforcer la résilience de l'économie nationale.

Toutefois, la contrainte liée à l'encadrement des taux d'imposition par les pouvoirs publics semble être fondée pour au moins deux raisons fondamentales. D'abord, il limite les manipulations que les élus locaux pourraient faire des taux à des fins de gain de popularité. En second lieu, il vise à instaurer une certaine harmonisation de la fiscalité locale et assurer une justice fiscale à l'instar des taux pratiqués au niveau qui bénéficient d'un encadrement des institutions internationales dont le Bénin, le Sénégal (CEDEAO, UEMOA) et le Cameroun (CEMAC) sont partis[59]. Qu'en est-il alors de la détermination de l'assiette fiscale des collectivités territoriales ?

---

dits « *Bayam sellam* ». Ces petits contribuables relèvent normalement du régime fiscal de l'impôt libératoire puisqu'ils procèdent à la vente des vivres dans les marchés. Pendant la crise, ces contribuables étaient exonérés des prélèvements tels que l'impôt libératoire et les droits de places sur les marchés à l'exclusion des loyers versés aux mairies pour les locations des boutiques. L'exonération de ces prélèvements emportait dispense des contrôles d'usage effectués par les services compétents des collectivités territoriales au titre du 2ème trimestre de l'exercice 2020. Dans le même ordre d'idées, les revendeurs de vivres s'étant acquittés des prélèvements bénéficiaient d'un crédit d'impôt à faire valoir sur les paiements futurs. Cf. Circulaire n°20/169/CF/MINFI/DLRI/L du 13 mai 2020 portant modalités d'application des mesures fiscales de riposte au covid-19.

[58] Le gouvernement avait également décidé de l'exonération de l'impôt libératoire et de la taxe de stationnement pour les taxis et les motos taxis ainsi que de la réduction de la taxe à l'essieu pour les transporteurs au titre du deuxième trimestre. Pour les taxis et motos-taxis, l'exonération de l'impôt libératoire et de la taxe de stationnement dus au titre du deuxième trimestre de l'exercice 2020. Pour les véhicules automobiles de la charge utile au moins égale à trois tonnes : l'exonération de la taxe à l'essieu due au titre du deuxième trimestre 2020. Ne pouvaient bénéficier de ces exonérations que les transporteurs s'étant acquittés desdits prélèvements. En conséquence, ils bénéficiaient d'un crédit d'impôt à concurrence des paiements effectués. Ces crédits étaient imputables sur les paiements futurs dus par ces petits contribuables. Seulement, ces mesures d'allègements fiscaux n'ont pas été reconduites après la crise sanitaire. C'est ce qui nous permet de soutenir l'idée selon laquelle la crise sanitaire n'a eu aucun impact sur l'autonomie fiscale des collectivités territoriales puisque lesdites mesures n'étaient pas prises par les collectivités locales elles-mêmes, mais par le législateur camerounais.

[59] GUIDIHOUME (Séraphin), SIKIROU (Kassimou), « La décision fiscale au niveau local », *in* Nicaise MEDE, Nicolas YENOUSSI (dir), *Impôts locaux et développement local,* op cit, p. 61.

B. Une autonomie fiscale des collectivités territoriales confinée dans la détermination de l'assiette fiscale suivant les dispositions légales

La fiscalité locale reste encore embryonnaire[60] dans la quasi-totalité des États d'Afrique subsaharienne francophone. L'autonomie fiscale des collectivités territoriales de ces États reste confinée dans la détermination de l'assiette fiscale suivant les dispositions légales sous prétexte qu'il faut absolument préserver le caractère indivisible de l'État. Or, la nature et les types d'impôts locaux varient d'un pays à un autre. Par voie de conséquence, la détermination de l'assiette fiscale varie également suivant le contenu des différentes législations nationales. Étant donné que la mobilisation des ressources fiscales et non fiscales des collectivités locales est encore essentiellement administrée par l'État, les recettes issues du produit cde l'impôt leur sont simplement affectées[61]. La résultante est que les pouvoirs publics africains encadrent soigneusement le processus de détermination de l'assiette fiscale des CTD. C'est sans doute à cause de cela que cette détermination reste confinée au Cameroun, Bénin et Sénégal dans les dispositions légales en vigueur. De manière plus précise, la détermination de l'assiette fiscale des collectivités territoriales est exclusivement réservée au législateur tant en ce qui concerne la mobilisation des ressources fiscales (1) que pour ce qui est des ressources non fiscales (2).

1. La détermination par le législateur de l'assiette des ressources fiscales

Plus besoin de le rappeler, les collectivités locales des États d'Afrique subsaharienne francophone n'ont pas le pouvoir de créer l'impôt, d'en déterminer l'assiette ou de procéder au recouvrement des recettes[62]. Cette compétence est dévolue au législateur qui est chargé de fixer le régime de l'impôt local[63]. Ainsi, pour chaque contribution, un seuil plancher et un seuil plafond sont prévus dans la limite desquels les élus locaux disposent d'une marge de manœuvre suffisante pour se déterminer en fonction des réalités économiques et sociales de leurs terroirs[64]. On trouve ici un exemple important dans la loi portant fiscalité locale au Cameroun qui précise au passage qu'une collectivité territoriale ne peut percevoir un impôt, une taxe

---

[60] JIMAJA (Serge), « Typologie des impôts locaux », *in* MEDE (Nicaise), YENOUSSI (Nicolas) (dir), *Impôts locaux et développement local, op.cit.* p. 81.

[61] Lire utilement ADOYI (Ibouraim), « L'affectation des impôts locaux », *in* MEDE (Nicaise), KOKOU, B. TCHODIE (Philipe) (dir.), *Décentralisation et fiscalité locale,* Dakar, L'Harmattan Sénégal, 2022, pp. 147-172.

[62] La loi de 2019 portant code général des collectivités territoriales décentralisées au Cameroun n'a dévolu la compétence de recouvrement des recettes qu'aux services déconcentrés de l'État. Il s'agit donc d'une compétence non transférée, voire non transférable.

[63] NHIOMOG MAHOP (Bernard), « Des autonomies financières territoriales entre affirmation et réalité : le Gabon et la République du Congo », *op cit*, p. 294.

[64] ZAKI (Moussa), « Les entraves à l'autonomie financière des collectivités locales au Sénégal », *Afrilex*, p.16.

ou une redevance que si cet impôt, cette taxe ou cette redevance sont créés par la loi, votés par l'organe délibérant et approuvés par l'autorité compétente[65] dans les mêmes conditions fixées par cette même loi. Cela induit que les ressources fiscales des CTD de nos États peuvent provenir tantôt des impôts partagés avec l'État, tantôt des impôts exclusivement locaux[66].

Au Sénégal par exemple, malgré les dispositions de l'article 16 de la Directive n°01/2011/CM/UEMOA portant régime financier des collectivités territoriales au sein de l'UEMOA, la loi n°2013-10 du 28 décembre 2013 portant code général des collectivités locales détermine clairement l'étendu de l'assiette fiscale locale. Ainsi, les ressources exclusivement fiscales ne représentent que 37,10 % du montant total des recettes de fonctionnement[67]. Aussi, en dehors de la taxe rurale pour laquelle il existe une fourchette comprise entre un plafond de 1000 francs CFA et un plancher de 500 francs CFA, aucun impôt n'habilite les conseils municipaux à se déterminer en fonction de taux minima et maxima de prélèvement. Mais dans les faits, cette pratique est très rare et l'autonomie fiscale des collectivités territoriales reste par conséquent très limitée[68]. Au Cameroun, les produits des impôts locaux perçus par l'État constituent l'assiette fiscale. De ce fait, les impôts locaux qui sont prévus aux articles C8 à C113 du CGI proviennent tantôt des impôts directs[69], tantôt des impôts indirects[70]. Toutefois, il est à noter que dans les grandes agglomérations où il y'a une communauté urbaine, une répartition des

---

[65] Lire les dispositions générales de la circulaire conjointe n°0002335/MINATD/MINFI du 20 octobre 2010 précisant les modalités d'application de la loi n°2009/019 du 15 décembre 2009 portant fiscalité locale.

[66] DIOUKANE (Abdourahmane), *Les finances locales sénégalaises, op.cit.*, p. 81.

[67] Ibid.

[68] SAMAKE (Awa), « Les contraintes liées à l'autonomie financière des collectivités territoriales dans l'espace UEMOA : les cas du Bénin, Mali, Niger, Sénégal, *in* MEDE (Nicaise), DEBENE (Marc) (dir.), *Les finances publiques entre globalisation et dynamiques locales, Mélanges en l'honneur de DIARRA Éloi et YONABA Salifou*, Dakar, L'Harmattan-Sénégal, 2021, p. 446.

[69] Au titre des impôts locaux directs on peut citer : la contribution des patentes, la contribution des licences, l'impôt libératoire, la taxe foncière et les propriétés immobilières, la taxe sur les jeux de hasard et de divertissement, les droits de mutation d'immeubles, le droit de timbre automobile, la redevance forestière, les droits de timbre sur la publicité, la taxe de séjour. Il est institué au profit des communes des centimes additionnels communaux sur les impôts et taxes ci-après : l'impôt sur le revenu des personnes physiques, l'impôt sur les sociétés, la taxe sur la valeur ajoutée (TVA).

[70] Au titre des impôts locaux indirects, nous avons la taxe de développement local, et les autres taxes communales : la taxe d'abattage du bétail, la taxe communale sur le bétail, la taxe sur les armes à feu, la taxe d'hygiène et de salubrité, les droits de fourrière, les droits de place sur les marchés, les droits sur les permis de bâtir ou d'implanter, les droits d'occupation temporaire de la voie publique, la taxe de stationnement, les droits d'occupations des parcs de stationnement, les tickets de quai, la taxe sur les spectacles, les droits de stades, la taxe sur la publicité, le droit de timbre communal, la redevance pour la dégradation de la chaussée, la taxe communale de transit ou de transhumance, la taxe sur le transport des produits, de carrières, les droits de parking, la taxe sur les produits de récupération.

impôts s'impose entre les communautés urbaines et les communes d'arrondissement. En effet, les communautés urbaines et les communes d'arrondissement bénéficient des mêmes recettes que les communes sous réserve des dispositions visées aux articles C115 et C116 du CGI. Dans le landernau de la fiscalité béninoise, il existe une taxe foncière unique qui regroupe l'imposition au foncier bâti et au foncier non bâti, la contribution des patentes et des licences, la taxe sur les armes à feu, les redevances proportionnelles et superficiaires dues aux substances de carrières ; la taxe de pacage, la taxe sur les pirogues motorisées et barques motorisées, la taxe sur les spectacles jeux et divertissements, la taxe sur la vente des boissons fermentées de fabrication artisanale, taxe sur la publicité, la taxe sur la consommation d'électricité et d'eau, la taxe sur les taxis de ville de deux à quatre roues, la taxe de développement local, la quote-part de la taxe professionnelle synthétique[71]. Mais dans l'état actuel des évènements marqués par le passage de la crise sanitaire à coronavirus, peut-on en dire autant pour ce qui de la détermination de l'assiette en matière de mobilisation des ressources non fiscales.

2. La détermination de l'assiette des ressources non fiscales par le législateur

Les prélèvements obligatoires établis et recouvrés en matière de contribution directe ou de contribution indirecte ne sont pas forcément des prélèvements de nature fiscale[72]. En effet, le législateur peut décider qu'à côté des prélèvements fiscaux, il sera appliqué des règles tirées du CGI et du livre des procédures fiscales. Tel est précisément le cas des recettes non fiscales qui sont également censées alimenter les caisses des collectivités territoriales au même titre que les recettes fiscales. Bernard CASTAGNEDE relevait déjà à ce sujet que la totalité des règles juridiques constituant le régime fiscal des CTD ne leur est pas applicable en raison notamment du degré de liberté accordée par le législateur aux assemblées délibérantes dans les choix et la gestion des recettes tarifaires[73]. D'ailleurs, l'illustre auteur attire l'attention de plus d'une personne sur l'existence d'un certain nombre de créances non fiscales qui participaient de cette réalité et qu'il qualifiait de « *créances quasi fiscales* »[74].

---

[71] Lire les articles 996 nouveaux du CGI 2023.

[72] YAMTCHEU KAYE (Estelle-Audrey), *L'impôt local en droit camerounais, op. cit.*, p. 290.

[73] CASTAGNEDE (Bernard), *La répartition des compétences juridictionnelles en matière fiscale en droit français,* Thèse de Doctorat en droit, Université de Paris I, 1972, p. 79 à 100.

[74] Étaient inclus dans cette catégorie, selon la classification faite par M. Bernard CASTAGNEDE, « *l'ensemble des produits extra fiscaux des départements, des communes et de leurs établissements publics (...), la plupart des créances de l'État étrangères à l'impôt et au domaine (...), des sommes dues au titre de l'assistance médicale gratuite, des cotisations de sécurité sociale, ou encore (...) des recettes des associations syndicales de reconstruction* ». CE., 11 décembre 1957, préfet de l'allier c/Robin, Lebon, p. 666, *AJDA*, 1957-II-2, obs. Pinto.

Pourtant, les assemblées délibérantes devraient être le terrain d'innovation privilégié des collectivités territoriales décentralisées. Il s'ensuit que s'il revient en principe au législateur de fixer les modalités de mobilisation des ressources non fiscales. Mais en pratique, ce sont les assemblées délibérantes des collectivités territoriales qui établissent les modalités et les tarifs des droits et redevances sur les prestations de services relatives aux recettes non fiscales[75] dans les conditions fixées par le législateur. Sauf que les tarifs des ressources fiscales sont souvent proposés par les organes délibérants des collectivités territoriales et approuvées ensuite par le l'autorité de tutelle dans les conditions prévues par la loi relative à la décentralisation.

L'exemple sénégalais, démontre que dans l'ensemble des communes où s'exercent des activités spécifiques susceptibles d'être imposées, le conseil municipal peut par simple délibération et dans les conditions prévues par le titre V de la loi n°2013-10 du 28 décembre 2013 portant code général des collectivités locales, déterminer les modalités d'assiette et de perceptions des ressources non fiscales[76] ainsi que les taux maxima y afférents, sous réserve de l'approbation par l'autorité de tutelle compétente et du ministre chargé des finances[77]. Tel ne semble pas être le cas au Cameroun et au Bénin. Ici et là-bas, les collectivités territoriales ne disposent pas d'un véritable pouvoir fiscal pour déterminer l'assiette des ressources non fiscales.

Quelle qu'en soit l'hypothèse retenue, l'analyse des législations camerounaises, béninoises et sénégalaises en matière de fiscalité locale, laisse percevoir que leurs collectivités territoriales tirent essentiellement leurs ressources fiscales et non fiscales du partage des impôts étatiques et du produit des impôts locaux dont les taux sont fixés au préalable par le législateur. C'est pourquoi l'on observe bien qu'en matière d'assiette, les compétences fiscales exclusives des CTD sont bien encadrées par les pouvoirs publics. Elles consistent en l'instauration dans la circonscription communale des taxes communales déjà créées par la loi et par la fixation des taux et tarifs par les assemblées délibérantes lors de la session budgétaire annuelle dans les limites et fourchettes prévues par la loi[78]. C'est en raison de cela que l'on est en droit

---

[75] AGUEMON (Wehelmine), « Les ressources propres des collectivités territoriales locales en droit fiscal togolais », *in* MEDE (Nicaise), KOKOU B. TCHODIE (Philipe), *Décentralisation et fiscalité locale,* op cit, p. 95.

[76] Une ressource non fiscale n'a pas le caractère fiscal (ni un impôt, ni une taxe). Il peut s'agir par exemple des revenus du patrimoine communal, des frais de recherche en matière minière, le produit des amendes prononcées par les tribunaux correctionnels ou de simples polices pour les contraventions et délits commis sur le territoire de la commune ainsi que les ristournes accordées par l'État aux collectivités territoriales.

[77] Article 195 de la loi n°2013-10 du 28 décembre 2013 portant CGCL au Sénégal.

[78] Bien qu'elles soient créées par délibération du conseil municipal ou régional, les contributions directes et contributions indirectes voient le plus souvent leurs modalités d'assiette et de recouvrement déterminées par le législateur. Lire utilement FOTSING (Jean-Baptiste), *Le pouvoir fiscal en Afrique. Essai sur la légitimité fiscale dans les États d'Afrique noire francophone, op.cit.*, p. 204.

de constater, dans un contexte africain marqué par la volonté des pouvoirs publics de renforcer les prérogatives de l'État unitaire décentralisé, que l'autonomie fiscale des collectivités territoriales connait une forte dilution eu égard aux multiples immixtions de l'État central dans la sphère de la compétence de ces collectivités.

II. Une autonomie fiscale des CTD diluée par les immixtions de l'État

Le statut ou la place qu'occupe l'autonomie fiscale des collectivités territoriales dans nos États questionne. L'interrogation vaut tout son pesant juridique dans la mesure où l'État s'ingère dans le domaine de la gouvernance fiscale locale. Bernard MOMO ne relevait déjà pas que la gestion indirecte des ressources des CTD se traduit par l'omniprésence de l'État[79]. Ce qui signifie que la compétence fiscale des collectivités locales ne porte que sur une gamme très réduite d'impôts. L'État apparait de plus en plus comme le véritable détenteur du pouvoir de décision fiscale[80] au niveau local. Or le principe de la décentralisation sous-tend la gestion des affaires locales par les communes et les régions. Les immixtions de l'État contribuent à diluer l'autonomie fiscale des CTD, à telle enseigne que la minoration de leur pouvoir fiscal se perçoit tantôt à travers la limitation par l'État du pouvoir de décision fiscale des autorités locales (**A**) tantôt à travers l'octroi par l'État à ces collectivités de diverses contributions financières (B).

A. Une limitation du pouvoir de décision fiscale locale en matière d'administration de l'impôt

On le sait, le législateur détient dans les États d'Afrique subsaharienne francophone, l'exclusivité de la compétence fiscale. Mais le pouvoir de décision fiscale des autorités locales se traduit le plus souvent par des actes appelés délibérations lorsqu'ils sont pris par les organes délibérants ou arrêtés lorsqu'ils sont pris par l'exécutif local[81]. À ce titre, les élus locaux sont compétents pour fixer les taux ou les tarifs et d'instituer des taxes à travers la décision fiscale qui est un acte normatif prit par un organe[82]. Cela traduit inéluctablement l'idée selon laquelle la décision fiscale peut se définir comme la prise de l'acte normatif se rapportant à l'impôt au niveau local[83]. En outre, du fait que cette décision fiscale prise au niveau local est tributaire de celle du

[79] MOMO (Bernard), « Réflexions sur le système communal camerounais : contribution à l'étude de la décentralisation territoriale au Cameroun », *Juridis infos*, n°26, Octobre-Novembre-Décembre 1995, pp. 90-91.

[80] FOTSING (Jean-Baptiste), *Le pouvoir fiscal en Afrique. Essai sur la légitimité fiscale dans les États d'Afrique noire francophone, op.cit.*, p. 203.

[81] KEUDJEU DE KEUDJEU (John-Richard), *Recherches sur l'autonomie des collectivités territoriales décentralisées au Cameroun,* op cit, p. 195.

[82] CORNU (Gérard), *Vocabulaire juridique,* Paris, PUF, 2022, p. 309.

[83] GUIDIHOUME (Séraphin), SIKIROU (Kassimou), « La décision fiscale au niveau local », *op.cit.,* p. 56.

parlement, elle peut être qualifiée de pouvoir fiscal dérivé comme l'affirmait fort opportunément le professeur Michel BOUVIER : *« la fiscalité territoriale ne constitue pas une sous-fiscalité de l'État. Une bonne décision fiscale nationale n'est pas nécessairement une bonne décision fiscale locale »*[84]. Seulement, l'on constate l'existence d'une limitation de la décision des autorités locales concernant la bonne administration des impôts dont les CTD ont la charge. Le pouvoir de décision fiscale des communes et des régions ne couvre pas entièrement l'émission des titres de perception de l'impôt[85].

Bien qu'il soit institué par le législateur, le pouvoir de décision fiscale locale est limité par l'État en matière d'administration de l'impôt. Cette idée ne tient que lorsque l'on examine attentivement la répartition des compétences entre l'État et les collectivités territoriales dans le cadre de la perception des recettes fiscales (1). De même, l'on peut percevoir cette limitation du pouvoir de décision fiscale des collectivités territoriales à travers l'institution par l'État d'une procédure de prise de la décision fiscale entièrement contrôlée par l'autorité de tutelle (2).

1. La répartition des compétences entre l'État et les CTD en matière de perception des recettes fiscales

Abordant la question du transfert des compétences aux collectivités locales, Jean-Marie PONTIER soulignait qu'*« il y a ou il y aurait un verrou à ne pas pousser, une porte à ne pas ouvrir, un seuil à ne pas franchir… »*[86]. Cette impossibilité constitutionnelle de transférer aux CTD des compétences régaliennes ne signifie pas pour autant que celles-ci ne puissent pas être associées à l'exercice desdites compétences étatiques. De surcroit, la répartition des compétences entre l'État et les collectivités territoriales s'apparente à un partage des compétences entre ceux-ci[87]. Comme le souligne Sylvie NGUECHE, le transfert de la fiscalité locale s'est traduit au Cameroun par l'appropriation des prérogatives fiscales locales par l'administration centrale c'est-à-dire d'une dépossession aux CTD des compétences fiscales

[84] BOUVIER (Michel), *Introduction au doit fiscal général et à la théorie de l'impôt*, Paris LGDJ, p. 109.

[85] GUIDIHOUME (Séraphin), SIKIROU (Kassimou), « La décision fiscale au niveau local », *op.cit.* p. 61.

[86] PONTIER (Jean-Marie), « La notion de compétences régaliennes dans la problématique de la répartition des compétences entre les collectivités publiques », *RDP*, 2003, p. 193.

[87] La répartition des compétences entre l'État et les CTD implique une répartition des recettes les plus importantes au rang desquelles on retrouve les centimes additionnels communaux qui font l'objet d'une répartition entre l'État, les organismes de la décentralisation et le FEICOM, les communes et les régions. L'on regroupera les impôts ci-après soumis au CAC en deux groupes : l'impôt sur le revenu des personnes physiques et les impôts sur les sociétés, et la taxe sur la valeur ajoutée. Depuis l'adoption du décret du 09 mai 2018 modifiant et complétant certaines dispositions du 18 juillet 2011 fixant les modalités : de centralisation, de répartition et de reversement du produit des impôts communaux soumis à péréquation. Les CAC sont également l'objet d'une retenue de 4% en vue de la centralisation des fonds destinés aux régions et communes ayant un statut de zone économiquement sinistrée.

locales[88]. Comme quoi, les différentes lois portant fiscalité locale au sein des États d'Afrique subsaharienne francophone illustrent effectivement que les produits de ces impositions sont prélevés par l'administration centrale[89] et reparties selon les modalités prévues par la réglementation en vigueur[90]. De toute évidence, le phénomène s'explique par l'omniprésence de l'État quoi est souvent représenté tout au long du processus par son administration fiscale[91]. C'est dire que sur le plan juridique, les collectivités territoriales ont une compétence assez limitée dans le recouvrement des recettes fiscales.

Pour illustrer notre propos, il suffit de commencer par prendre pour exemple le cas du Cameroun, où les titres exécutoires des recettes fiscales sont émis par le maire ou le président du conseil régional, ordonnateur de la collectivité territoriale, tandis que le recouvrement des recettes fiscales et le paiement des dépenses locales sont effectués par le comptable public de la collectivité territoriale dénommée *« Receveur municipal »* ou *« Receveur régional »*[92]. Pour prendre un autre exemple presque similaire, la limitation du pouvoir de décision fiscale des autorités locales en matière d'administration de l'impôt est plus accrue au Bénin. Là-bas, et ce contrairement au Cameroun, l'opération d'émission des titres de perception relève de la compétence exclusive de la Direction générale des impôts[93]. Une structure qui relève de

---

[88] NGUECHE (Sylvie), *La formation de l'autonomie financière des collectivités territoriales au Cameroun,* op cit, p. 897.

[89] D'ailleurs, l'on remarque que paradoxalement, le dispositif juridique en vigueur va plutôt contribuer à la dévalorisation des compétences des CTD dans la mise en œuvre de l'impôt local au profit de l'administration centrale et se matérialise entre autres par l'affectation de certaines recettes fiscales des collectivités locales par l'administration centrale. Lire YAMTCHEU KAYE (Estelle-Audrey), *L'impôt local en droit camerounais, op.cit.,* p. 367.

[90] Art. 49, 50, 51 et 56 de la loi n°2009/019 du 15 décembre 2009 portant fiscalité locale.

[91] NOAH (Benoit Ghislain Thierry), *La compétence financière des collectivités locales en Afrique francophone subsaharienne... op.cit.,* p. 119.

[92] L'article 6 de loi n°2009/019 du 15 décembre 2009 portant fiscalité locale dispose à cet effet que « *L'État s'assure que le rendement annuel des impôts locaux correspond à un taux proportionnel établi en rapport avec son niveau de ressources fiscales. (2) À cet effet, les services financiers de l'État impliqués dans la gestion fiscale des collectivités territoriales sont tenus d'assurer, avec la même efficacité que pour les impôts de l'État, le recouvrement des impôts locaux dont ils ont la charge. (3) Les impôts locaux sont émis et recouvrés dans les mêmes conditions que ceux de l'État, sauf dispositions particulières de la présente loi. (4) En matière de recouvrement des impôts et taxes, les collectivités territoriales bénéficient du privilège du Trésor* ».

[93] Il convient cependant de noter que bien qu'elle soit limitée par l'État central, le pouvoir de décision fiscal reconnu aux autorités locales se matérialise au Cameroun, au Bénin et comme dans la quasi-totalité des États d'Afrique subsaharienne francophone ayant adhéré au principe de la décentralisation est limitée. Leur pouvoir de décision fiscale est résiduel. Il se manifeste à deux niveaux seulement : soit pour fixer les tarifs et les taux de l'impôt, soit pour instituer une nouvelle taxe. Par contre en France le pouvoir de décision fiscale des autorités locales est étendu. Il va bien au-delà de la petite portion de pouvoir de décision fiscale qui est reconnu aux collectivités territoriales des États d'Afrique subsaharienne francophone. À titre d'exemple, les collectivités locales sont « *habilitées par le parlement à modifier l'assiette des impôts. Soit elles modifient le champ d'application de l'impôt en accordant des exonérations temporaires ou*

l'administration centrale. Elle effectue ses opérations par l'entremise de ses services opérationnels déconcentrés[94]. En un mot, ce n'est qu'en matière de perception du produit de la taxe sur la publicité que le code général des impôts attribue la compétence à l'ordonnateur du budget communal, le maire d'émettre des ordres de recette[95]. Dans le même ordre d'idées, en matière de recouvrement, la compétence des communes se limite aux seuls droits et redevances non fiscales attachés notamment aux services marchands[96]. En revanche, l'État du Sénégal a préféré conserver tous les pouvoirs de décision fiscale et de ne concéder aux collectivités locales que la faculté de création de taxes. En effet, tout en reconnaissant qu'il existe un pouvoir fiscal dérivé reconnu aux collectivités au Cameroun et au Bénin, les collectivités locales au Sénégal ne disposent pas à leur tour du même pouvoir fiscal dérivé pouvant leur permettre de voter le taux de l'impôt dans des limites fixées par le législateur, et *a fortiori* d'en moduler l'assiette[97].

Tout compte fait, il faut souligner que la répartition des compétences entre les États sous étude et leurs CTD en matière de perception des recettes fiscales ne constitue pas en soi une mauvaise limitation de la décision fiscale au niveau local. Elle a le mérite de faire en sorte que la perception des créances fiscales puisse se réaliser plus aisément par l'entremise des comptables publics, qui apparaissent comme les techniciens en la matière. À ce titre, ils peuvent user des moyens de recouvrement forcé des créances fiscales prévus par la législation OHADA, et amener les débiteurs de la collectivité locale à s'acquitter de leur dette fiscale. C'est ce qui nous fonde à dire en dernière analyse que les collectivités territoriales des États d'Afrique subsaharienne ne disposent pas d'une autonomie fiscale absolue. Il y'a à côté, une longue procédure de prise de la décision fiscale au niveau entièrement placé sous le contrôle de l'autorité de tutelle compétente.

2. L'institution d'une procédure de prise de la décision fiscale contrôlée par l'organe délibérant et l'autorité de tutelle compétente

Comme mentionné plus haut, les différents textes constitutionnels, législatifs et réglementaires en vigueur au sein des États sous étude consacrent la possible existence d'une décision fiscale au niveau des collectivités territoriales. Seulement, ce pouvoir de décision fiscale locale est dans les

définitives notamment en matière de taxe professionnelle, soit elles accordent des allègements en modifiant la base de l'imposition par le jeu des abattements ».

[94] GUIDIHOUME (Séraphin), SIKIROU (Kassimou), « La décision fiscale au niveau local », *op.cit.* p. 61.

[95] À ce titre, le CGI béninois (2023) dispose en son article 1081 que : « *la taxe est perçue sur ordres de recettes des ordonnateurs des budgets communaux et acquittée aux caisses du receveur des impôts* ».

[96] GUIDIHOUME (Séraphin), SIKIROU (Kassimou), « La décision fiscale au niveau local », *op.cit.* p. 61.

[97] SAMAKE (Awa), « Les contraintes liées à l'autonomie financière des collectivités territoriales dans l'espace UEMOA : les cas du Bénin, Mali, Niger, Sénégal », *op.cit.* p. 440.

limites fixées par le législateur, le monopole exclusif de l'organe délibérant des collectivités locales[98]. D'ailleurs, l'article 16 de la Directive communautaire n°01/2011/CM/UEMOA du 24 juin 2011 portant régime financier au sein de l'UEMOA prévoit la nécessité d'un pouvoir fiscal dérivé en faveur des autorités locales. Elle dispose en filigrane que : *« le conseil des collectivités territoriales, par sa délibération, fixe le taux de l'impôt et de la taxe locaux dans la limite des plafonds déterminés par la loi ».*

Il ressort de ce texte qu'en utilisant le terme *« par délibération »,* le législateur retient que le maire ou le président du conseil régional ne peut unilatéralement prendre la décision fiscale[99]. Ce qui suppose que les décisions des assemblées délibérantes des collectivités territoriales relatives aux impôts sont prises à la simple majorité des conseillers municipaux présents au moment de la délibération[100]. Dans cet état d'esprit, les législateurs respectifs du Cameroun, Bénin et Sénégal ont fait du maire, en sa qualité de représentant de l'exécutif municipal, l'ordonnateur du budget de la commune. Ce dernier est à ce titre chargé de la *« rentrée des impôts, taxes et droits communaux ».* En cette même qualité, il est également chargé sous le contrôle du conseil municipal, de la publication des délibérations fixant les taux ou tarifs de l'impôt. Cependant, pour que ces décisions puissent s'appliquer, il est indispensable qu'un arrêté fiscal communal les organise[101]. Par ailleurs, les actes pris par le maire ou le président du conseil régional en ce qui concerne les modalités de mise en œuvre des impôts, droits et taxes locaux, ainsi que la fixation des tarifs et autres ressources non fiscales, leurs modalités de perception sont soumises à l'approbation de l'autorité de tutelle qui en contrôle la légalité. Le Préfet, autorité de tutelle, dispose alors d'un délai d'un mois pour donner son approbation. Passé ce délai, ces actes deviennent exécutoires. Lorsque les actes ne sont pas approuvés par l'autorité de tutelle, le conseil peut, dans les deux mois qui suivent la tenue du conseil municipal, exercer les voies de recours.

---

[98] Au Cameroun, les articles 167 et 168 de la loi n°2019/024 du 24 décembre 2019 portant CGCTD précisent que le conseil municipal et le conseil régional sont les organes délibérants de la collectivité locale. Ils délibèrent sur la fixation des taux des impôts et taxes locaux dans le respect de la fourchette arrêtée par la loi. Au Bénin, la loi portant régime financier des communes dispose en son article 8 que : « *le conseil communal par sa délibération, fixe le taux de l'impôt. Le conseil communal, constitué par les conseillers communaux ou municipaux est l'organe délibérant de la commune* ».

[99] Ce choix du législateur peut valablement s'expliquer dans la mesure où la décision d'instituer une taxe ou de modifier les taux et tarifs des impôts est une décision de haute portée. Par conséquent, elle ne saurait être laissée à la seule volonté de l'exécutif de la collectivité territoriale. Généralement, les sessions du conseil communal ou régional en matière fiscale sont déclenchées soit par le vote d'une nouvelle mesure fiscale par le parlement, soit suite aux difficultés d'application éprouvées par les services en charge de l'assiette et du recouvrement de l'impôt ou de l'initiative du maire.

[100] GUIDIHOUME (Séraphin), SIKIROU (Kassimou), « La décision fiscale au niveau local », *op.cit.* p. 64.

[101] L'arrêté fiscal est élaboré par l'ordonnateur après délibération du conseil municipal.

Partant du postulat que la décision fiscale des autorités locales est limitée parce que souvent contrôlée de bout en bout soit par l'assemblée délibérante de la collectivité soit par le préfet, autorité de tutelle. N'est-il pas possible d'affirmer sans risque de se tromper que l'autonomie fiscale des collectivités territoriales des États d'Afrique subsaharienne francophone peut être déterminée en mesurant non seulement leur pouvoir de décision en matière de ressources et de charges[102], mais aussi à travers le contrôle[103] qui est exercé sur la décision fiscale. C'est précisément dans cette optique que, parlant du principe du consentement à l'impôt, le Professeur Loïc PHILIP affirmait que : « *seul le parlement détient le pouvoir en cette matière* »[104]. C'est donc dire que le véritable pouvoir fiscal appartient au législateur. Ce dernier est simplement tenu d'accorder une portion de ce pouvoir aux élus locaux qui se doivent à leur tour de contrôler à leur niveau la décision fiscale. Toutefois, la volonté sans cesse affirmée de l'État central d'accorder des concours financiers aux collectivités territoriales ne participe-t-elle pas en réalité d'une ambition masquée de sa part de vouloir à tout prix restreindre l'étendue de l'autonomie fiscale des collectivités territoriales ?

B. Une restriction de l'étendue du pouvoir fiscal local par les contributions financières de l'État

Le pouvoir fiscal des collectivités territoriales des États cibles apparait très largement effrité au lendemain de la crise sanitaire à Covid-19[105]. Cette dégradation a commencé lorsque le législateur a supprimé certaines parts d'impôts dus aux CTD. La conséquence directe en est que l'État continue de transférer[106] les fonds à ces dernières pour leur permettre d'assurer certaines charges au nom et pour le compte de l'État : État civil, police de la

---

[102] SAMAKE (Awa), « Les contraintes liées à l'autonomie financière des collectivités territoriales dans l'espace UEMOA : les cas du Bénin, Mali, Niger, Sénégal », *op.cit.* p. 442.

[103] NJAMA BOYOCK (Martin), « Le contrôle de l'exécution des budgets locaux au Cameroun », *RADP*, Vol XI, n°28, spécial 2022, p. 527-558.

[104] PHILIP (Loïc), « Les finances locales et l'impératif de décentralisation : bilan et perspectives », *in* DEBBASCH (Charles), *La décentralisation pour la rénovation de l'État*, Paris, PUF, 1976, p. 162.

[105] Une preuve de plus que la crise sanitaire n'a entrainé aucune réforme de grande ampleur dans le sens de renforcer l'autonomie fiscale des CTD des États sous revue.

[106] Le constituant français a dans ce sens, précisé que « *tout transfert de compétences entre l'État et les collectivités territoriales s'accompagne de l'attribution de ressources équivalentes à celles qui étaient consacrées à leur exercice. Toute création ou extension de compétences ayant pour conséquence d'augmenter les dépenses des collectivités territoriales est accompagnée de ressources déterminées par la loi* ». L'article 5 de la loi portant CGCL du Sénégal dispose que « *tout transfert de compétence à une collectivité doit être accompagné du transfert concomitant par l'État à celle-ci, des ressources et moyens nécessaires à l'exercice normal de cette compétence* ». Au Cameroun, la loi n°2019/024 du 24 décembre 2019 portant CGCTD est encore plus explicite puisqu'elle affirme que « *les charges financières résultant, pour chaque région ou commune, des transferts de compétences, font l'objet d'une attribution par l'État de ressources d'un montant au moins équivalent aux dites charges* ».

propriété, missions d'ordre public[107]. À ce titre, les CTD perçoivent de l'État des dotations et des subventions pour l'accomplissement de leurs missions[108]. Dès lors, les transferts financiers de l'État aux collectivités locales peuvent prendre plusieurs formes. Il peut d'abord s'agir des dotations générales pour contribuer au fonctionnement des collectivités locales (1). Il peut également s'agir des fonds de concours pour participer au financement ciblé de certains investissements ou encore au soutien de certaines politiques (2).

1. La subvention au fonctionnement des collectivités locales par l'État

Sachant que la majorité des collectivités territoriales appelle à des subventions d'équilibre à la fin de chaque exercice budgétaire, on peut mesurer l'ampleur des interventions des pouvoirs centraux dans la gestion des affaires locales. À cet effet, l'un des moyens les plus puissants à travers lesquels l'État s'assure d'instrument d'orientation des choix des pouvoirs décentralisés est celui des prêts et des subventions[109]. Ainsi, au lendemain de la crise sanitaire à Covid-19, et devant l'insuffisance des ressources propres des CTD, l'État s'est trouvé obligé de financer, par des subventions, les dépenses les plus urgentes de ces dernières.

Nul doute que les subventions accordées par l'État aux CTD dans le cadre de la mise en place de la décentralisation, sont un moyen pour l'État d'intervenir indirectement sur les politiques publiques locales[110]. En conséquence, il se pose très souvent le problème de la réduction de l'autonomie fiscale locale par l'État du fait de l'attribution aux collectivités territoriales des concours financiers. Et donc de réduire drastiquement leur autonomie financière ou fiscale[111]. Dans le même ordre d'idées, la procédure de mise à disposition des dotations à la décentralisation ou même des recettes ristournées par l'État aux collectivités territoriales implique en premier lieu les services en charge des finances et des CTD. Cette mainmise des services exclusivement étatiques ne manque pas de poser certains problèmes de fonds

---

[107] NGUECHE (Sylvie), *La formation de l'autonomie financière des collectivités territoriales au Cameroun, op.cit.* p. 1172.

[108] Article 394 de la loi n°2019/024 du 24 décembre 2019 portant CGCTD au Cameroun.

[109] Ce point de vue est largement partagé par la doctrine de droit public.

[110] Le maintien de ces aides par l'État correspond le plus souvent de sa volonté de conserver au moyen de cette forme particulière de concours, une maîtrise très poussée de l'aide financière apportée aux collectivités territoriales. Ainsi, en dépit de leur diversité, les transferts financiers de l'État vers les collectivités territoriales peuvent être classés en deux catégories à savoir : les transferts et dotation de fonctionnement et les transferts et dotation d'investissement.

[111] En dehors du pouvoir d'approbation qui pour certains auteurs, subordonne le budget d'exécution et une intervention de l'État, celui-ci dispose bien des moyens permettant de réduire l'autonomie fiscale des CTD. C'est par exemple qu'en substituant à une formule de subventions (permettant une certaine liberté dans la disposition des crédits) la prise en charge directe de certaines dépenses et en imposant des formes plus rigoureuses dans la présentation des budgets, la pratique actuelle réduit considérablement la liberté budgétaire des collectivités, sans que leur interdépendance traditionnelle ait été âprement atteinte.

quant à l'autonomie fiscale des collectivités locales[112]. De l'avis de Sylvie NGUECHE, *« en faisant dépendre l'efficacité de la gestion de subvention qu'il faut solliciter, les pouvoirs publics contredisent leur volonté, proclamée par ailleurs, de promouvoir et développer la démocratie au plan local »*[113].

Au Cameroun[114], les subventions d'investissement sont l'œuvre principale du FEICOM qui a mis en place un programme d'assistance aux communes à revenus faibles (PARCAF) dans le but de développer toutes les CTD, quels que soient leurs tailles et leurs moyens. Au Sénégal[115], la réforme de 1996 à l'issue de laquelle neuf domaines de compétences ont été transférés aux collectivités territoriales a abouti également à la mise en place d'un mécanisme de compensation des charges transférées. Le fonds de dotation de la décentralisation et les autres instruments d'appui de l'État aux collectivités territoriales ont été reconduits et adaptés[116]. Au Bénin[117], les transferts financiers ne représentent qu'une part infime du budget de l'État. Les difficultés de mobilisation des recettes communale sont liées à la fois au potentiel fiscal, à la liquidation, au recouvrement et à la sécurisation des produits des recettes. De plus, les textes tels qu'ils existent font que la somme

---

[112] NDIAYE (Cheikh), *Finances et comptabilité des collectivités territoriales au Sénégal, op.cit.* p. 366.

[113] NGUECHE (Sylvie), *La formation de l'autonomie financière des collectivités territoriales au Cameroun, op.cit.* p. 1182.

[114] La loi du 10 juillet 2009 portant régime financier des collectivités territoriales décentralisées traduisait déjà cet appui financier comme non remboursable. Il est alloué par l'État ou toute autre institution à des Communes. Cette somme peut être mise à la disposition du FEICOM à charge de la reverser à une Commune ou à un groupement de Communes expressément désigné pour des opérations précises

[115] Les transferts financiers issus de la fiscalité partagée renvoient aux recettes transférées par l'État aux collectivités territoriales résultant d'un partage institué sur certains impôts d'État. Selon M. Cheikh NDIAYE, il s'agit un choix du pouvoir central qui a survécu aux relents autonomistes en matière de finances locales constaté avec la réforme de 1996. Ces transferts financiers de l'État aux CTD sont constitués au Sénégal. D'une part de l'assiette des ristournes portant respectivement sur la taxe sur les véhicules automobiles et engins à moteur et de la ristourne sur la plus-value immobilière. D'autre part, ils sont constitués du fonds de dotation de la décentralisation qui a été créé par le législateur afin de permettre aux collectivités locales sénégalaises d'exercer les compétences qui leur ont été transférées par l'État. Lire à ce sujet, DIOUKANE (Abdourahmane), *Les finances locales sénégalaises,* Paris, L'Harmattan, 2018, p. 107 ; NDIAYE (Cheikh), *Finances et comptabilité des collectivités territoriales au Sénégal, op.cit.* p. 363.

[116] NDIAYE (Cheikh), *Finances et comptabilité des collectivités territoriales au Sénégal, op.cit.* p. 363.

[117] Le transfert des ressources du budget de l'État à celui des CTD porte sur les infrastructures et les équipements, les ressources financières et les ressources humaines. Les ressources financières transférées par l'État aux CTD en soutien aux compétences transférées le sont sous forme d'allocation annuelle pour couvrir les couts récurrents de maintenance et d'exploitation des infrastructures transférées et les dépenses d'investissement pour la réhabilitation des infrastructures transférées et la construction des nouvelles infrastructures. Lire utilement, TOGBE (Jean Claude), TOKO (Bienvenu), « Les recettes partagées au Bénin », *in* MEDE (Nicaise), YENOUSSI (Nicolas) (dir), *Impôts locaux et développement local, op.cit.* p. 130.

qui est transférée aux communes est largement en deçà des charges qu'elles ont à couvrir[118]. On aboutit finalement à la conclusion selon laquelle, au lendemain de la crise sanitaire à Covid-19, l'on assiste à une véritable ingérence de l'État dans la sphère des CTD. Cette dernière se transformant en une cogestion, et parfois même à une substitution parfaite de la volonté de l'État à celle des collectivités locales. La subvention entraîne la décadence de ce fait, mieux la réduction de l'autonomie fiscale des celles-ci.

2. L'application des péréquations fiscales par les organes de l'État

Les États sous étude se caractérisent par de grandes inégalités de richesses entre les collectivités locales. Ces inégalités portent essentiellement sur les assiettes fiscales et la répartition de ces richesses[119]. Une telle situation ne peut se justifier que par le fait que les communes riveraines des grandes entreprises forestières sont aujourd'hui plus riches que les autres, car elles bénéficient directement d'une quote-part importante de redevance forestière annuelle. Pour corriger ces inégalités, le législateur camerounais a institué à l'article 55 de la loi constitutionnelle du 18 janvier 1996 le mécanisme de péréquation. Cette recette n'est pas une panacée du Cameroun dans la mesure où le constituant français l'avait auparavant inscrit à l'article 72-2 de son texte constitutionnel de 1958 qui dispose que « *la loi prévoit des dispositifs de péréquation destinés à favoriser l'égalité entre les collectivités territoriales* ».

Il en résulte que la péréquation vise sans doute à organiser un partage équitable des richesses entre les collectivités territoriales les plus favorisées avec celles qui le sont le moins : c'est ce qu'on appelle la péréquation horizontale[120]. De plus, la péréquation peut aussi être verticale lorsqu'elle consiste à utiliser les dotations de l'État envers les collectivités locales défavorisées en se basant sur les critères de ressources et de charges en vue d'assurer l'équilibre budgétaire. L'on retrouve également les dispositifs de péréquation plus ponctuels qui prônent que lors de nouveaux transferts de compétences de l'État vers les CTD, et qui permettent de moduler selon la situation des collectivités, les crédits alloués par l'État pour la prise en charge de ces nouvelles compétences. Au Cameroun, les produits de certains impôts locaux sont centralisés au FEICOM et redistribués[121] à toutes les communes

---

[118] TOGBE (Jean Claude), TOKO (Bienvenu), « Les recettes partagées au Bénin », *ibid,* p. 127.

[119] MEYONG ABATH (Roger), « L'expérience camerounaise d'autonomie financière territoriale », *op.cit.* p. 274.

[120] TALSI (Jihane), « Les concours financiers de l'État aux collectivités territoriales », *in* MARTINEZ (Jean Claude), (dir), *L'autonomie financière territoriale..., op.cit.* p. 154.

[121] La quote-part destinée à la péréquation est constituée de :

- 70 % des centimes additionnels communaux (CAC) ;
- 50% de la redevance forestière annuelle (RFA) affectée aux communes ;
- 100% des droits de timbre automobiles ;
- 100% de la taxe de développement local payée par les salariés des grandes entreprises ;
- 20% de la quote-part des droits de timbre sur la publicité.

suivant les critères tels que le nombre d'habitants, les ressources ou le potentiel fiscal[122]. Au Bénin, le fonds d'appui au développement des communes (FADeC) est l'organisme étatique compétent en matière de répartition équitable des recettes communales. Les dotations du FADeC sont fonction des performances enregistrées par les communes[123].

Conclusion

En conclusion, l'autonomie fiscale des collectivités territoriales des États d'Afrique subsaharienne francophone apparait encore plus mythique qu'effective[124] au lendemain de la crise sanitaire à Covid-19. Alors que d'une manière générale, la survenance de la pandémie a fortement impacté par ses effets domino la fiscalité de l'ensemble des États d'Afrique subsaharienne francophone, l'on observe qu'elle n'a entrainé aucune réforme d'ampleur en ce qui concerne l'autonomie fiscale des collectivités territoriales.

Un constat peut être fait : les collectivités territoriales des États étudiés n'ont qu'une autonomie fiscale dérivée ; elles ne peuvent ni créer de nouveaux impôts, ni fixer ou modifier leur assiette fiscale, ni décider quant aux abattements, ni utiliser les possibilités d'exonération et de dégrèvement, ou déterminer leurs déductions fiscales[125], ni maitriser la répartition des impôts et taxes, ni disposer immédiatement de cette ressource. Ces prérogatives continuent de relever comme par le passé de la compétence de la représentation nationale[126]. Celle-ci conférant à l'administration fiscale des compétences exorbitantes dans le prélèvement et la répartition des impôts au profit des CTD[127]. C'est peut-être ce qui peut justifier qu'après le passage de

---

Bien plus, la répartition du produit des CAC résulte des collectes effectuées à la base, c'est-à-dire 10% des recettes de l'IRPP, de l'IS et de la TVA. C'est à travers ces retenus que le partage est effectué entre les différentes collectivités locales. L'alinéa 2 du même article indique pour sa part que « *sur la quote-part de 70% des CAC des impôts à versement spontané, destinée aux communes et communautés urbaines, une retenue à la base de 40%, soit 28% est effectuée au profit du receveur municipal de la communauté urbaine ou de la commune du lieu de recouvrement. Le reliquat de 60%, soit 42% est centralisé au FEICOM au titre de la péréquation* ». C'est dire que, des 10% des retenues à la base sur les impôts au profit des CAC, 42% de ces recettes sont centralisés et redistribués sur l'ensemble des CTD camerounaises.

[122] MEYONG ABATH (Roger), « L'expérience camerounaise d'autonomie financière territoriale », *op.cit.* p. 274.

[123] GBODJEYDO (Zacharie), DAKPE (Eudoxie), « Quelle place pour la logique de performance dans la mobilisation des ressources propres en lien avec le Fonds d'appui au développement des communes (FADEC) ? », *in* MEDE (Nicaise), YENOUSSI (Nicolas) (dir), *Impôts locaux et développement local, op.cit.* p. 246.

[124] FOTSING (Jean-Baptiste), *Le pouvoir fiscal en Afrique. Essai sur la légitimité fiscale dans les États d'Afrique noire francophone, op.cit.*, p. 204.

[125] ELYOUSFI (Mohamed), « Les transferts d'impôts aux collectivités territoriales : le cas du Maroc », *op.cit.* p. 218.

[126] BOUVIER (Michel), « L'autonomie fiscale locale : nouvel essor ou illusion perdue ? », *in Bien public, bien commun. Mélanges en l'honneur de Etienne FATOME*, Paris, Dalloz, 2011, p. 57.

[127] YAMTCHEU KAYE (Estelle-Audrey), *L'impôt local en droit camerounais, op.cit.*, p. 45.

la crise sanitaire, l'on est demeuré en présence d'une autonomie fiscale des collectivités territoriales totalement bridées[128]. Une situation sans doute révélatrice des manquements des systèmes fiscaux africains. L'on aurait pourtant souhaité que de voir qu'après le passage de la crise sanitaire, que la fiscalité locale des États d'Afrique subsaharienne francophone connaisse une transformation en profondeur comme telle a vraisemblablement été le cas pour les autres aspects de la fiscalité d'une manière générale. Ladite transformation devrait donc consister au lendemain de la crise sanitaire à Covid-19, à accorder aux collectivités territoriales une plus large autonomie dans la gestion de leurs ressources financières./-

[128] BELEBENIE (Pierre), *Les transformations de la fiscalité locale au Cameroun,* op. cit., p. 228.

L'opportunité de l'imposition de l'économie informelle en période post Covid-19 au Cameroun : réflexion autour d'une fusion hétéroclite entre prescription légale et droits de l'homme.

Dr Aimé TATIDOUNG KUETE
Ph.D en droit public,
Chercheur associé au CEDIC et au CRED
Université de Yaoundé II (Cameroun).

****

Introduction

« *Les dépenses publiques en général et les dépenses de l'État en particulier, en raison du poids qu'elles représentent (...) sont inévitablement source d'attention constante et de polémiques fréquentes* »[1]. Cette affirmation de Gilbert Orsoni cadre parfaitement avec la réalité au Cameroun tant la gestion des fonds publics n'est pas chose aisée. Elle l'est moins encore lorsqu'il s'agit de collecter les impôts dans un contexte secoué par la crise sanitaire a coronavirus. En effet, à l'image d'une énorme vague déferlante, le coronavirus s'est propagé dans le monde entier, arrachant au passage des millions de vies humaines[2]. Dans cette mouvance, l'État du Cameroun au même titre que plusieurs autres États, a été frappé par la pandémie durant les trois années précédentes[3], forçant ainsi le gouvernement à prendre des mesures[4] afin de préserver la santé des Camerounais. En rappel, « *les*

---

[1] ORSONI (Gilbert), « Les dépenses de l'État », *in* André ROUX (dir), *Finances publiques*, Paris, La documentation française, 2011, 3e éd, p.103.

[2] Le bilan officiel de l'Organisation Mondiale de la Santé (OMS) fait état de 6,9 millions de morts du Covid-19 dans le monde à la date du 3 mai 2023. https://covid19.who.int/.

[3] Si les premiers cas de Covid-19 ont été déclarés à Wuhan, en Chine, au mois de décembre 2019, le premier cas a été détecté au Cameroun en février 2020 selon les dires du ministre de la santé publique.

[4] Treize mesures ont été annoncées le 17 mars 2020 et sont entrées en application le lendemain, à savoir :

- fermeture des frontières terrestres, aériennes et maritimes ainsi que la suspension des vols passagers en provenance de l'étranger à l'exception des vols cargos et des navires transportant les produits de consommation de masse ;
- suspension dans les aéroports de la délivrance des visas d'entrée au Cameroun ;
- fermeture des établissements publics et privés des différents ordres d'enseignement ;
- interdiction des rassemblements de plus de 50 personnes sur toute l'étendue du territoire national ;
- report des compétitions sportives scolaires (Jeux Fenasco) et universitaires (Jeux universitaires) ;
- fermeture des lieux de loisir à partir de 18 heures ;

coronavirus sont une très large famille de virus qui doivent leur nom au fait qu'ils semblent dotés d'une couronne. Ce sont des virus très répandus qui atteignent aussi bien les oiseaux que les mammifères, et certains d'entre eux ont une transmission interhumaine »[5]. Leur capacité de nuisance est telle que les morts se sont comptés par centaines de milliers en occident. Fort heureusement, le bilan en Afrique en général et au Cameroun en particulier a été moins alarmant. Ainsi, après le temps des réformes de 1990 dues à l'assainissement des finances publiques[6], vint le temps des réformes dues à la crise sanitaire. Parmi celles-ci l'on a pu observer le port obligatoire du masque dans les lieux publics, le lavage des mains à l'aide des gels hydro-alcooliques, etc. Au-delà de ses multiples conséquences sur la santé publique, la pandémie a aussi irradié plusieurs autres secteurs, notamment éducatif, touristique et financier particulièrement la fiscalité. En tant que moteur de l'action publique[7], la fiscalité de l'État a subi de plein fouet la crise sanitaire, contraignant ainsi les pouvoirs publics à l'acclimater au contexte cryogène ambiant. Il convient ainsi de considérer à la suite de Jean Carbonnier, la thèse de la flexibilité du droit[8]. À l'échelle de la décentralisation, la situation n'était guère meilleure. Au vrai, si l'on a observé un faible taux de mortalité lié au Covid-19 au Cameroun, c'est qu'en réalité le secteur qui semble-t-il, a été le plus touché est le secteur économique particulièrement le secteur informel.

Le secteur informel a presque toujours été considéré comme un secteur affranchi de l'impôt. Cependant, cette idée est fausse à la base étant donné que l'État impose, tant bien que mal ledit secteur, même durant les périodes de crise, sans tenir compte des nombreuses difficultés auxquelles font face ses acteurs. Partant de ce postulat, l'on peut légitimement s'inquiéter du maintien de l'imposition sur les entreprises du secteur informel au sortir de

---

- régulation des flux de consommateurs dans les marchés et les centres commerciaux ;
- limitation des déplacements urbains et interurbains à des cas d'extrême nécessité ;
- interdiction de la surcharge dans les transports en commun (bus, taxis et moto-taxis) ;
- recours à la réquisition en cas de nécessité ;
- usage des moyens de communication électroniques et numériques pour les réunions de plus 10 personnes ;
- suspension des missions à l'étranger des membres du Gouvernement et des agents publics ;
- respect des mesures d'hygiène recommandées par l'Organisation Mondiale de la Santé.

Lire TCHINGANKONG YANOU (Moïse), « La lutte contre le COVID-19 au Cameroun : entre mise en œuvre déterminée d'une politique publique de crise et échec d'un opportunisme politique », p. 1, https://www.researchgate.net/publication/341193784, consulté le 2/3/2024.

[5] RAOULT (Didier), *Epidémies vrai dangers et fausses alertes. De la grippe aviaire au Covid-19*, Paris, éd. Michel Lafont, 2020, p. 51.

[6] PEKASSA NDAM (Gérard), « Les transformations de l'administration fiscale camerounaise », *in* Magloire ONDOA (dir), *L'administration publique camerounaise à l'heure des réformes* », Yaoundé, Harmattan Cameroun, 2010, p. 29.

[7] Le secteur financier est celui qui permet la mise en branle des politiques publiques. En d'autres termes, il parait absurde d'imaginer un État sans finances publiques.

[8] CARBONNIER (Jean), *Flexible droit. Pour une sociologie du droit sans rigueur*, Paris, LGDJ, 2001, 10e éd, 493p.

la crise à coronavirus, ce d'autant plus que ces dernières n'ont pas été soutenues par l'État au même titre que le secteur formel durant la crise. La présente étude se veut analytique, mais sur un ton chronologique. En effet, elle s'inscrit dans les encablures de la fin du Covid-19, tout en établissant un pont entre le maintien de l'imposition sur le secteur informel et l'obligation pour l'État, d'assurer un emploi décent aux citoyens[9]. À travers la lecture juridique de ce fait socioéconomique, on ne saurait faire l'économie d'un rappel mémoire des évènements qui ont eu lieu durant la crise afin de mieux comprendre les réalités post-Covid des entreprises informelles. Ceci dit, avant d'aller plus loin sur la question de l'imposition des entreprises informelles qui parait complexe en raison de son actualité et de ses implications, il serait bien utile, dans le souci d'éviter le piège des contresens et des mauvaises interprétations, d'apporter des clarifications terminologiques.

Sans s'attarder sur la notion de fiscalité[10], notons que « *le concept d'imposition tire sa racine de celui d'impôt, sans qu'aujourd'hui, ce dernier soit l'objet exclusif du premier* »[11]. De fait, le terme imposition dérivé du latin *impositio*[12] renvoie à un procédé technique d'assiette et de liquidation d'un impôt[13]. Imposer dans le langage fiscal, signifie rendre obligatoire, exiger, soumettre à une obligation[14] en l'occurrence l'impôt, qui est « *consubstantiel à la notion d'État* »[15]. Pour François Deruel, le phénomène de l'impôt peut être appréhendé par sa finalité et par sa technique[16], car selon lui, la finalité contribuerait à sa définition, tandis que la technique servirait à le caractériser[17]. Plusieurs auteurs ont ainsi contribué à définir ce concept important de la fiscalité. D'abord Montesquieu pour qui l'impôt est une portion que chaque citoyen donne de son bien pour avoir la sûreté de l'autre

---

[9] Dans le contexte camerounais, l'État « *affirme son attachement aux libertés fondamentales inscrites dans la déclaration universelle des droits de l'homme, la charte des Nations Unies, la Charte africaine des Droits de l'Homme et des Peuples et toutes les conventions internationales y relatives et dûment ratifiées* ». C'est la raison pour laquelle il est constitutionnellement tenu d'assurer à tous les citoyens les conditions nécessaires à leur développement. De même, « *tout homme a le droit et le devoir de travailler* ». Au final, il s'agit des droits de l'homme auxquels l'État ne saurait, en principe, déroger.

[10] Si l'on ne lui dénie pas une importance certaine, nous adhérons tout de même à l'idée selon laquelle « *de nos jours, l'ensemble des définitions octroyées au concept de 'fiscalité' sont presque unanimes dans leur contenu* ». ABANE ENGOLO (Patrick-Edgard), EDUMA AYISSI (Jean-Jacques), « La fiscalité des associations religieuses en droit camerounais », *Revue africaine de sciences politique et sociales*, n°48, février 2024, p. 263.

[11] MAKOUGOUM (Agnès), « L'imposition des entreprises numériques dans les États de la CEMAC », *RAFiP*, n°10, second semestre 2021, p. 255.

[12] Lire CORNU (Gérard), *Vocabulaire juridique*, Paris, PUF, 2016, 11e éd, mise à jour, p. 525.

[13] *Ibid.*

[14] *Ibid.*

[15] GROSCLAUDE (J) et MARCHESSOU (P), *Droit fiscal général*, Paris, Dalloz, 2013, 9e éd, p. 5.

[16] LEKENE DONFACK (E.C), *Finances publiques camerounaises*, Paris, Berger-Levrault, 1987, p. 151.

[17] *Ibid*

ou pour en jouir plus agréablement[18]. L'idée de l'impôt selon Montesquieu semble accorder une contrepartie directe et personnelle à cette contribution, ce qui ne cadre pas avec la réalité. Sans pour autant balayer les éléments de cette définition, Gaston Jèze y apporte des améliorations en présentant l'impôt telle une prestation pécuniaire perçue sur les contribuables par les autorités compétentes en vue de participer aux charges publiques[19]. La particularité de cette définition réside dans l'énonciation des caractères de l'impôt et de sa finalité. Somme toute, il apparait important de considérer l'impôt comme une contribution imposée par les pouvoirs publics aux contribuables à l'exception des exemptions légales, sous forme pécuniaire et aux fins de financement des différents services publics et du développement social.

En ce qui concerne l'économie informelle, il s'agit de celle qui s'oppose à l'économie formelle. En d'autres termes, l'économie informelle renvoie à cet ensemble d'activités économiques qui échappent plus ou moins à la législation fiscale[20]. De manière générale, notons que le secteur informel est appréhendé différemment selon le contexte géographique dans lequel il se situe. Ainsi, en « *Amérique latine il désigne des entreprises qui fonctionnent à la limite de la légalité dans le but d'échapper aux impôts et à la réglementation* »[21]. Pourtant en Afrique, « *le secteur informel désigne plutôt de micro unités de production, des entreprises individuelles ayant un faible niveau d'organisation* »[22]. Relativement à l'Afrique de l'Ouest, le secteur informel y est composé du gros informel et du petit informel. Cette distinction est aussi observée en Afrique centrale, notamment au Cameroun. À titre d'illustration, le secteur informel au Cameroun compte les activités de transport, l'alimentation de rue ou ambulante, la réparation automobile et électronique, le bâtiment, etc., selon le dictionnaire de sciences économiques, « *le secteur informel désigne un ensemble d'activités économiques, qui échappent au contrôle de l'État ainsi qu'aux statistiques. Ce concept est en général utilisé à propos des pays en développement (PED) et concerne alors des activités caractérisées par leur très petite taille, une faible intensité*

---

[18] Lire MONTESQUIEU, *De l'esprit des lois*, p. 163, disponible sur https://www.quellehistoire.com.

[19] BIDIAS (Benjamin), *Finances publiques du Cameroun*, Yaoundé, GB3, 1982, 2è éd., p. 583.

[20] En réalité, le secteur informel n'est pas totalement hors d'atteinte par les services fiscaux. Il existe des passerelles qui permettent de prélever les impôts sur les activités exercées par les travailleurs du secteur informel ; l'on peut citer ici l'OTVP (occupation temporaire de la voie publique). On explique souvent, pour justifier leur extériorité à la loi fiscale, le fait que la loi soit inadaptée ou alors excessivement contraignante pour eux. Il faut reconnaitre que les opérateurs économiques du secteur formel ne sont pas en reste ; ils récriminent depuis longtemps la fiscalité camerounaise peu attractive et contraignante, ainsi que le taux de pression fiscale. Pour plus d'explications, lire PEKASSA NDAM (G. M), « Les transformations de l'administration fiscale camerounaise », *op cit*, p. 58.

[21] DE SOTO, *The Other Path : The Invisible Revolution in the Third World*, New York, Harper & Row, 1989,

[22] AFRISTAT, « Concepts et indicateurs du marché du travail et du secteur informel », *Série Méthodes*, n°2, Bamako, Mali, 1999.

capitalistique, un faible niveau technologique et une absence de comptabilité »[23]. De cette définition, l'on peut en conclure que le secteur informel est un secteur distinct du secteur formel, qui regorge de plusieurs types d'activités dont les revenus échappent à la fiscalisation, et dont les emplois sont la plupart du temps précaires.

Enfin, l'expression « droits de l'homme » quant à elle, émerge de la Grèce Antique sous le vocable de « droits naturels ». En tant que réalité universellement admise, le concept de droit de l'homme est défini comme « *des prérogatives ou des droits inhérents ou consubstantiels à la personne humaine reconnus et garantis par le droit* »[24]. Il s'agit de l'ensemble des règles liées à l'identification des types d'impôts ainsi qu'aux différents modes qui permettent son recouvrement que ce soit au profit de l'État ou des collectivités territoriales décentralisées. Au-delà de la clarification notionnelle, la présente étude permet de s'interroger sur les raisons qui pourraient motiver l'État à poursuivre l'imposition des activités du secteur informel au sortir d'une crise sanitaire comme celle provoquée par le coronavirus. Mais avant d'y arriver, notons qu'il s'agit là d'un aspect fondamental des analyses transversales entre juristes et économistes. Même si l'élément nouveau qu'est le Covid-19, complexifie légèrement les données. À l'observation, on peut affirmer de manière péremptoire qu'il n'existe aucune analyse doctrinale sur la question. Toutefois, les analyses établissant un lien entre l'imposition du secteur informel au-delà de la crise à coronavirus dans le contexte camerounais ont brillé par leur rareté.

Ceci dit, traitant de la fiscalité du secteur informel[25], Backiny-Yetna constate qu'il existe une subdivision entre secteur informel en tant qu'unité de production et secteur informel en tant que ménages. De ce point de vue, l'auteur relève que la faiblesse de la fiscalisation du secteur, en tant qu'unité de production, est en total déphasage avec la réalité de la fiscalité du secteur informel en tant que ménages[26]. Sans faire une analyse liée au coronavirus, Backiny-Yetna constate que les problèmes qui entravent la fiscalisation du secteur sont au nombre de deux : « *le faible degré de couverture fiscale et (...) le bas niveau d'imposition des plus 'grosses' qui sont souvent taxées au forfait* »[27]. Au final, il soutient l'idée selon laquelle une partie des frais supportés par les entrepreneurs individuels sous forme d'impôt ne sont pas

[23] BEITONE (Alain), CAZORLA (Antoine) et HEMDANE (Estelle), *Dictionnaire de science économique*, Paris, Dunod, 2019, 6e éd, p. 560.
[24] GUIMDO DONGMO (Bernard-Raymond), *Cours de libertés publiques et droits de l'homme*, Université de Yaoundé II, année académique 2021-2022.
[25] BACKINY-YETNA (Prosper), « Secteur informel, fiscalité et équité : l'exemple du Cameroun », *Le Journal statistique africain*, n°9, novembre 2009, p. 344.
[26] Car, comme il le relève, « Les entrepreneurs individuels payent suffisamment d'impôt, tout au moins pour les moins nantis ». Lire BACKINY-YETNA (Prosper), *ibid.*
[27] *Ibid.*

règlementaires et n'alimentent pas les finances publiques[28]. André Modeste Abate, quant à lui, revient sur la clarification de la notion même de secteur informel. Pour cet auteur, la frontière est étanche entre secteur formel et secteur informel, car les entrepreneurs peuvent passer d'un statut à un autre au gré de leurs intérêts[29]. Cet état des choses rend *de facto* la fiscalisation de leurs activités difficile, car elles s'inscrivent dans ce qu'il qualifie de zone grise[30]. Cette zone grise leur permet d'échapper aux impositions en utilisant des manœuvres frauduleuses à l'instar de la corruption. C'est dans une autre contribution qu'André Modeste Abate va s'attaquer à la fiscalité en période de crise[31]. Il relève à ce titre que le Covid-19 a été une grande opportunité d'affaire pour les entreprises du secteur informel contrairement à ce que l'on a pu penser. Car, selon les résultats auxquels il est parvenu, « *la Covid-19 est plus une opportunité pour cette catégorie d'entreprises que celles qui sont formelles* »[32]. Il justifie ce point de vue par le fait que la crise du Covid-19 a fortement influencé la création des entreprises dans le secteur informel sans compter l'« informalisation » des entreprises formelles suite à l'adoption et au développement des pratiques informelles. Au vrai, « *alors que les économies africaines étaient déjà dans une logique d'informalité poussée, la Covid-19 a entraîné ces économies de l'informalité à l'informatisation* »[33]. Ainsi, selon Abate Modeste le coronavirus, aurait représenté une réelle opportunité d'affaire pour les acteurs du secteur informel et il faut dire que ces derniers en ont longuement bénéficié. Ce qui pourrait justifier leur imposition au-delà de la crise. Bikoro Jean Mermoz pour sa part, dans une approche méthodique, relève les difficultés qui subsistent dans le cadre de l'imposition des activités informelles dans la nuit[34]. Car selon lui, « *soumission des activités informelles au droit fiscal est tributaire du moment où elles s'exercent* »[35]. Ainsi, constat fait de la réalité du gel des activités des services fiscaux dans la nuit, il propose

---

[28] *Ibid.*

[29] ABATE (André Modeste), « Transition des entreprises informelles vers le formel : les zones-grises comme stratégie entrepreneuriale de façade », *Revue africaine de management*, Vol. 2, 2017, p. 1

[30] Appellation de Odegaard. Lire ODEGAARD, « Informal trade, Contrabando and Prosperous Socialities in Arequipa », Peru. Ethnos, Volume 73, Issue 2, 2008, pp. 241-266. Elle désigne toutes les activités qui se situent entre l'informel et le formel, pouvant de ce fait avoir un statut hybride. C'est un statut qu'on adopte de manière intuitive ou rationnelle pour profiter des avantages des deux statuts. Ce sont des activités partiellement formalisées, qui respectent certains critères de la formalité et ignorent d'autres.

[31] ABATE (André Modeste), « La Covid-19 : une opportunité d'affaires pour le secteur informel en Afrique ? », *Revue internationale P.M.E*, Volume 34, n°3-4, 2021, pp.145-166.

[32] *Ibid.*

[33] *Ibid.*

[34] BIKORO (Jean Mermoz), « L'impôt et la nuit. Réflexions sur l'encadrement fiscal des activités nocturnes informelles dans les États d'Afrique francophone subsaharienne », *RAFiP*, n°10, second semestre 2021, pp. 160-191.

[35] *Ibid*, p.161.

des solutions sous forme de réformes qui peuvent être à la fois incitatives et coercitives[36].

L'imposition du secteur informel en droit fiscal camerounais soulève de nombreux problèmes. Il est en réalité matériellement impossible de tous les aborder tant le travail s'avèrerait laborieux. Pour éviter un éventuel égarement dans le dédale du droit fiscal camerounais qui est le cadre de la présente étude, nous envisageons d'analyser ladite imposition sous le prisme de la crise a coronavirus et des droits de l'homme. Ainsi, la présente recherche sera menée sur un aspect fondamental de la fiscalité au sortir du Covid-19 en ces termes : l'imposition du secteur informel au sortir de la crise sanitaire est-elle opportune ?

De manière générale, l'on s'accorde à dire que les considérations d'opportunité[37] ne peuvent intervenir qu'à partir du moment où il n'existe pas de règle posée en la matière. Cependant, la survenue d'une crise peut faire en sorte que l'application de la règle posée, ait des conséquences néfastes sur l'intérêt général ou encore sur les droits de l'homme. À la réalité, cette problématique lève le voile sur les soubresauts du système fiscal en rapport avec la pandémie à coronavirus ; elle est une fenêtre ouverte sur un « droit fiscal de crise ». Loin des sémantiques relatives aux questions de perception, il faut crever l'abcès en diagnostiquant l'étiologie du malaise. La présente analyse s'effectuera sur la base de la méthode juridique dans son versant dogmatique. Il faut tout de même reconnaitre que le recours à la méthode juridique ne réfute pas des patères par la sociologie juridique ou encore le droit comparé. En effet, ceci participe à une analyse dénuée de formalisme, mais profondément axée sur le caractère opérationnel de la science juridique. Il est donc évident que la mobilisation de la sociologie du droit et du droit comparé, présente un avantage certain dans le cadre de la présente étude. De fait, la réponse à cette question s'appuie sur des arguties factuels et normatifs, et permet d'affirmer que l'opportunité de l'imposition de l'économie informelle post Covid-19 est mitigée. Concrètement, si l'on peut percevoir un caractère *a priori* défendable de ladite imposition **(I)**, il n'en demeure pas moins que cette imposition peut être exceptionnellement contestable **(II)**.

I. L'opportunité confortée de l'imposition du secteur informel en période post-Covid-19

Le secteur informel de par sa nature, a presque toujours été perçu comme un secteur où s'entremêlent les activités peu prises en comptes par les services fiscaux de l'État et des collectivités territoriales décentralisées. À la

[36] *Ibid*, p.179.

[37] L'opportunité d'une imposition est analysée comme l'ensemble des éléments pouvant justifier le choix de ladite imposition. Il s'agit fondamentalement des raisons qui justifient le choix d'un objectif sur un autre. Ou encore les raisons d'être d'une imposition sur la base de certains critères, notamment le fonctionnement des services publics, la nécessité ou même l'urgence de prise en compte des droits humains.

réalité, il s'agit d'un secteur d'activités qui échappe peu ou prou à l'administration fiscale[38]. Pourtant, il existe un principe cardinal en matière fiscale qui fait état de l'égalité de tous devant les charges fiscales. En vertu de celui-ci, aucune activité génératrice de revenus ne devrait être laissée pour compte dans le cadre des recouvrements fiscaux. La particularité ici repose sur la période. L'imposition est-elle justifiable si l'on tient compte de la crise sanitaire ? À la réalité, des éléments de droit (A) ajoutés à des éléments de fait (B), permettent de défendre l'idée de l'imposition du secteur informel malgré les difficultés engendrées par la crise à coronavirus.

A. L'optimisation de l'imposition engendrée par la normativité fiscale

Le droit fiscal[39] dans son essence n'a pas vocation à trouver des solutions aux situations de crises telles que la survenue de la pandémie à coronavirus. Il s'agit d'une discipline basée sur les mécanismes de collecte et d'utilisation de l'impôt. Toutefois, avec les différentes évolutions de la société, le droit fiscal doit nécessairement s'adapter. C'est dans ce sens que Michel Bouvier le considère comme un « *droit dont la complexité n'a d'égale que la variété des situations qu'il doit appréhender* »[40]. Relativement au coronavirus, l'administration fiscale camerounaise est restée fidèle à sa vocation à savoir prélever les contribuables. Malgré les situations imprévisibles et irrésistibles engendrées par la pandémie, l'administration fiscale camerounaise s'est inscrite dans une posture dominante. Cette posture lui a donc permis de justifier l'imposition du secteur informel notamment à travers le principe de légalité de l'impôt (1) et la volonté de normalisation du secteur informel (2).

1. L'imposition générée par la légalité de l'impôt

Les États classiques autant que les États modernes ont été bâtis sur un certain nombre de principes structurels, politiques et économiques profondément ancrés dans les usages. Nul doute aujourd'hui que les finances représentent un élément fondamental du développement de la société politique. En finançant la réalisation du service public, les finances publiques se posent en outils essentiels de la construction d'un État de droit. Il sied donc de scruter l'un des pourvoyeurs des finances publiques, notamment la fiscalité à travers les impôts.

Selon Gaston Jèze, l'impôt est considéré comme une *« prestation de valeurs pécuniaires requise des particuliers, due par les individus, selon des*

---

[38] Du fait de la volatilité des acteurs qui y interviennent.

[39] Selon François ABENG MESSI, « *le droit fiscal camerounais renvoie au droit fiscal dont l'élaboration s'est faite ou se fait unilatéralement ou conventionnellement par ou avec les autorités camerounaises investies du pouvoir de l'édicter* » (in *Le territoire et l'impôt en droit fiscal camerounais*, thèse de doctorat/Ph.D, Université de Yaoundé II, 2014-2015, p. 43).

[40] BOUVIER (Michel), *Introduction au droit fiscal général et à la théorie de l'impôt*, Paris, LGDJ, 2010, 10e éd, p. 14.

règles fixes et par voie d'autorité le taux de l'impôt est fixé unilatéralement par les agents publics; ensuite, le recouvrement aura lieu, au besoin, par la force, à titre définitif et sans contrepartie, sans contre-prestation spéciale, en vue de la couverture des dépenses d'intérêt général »[41]. Il ressort de cette définition que l'impôt est un prélèvement obligatoire de nature pécuniaire et de caractère définitif, visant à couvrir les charges publiques sans contrepartie immédiate. L'existence des impôts directs[42] n'entrave en rien l'absence d'une contrepartie directe à l'impôt.

Au Cameroun, l'impôt se présente comme un prélèvement obligatoire destiné à couvrir les charges publiques. Il est prélevé par l'État sur les particuliers[43] et sur les entreprises[44] qu'elles soient de secteur formel ou informel. L'impôt, dans son essence, permet à la fiscalité de résoudre les nombreux problèmes de trésorerie qui peuvent survenir au sein d'un État. La situation inquiétante engendrée par le coronavirus en est un exemple patent. C'est dire qu'il est une donnée importante et peut être irremplaçable au sein de l'État. Si les citoyens ont le droit d'y consentir, ils ont aussi le droit d'en surveiller l'utilisation. D'ailleurs les fonds publics, dont la provenance est clairement identifiée, doivent bénéficier d'un contrôle de la part de ceux qui les renflouent[45]. En clair, le principe de légalité de l'impôt constitue la traduction juridique d'un principe plus large, notamment celui du consentement politique à l'impôt.

Dans le contexte français, une disposition de la Déclaration des droits de l'homme et du citoyen permet de constater l'exigence légale attachée à l'impôt[46]. En effet, on peut lire à l'article 14 du texte précité que « *tous les citoyens ont le droit de constater par eux-mêmes ou par leurs représentants la nécessité de la contribution publique, de la consentir librement, d'en suivre l'emploi et d'en déterminer la quotité, l'assiette, le recouvrement et la durée* ». Il ressort de cette disposition que l'impôt n'émane pas d'une volonté

---

[41] JÈZE (Gaston), *Cours de Finances publiques*, Paris, LGDJ, 1936.

[42] Il s'agit des impôts définitivement supportés par les contribuables, à l'exemple de l'impôt sur le revenu.

[43] Il s'agit de l'impôt sur le revenu des personnes physiques (IRPP).

[44] Notamment l'impôt sur les sociétés (IS).

[45] Cela remet au goût du jour la question du contrôle citoyen. En effet, en dehors du contrôle administratif, du contrôle judiciaire ou encore du contrôle parlementaire, les finances publiques tombent sous le coup du contrôle citoyen. À travers ce système, les contribuables disposent d'un ensemble de mesures leur garantissant le suivi de l'utilisation des fonds récoltés par les pouvoirs publics par le biais des impôts. Lire à ce sujet NGUECHE (Sylvie), « Le contrôle citoyen des finances publiques en droit camerounais », *RAFiP*, n°8, second semestre 2020, pp. 173-212 ; KORA GOUNOU (Zimé), « Perceptions et réalité du contrôle citoyen en République du Bénin à l'ère de la décentralisation », *RFFP*, n°145, 2019, p. 315 ; NKOUAYEP (Long Christ Papy), « Le droit à l'information du citoyen local en droit public financier camerounais », *RAFiP*, n° double 3 & 4, 2018, pp. 11-42.

[46] Certains auteurs considèrent d'ailleurs cette disposition comme l'origine du principe de légalité de l'impôt. BELTRAME (Pierre), « Grands principes du droit fiscal », *in* André ROUX (dir), *Finances publiques*, Paris, La documentation française, 2011, 3e éd, p.147.

égoïste et personnelle du législateur, encore moins celle de l'exécutif. Il est le fruit d'un ensemble de considérations d'ordre général dont l'objectif est de favoriser l'éclosion d'une administration publique performante. C'est dans ce sens que l'impôt permet la viabilisation de la force publique et des dépenses d'administration[47].

En tout état de cause, l'impôt est une charge à laquelle tout contribuable est assujetti. Sa légalité est fondée en référence à la loi. C'est dire que le parlement est l'organe compétent en matière de création des impôts. Cette compétence a elle-même une origine constitutionnelle. On peut lire à l'article 26 de la constitution que le parlement est compétent en matière de création des impôts et taxes, mais aussi des modalités de recouvrement de ces derniers. La légalité de l'impôt n'est pas une donnée fortuite. Il n'aurait servi à rien de créer des impôts si les contribuables peuvent ne pas les respecter. C'est donc dans cette logique que l'on doit analyser le principe de légalité de l'impôt, qui consacre l'obligation de s'y conformer.

Ainsi, la légalité de l'impôt est un gage de sa présence en tout temps et en tout lieu dans la société ; même en cas de survenance d'une situation irrésistible comme l'avènement du coronavirus. Ce qui doit demeurer dans l'esprit des contribuables, loin des considérations subjectives présentant l'impôt comme une charge à éviter, c'est l'idée de justice fiscale[48].

2. L'imposition justifiée par la régularisation du secteur informel

Il faut revenir des années en arrière pour se rendre compte que l'idée de normaliser le secteur informel n'est pas nouvelle. Depuis 1996, la loi de finances de l'année précitée introduisait déjà les prémices de ce qui allait devenir, par la force du temps et de la pratique, la fiscalisation du secteur informel au Cameroun. Mais il n'en a pas toujours été ainsi, car le secteur informel a pendant longtemps échappé à la fiscalisation. Pour cause, l'économie informelle englobe des activités qui bien que légitimes et légales, en sont moins réglementées et par conséquent non fiscalisées. La disparité de ces activités[49] ainsi que l'absence de législation appropriée leur ont longtemps été bénéfiques. Pourtant l'assiette fiscale dudit secteur s'élargissait au fur et à

---

[47] « *Pour l'entretien de la force publique, et pour les dépenses d'administration, une contribution commune est indispensable* », article 13 de la Déclaration des droits de l'homme et du citoyen de 1789.

[48] Dans la justice fiscale, l'on retrouve deux aspects complémentaires. L'aspect moral et l'aspect politique. C'est dire que la justice fiscale doit assurer l'égalité des citoyens devant l'impôt et les services fiscaux. Même si elle peut se permettre d'envisager une discrimination fiscale relativement aux facultés contributives des contribuables. Lire BIDIAS (Benjamin), *Les finances publiques du Cameroun, op cit*, pp.771-772.

[49] Certaines de ces activités comprennent la rénovation de maisons, la réparation de voitures, le commerce de rue, les coiffeurs, les travailleurs domestiques, la réparation d'appareils électroniques, les plombiers, les vendeurs de fruits ou de légumes, les vendeurs de nourriture de rue, les vendeurs, les barbiers, les cordonniers, etc. Lire FUEIN KUM (Vera), « Les déterminants de l'informalité des entreprises au Cameroun », *Lettre de politique fiscale*, n°003, février 2021, p.6.

mesure de l'évolution des activités. Il faudra donc attendre 1996 pour voir naitre les dispositions visant à encadrer et à imposer ce secteur.

Une lecture de l'article 50 al 1 (nouveau) de la loi n°96/08 du 1er juillet 1996 portant loi de finances de la République du Cameroun pour l'exercice 1996/1997 interpelle au sujet de l'impôt libératoire. Il y est disposé que « *les contribuables exerçant une activité commerciale ou industrielle ne relevant ni du régime du bénéfice réel, ni du régime simplifié d'imposition, sont soumis à un impôt libératoire exclusif du paiement de la patente, de l'impôt sur le revenu des personnes physiques et de la taxe sur le chiffre d'affaires* ». Le législateur, à travers cette disposition, a voulu capter la fiscalité grandissante présente dans un secteur d'activité qui échappait jusque-là aux services fiscaux. La création d'un régime nouveau adossé sur l'impôt libératoire contribue à capter les ressources qui circulent dans le secteur informel en toute quiétude, violant le principe de l'égalité de tous devant les charges publiques.

Au-delà de la loi de 1996, le Président de la République décidera de la création d'un ministère en charge d'accompagner ce secteur vers la professionnalisation et partant de la formalisation. C'est ainsi que le ministère des petites et moyennes Entreprises, de l'Économie sociale et de l'Artisanat verra le jour à la faveur du décret n°2011/408 du 9 décembre 2011 (complété par le décret n°2013/169 du 27 mai 2013). L'article 1er al 2 dudit décret précise que le ministre compte parmi ses missions, le « *suivi de l'évolution du secteur informel et des études y relatives* ». Bien plus, il est chargé de « *l'identification et de l'étude des possibilités de migrations des acteurs du secteur informel vers l'artisanat et les microentreprises* »[50]. Le code général des impôts va entériner cette fiscalisation en rappelant que « *les contribuables exerçant une activité commerciale, industrielle, artisanale ou agropastorale ne relevant ni du régime du bénéfice réel, ni du régime simplifié d'imposition, sont soumis à l'impôt libératoire exclusif du paiement de la patente et de l'Impôt sur le Revenu des Personnes Physiques, sauf en cas de retenue à la source* »[51]. Le régime de l'impôt libératoire[52] traduit donc la solution imaginée par l'État en vue de collecter la fiscalité des entreprises du secteur informel.

La prolifération surfaite du secteur informel a fait prendre conscience de l'intérêt de capitaliser les activités économiques qui s'y déroulent afin de les impliquer utilement dans le besoin de construction de l'État. Même s'il est détestable de voir à quel point les États africains y compris le Cameroun, font peser le financement des services publics sur les impôts, il n'en reste pas moins que la fiscalité ne saurait être abolie. D'autant plus sur un secteur informel plus dense que le secteur formel. Dans le fond, si le secteur informel

---

[50] Article 1er al 2 du décret n°2011/408 du 09 décembre 2011 portant organisation du ministère des Petites et Moyennes Entreprises, de l'Economie Sociale et de l'Artisanat.

[51] Lire l'article C45 du Code général des impôts de la République du Cameroun.

[52] L'impôt libératoire est un prélèvement réalisé par l'État sur les entreprises dont le chiffre d'affaire est inférieur à 10.000.000 F.CFA. Sont exclus de ce registre comme déjà signalé, les exploitants forestiers, les officiers publics ministériels et les professions libérales.

a pu être fiscalisé au même titre que le secteur formel, rien ne saurait fondamentalement justifier l'abandon ou l'exonération de son imposition au sortir de la crise sanitaire. La volonté de faire respecter l'égalité de tous devant les charges fiscales ajoutées à la contribution conséquente dudit secteur dans le PIB[53] du Cameroun suffit à maintenir l'imposition.

B. L'optimisation de l'imposition fondée sur des considérations tangibles

La contribution de l'imposition au déploiement des services publics est la raison de sa création, de son organisation et de son fonctionnement[54]. L'impôt concourt de ce fait au développement infrastructurel[55] et économique de l'État. Si le développement est un projet fondamental en société, il est important que chaque individu y contribue notamment sur la base des revenus. C'est dans cette optique qu'il est apparu important de procéder à la fiscalisation des entreprises du secteur informel. Cela dit, malgré l'apparition de la crise sanitaire, l'État a pu se rendre compte du fonctionnement plus ou moins optimal d'un secteur parfois qualifié, à tort ou à raison, d'économie primaire. Les recettes semblaient ne pas connaitre un impact significatif de la crise sanitaire. Cette situation idyllique a, semble-t-il, fini par convaincre les pouvoirs publics de maintenir l'imposition de ce secteur. Ainsi, pour rester pragmatique, l'optimisation de l'imposition du secteur informel se justifie par sa prolifération même en période de crise (2) et sa réelle contribution au fonctionnement des services publics (1)

1. La contribution intemporelle de l'impôt au fonctionnement des services publics

La notion de service public, si chère au doyen Duguit[56], n'a pas fini de faire parler d'elle. En effet, elle demeure une notion clé lorsqu'on s'intéresse au fonctionnement de l'administration publique. Cette dernière est totalement basée sur ses services qui sont ici les services publics. Sans faire fi

---

[53] Selon un rapport du FMI, le secteur informel au Cameroun contribue à hauteur de 20 à 30% à la création du PIB du pays. FUEIN KUM (Vera), « Les déterminants de l'informalité des entreprises au Cameroun », *Lettre de politique fiscale*, op cit, p.8.

[54] HASSANA Barnabas relève que les ressources publiques sont systématiquement allouées au fonctionnement des services publics : lire « La notion de la performance d'une dépense publique en droit public financier camerounais », *IMJST*, Vol. 6, décembre 2021, p. 4555.

[55] Sanitaire, éducatif, culturel, scientifique etc.

[56] Par définition, le service public « *c'est toute activité dont l'accomplissement doit être assuré, réglé et contrôlé par les gouvernants, parce que l'accomplissement de cette activité est indispensable à la réalisation et au développement de l'interdépendance sociale, et qu'elle est de telle nature qu'elle ne peut être réalisée complètement que par l'intervention de la force gouvernante. Cette activité est d'une importance telle pour la collectivité qu'elle ne peut pas être interrompue un seul instant. Le devoir des gouvernants est d'employer leur puissance à en assurer l'accomplissement d'une manière absolument continue. La continuité est un des caractères essentiels du service public (...)* ». Lire DUGUIT (Léon), *Traité de droit constitutionnel*, T 2, *Théorie général de l'État*, Paris, E. de Boccard, 1923, 2e éd, pp. 55-56.

des considérations matérielles du service public[57], l'on s'attachera à sa conception organique en vue de démontrer l'importance de l'imposition dans son fonctionnement général.

En présentant le service public comme l'élément fondamental de définition du droit administratif, le Doyen Léon Duguit était sans doute bien loin d'imaginer les répercussions d'une telle posture. À la réalité, l'auteur se positionnait ainsi en faveur de la thèse finaliste du droit administratif à savoir, considérer le service public comme un trait saillant,[58] mais aussi et surtout comme un élément d'identification du domaine d'application du droit administratif. Au-delà de cette réflexion, le service public présente également un autre visage, celui de la gratuité. Pour autant, si les services de l'administration sont gratuits en principe, leur fonctionnement demande d'énormes moyens financiers d'où l'intervention de la fiscalité[59].

La construction organique de l'État résulte de la réunion d'un ensemble de composantes qui parviennent à être fédérées par l'œuvre de la fiscalité. Dans cette perspective, la législation camerounaise autorise l'État à disposer des ressources très variées pour lui permettre d'acquitter les nombreuses dépenses nécessitées par les services publics qu'il assure. Parmi ces ressources, l'on compte immanquablement l'impôt. Dans les faits, les institutions organiques de l'État vivent et accomplissent leurs missions grâce à la présence des ressources fiscales issues des différentes collectes par les administrations spécialisées. C'est dire qu'aucun État ne saurait exister sans la présence d'une fiscalité nationale[60].

Le dire c'est aussi se ranger en faveur de la thèse favorable à la nécessité de la continuité des services publics de l'État. En effet, malgré la survenue de la pandémie, les administrations publiques n'ont pas cessé de fonctionner ; ouvertes au public en tout temps, elles poursuivaient inlassablement leurs missions d'intérêt général pour la satisfaction des usagers. Dans une telle situation, comment ne pas défendre l'idée de la continuité de l'imposition des activités du secteur informel en période post-Covid ? Certes, la crise sanitaire a eu des conséquences fâcheuses sur ces

---

[57] Au sens matériel, le service public fait référence aux activités d'intérêt général accomplies par les agents qui œuvrent au sein de l'entité étatique. Bien que les missions d'intérêt général soient exécutées par les organes personnes de l'administration, il faut relever que ce qui nous intéresse ici c'est véritablement l'impact de l'impôt sur la mise en branle desdits organes.

[58] HAURIOU (Maurice), *Précis de droit administratif et de droit public*, Paris, Sirey, 1933, 12e éd.

[59] Sur ce point, en reconnaissant que le sentiment le plus largement partagé est que, les ressources publiques sont toujours allouées pour le fonctionnement des services publics, il ne faudrait pas oublier que lesdites ressources doivent par la même occasion contribuer à la création d'un cadre favorable à l'épanouissement de l'ensemble de la population.

[60] L'on oppose ici la fiscalité interne à la fiscalité internationale qui est considérée comme un ensemble de règle de droit fiscal dont l'application ne peut se réaliser que sur les opérations ayant un caractère international. Il s'agit d'un ensemble de règles juridiques dont le but est de régir l'imposition des transactions qui vont au-delà des frontières territoriales d'un État.

dernières, pour autant, devrait-on sacrifier l'intérêt général au profit des intérêts privés ? En d'autres termes, sursoir à l'imposition des activités informelles au sortir de la crise serait-il opportun quand on sait que les services publics n'ont pas cessé de fonctionner durant la période de crise ? Logiquement la réponse ne peut qu'être négative.

Le Covid-19 semble même être un élément justificatif de la persistance de l'imposition. Le caractère délétère du climat, créé par cette pandémie, a favorisé l'arrêt des activités de plusieurs administrations publiques et privées. Seulement, conformément à l'esprit de l'entité étatique, il était important de maintenir l'État debout à travers le principe du service minimum. Dans cette situation, le maintien de l'imposition sur les activités du secteur informel s'avère donc nécessaire. Par principe, l'État est garant de la réalisation des missions d'intérêt général. Pour ce faire, il a besoin des ressources fiscales. Ceci dit, peu importe la période, et peu importe la situation qui prévaut, l'imposition doit être maintenue en raison de son apport inestimable dans l'accomplissement des missions générales.

En période de Covid comme cela a été le cas, les services hospitaliers ont été sollicités plus que par le passé. Or, l'on sait pertinemment que ces administrations fonctionnent d'une part sur la base du financement qu'elles perçoivent de l'État[61], d'autre part à travers les sommes perçues sur les usagers dudit service. L'on peut donc comprendre l'impératif de maintenir l'imposition sur les activités du secteur informel afin d'accompagner les formations sanitaires dans la riposte contre les maladies. De même, l'imposition du secteur informel au soir de la crise à coronavirus peut être justifiée à travers un fait patent notamment l'opportunité offerte par la crise qui a permis son développement exponentiel.

2. La prolifération post Covid-19 des activités du secteur informel

La crise à Covid-19 a, contre toute attente, produit des effets inattendus sur le secteur informel. L'image à laquelle la plupart des acteurs politiques s'attendait était assurément celle d'un secteur informel décadent. Pourtant il n'en fut rien, bien au contraire, l'on a pu noter l'augmentation des microentreprises dudit secteur. Cet état de choses pourrait justifier la volonté de maintenir l'impôt sur ces activités qui semblent avoir pris du poil de la bête.

L'observation de cette situation appelle tout de même à une analyse en vue d'en tirer les conséquences. En réalité, la crise sanitaire a frappé de plein fouet les entreprises du secteur formel. Un bon nombre d'entreprises ont vu leur chiffre d'affaires baisser ce qui a entrainé des difficultés de paiement des salaires, mais aussi des charges fiscales. L'État a certes, à travers un ensemble de mesures indiquées par le gouvernement[62], tenté de soutenir ces entreprises du secteur formel, cependant il faut dire que les efforts n'ont pas

---

[61] À travers le budget du ministère de la santé.

[62] Il s'agit des mesures indiquées dans la circulaire n°20/169/CF/MINFI/DGI/DLRI/L du 13 mai 2020 précisant les modalités d'application des mesures fiscales de riposte au Covid-19.

été suffisants. Pourtant, le secteur informel, quant à lui, est apparu comme un palliatif aux carences du secteur formel de par sa résilience. Cette résilience n'est pas une sinécure comme le reconnait la FAO. En effet, selon cette agence de l'ONU, les activités informelles s'adaptent aux contextes socioéconomiques difficiles[63]. C'est dire que ce secteur semble même plus prolifique dans un contexte crisogène. Au vrai, si l'on considère le secteur informel durant une période de crise économique, l'on pourra observer que la baisse du pouvoir d'achat et les difficultés d'emploi sont très souvent à l'origine d'un développement inattendu d'un secteur tel que celui de l'agroalimentaire informel. En conséquence, ce secteur se positionne en grand pourvoyeur d'emploi et de ressources financières à certains ménages en difficulté[64]. Au final, l'on peut affirmer qu'en situation de précarité économique, l'autoproduction de biens et services alimentaires par les foyers pauvres peut devenir déterminante pour leur sécurité alimentaire[65].

Cette conclusion est transposable au contexte imposé par la crise sanitaire, car, en tenant compte des difficultés économiques rencontrées par les différents acteurs du secteur, l'on a effectivement observé une adaptation ainsi qu'une prolifération des activités informelles. La multiplication des vendeurs à la sauvette par exemple, ajouté au décuplement des conducteurs de mototaxi sans oublier l'augmentation significative des vendeuses de vivre dans les marchés. Ce qui peut largement justifier le maintien de l'imposition sur ledit secteur au sortir de la crise à Covid-19.

Par ailleurs, il est revenu à plusieurs reprises sur la tendance à l'informalisation de certaines activités du secteur formel. La question de l'informalisation du secteur formel peut sembler incongrue certes, d'autant plus que le secteur formel, considéré comme un secteur moderne et donc plus performant, n'aurait rien à envier au secteur informel, qualifié de secteur traditionnel et moins rentable. Cependant, plusieurs pistes démontrent à suffire la transhumance de certains acteurs du secteur formel vers le secteur informel[66]. Par définition, l'informalisation est un terme employé pour décrire le passage de certaines entreprises du secteur formel vers le secteur informel. Cette tendance inexplicable en période normale semble se justifier avec l'avènement de la crise à coronavirus.

La prolifération des activités informelles étant démontrée au Cameroun, l'on ne saurait faire abstraction d'une analyse comparative en

---

[63] FAO (2020), *Impact de la Covid-19 sur les travailleurs du secteur informel,* Rome, FAO.

[64] Selon une enquête de l'Organisation Internationale du Travail au Cameroun, *« à la différence des pays développés, les économies des pays africains, en général et celle du Cameroun en particulier, se caractérisent par la cohabitation entre un secteur informel dynamique et le secteur formel qui connait une expansion atone »*. Lire OIT, *Enquête auprès des entreprises informelles du Cameroun,* 1ère éd, 2017, p.15.

[65] OIT, Enquête auprès des entreprises informelles du Cameroun, *op cit.*, p.15.

[66] Leur volonté inébranlable d'échapper aux services fiscaux. Et bénéficiant ainsi des mesures d'accompagnement dans les deux secteurs d'activités.

convoquant les arguments tirés sous d'autres cieux pour conforter notre idée. Cela dit, selon les résultats d'une enquête menée à Dakar au courant de l'année 2020 par Billaud, l'on découvre que le Covid-19 a affecté plus négativement le secteur formel que le secteur informel[67]. La tendance ainsi présentée est la même en ce qui concerne le contexte camerounais. Ici, les entreprises du secteur informel surabondent par rapport à celles du secteur formel. Une situation qu'ont tenté d'expliquer Mbaye et Diagne en Afrique de l'Ouest[68]. Ces auteurs évoquent avant tout la question de l'existence même du secteur informel. Il serait né de l'incapacité pour l'État, de mettre en application ses propres règles. Ce qui fait qu'en période de Covid-19, l'informel dispose de grandes chances de prospérer[69]. Ensuite, en prenant en compte la situation précaire dans laquelle vie la grande majorité des populations du secteur informel, les gouvernements ont considéré que l'option de confinement total impliquerait une mort lente pour ces derniers d'où le choix de la tolérance administrative. De même, l'État aurait décidé de fermer les yeux sur le non-respect de certaines restrictions pour préserver leurs moyens de subsistance et éviter une rupture des chaînes de production et de distribution qui pourraient favoriser la hausse des prix, des revendications et soulèvements populaires. Au plus, la politique de laisser-faire ou de tolérance des activités informelles pendant la crise permettrait à l'État de réduire la dépendance des populations concernées envers l'assistance publique. Enfin, ces activités génèrent des impôts et taxes indirects qui amélioreront le recouvrement fiscal[70].

Au demeurant, il faut dire qu'au-delà de la justification de l'imposition des entreprises du secteur informel au sortir de la crise, force est de constater que ladite imposition peut être relativisée. Si elle crée un phénomène de distorsion fiscale[71], elle entraine aussi par effet domino la violation de certains droits fondamentaux.

---

[67] BILLAUD (André), « Entre vulnérabilité et résilience, comment les acteurs de l'économie informelle des villes africaines font ils face à la pandémie de Covid-19 ? », Récupéré le 15 septembre 2021 sur le site https://www.sonar-global.eu/keyreadings/ entre-vulnerabilite-et-resilience-comment-les-acteurs-de-leconomie-informelle-des-villes-africaines-font-ils-face-a-la-pandemie-de-covid-19/.

[68] MBAYE A. et DIAGNE B.C.A, *Covid-19 : l'Afrique de l'Ouest à l'assaut de l'économie informelle*, Paris, Te Conversation France, 2020.

[69] Si en période normale l'État ne parvient pas à fournir un emploi décent à l'ensemble de la population active, il le pourra moins à plus fortes raison en période de crise.

[70] En effet, si le secteur informel paie très peu d'impôts directs (impôt sur les revenus des personnes physiques, impôt sur les sociétés, impôt libératoire, droit de licence, etc.), il contribue fortement à l'impôt indirect (taxe sur la valeur ajoutée, la patente, taxe foncière, etc.), qui constitue une partie importante des recettes fiscales. Pour plus d'explications, lire MBAYE A. et DIAGNE B.C.A, *Covid-19 : l'Afrique de l'Ouest à l'assaut de l'économie informelle*, op cit.

[71] Sur le principe, la distorsion fiscale est une perturbation du système économique par rapport à une norme d'efficience prédéterminée, provoquée par l'introduction d'un impôt ou d'un système d'imposition dans l'économie considérée. Relativement à l'imposition du secteur informel en période post-Covid 19, la distorsion fiscale relèverait du fait que cette imposition

II. L'opportunité fragilisée de l'imposition

Indéniablement par son poids, par sa définition même, celle de prélèvement obligatoire, par une histoire marquée par la coercition, l'impôt peut apparaître à bien des égards comme un phénomène particulièrement contraignant[72]. Et il le sera d'autant plus en période de crise comme ce fut le cas durant la crise sanitaire due au coronavirus. Il faut reconnaitre que l'imposition peut être assimilée à un lourd fardeau pour des contribuables qui peinent à gagner de l'argent au quotidien. *A fortiori* pour ceux qui subissent les effets d'une crise sanitaire sans précédent. La persistance de l'imposition des acteurs du secteur informel au sortir de la crise sanitaire peut-elle, dans ce cas de figure, être légitimement justifiée et justifiable ? Telle est l'interrogation qui servira de prétexte à l'élucidation des réalités fiscales du secteur informel au-delà de la crise à coronavirus. De fait, en prenant fait et cause pour les acteurs du secteur informel, l'on peut démontrer l'inopportunité de l'imposition dudit secteur informel à travers le contexte crisogène (A) et la prise en compte des droits de l'homme (B).

A. Une fragilisation induite par un contexte crisogène

La collecte effrénée des ressources fiscales par l'État doit tenir compte de certains paramètres qui méritent d'être soulignés. De manière concrète, si l'impôt consiste en une participation obligatoire des contribuables, force est de reconnaitre que ladite participation doit se faire conformément aux revenus dont disposent ces contribuables. Il ne s'agit pas d'un rejet du principe de l'égalité devant les charges fiscales, mais plutôt une confirmation dudit principe. Car l'égalité évoquée postule la participation de tous certes, mais proportionnellement aux revenus des uns et des autres. Dans ce sens, l'idée défendue ici serait celle de l'équité de l'impôt. Relativement à l'accroissement des acteurs du secteur informel pendant la crise à coronavirus, l'État investigué sur la question de savoir si l'accroissement des acteurs emporte l'accroissement des revenus. En d'autres termes, l'invasion du secteur informel va-t-elle entrainer conséquemment l'élargissement de la matière imposable au point de justifier le maintien de l'imposition après la crise ? *A priori*, la réponse est négative tant il a été observé une forte dégradation du secteur informel (1), dont la conséquence aurait pu engendrer la naissance des foyers de contestation de l'autorité de l'État (2).

1. La détérioration d'un secteur économique affaibli par la crise

Formellement, plusieurs secteurs de l'économie informelle ont été directement frappés par les mesures barrières imposées par les pouvoirs

---

entraine une véritable perturbation du système économique des activités informelles qui ont subies pendant près de trois ans, les ravages du coronavirus.

[72] BOUVIER (Michel), *Introduction au droit fiscal général et à la théorie de l'impôt*, Paris, LGDJ, 2010, 10e éd, p. 59.

publics. L'on évoque ici les mesures de distanciation ou encore la restriction de mobilité. Cela dit, au rang des secteurs les plus touchés, l'on retrouve le commerce général en gros et de détail, car ces derniers abritent, selon l'Organisation Internationale du Travail, un quart des emplois informels dans le monde[73]. Avec la survenue de la crise sanitaire à Covid-19, le secteur informel a accusé un coup économique conséquent. En réalité, la fermeture de certains marchés ainsi que la limitation des attroupements ont créé un préjudice certain auprès des acteurs de l'informel. Dans cette circonstance, c'est la matière imposable elle-même qui rétrécit. Or, l'on sait d'avance que la matière imposable est l'élément économique qui constitue la source même de l'impôt[74], ce qui au final permet de constater que l'imposition de ce secteur en période post-Covid serait inappropriée et inopportune.

Pour revenir sur un argument avancé plus haut, la démultiplication des entreprises du secteur informel par l'arrivée de la crise sanitaire n'est pas forcément de bon augure pour ces derniers. Il s'y cache de nombreux non-dits qu'il sied de relever dès à présent. En réalité, l'accroissement des entreprises informelles provient de l'incapacité des acteurs du secteur formel à couvrir leurs charges[75]. Ainsi, en s'informalisant, les acteurs du secteur formel pensent pouvoir faire d'une pierre deux coups à savoir échapper aux charges fiscales et engranger des bénéfices. Malheureusement, la réalité a été déconcertante. Au vrai, ces derniers se sont tous retrouvés confrontés à la loi de l'offre et de la demande. Concrètement, l'on sait pertinemment que lorsque l'offre est supérieure à la demande il y a déflation[76] entrainant la chute des prix des produits et conséquemment la perte d'une grande partie de bénéfices. Dans ce cas de figure, et pour éviter des pertes irréversibles, les commerçants sont obligés de procéder à des liquidations. Or la liquidation est une mesure préventive face à un risque réel de perte du capital. Il est donc clair que dans ces circonstances, la démultiplication des entreprises du secteur informel, qui a été considérée à tort comme un avantage, a plutôt contribué à dégrader l'économie informelle.

Pour des cas précis, il faut dire que les mesures barrières ont fait perdre d'importants revenus aux conducteurs de mototaxi. Des avis recueillis çà et là nous ont appris que le transport par moto était limité à un passager[77], la violation de cette restriction était violemment sanctionnée par les forces de

---

[73] FASLY (Hakima), « Impact de la crise du Coronavirus sur l'économie informelle et sur les dépenses de consommation des ménages au Maroc », *Revue internationale du chercheur*, Vol 2, n°1, p.142.

[74] BIDIAS (BENJAMIN), *Les finances publiques du Cameroun, op cit*, p. 614.

[75] Salariales, contractuelles et fiscales.

[76] « *La déflation est un processus de baisse cumulative du niveau général des prix. Cette baisse des prix, souvent provoquée par une contraction de la demande globale, s'accompagne d'une réduction massive de l'activité et d'un fort accroissement du chômage. Tel fut le cas de la crise de 1929 aux États-Unis* », BEITONE (Alain), CAZORLA (Antoine) et HEMDANE (Estelle), *Dictionnaire de science économique*, Paris, Dunod, 2019, 6e éd, p. 173.

[77] Il s'agit de l'une des 13 mesures de riposte annoncées par le gouvernement.

maintien de l'ordre[78]. Or, les recettes de ces conducteurs de motos sont doublées lorsqu'ils transportent deux personnes voir trois au lieu d'une. Le prix du carburant n'ayant pas été revu à la baisse, les pertes ont été énormes. Le carburant consommé pour le transport de trois personnes étant pratiquement identique à celui dépensé pour le transport d'une personne, on voit clairement que ces restrictions engendrées par le Covid-19, ont causé d'énormes pertes de bénéfices aux conducteurs de mototaxi. En ce qui concerne les « *bayam sellam* », notons que la limitation des fréquentations dans les marchés est un énorme frein à leurs activités. Moins il y a de clients au marché et moins sont vendues les marchandises. En gros, les marchandises périssables telles que la tomate, les légumes, les citrons ou encore les oranges, etc. seront pour la grande majorité perdues. En ajoutant les dépenses en transport au prix d'achat de la marchandise, plusieurs commerçants ont constaté des pertes attaquant parfois le capital.

De fait, le secteur informel a ceci de particulier qu'il ne répond pas spécifiquement aux catégorisations formelles définies par les services fiscaux de l'État[79]. Si cet état de choses représente une difficulté pour les services en charge du recouvrement, il n'en demeure pas moins qu'elle éloigne aussi les acteurs de ce secteur d'un accompagnement institutionnel. Pour cause, les activités du secteur informel ont connu une forte influence de la crise sanitaire a coronavirus et l'accompagnement de l'État s'est fait attendre en vain. Il faut toutefois relever que les mairies ont, au cours de cette période, exempté les acteurs du secteur informel du paiement des impôts[80].

2. L'érection d'un cadre social favorable à la contestation

Historiquement, l'impôt n'a pas toujours été perçu d'un bon œil par les contribuables. Il faut dire qu'il « soulage » les citoyens d'une partie de leurs ressources sans que ces derniers ne soient immédiatement informés de la destination des sommes collectées. L'impôt a donc presque toujours créé des tensions entre l'administration et les administrés et ceci même en période normale. C'est dire qu'en période de crise comme ce fut le cas avec la Covid-19, le maintien de l'imposition sur les activités informelles a été perçu comme une décision injuste. Pour les agents économiques du secteur informel, face à cette injustice, la solution peut être envisagée dans la contestation. Le problème de fond ici concerne la charge fiscale qui continue à être imposée à

[78] Saisie des motos et paiement d'une amende à laquelle s'ajoutaient les droits de fourrières lorsque l'engin passait au moins une nuit à la brigade ou au commissariat.

[79] « *Le secteur informel désigne un ensemble d'activités économiques, qui échappent au contrôle de l'État ainsi qu'aux statistiques. Ce concept est en général utilisé à propos des* pays en développement (PED) *et concerne alors des activités caractérisées par leur très petite taille, une faible* intensité capitalistique, *un faible niveau technologique et une absence de comptabilité* », BEITONE (Alain), CAZORLA (Antoine) et HEMDANE (Estelle), *Dictionnaire de science économique*, op cit, p. 560.

[80] Cas notamment de la Mairie de Soa où le paiement des impôts durant la période de Covid n'a pas été exigé.

des acteurs économiques ayant subi les affres de la crise sanitaire. Dans ce contexte, la charge fiscale peut être perçue comme une sorte de pression fiscale[81] et l'on sait pertinemment qu'il est difficile pour les acteurs économiques de supporter les pressions fiscales ; pire encore au sortir d'une crise aussi désastreuse. Si en temps normal la pression fiscale engendre les phénomènes d'évasion fiscale[82] et de fraude fiscale[83], notons que dans une atmosphère où les acteurs du secteur informel n'ont même plus la possibilité de fuir l'imposition[84], la seule solution consistera en la contestation.

La question de l'acceptabilité des mesures contre Covid-19 en France, a été abordée par Jean-Eric Gicquel[85]. Selon lui en effet, les affres de la crise sanitaire ont fait prendre aux dirigeants un certain nombre de mesures plus ou moins contestables. Si ces mesures se justifient sur le plan sanitaire, elles demeurent tout de même discutables au plan social. Il finit par conclure que « *l'établissement de l'État d'urgence ne se comprend pas seulement à la lueur du Droit. Il est aussi empreint d'une forte dimension politique, voire psychologique. En rehaussant le degré de légitimité de l'autorité fondée à décider des nouvelles restrictions pesant sur les droits et libertés, il renforce leur acceptabilité sociale* »[86]. Cette solution proposée par Jean-Eric Gicquel qui consiste à renforcer la légitimité de l'autorité compétente pour la prise de décision afin de limiter la contestation est peut-être faisable en France, mais au Cameroun il y a lieu d'émettre des réserves. Le coût de la vie étant déjà très élevé, le problème au Cameroun ne se situerait donc pas au niveau de la légitimité des dirigeants, mais plutôt de la résilience des populations. Essorés jusque dans leurs derniers retranchements, les acteurs du secteur informel

---

[81] Pour Benjamin BIDIAS, la pression fiscale renvoie à la relation existant entre le prélèvement fiscal subi par une personne physique ou un groupe social et le revenu dont dispose cette personne ou ce groupe, in *Finances publiques du Cameroun, op cit*, pp.765-766.

[82] En tant qu'« *acte extra legem, l'évasion fiscale consiste dans le fait pour un contribuable, d'utiliser réellement un moyen de technique juridique, acte ou fait, lui permettant de se placer ainsi indirectement dans une situation pas ou moins imposée* », PHILIP (Loïc), *Dictionnaire encyclopédique des finances publiques, op cit*, p. 857.

[83] La fraude fiscale est un « *acte contra legem ou encore une infraction prévue et réprimée par la loi, qui consiste à accomplir volontairement, soit de fausse déclarations, soit des dissimulations matérielles ou juridiques, dans le but de diminuer l'imposition due ou de bénéficier d'avantages fiscaux indus* », PHILIP (Loïc), *ibid.*

[84] Pour mieux comprendre, il suffit d'analyser les faits à partir de la situation d'un acteur économique du secteur informel ayant presque tout perdu de son capital. Dans une telle hypothèse où les activités sont à l'arrêt, le capital déjà insignifiant de ces acteurs finira dans les repas du quotidien. Et sans ce capital, il leur sera impossible de relancer leurs activités. Cette situation a été le quotidien de plusieurs acteurs du secteur informel au moment de la crise sanitaire à tel point que le prélèvement des impôts indirects (droit de marché, OTVP, etc) s'avère irréaliste.

[85] GICQUEL (Jean-Éric), « Covid-19 : crise sanitaire et crise des normes », *Recueil Dalloz*, 2020 p.719.

[86] *Ibid.*

vont-ils l'accepter aussi simplement ? D'autant plus qu'il s'agit pour la plupart de personnes qui vivent au jour le jour[87].

Les mototaxis par exemple, ont vu leurs bénéfices journaliers s'amenuiser telle une peau de chagrin, en raison de la diminution du trafic. Les personnes qui sortaient fréquemment pour leurs activités étant en majorité à l'arrêt, l'impact se fit ressentir immédiatement sur la recette de ces acteurs. Il faut dire que la même réalité a été vécue par les chauffeurs de taxi de ville. De même, les commerçantes de vivre, communément appelées « *bayam sellam* », ont-elles aussi été durement impactées par la crise sanitaire. Concrètement, le gouvernement à travers la prise des mesures barrières, a influencé les recettes de ces acteurs du secteur informel. La limitation des personnes présentes dans les centres commerciaux réduit considérablement les parts du marché des « *bayam sellam* ». Ce que l'on semble ignorer c'est le fait que chacun de ces acteurs est un parent qui doit assurer un avenir meilleur à ses enfants. La volonté de l'État de restaurer les impositions sur leurs revenus sans avoir au préalable pris la mesure des pertes et envisagé un accompagnement conséquent peut se révéler contreproductive.

À son époque, Montesquieu relevait la dangerosité des impôts étouffants qui ont entrainé la perdition des monarchies[88], les mêmes causes produisant les mêmes effets, il y a lieu de s'inquiéter de l'effet boomerang dans le contexte camerounais. Au final, la situation déjà précaire dans laquelle évoluent les multiples acteurs du secteur informel fait en sorte que, face à une imposition étouffante et par instinct de survie, ils soient amenés à réagir violemment au lieu d'attendre, flegmatiques, que la mort les arrache à la vie.

B. Une fragilisation déduite de l'impératif de prise en compte des droits humains

La filiation que paraît entretenir l'impôt avec les droits de l'homme peut certainement amener à le considérer comme une sorte de fil d'Ariane, susceptible de nous conduire vers les souches les plus dérobées de l'État de droit. En d'autres termes, l'impôt et les droits de l'homme ne sont pas opposés comme semblent le démontrer certaines réalités camerounaises[89]. Il faut relever que l'impôt remplit avant tout une fonction symbolique importante, celle de l'intégration des contribuables dans le circuit de construction d'un État de droit stable et prospère. Pour autant, imposer des personnes en

---

[87] Comme le rappelle André Modeste Abate, « *la majorité des Africains vivent au jour le jour et se retrouvent donc dans une situation de grande vulnérabilité, si bien que vouloir confiner ces acteurs équivaudrait alors à les laisser mourir à petit feu* », *in* « La Covid-19 : une opportunité d'affaires pour le secteur informel en Afrique ? », *Revue internationale P.M.E*, Volume 34, Number 3-4, 2021, p.147.

[88] « *C'est la facilité de parler, et l'impuissance d'examiner, qui ont ait dire que plus sujets étaient pauvres, plus les familles étaient nombreuses ; que plus on était chargé d'impôts plus on se mettait en état de les payer* », Montesquieu, *De l'esprit des lois*, édition électronique, 2002, p. 320.

[89] Notamment les nombreuses tentatives d'échapper à l'impôt observées au quotidien.

situation difficile contrevient radicalement aux droits humains. Si l'impôt permet le développement collectif, il ne doit en aucun cas être un obstacle à l'épanouissement individuel des contribuables. Dès lors, il incombe à l'État de trouver le juste milieu entre imposition et droits de l'homme face à un secteur qui tente d'émerger après une violente crise. Fondamentalement, persister à imposer les entreprises du secteur informel peut-être constitutif de violation du droit au développement (1) et de l'obligation de garantir un emploi aux citoyens (2).

1. Une atteinte portée au droit au développement des populations

Michel Virally dans une approche internationaliste relève les limites d'une opinion très répandue au sujet du droit au développement[90]. Il affirme que selon plusieurs, le problème du développement est un problème économique[91]. Cependant, pour pertinente que soit cette conception, elle ne le convainc pas. En effet, pour Michel Virally, l'on ne saurait restreindre les problèmes de développement uniquement à des considérations économiques. Plusieurs autres aspects doivent être pris en compte tels que les aspects sociaux, politiques voire techniques[92]. Il rejoint en cela la déclaration des Nations Unies sur le droit au développement adopté le 4 décembre 1986[93]. C'est dire que le droit au développement doit tenir compte des aspirations du peuple. Le plus important à retenir étant la décision du politique engagé à garantir ce droit aux populations même dans les situations de crise comme ce fut le cas avec l'avènement de la Covid-19. En analysant les droits de l'homme, Bernard Raymond Guimdo Dongmo établit une distinction entre droits individuels et droits collectifs. Il range donc dans l'approche maximaliste les droits collectifs parmi lesquels « *le droit des peuples à disposer d'eux-mêmes, de leurs propres ressources naturelles, au développement par l'assistance et la coopération internationales. Tous ces droits se retrouvent dans la Charte africaine des droits de l'homme et des peuples* »[94]. Au final, l'on peut affirmer que le droit au développement connait une consécration et une garantie par les textes et les instances internationales.

---

[90] VIRALLY (Michel), « Vers un droit international du développement », *AFDI*, vol. 11, 1965. pp. 3-12.

[91] *Ibid.*

[92] « *Il constitue un problème social par excellence, car il affecte tous les aspects de la société : non seulement de la vie sociale, mais de la vie individuelle et de la mentalité des hommes vivant en société. Il met en cause à la fois les sciences physiques et l'ensemble des techniques appliquées à la découverte et à l'exploitation des richesses naturelles, y compris les ressources végétales et animales, ainsi que la totalité des sciences sociales : sociologie, psychologie, géographie, histoire, économie, etc. Enfin, le choix des solutions à adopter et leur mise en œuvre relèvent d'une décision et d'une volonté politiques* ». Ibid, p. 3.

[93] « *(...) le développement est un processus global, économique, social, culturel et politique (...)* ».

[94] Lire GUIMDO DONGMO (Bernard-Raymond), *Cours de droits de l'homme et libertés publiques*, Université de Yaoundé II, 2023-2024.

Sa transposition dans l'ordre juridique camerounais s'est faite à travers la constitution et les textes infra constitutionnels.

Au plan national, il s'agit d'un droit constitutionnel garanti par l'État du Cameroun à travers le préambule de la constitution. On peut en effet y lire ce qui suit : « *Résolu à exploiter ses richesses naturelles afin d'assurer le bien-être de tous en relevant le niveau de vie des populations sans aucune discrimination, affirme son droit au développement ainsi que sa volonté de consacrer tous ses efforts pour le réaliser et se déclare prêt à coopérer avec tous les états désireux de participer à cette entreprise nationale dans le respect de sa souveraineté et de l'indépendance de l'État camerounais* ». Le droit au développement apparait donc comme un droit fondamental pour les populations que l'État s'est engagé à assurer à tous, à travers une exploitation des richesses nationales et la coopération internationale. Le droit au développement est aussi perçu sous un angle collectif étant donné que la constitution reconnait que « *L'État assure à tous les citoyens les conditions nécessaires à leur développement* »[95]. Sans oublier qu'au plan local il demeure aussi une exigence constitutionnelle[96].

La question que l'on doit se poser ici est celle de savoir si le droit au développement entre en conflit avec l'exigence de participation aux charges fiscales. Et dans le cas où la réponse serait affirmative, peut-on envisager la prévalence de l'un sur l'autre ? En théorie, on est face à deux paradigmes plus ou moins distincts. D'une part un droit fondamental et d'autre part une obligation légale. Il est notoire que les droits ne peuvent exister sans les obligations, car les deux vont de pair, de même il n'est point de privilège sans responsabilité[97], alors au cas où les uns semblent s'opposer aux autres, qu'est ce qui primerait ? *A priori*, aucun texte ne proclame la supériorité des droits sur les devoirs, surtout lorsqu'on se trouve dans une période normale. Mais la donne change à partir du moment où on bascule en période de crise et la période de Covid-19 en fut une. Dans ce contexte, si l'exécutif a la possibilité de prendre des mesures peu ou prou liberticides[98], il ne faut pas oublier que le peuple a aussi la possibilité de s'opposer à ces mesures à travers un soulèvement populaire. Au final, légal ou pas, le soulèvement du peuple en vue de faire prévaloir ses droits imposera l'abandon des mesures gouvernementales sinon la chute du gouvernement. C'est dire que les droits du peuple sont pressentis pour être supérieurs à leurs devoirs. *De facto*, en transposant la situation analysée dans le contexte de Covid-19 au Cameroun,

---

[95] Lire le préambule de la constitution camerounaise.

[96] « *Les conseils des collectivités territoriales décentralisées ont pour mission de promouvoir le développement économique, social, sanitaire, éducatif, culturel et sportif de ces collectivités* », article 55 al 2 de la Constitution camerounaise.

[97] DUPIN (Frédéric), « Nul n'a droit qu'à faire son devoir », *Le philosophoire*, n°30, 2008, pp. 9-36.

[98] Notamment à travers l'état d'exception qui autorise le président à prendre toutes les mesures qu'il juge nécessaire. Lire l'article 9 al 2 de la constitution.

il serait judicieux de faire prévaloir le droit au développement même temporairement, sur le devoir de contribution aux charges fiscales.

Le droit au développement, considéré au final en tenant compte de la contribution du peuple au développement et du bénéfice que ce peuple tire du développement, doit être assuré par les politiques publiques. Si les politiques publiques ne cadrent pas avec la garantie d'un tel droit au peuple, alors il y a violation d'un droit fondamental. Concrètement, si la volonté d'imposer le secteur informel au sortir de la crise à Covid-19 tend à restreindre l'exercice du droit au développement, il y a lieu d'objecter son application. D'ailleurs, il en sera de même avec l'obligation légale d'assurer un travail aux citoyens dont l'évanescence fait craindre aux acteurs du secteur, la perte de leur commerce.

2. Une transgression de l'obligation légale de garantir un emploi aux citoyens

La constitution de la République du Cameroun est considérée comme la boussole de l'ensemble des textes de loi applicables sur le triangle national. De par le principe de la hiérarchie des normes, la constitution est reconnue comme le sommet de la hiérarchie légistique du pays, d'où l'obligation pour les textes inférieurs de s'y conformer. Cela dit, le droit positif camerounais, tout comme son inspirateur français[99], est bâti sur le système pyramidal en vertu duquel la constitution guide l'élaboration des textes infra-constitutionnels, avec des garde-fous chargés de veiller à la matérialité de cette réalité. Les droits inscrits dans la constitution ne sauraient de fait être remis en cause par des textes infra constitutionnels. Il en est ainsi du droit au travail consacré dans le préambule de la constitution camerounaise en ces termes : « *tout homme a le droit et le devoir de travailler* »[100]. La loi dont dépend la modulation du droit du travail[101], ne saurait en restreindre l'exercice tant que la constitution n'en dispose autrement.

Le droit au travail est à la fois un droit fondamental et un devoir pour les citoyens camerounais. En tant que droit, il doit être assuré à tous les citoyens sans distinction d'origine ni de religion. Il s'agit d'une obligation positive et négative pour le citoyen de telle sorte qu'il peut la revendiquer devant l'État tout comme il peut se l'approprier et la mettre en œuvre de son propre chef sous le contrôle de l'État. D'ailleurs à ce sujet, la constitution précise que : « *L'État garantit à tous les citoyens de l'un et de l'autre sexe les droits et liberté énumérés au préambule de la Constitution* »[102]. Devant cet

---

[99] Notons que le droit positif camerounais n'est pas le seul dans cette situation. En réalité, par le fait de la colonisation, la France a élaboré les lois des États d'Afrique francophone sur le modèle français. Aujourd'hui, malgré les efforts de « l'acclimatation tropicale », il est difficile de ne pas voir dans les textes africains, l'inspiration des textes français.

[100] Le caractère obligatoire du préambule de la constitution ayant été précisé par l'article 66 du même texte, les droits et devoirs y consacrés ont une valeur constitutionnelle.

[101] La constitution dans son article 26 al 3 précise que le droit du travail relève du domaine de la loi. Notamment du code du travail.

[102] Lire le préambule de la constitution camerounaise.

argumentaire, le fait pour l'État de ne pas assister le secteur informel en période de Covid et pire, de l'imposer au sortir de ladite période peut être constitutif de réfutation de ce droit fondamental.

Dans le fond, l'État a l'obligation constitutionnelle de fournir à ses citoyens, des conditions propices à l'éclosion des activités professionnelles génératrices de revenus pour la population. Il s'agit en d'autres termes du droit à l'emploi qui est une variante du droit au développement[103]. Dans les États africains, les gouvernants ont beaucoup de mal à créer des conditions favorables à la réalisation des activités du secteur privé[104]. C'est la raison pour laquelle, il s'est développé en marge de tout ceci, des activités qualifiées d'informelles. Dans celles-ci, les citoyens trouvent de quoi se nourrir au quotidien. Il faut toutefois relever que ce secteur est très fragile et éphémère, d'où les tensions qui surviennent régulièrement avec les services fiscaux.

L'État n'a certes pas vocation à fournir un emploi à tous les citoyens. Le dire n'est en rien remettre en cause l'esprit de la loi constitutionnelle qui semble proclamer le contraire. En réalité, les conditions sont telles que même dans les pays dits « développés », les États ne peuvent à travers l'administration publique, absorber l'ensemble de la main-d'œuvre qualifiée ou non. C'est la raison pour laquelle une alternative allant dans le sens de la réalisation de cette mission sociale de l'État, a été trouvée : elle consiste en la création des conditions favorables à l'éclosion d'un secteur privé fort. Ce schéma permet d'accomplir, de manière indirecte, la fourniture d'un emploi aux populations. En clair, l'État s'oblige à favoriser ou accompagner les initiatives privées dans la création de l'emploi. Avec l'avènement du Covid-19, ce qui semblait être attendu de l'État c'était un véritable accompagnement en faveur du secteur informel afin que ses acteurs ne perdent pas leurs capitaux. Malheureusement, l'État a brillé par son incompréhension. Cette incompréhension a participé à violer en toute impunité, l'obligation qui lui échoit, de garantir le droit à un emploi décent aux populations.

La *fondamentalité* du droit du travail relève de deux facteurs cumulatifs. D'une part on considère que du fait de son inscription dans la constitution, le droit du travail obtient une consécration constitutionnelle qui le hisse au rang de droit fondamental au même titre que le droit à la vie, le droit à un environnement sain, le droit à la propriété, etc. De même, le droit du travail est difficilement détachable du droit à la vie. Il en constitue le moyen

---

[103] L'on ne peut évoquer un quelconque droit au développement dans un État où l'emploi est précaire dans le moindre des cas et absent dans le pire des cas.

[104] Il y a plusieurs facteurs explicatifs : les défis qu'ils ont à relever en matière d'emplois sont notamment les excédents de main-d'œuvre, les chiffres élevés du chômage, le faible taux de participation des femmes à la vie active, la fuite des ouvriers qualifiés, la compression des emplois dans le service public et l'écart entre les qualifications requises par le marché du travail et celles que produit le système éducatif. Lire STEVENSON (Lois), *Développement du secteur privé et des entreprises favoriser la croissance au Moyen-Orient et en Afrique du nord*, Centre de recherches pour le développement International, Ottawa, 2010, p. 22.

premier. Dans les faits, il est impossible pour un Homme de conserver son droit à la vie si ce dernier n'a pas un emploi pour l'entretenir. L'État n'ayant pas vocation à fournir de la pitance aux chômeurs, le droit à l'emploi devient ainsi non seulement un droit, mais aussi un devoir. Sous un autre angle, le choix de l'État de maintenir l'imposition sur les activités du secteur informel au sorti de la crise présente un effet pervers. *In concreto*, la constitution impose au citoyens, une participation aux charges publiques[105]. Il s'agit ici de la contribution des Camerounais au fonctionnement des services publics de l'État. Cette contribution est, en ce qui concerne le secteur informel, de valeur pécuniaire. Les prélèvements réalisés par le fisc sur les activités du secteur informel participent donc à combler ces charges. Le problème qui se pose ici peut être résumé sous forme d'interrogation : comment peut-on obliger les acteurs du secteur informel à une participation active aux charges fiscales si l'État ne parvient pas à leur garantir un emploi décent ? Légitimement, ce qui était attendu de l'État, c'était avant tout une évaluation des pertes dans ce secteur d'activité précaire, et pourquoi pas un appui conséquent à ces camerounais qui, en grand nombre, se battent au quotidien.

Conclusion

« *Le sentiment de la justice est (...) ce sentiment inhérent à toute conscience humaine que dans l'échange des valeurs et des services, qui constitue le lien social par excellence et réalise la solidarité par division du travail, il y ait autant que possible égalité entre les valeurs et les services échangés* »[106]. Cette affirmation de Léon Duguit résume bien la préoccupation qui a guidé la rédaction de la présente contribution. De fait, l'imposition du secteur informel au sortir de la crise sanitaire en droit camerounais est-elle finalement opportune ? À la réalité, la réponse à cette interrogation doit prendre en compte un certain nombre d'aspects fondamentaux, nécessaires à la compréhension même des réalités sociologiques et juridiques de l'État. L'évocation des activités informelles permet de constater les lacunes de l'État à règlementer les échanges qui s'y déroulent, mais plus encore sa capacité à prélever un secteur si prolifique. De ce point de vue, il est apparu que l'imposition du secteur informel pourrait être justifiée. Ce d'autant plus que durant cette période, plusieurs acteurs du secteur formel ont dû se reconvertir

[105] Selon le texte constitutionnel, « *chacun doit participer, en proportion de ses capacités, aux charges publiques* ». Si l'on analyse cette disposition sur la base de la proportionnalité, alors on doit comprendre que les grandes entreprises paieront plus que les petites entreprises. Dans un schéma classique normal, cela ne pose pas de difficultés en principe. Seulement, à partir du moment où intervient la crise sanitaire, et ajouté à cela l'insuffisance de l'accompagnement de l'État, alors la participation du secteur informel fusse-t-elle proportionnelle, pose un problème. L'imposition de ces activités au sortir de la crise ne leur permet pas de se maintenir. Le risque encourue ici est la fermeture des activités, d'où le contraste avec l'obligation d'assurer le droit du travail aux citoyens.

[106] DUGUIT (Léon), *Traité de droit constitutionnel, Tome 1*, 3e éd, *La règle de droit, le problème de l'État*, Paris, Ancienne Librairie Fontemoing et Cie, 1927, p.122

en acteurs du secteur informel pour réduire leurs pertes dues à la crise à Covid-19 et échapper aux services fiscaux. Malheureusement, l'implication de quelques éléments importants permet de contester l'opportunité de l'imposition du secteur informel. Au vrai, en analysant les obligations de l'État envers sa population, il apparait que le droit à un emploi décent est un droit fondamental avec lequel l'on ne saurait transiger.

Face à une situation aussi ambigüe, il serait important pour l'État de songer à sortir le secteur informel d'une fiscalité de promiscuité vers une fiscalité de proximité. Ceci permettrait d'imposer ce secteur en ayant déjà en amont, mis sur pied des moyens d'accompagnement adéquats. Par ailleurs, une telle mesure servirait à éviter la fabrication des anachorètes fiscaux[107]. La multiplication des anachorètes fiscaux déteint négativement sur la rentabilité fiscale d'une mairie ou d'une région. Dans le fond, notons que l'État d'urgence sanitaire[108] engendré par le Covid offre ainsi l'occasion au législateur de créer un droit fiscal spécial avec en prime, une fiscalité dérogatoire[109]. Le but étant de ne pas asphyxier les contribuables, lorsque ces derniers peinent à sortir d'une crise sanitaire. Au final, l'imposition des entreprises informelles serait partiellement opportune. En réalité, elle imprègne les mécanismes classiques d'imposition quand bien même elle constituerait une nouvelle catégorie fiscale./-

---

[107] Il s'agit de celui qui, face à la charge fiscale, ne se révolte pas mais se retire dans un autre lieu, ce qui le rend inaccessible. Il cesse de travailler, délaisse ses propriétés et va se réfugier dans des lieux retirés.

[108] Entré en vigueur le 24 mars 2020 en France, l'État d'urgence sanitaire a ajouté un nouvel état d'exception à un ordre juridique français qui en était déjà généreusement pourvu. Cet État d'urgence est prévu par le premier titre de la loi du 23 mars 2020, dite « loi d'urgence pour faire face à l'épidémie de Covid-19 ». En réalité la loi, ne se contente pas de régir les seules mesures relevant du droit sanitaire, mais prévoit des mesures d'urgence d'ordre économique en un titre II, des mesures politiques(dispositions électorales variées en titre III et contrôle parlementaire dans un bref titre IV). Lire dans ce sens BEAUD Olivier, « L'État d'urgence sanitaire : était-il judicieux de créer un nouveau régime d'exception ? », *Recueil Dalloz*, 2020 p.891.

[109] ABENG MESSI (François), « Les obligations fiscales de l'exercice budgétaire 2020 à l'épreuve de la covid-19 au Cameroun », *RAFiP*, n°7, premier semestre 2020, p.148.

La rationalisation de la parafiscalité par le rationnement des recettes : une fuite en avant du Gouvernement camerounais

Alain Symphorien NDZANA BILOA
Inspecteur Principal des Impôts Hors Échelle (Cameroun).

****

Introduction

Afrique en miniature sur 475 650 km^2 dont 466 050 km^2 de superficie continentale et 9 600 km^2 de superficie maritime, le Cameroun est un pays subsaharien indépendant depuis le 1er janvier 1960. Son économie repose sur une population dynamique estimée à 28 millions d'habitants, une agriculture[1] et un élevage diversifiés, l'exploitation des ressources naturelles telles que le bois, le pétrole, les ressources minières, un bon potentiel hydroélectrique, une agro-industrie relativement importante et un secteur des services en plein essor. Au Cameroun, jardin sacré de la débrouillardise[2], pratiquement toutes les branches de l'économie se retrouvent dans le secteur informel tel que défini par l'Organisation Internationale du Travail (OIT)[3]. Activités agricoles non comprises, ce secteur représente en moyenne 30% du PIB et occupe 37% des actifs. En incluant le volet agricole, il représente plus de la moitié du PIB et emploie 92% des actifs.

Selon le répertoire et la démographie des entreprises modernes publié par l'Institut National de la Statistique (INS) en 2018 : (i) 34 688 entreprises modernes étaient en activité, soit 41,4% à Douala, 35,3% à Yaoundé et 23,3% dans le reste du pays ; (ii) 60,5% des unités économiques sont des entreprises

---

1 Le Cameroun est un important producteur mondial du cacao, du café, de la banane, de l'huile de palme, du tabac, du caoutchouc, du coton, du maïs et du manioc

2 KENGNE FODOUOP (dir.), *Le Cameroun. Jardin secret de la débrouillardise,* Paris, L'Harmattan, coll. Etudes Africaines, décembre 2015.

3 Selon l'OIT, le secteur informel peut être décrit, de façon générale, *« comme un ensemble d'unités produisant des biens ou des services en vue –principalement – de créer des emplois et des revenus pour les personnes concernées. Ces unités, ayant un faible niveau d'organisation, opèrent à petite échelle et de manière spécifique, avec peu ou pas de division entre le travail et le capital en tant que facteurs de production. Les relations de travail lorsqu'elles existent, sont surtout fondées sur l'emploi occasionnel, les relations de parenté ou les relations personnelles et sociales plutôt que sur des accords contractuels comportant des garanties en bonne et due forme ».* Il comprend : « *d'une part les entreprises informelles de travailleurs à compte propre qui peuvent employer des travailleurs familiaux rémunérés et des salariés occasionnels ; d'autre part les entreprises d'employeurs informels qui peuvent employer un ou plusieurs salariés sur une base permanente et qui satisfont à un ou plusieurs des critères suivants : une taille de l'établissement inférieure à un certain nombre d'emplois, le non enregistrement de l'entreprise ou de ses salariés* ».

individuelles ; (iii) les entreprises qui réalisaient un chiffre d'affaires supérieur à trois (03) milliards de francs CFA, représentaient 1,3% de l'ensemble et cumulaient 79,8% du chiffre d'affaires total. La plupart sont des filiales des multinationales européennes, américaines et asiatiques et quelques rares africaines.

Depuis le 1er janvier 2010, le pays est engagé dans la mise en œuvre d'un projet de développement dénommé *Vision 2035*, dont l'objectif est de faire du Cameroun un pays émergent, démocratique et uni dans sa diversité, et depuis 2015 dans celle des Objectifs de Développement Durable (ODD) des Nations Unies et de l'Agenda 2063 de l'Union Africaine. En juillet 2021, le pays a conclu deux accords triennaux avec le FMI au titre de la Facilité élargie de crédit (FEC)[4] et du Mécanisme élargi de crédit (MEDC)[5]. C'est dire à quel point la politique fiscale est un volet important de la politique budgétaire du Cameroun.

La fiscalité camerounaise est la résultante d'une soixantaine d'années de réformes économiques, institutionnelles et des transitions fiscales subséquentes, notamment les plans quinquennaux, les programmes économiques avec le FMI, le Document de Stratégie pour la Croissance et l'Emploi (DSCE), la Stratégie nationale de Développement 2020-2030 (SND30). L'État et ses démembrements s'appuient sur prélèvements obligatoires opérés sur la richesse créée par les autres agents économiques pour se procurer des ressources internes nécessaires à la couverture de leurs charges.

Au Cameroun, l'article 5 de la loi n°2018/012 du 11 juillet 2018 portant régime financier de l'État et des autres entités publiques dispose : « *l'assiette, le taux, les modalités de recouvrement des prélèvements obligatoires ne peuvent être établis, supprimés ou modifiés que par une loi de finances*[6]. *Ils sont, sauf disposition expresse contraire, valables sans limite de temps et ne peuvent avoir d'effet rétroactif* ». L'article 5 de la même loi précise : « *(1) le produit des prélèvements obligatoires est attribué à l'État. (2) Toutefois, une loi de finances peut, par exception, attribuer directement ce produit en tout ou partie, à une autre personne morale de droit public* ».

Les prélèvements obligatoires sont les versements effectués par les agents économiques aux administrations publiques, et qui servent à financer

---

[4] La FEC soutient les programmes économiques des pays qui visent à rétablir la stabilité et la viabilité macroéconomique tout en favorisant une croissance vigoureuse et durable et la réduction de la pauvreté. Elle peut aussi servir de catalyseur pour mobiliser de l'aide étrangère

[5] Le MEDC a été créé pour apporter un concours aux pays qui sont aux prises avec de graves déséquilibres de paiements en raison d'obstacles structurels ou d'une croissance lente et d'une position de balance des paiements intrinsèquement fragile. Le MEDC offre une aide à l'appui de vastes programmes qui prévoient les mesures nécessaires pour corriger les déséquilibres structurels sur une période prolongée.

[6] Mais dans la pratique, tous les prélèvements obligatoires en vigueur au Cameroun ne sont pas établis par une loi de finances. Certains le sont par décret, arrêté, voire par décision.

les dépenses publiques. Ils ne dépendent pas d'une décision prise par l'agent, mais d'un processus collectif de décision comme une loi. Dans les faits, l'État est le principal bénéficiaire des recettes des prélèvements obligatoires. Il laisse l'intégralité du produit de certains à ses démembrements (Collectivités Territoriales Décentralisées, établissements et entreprises publics), aux institutions internationales ou communautaires, et partage le produit d'autres. Les prélèvements obligatoires comprennent les impôts et taxes revenant à l'État et aux Collectivités Territoriales Décentralisées (CTD), les cotisations sociales et les taxes parafiscales.

La parafiscalité regroupe l'ensemble des prélèvements obligatoires recouvrés au profit des organismes publics autonomes et distincts des impôts et taxes comptabilisés dans les budgets de l'État et des CTD, et des cotisations sociales. En effet, les taxes parafiscales sont perçues dans l'intérêt économique ou social au profit d'une personne morale de droit public ou privé autre que l'État, les CTD et leurs établissements publics administratifs[7].

Les taxes parafiscales sont apparues dans l'écosystème fiscal camerounais dans les années 80 avec l'institution de la Contribution au Crédit Foncier (CCF) en 1977, suivie de l'instauration de la Redevance audiovisuelle en 1984. Le mouvement ainsi initié au niveau de la fiscalité interne a été accéléré dans les années 2000 avec le désengagement de l'État de certains secteurs économiques sensibles et stratégiques, et la mise en place des institutions de régulation desdits secteurs, en s'étendant au passage à la fiscalité de porte. Il s'est même transporté au-delà des personnes morales nationales de droit public pour permettre à l'État d'honorer ses engagements internationaux, en payant ses contributions pour le fonctionnement des institutions communautaires.

La parafiscalité apparait depuis lors comme un levier supplémentaire de la politique fiscale que les autorités camerounaises actionnent en permanence. Les prélèvements subséquents produisent un volume de recettes important, ce qui renforce la liquidité et la solvabilité des entités publiques bénéficiaires desdites recettes. Avec leur prolifération, la parafiscalité est entrée dans un processus métastatique. Ces prélèvements se multiplient et prennent de l'envergure au point de contribuer à la complexification du système d'imposition du Cameroun, de déteindre sur sa politique fiscale et sa compétitivité, d'impacter la cohérence de ses finances publiques et de provoquer une véritable « bulle parafiscale » sur ces dernières.

Alerté par cette situation par les rapports *Doing Business* et le patronat, le Président de la République a instruit la rationalisation de la parafiscalité dans la Circulaire n°004/CAB/PRC du 20 juin 2017 relative à la préparation du budget de l'État au titre de l'exercice 2018[8], dans l'optique de l'amélioration de l'environnement fiscal des affaires. En exécution de cette

[7] Article 4 de l'Ordonnance française du 02 janvier 1959.
[8] Point 29

instruction, le Premier ministre a prescrit la réalisation d'une étude sur la pertinence des prélèvements relevant de la parafiscalité. Mais en attendant, le Gouvernement camerounais avait déjà décidé de s'attaquer à cette « bulle parafiscale » qui enfle sur les finances publiques pour s'en prémunir. Pour scruter cette bulle, il convient au préalable de projeter une vue panoramique des taxes parafiscales au Cameroun **(I)**, avant de s'attarder sur les pathologies et la thérapie de la rationalisation de la parafiscalité **(II)** appliquée par les autorités camerounaises.

I. Panorama des taxes parafiscales au Cameroun

Au Cameroun, les taxes parafiscales sont instituées par la législation nationale et les textes communautaires aussi bien pour les organismes publics nationaux que pour les institutions sous-régionales et régionales. Certaines d'entre elles sont mobilisées à l'intérieur tandis que d'autres relèvent de la parafiscalité de porte.

A. Les prélèvements relevant de la parafiscalité interne

Les taxes parafiscales mobilisées à l'intérieur du territoire comprennent celles qu'on pourrait qualifier de générales et d'autres que l'on pourrait considérer comme spécifiques. Les centimes additionnels au profit des chambres consulaires (Chambre d'Agriculture, des Pêches, d'Élevage et des Forêts ; Chambre de Commerce, d'Industrie, des Mines et de l'Artisanat) en sont exclus parce qu'ils ne constituent pas des taxes parafiscales à part entière, mais des recettes accessoires affectées[9].

1– Les taxes et redevances parafiscales générales

Il s'agit des taxes et redevances parafiscales dues par toutes les personnes physiques ou morales assujetties, quelle que soit l'activité exercée. Elles comprennent :

- les prélèvements sur la masse salariale, notamment la Contribution au Crédit Foncier (CCF) instituée par la Loi n°77/10 du 13 juillet 1977, et la Contribution au Fonds National de l'Emploi (CFNE) instaurée par la Loi n°90/050 du 19 décembre 1990 qui l'a modifiée et complétée ;

[9] L'article 195 du CGI prévoit que les impositions assises au titre de la contribution des patentes et de la contribution des licences sont majorées des centimes additionnels au profit des chambres consulaires. Les centimes additionnels versés à ce titre par les entreprises commerciales ou industrielles reviennent à la Chambre de Commerce, d'Industrie, des Mines et de l'Artisanat. Ceux versés par les entreprises forestières et agricoles sont rétrocédés à la Chambre d'Agriculture, d'Elevage et des Forêts. La Chambre de Commerce, d'Industrie, des Mines et de l'Artisanat, et la Chambre d'Agriculture, d'Elevage et des Forêts sont des organes consultatifs et des instruments de représentation et de défense des intérêts des opérateurs économiques. Ce sont des établissements publics dotés d'une personnalité juridique, qui bénéficient des recettes affectées, mais aussi des taxes parafiscales qui feront également l'objet des développements appropriés.

- les prélèvements relatifs à la protection du patrimoine routier national régie par la Loi n°2022/007 du 27 avril 2022 portant protection du patrimoine routier national. Ils comprennent deux taxes dont les recettes bénéficient au Fonds Routier : la Redevance d'Usage de la Route (RUR) prévue par l'article 32 de la Loi n°2022/007 du 27 avril 2022 portant protection du patrimoine routier national[10], et le péage routier institué par l'article douze de la Loi n°92/001 du 03 août 1992 portant loi de finances de la République du Cameroun pour l'exercice 1992/1993 et régi par le Décret n°93/034/PM du 07 janvier 1993 fixant les modalités du péage sur certains axes bitumés du réseau routier national, et la Lettre n°00785/N/MINFI/SG/DS/2MD du 21 juillet 2022 fixant les tarifs du péage sur l'autoroute Kribi-Lolabe ;

- les prélèvements relatifs au commerce extérieur supportés par les importateurs/exportateurs tels que la cotisation annuelle versée au Conseil National des Chargeurs du Cameroun (CNCC) ; les frais annuels d'inscription au fichier des importateurs et des exportateurs ; les frais de délivrance de l'autorisation spéciale d'importation et d'exportation ; et le droit de délivrance du Bordereau Electronique de Suivi des Cargaisons (BESC) ;

- les prélèvements dus à l'occasion de la délivrance des quitus sociaux par la Caisse Nationale de Prévoyance Sociale (CNPS) en application du Décret n°2015/2517/PM du 16 juillet 2015 fixant les modalités d'application de la Loi n°2001/017 du 18 décembre 2001 portant réaménagement des procédures de recouvrement des créances des cotisations sociales. Ils comprennent les frais de délivrance de l'Attestation Pour

---

[10] L'article dixième de la Loi n°98/009 du 1er juillet 1998 portant loi de finances de la République du Cameroun pour l'exercice 1998/1999, a modifié la Loi n° 84/02 du 30 juin 1984 portant la loi des finances de la République du Cameroun pour l'exercice 1984/1985 pour affecter partiellement le produit de la TSPP au profit du Fonds Routier au titre de la Redevance d'Usage de la Route comme suit : 15 FCFA à prélever sur le litre de super ; 35 FCFA à prélever sur le litre de gaz-oil. Cette affectation a connu plusieurs modifications suivant l'évolution des taux de la TSPP elle-même. La Redevance d'Usage de la Route était ainsi incorporée dans la TSPP contenu dans le prix du litre de carburant à la pompe. Pour la liquidation de la TSPP, il était émis un bulletin d'émission unique au profit du Receveur des Impôts, comprenant aussi bien la part due au Trésor Public et celle due au titre de la Redevance d'Usage de la Route. Depuis la loi de finances 2017, le montant de la Redevance d'Usage de la Route comprise dans la TSPP n'est plus déterminé par litre de carburant. C'est le produit global de la TSPP sur l'essence et le gas-oil qui est partiellement affecté au Fonds Routier comme produit de la Redevance d'Usage de la Route et quote-part de la TSPP selon un plafond annuel arrêté par la loi de finances conformément à l'article 234 du Code Général des Impôts et 32 de la Loi n°2022/007 du 27 avril 2022 portant protection du patrimoine routier national. La Loi n°2022/007 du 27 avril 2022 portant protection du patrimoine routier national qui abroge la Loi n°96/07 du 08 avril 1996, reconduit le mécanisme du Fonds Routier en vue du financement de la protection du patrimoine routier à l'article 31. L'article 32 de cette loi prévoit que les ressources du Fonds Routier sont constituées notamment de la redevance d'usage de la route entre autres. Ce qui signifie que le législateur a remis au goût du jour la Redevance d'Usage de la Route que les lois de finances essayent de noyer depuis 2017.

Soumission (APS) et les frais de délivrance de l'Attestation de Non Utilisation du Personnel Salarié (ANUPS) ;

- les taxes du secteur des marchés publics au profit de l'Agence de Régulation des Marchés publics (ARMP) tels que les frais d'acquisition du Dossier d'Appel d'Offres régis par l'Arrêté n°093/CAB/PM du 5 novembre 2002 fixant les montants de la caution de soumission et les frais de dossiers d'appel d'offres, et le droit de délivrance du Certificat de Non Exclusion des Marchés Publics[11] ;

- les prélèvements divers relevant de la fiscalité interne tels que la Redevance Audio-visuelle (RAV) instituée par l'Ordonnance n°89/004 du 12 décembre 1989, modifiée par la Loi n°2003/017 du 22 décembre 2003 portant loi de Finances de la République du Cameroun pour l'exercice 2004, au profit de l'Office de Radiodiffusion Télévision Camerounaise (CRTV) ; le soutien à la raffinerie instruit par le Président de la République au lendemain de l'incendie qui a ravagé la Société Nationale de Raffinage (SONARA), introduit dans la structure des prix pour 47,88 F CFA par litre ; la redevance annuelle au profit des organes chargés de la gestion des incitations (l'Agence de Promotion des Investissements (API) et l'Agence de Promotion des Petites et Moyennes Entreprises (APME)), régie par l'Arrêté n°080/CAB/PM du 10 septembre 2013 fixant le montant et les modalités de son recouvrement ;

- le Timbre sur la Carte Rose CEMAC dû en application du Règlement N°2/00/UEAC-001-CIARCA-CM-04 du 21 juillet 2000 fixant les conditions de démarrage du système de Carte Rose CEMAC, et la note de service n°03/BNCR/Gest/001 du 03 octobre 2001 du Président de l'Association des Sociétés d'Assurance du Cameroun (ASAC) fixant le coût de la Carte Rose CEMAC au Cameroun. Il est collecté au profit du bureau national de la Carte Rose CEMAC au Cameroun et du Conseil des Bureaux de la Carte Rose CEMAC.

2. Les taxes et redevances parafiscales sectorielles

En plus des taxes et redevances parafiscales générales, certaines personnes physiques ou morales exerçant des activités spécifiques sont assujetties à d'autres prélèvements. On les rencontre majoritairement dans les secteurs économiques sensibles et stratégiques ayant enregistré le désengagement de l'État qui en assure la régulation, mais aussi dans d'autres activités réglementées. Il s'agit principalement des secteurs de l'électricité, des télécommunications, du transport, des jeux, de la pêche et de l'élevage.

a) – Les contributions spécifiques au secteur de l'électricité

Les contributions spécifiques du secteur de l'électricité versées au profit de l'Agence de Régulation du Secteur de l'Électricité (ARSEL), de

[11] L'article 119 (1) de la Loi n°2017/011 du 12 juillet 2017 portant statut général des entreprises publiques précise que ces dernières ne sont pas assujetties au Code des marchés publics. Ce qui signifie qu'elles ne sont plus soumises au droit de régulation des marchés publics.

l'Agence de l'Électricité Rurale (AER) et du Fonds de Développement du Secteur de l'Électricité (FDSE) comprennent :

-la redevance sur les activités du secteur de l'électricité instituée par la Loi n°2011/022 du 24 décembre 2011 régissant le secteur de l'électricité, le Décret n°2001/01/PM du 29 janvier 2001 fixant le taux, les modalités de calcul, de recouvrement et de répartition de la redevance sur les activités du secteur de l'électricité ;

-et la contribution annuelle des opérateurs titulaires d'un titre de concession ou de licence dans le secteur de l'électricité régie par le Décret n°2020/497 du 19 août 2020 portant création, organisation et fonctionnement du Fonds de Développement du Secteur de l'Électricité (FDSE).

b) – Les contributions spécifiques au secteur des télécommunications électroniques

Les taxes parafiscales spécifiques au secteur des communications électroniques comprennent les contributions et redevances exigées par la Loi n°2010/012 du 21 décembre 2010 relative à la cybersécurité et à la cybercriminalité au Cameroun, et la Loi n°2010/013 du 21 décembre 2010 régissant les communications électroniques au Cameroun, modifiée et complétée par la Loi n°2015/006 du 20 avril 2015 et leurs textes d'application. Acquittées principalement au profit de l'Agence de Régulation des Télécommunications (ART) et/ou de l'Agence Nationale des Technologies de l'Information et de la Communication (ANTIC), elles comprennent :

-la redevance d'utilisation du spectre de fréquences radioélectriques instituée par l'article 39 alinéa 1 de la Loi n°2010/013 du 21 décembre 2010 régissant les communications électroniques au Cameroun, et l'Arrêté (conjoint) n°00080/MINEFI/MINPT du 20 février 2002 relatif aux droits, frais, contributions et redevances perçus par l'ART ;

-la redevance annuelle de réservation des ressources de numérotation et la redevance annuelle d'attribution des ressources en numérotation, dues par tous les opérateurs économiques qui ont sollicité et obtenu des adresses, préfixes et numéros ou blocs de numéros. Elles sont encadrées par la Loi n°2010/013 du 21 décembre 2010 régissant les communications électroniques au Cameroun, modifiée et complétée par la Loi n°2015/006 du 20 avril 2015, le Décret n°2017/2580/PM du 6 avril 2017 fixant les modalités d'établissement ou d'exploitation des réseaux et de fourniture des services des communications électroniques soumis au régime de l'autorisation. L'Arrêté n°00000007/MINPOSTEL/MINFI du 2 mai 2017 fixe les montants et les modalités de recouvrement des frais et redevances pour la réservation et l'attribution des ressources de numérotation;

-la contribution aux Fonds Spécial des Télécommunications instituée par la Loi n°2010/013 du 21 décembre 2010 régissant les communications électroniques au Cameroun, modifiée et complétée par la Loi n° n°2015/006 du 20 avril 2015, et la Loi n°2017/015 du 12 juillet 2017 modifiant et complétant certaines dispositions de la Loi n°2013/004 du 18 avril 2013 fixant les incitations à l'investissement privé au Cameroun ;

-la redevance annuelle due par les opérateurs de réseaux et les fournisseurs de services, instituée par la Loi n°2010/013 du 21 décembre 2010 régissant les communications électroniques au Cameroun, modifiée et complétée par la Loi n°2015/006 du 20 avril 2015, et mobilisée conformément à l'Arrêté (conjoint) n°00080/MINEFI/MINPT du 20 février 2002 relatif aux droits, frais, contributions et redevances perçus par l'ART ;

-les droits d'entrée et de renouvellement des concessions et licences des communications électroniques ;

-la contribution au Fonds Spécial des Activités de Sécurité Electronique.

c) – Les contributions spécifiques au secteur des transports

Dans ses multiples facettes, le secteur des transports est le plus prolifique en taxes parafiscales. On y rencontre des prélèvements obligatoires tels que :

-la redevance payée par chaque organisme portuaire autonome auprès de l'Autorité Portuaire nationale en application de la Loi n°98/021 du 24 décembre 1998 portant organisation du secteur portuaire, et le Décret n°2019/172 du 5 avril 2019 portant réorganisation de l'Autorité Portuaire nationale ;

-la redevance payée par les opérateurs du secteur postal instituée par la Loi n°2006/019 du 29 décembre 2006 régissant l'activité postale, et collectée conformément au Décret n°2005/0706/PM du 21 mars 2005 fixant les modalités de calcul et de recouvrement de la redevance postale au Cameroun, au profit de l'Agence de Régulation Postale (ARP) ;

-les redevances aéronautiques dues en application de la Loi n°2013/010 du 24 juillet 2013 portant régime de l'aviation civile au Cameroun, et du Décret n°2000/006/PM du 6 janvier 2000 instituant diverses redevances aéronautiques sur les aérodromes du Cameroun. Elles comprennent :1- la redevance d'atterrissage, due par tout aéronef effectuant un atterrissage sur les aérodromes ou hélistations ouverts à la circulation aérienne publique et perçue selon les aérodromes, par les Aéroports du Cameroun (ADC) ou l'Autorité Aéronautique du Cameroun (CCAA) ; 2 -la redevance d'usage des dispositifs d'éclairage, due par tout aéronef qui effectue un décollage ou un atterrissage sur les aérodromes ouverts à la circulation aérienne publique dont le balisage a été allumé de nuit ou par mauvaise visibilité ; 3 - la redevance de sûreté de l'aviation civile, perçue par les compagnies aériennes au profit de la CCAA ; 4-la redevance de développement de l'infrastructure aéroportuaire, due par le transporteur sur tout passager international muni d'un billet de passage dont le montant est fixé à 15 000 FCFA par passager ; 5 - la redevance sur les passagers, due aux ADC sur les aéroports de la concession et à la CCAA sur tous les autres aéroports ;

6 -la redevance sur le carburant, due par les sociétés pétrolières exerçant l'avitaillement des aéronefs sur les plates-formes aéroportuaires ; 7 - la redevance de stationnement des aéronefs, due aux ADC sur les aéroports de la concession et à la CCAA sur tous les autres aéroports ; 8 -la redevance d'abri des aéronefs, due aux ADC sur les aéroports de la concession et à la CCAA sur tous les autres aéroports ; 9 - la redevance sur le fret, due aux ADC sur les aéroports de la concession et à la CCAA sur tous les autres aéroports ; 10 - la redevance d'usage des passerelles télescopiques, due aux ADC sur les aéroports de la concession et à la CCAA sur tous les autres aéroports ; 11 - la redevance de prolongation d'ouverture des aérodromes, due aux ADC et à l'Agence pour la Sécurité de la Navigation Aérienne en Afrique (ASECNA) selon le cas pour tout aéronef sollicitant l'utilisation d'un aérodrome au-delà des heures d'ouverture ; 12 - la redevance d'usage des aides et services de route, due à l'ASECNA et perçue par celle-ci ;

-les redevances pour services rendus par l'Autorité Aéronautique dues en application de la Loi n°2013/010 du 24 juillet 2013 portant régime de l'aviation civile au Cameroun et du Décret n°2021/0342/PM du 18 février 2021 fixant l'assiette, les taux et les modalités de recouvrement desdites redevances. Elles comprennent : les redevances pour la délivrance des titres aéronautiques ; les redevances pour la délivrance des qualifications dans le domaine de l'aviation civile ; les redevances pour les autorisations dans le domaine de l'Aviation civile ; les redevances pour la surveillance continue des détenteurs des titres, qualifications autorisations dans le domaine de l'aviation civile.

d) – Les contributions spécifiques au secteur des pêches et de l'élevage

Dans le secteur de la pêche et de l'élevage, des contributions relevant de la parafiscalité, sont prélevées au niveau de la fiscalité interne au profit des caisses de développement de la pêche et de l'élevage (la Caisse de Développement de la Pêche Maritime (CDPM), la Caisse de Développement de l'Élevage (CDE), la Caisse de Développement de l'Élevage du Nord (CEDEN), la Caisse de Développement de l'Élevage du Nord-Ouest (CEDENO)). Elles sont régies par la Loi n°94/01 du 20 janvier 1994 portant régime des forêts, de la faune et de la pêche, le Décret n°95/413/PM du 20 juin 1995 fixe certaines modalités d'application du régime de la pêche tel que défini par cette loi, modifiée et complétée par le Décret n°2001/546/PM du 30 juillet 2001. Elles comprennent :

- la taxe d'exploitation due par les opérateurs du secteur de productions animales et halieutiques ;
- la taxe d'inspection sanitaire vétérinaire sur le commerce local due par les éleveurs et pisciculteurs camerounais ;
- la taxe sur l'agrément de la pêche industrielle ;
- la taxe sur la pêche sous-marine ;

- la taxe sur la mariculture et la pisciculture ;

- la taxe d'exploitation des poissons d'ornement ;

- la taxe sur la collecte des géniteurs, des larves, des post-larves, œufs et des alevins ;

- la taxe exceptionnelle sur la collecte des espèces protégées ;

- la taxe sur le permis pour la pêche scientifique (permis D).

e) – Les contributions spécifiques au secteur des jeux

La Loi n°2015/012 du 16 juillet 2015 fixant le régime des jeux de divertissement, d'argent et de hasard, et le Décret n°2019/2300/PM du 18 juillet 2019 précisant ses modalités d'application, prévoient deux prélèvements au profit de l'Agence de Régulation des Jeux. Il s'agit :

- du droit d'entrée ou de renouvellement du contrat de concession ou de l'autorisation pour les jeux de divertissement, d'argent ou de hasard ;

- de la Redevance des jeux[12].

B. Les prélèvements relevant de la parafiscalité de porte

Les services des douanes mobilisent des taxes parafiscales générales ou spécifiques, aussi bien pour les organismes publics nationaux que pour les institutions sous-régionales et régionales.

1. Les taxes et redevances parafiscales générales prélevées à la porte

Les taxes parafiscales générales collectées au profit des organismes nationaux lors du franchissement du cordon douanier comprennent :

- la contribution scanner due par l'importateur/exportateur au profit de la Société Générale de Surveillance. Elle est acquittée conformément à la Décision n°000749 du 30 novembre 2016 portant intégration du scanner à conteneurs dans la procédure de dédouanement au port de Douala, modifiée par la Décision n°000527 du 25 août 2017, et à la circulaire n°013 du 27 janvier 2017 fixant les modalités de sa liquidation et de son paiement ;

- la taxe d'inspection et de contrôle supportée par l'importateur/exportateur en application du Décret n°2015/1875/PM du 1er juillet 2015 instituant et fixant les modalités de mise en œuvre du Programme d'Évaluation de la Conformité avant Embarquement des marchandises importées en République du Cameroun (PECAE), de la circulaire n°006024/MINFI/CAB du 30 novembre 2016 arrêtant la liste de marchandises non soumises au Programme de Vérification des Importations (PVI), de l'instruction n°0060625/MINFI/CAB du 30 novembre 2017 fixant les modalités d'exécution du PVI, de l'instruction n°00626/MINFI/CAB du 30 novembre 2016 fixant les modalités d'exécution du Contrôle d'Identification des Véhicules Importés au Cameroun (CIVIC), de l'instruction n°00627/MINFI/CAB du 30 novembre 2016 fixant les modalités d'exécution

---

12 En attendant la mise en place de l'Agence de Régulation des Jeux, ces prélèvements sont versés au ministère de l'Administration Territoriale

du Programme Sectoriel de Suivi des Exportations (PSSE). L'article 40 du Décret n°2019/143 du 19 mars 2019 portant réorganisation de l'Agence des Normes et de la Qualité (ANOR) prévoit que les ressources de l'Agence sont entre autres constituées de la quote-part de la taxe d'inspection issue du Programme de Vérification des Importations (PVI) ;

- la Redevance du droit d'auteur et droits voisins régie par les articles 69 à 74 de la loi n° 2000/11 du 19 décembre 2000 relative au droit d'auteur et aux droits voisins, le Décret n°2015/2979/PM du 25 septembre 2015 fixant les modalités d'application de la Loi n°2000/011 du 19 décembre 2000 relative au droit d'auteur et aux droits voisins, modifiés et complétés par le Décret n°2016/4281/PM du 21 septembre 2016. Elle est collectée au profit de la Société Civile des Droits de la Littérature et des Arts Dramatiques (SOCILADRA), la Société Civile des Arts Audiovisuels et Photographiques (SCAAP) et la Société Civile Camerounaise de l'Art Musical (SOCAM).

Par ailleurs, le Cameroun est membre de nombreuses institutions régionales et sous régionales. Sa contribution à leurs dépenses est payée avec les ressources fiscales de l'État. Toutefois, comme beaucoup de pays africains, le Cameroun éprouve parfois des difficultés pour s'acquitter de toutes ces contributions. Pour réaffirmer son intérêt pour la coopération multilatérale, les autorités camerounaises ont toujours souscrit aux solutions globales adoptées pour le financement des principales institutions régionales et sous-régionales. Cet engagement se traduit souvent par l'internalisation des prélèvements parafiscaux institués pour les financer. Les taxes parafiscales générales collectées à cet effet lors du franchissement du cordon douanier comprennent :

- la Contribution pour l'Intégration Africaine (CIA) acquittée par l'importateur au profit de l'Union Africaine, en application de la décision des Chefs d'État et de gouvernement au terme de la XXVIIe session ordinaire de la Conférence de l'Union tenue à Kigali au Rwanda du 17 au 18 juillet 2016, et de l'article deuxième de la Loi n°2016/018 du 14 décembre 2016 portant loi de finances de la République du Cameroun au titre de l'exercice 2017 ;

- la Taxe Communautaire d'Intégration (TCI) acquittée par l'importateur au profit de la Communauté Economique et Monétaire de l'Afrique Centrale (CEMAC), en application de l'Acte Additionnel n°03/00-CEMAC 046-CM-05 du 14 décembre 2000 instituant un mécanisme autonome de financement de la Communauté, modifiée par les Actes Additionnels n°01/01-CEMAC-046-CE-03 du 08 décembre 2001, et n°08/CEMAC-046-CE-11 du 25 juillet 2012. Ce mécanisme a été internalisé par la Loi n°2002/014 du 30 décembre 2002 portant loi de finances de la République du Cameroun au titre de l'exercice 2003, modifiée par la Loi n°2003/017 du 22 décembre 2003 portant loi de finances de la République du Cameroun au titre de l'exercice 2004 ;

- la Contribution Communautaire d'Intégration (CCI) acquittée par l'importateur au profit de la Communauté Economique des États de l'Afrique Centrale (CEEAC), en application de la Décision n°19/CCEG/CEEAC/X/03 du 25 juillet 2003 prise par la conférence des Chefs d'État et de gouvernement fixant le taux de la Contribution Communautaire d'Intégration de la Communauté. Elle a été internalisée par l'article deuxième de la Loi n°2011/ 020 du 14 décembre 2011 portant loi de finances de la République du Cameroun au titre de l'exercice 2012.

2– Les taxes et redevances parafiscales spécifiques collectées à la porte

Les taxes parafiscales sectorielles mobilisées lors du franchissement du cordon douanier comprennent :

- la taxe d'inspection sanitaire vétérinaire sur le commerce international prélevée lors du franchissement de la frontière nationale par les animaux et autres produits taxables, en application du Décret n°2000/981/PM du 8 décembre 2000 fixant l'assiette ainsi que les modalités de recouvrement et de contrôle des taxes applicables aux productions animales et halieutiques. Elle est mobilisée au profit des caisses de développement de la pêche et de l'élevage[13] ;
- -la redevance à l'exportation du cacao et du café acquittée par les exportateurs du cacao au bénéfice de l'Office National du Cacao et du Café (ONCC), du Fonds de Développement des filières Cacao et Café (FODECC), du Conseil Interprofessionnel du Cacao et du Café (CICC), de la Chambre d'Agriculture, des Pêches, de l'Élevage et des Forêts (CAPEF) et de la Société de Développement du Cacao (SODECAO). Elle est due en application de la Loi n°2004/025 du 30 décembre 2004 modifiant et complétant certaines dispositions de la Loi n°95/11 du 27 juillet 1995 portant organisation du commerce du cacao et du café, la Loi n° 2016/018 du 14 décembre 2018 portant loi de finances de la République du Cameroun pour l'exercice 2017. Le Décret n°2017/1279/PM du 13 mars 2017 fixe les modalités de liquidation, de recouvrement et de reversement des prélèvements agricoles et du droit de sortie à l'exportation du cacao et du café, et l'Arrêté n°00249/MINCOMMERCE du 11 août 2017 précise la répartition de la redevance à l'exportation du cacao.

Certaines taxes parafiscales prévues par d'autres textes ne sont pas encore prélevées. Dans la plupart des cas, cette situation est due à l'absence des textes d'application définissant la matière imposable, le fait générateur, les modalités de paiement. C'est le cas :

---

[13] La Caisse de Développement de la Pêche Maritime (CDPM), la Caisse de Développement de l'Elevage (CDE), la Caisse de Développement de l'Elevage du Nord (CEDEN), la Caisse de Développement de l'Elevage du Nord-Ouest (CEDENO)

- de la redevance annuelle due par les opérateurs audiovisuels titulaires des titres d'exploitation annoncée par l'article 62 alinéa 1 de la Loi n°2015/007 du 20 avril 2015 régissant l'activité audiovisuelle au Cameroun ;

- des droits d'entrée et de renouvellement des concessions et licences dans le secteur ferroviaire et les redevances d'exploitation ferroviaire prévue par la Loi n°2023/010 du 25 juillet 2023 régissant le secteur ferroviaire au Cameroun.

En une quarantaine d'années, les autorités camerounaises ont créé une soixantaine de prélèvements parafiscaux.

II. Les pathologies de la parafiscalité et la thérapie de rationalisation

Si la parafiscalité souffre de pathologies sur les institutions et les finances publiques, elle est susceptible d'une thérapie de la rationalisation.

A. Les pathologies de la parafiscalité sur les institutions et les finances publiques

Ces pathologies impactent négativement le climat des affaires, affectent la cohérence institutionnelle, dénotent d'un manque de transparence et défavorisent l'Etat.

1 – L'impact négatif sur le climat des affaires

Le développement incontrôlé de la parafiscalité est l'un des éléments du système fiscal qui empoisonnent le climat des affaires au Cameroun. La multiplicité des prélèvements s'accompagne toujours des tracasseries dues à la diversité des interlocuteurs fiscaux, et donc des procédures de déclaration et de contrôle. Le recouvrement des taxes parafiscales est exclusivement effectué par les services de la Direction Générale des Impôts pour 07 d'entre elles (la CCF, la CFNE, la RAV, le péage routier et la TSPP/RUR, la Taxe d'exploitation et la Taxe d'inspection sanitaire vétérinaire sur le commerce local), et ceux de la Direction Générale des Douanes pour 07 autres (la Contribution Scanner, la Taxe d'inspection sanitaire vétérinaire sur le commerce international, la Redevance du droit d'auteur et droits voisins, la CIA, la TCI, la CCI, la Redevance à l'exportation du cacao et du café). Pour la cinquantaine de prélèvements restants, les contribuables ont affaire à une vingtaine d'interlocuteurs parafiscaux.

2 – Le problème de la cohérence institutionnelle

Le Cameroun est engagé dans la mise en œuvre d'un projet de développement dont l'objectif est de faire du Cameroun un pays émergent, démocratique et uni dans sa diversité. Or, comme le démontre Julien VERCUEL[14], « *la cohérence institutionnelle est un préalable à l'émergence*

---

[14] Julien VERCUEL, *Les pays émergents, mutations économiques et nouveaux défis*, Paris, Editions Bréal 2012, 3ème édition.

économique». La cohérence institutionnelle, écrit-il, « *s'exprime par le fait qu'un ensemble donné d'institutions, pour agir efficacement sur les comportements, doit produire des incitations qui ne sont contradictoires que dans un nombre de cas relativement limité* »[15]. Le Cameroun, comme le relève le Centre d'Analyse et de Recherche sur les Politiques Economiques et Sociales (CAMERCAP-PARC) dans une étude publiée en janvier 2014[16], «*a mal à ses institutions publiques... Le Cameroun semble avoir la particularité de multiplier les institutions, comme si la création d'une structure additionnelle était la solution au problème constaté... On perd ainsi plus de temps à se marcher dessus et à vouloir résoudre les problèmes de conflits de compétence et de frontières de responsabilité. Au final, personne ne fait rien et c'est l'inertie* ».

La prolifération des prélèvements parafiscaux est à la fois la cause et la conséquence de la multiplication des structures additionnelles bénéficiaires dont le bilan reste mitigé. Sur les routes, c'est l'embouteillage entre le ministère des Travaux publics, le ministère de l'Habitat et du Développement urbain, le Fonds Routier, les Communes d'arrondissement, les Mairies de grandes villes et bientôt les Régions, au grand dam des usagers de la voie publique. Dans le secteur de l'électricité, le ministère de l'eau et de l'énergie, la Société Nationale de Transport de l'Électricité (SONATREL), l'Agence de Régulation de l'Électricité et l'Agence de Régulation de l'Electrification Rurale sont victimes des délestages au même titre qu'une entreprise ou un abonné *lambda*. Pour ce qui est de la téléphonie, le ministère des Postes et Télécommunications, l'Agence de Régulation des Télécommunications, l'Agence Nationale des Technologies de l'Information et de la Communication saturent les réseaux. Le ministère des Pêches et des Industries Animales, la CDPM, la CDE, la CEDENO, la Mission de Développement de la Pêche Artisanale Maritime (MIDEPECAM), et la CEDENO, baignent dans des eaux abondantes, alors que la pêche et l'Élevage pataugent. L'infrastructure aéroportuaire végète dans le seul pays de l'Afrique Centrale qui a tous les atouts pour abriter un hub aérien alors que les ADC, la CCAA et l'ASECNA bénéficient des prélèvements très rentables.

Le cas le plus illustratif est celui du producteur de cacao qui, pour chaque kilogramme vendu, finance six (06) structures dont il ne perçoit pas l'utilité pratique et ignore parfois l'existence. L'arrêté n°00249/MINCOMMERCE du 11 août 2017 fixe et répartit la redevance à l'exportation du cacao. Les recettes mobilisées s'établissent comme suit :

---

[15] Julien VERCUEL, « *Que nous apprennent les BRIC ? Trois conjectures économiques sur les économies émergentes* », Mondes en développement, 2012/2 n°158, pp. 25-34.

[16] CAMERCAP-PARC : *Stratégie Nationale de Renforcement des Capacités, stratégie de fondement aux autres cadres de référence, 40 idées pour réussir le décollage vers l'émergence,* janvier 2014.

Organisme bénéficiaire	Cacao grade I ou grade II exporté/ Kg	Cacao grade I ou grade II transfor mé/Kg	Recettes mobilisées de 2020 à 2021	
			Exercice 2020	Exercice 2021
ONCC	17 FCFA	2 FCFA	2 449 276 231	3 963 331 710
CICC	11 FCFA	2 FCFA	1 577 328 661	2 593 019 406
SODECAO	8 FCFA	2 FCFA	1 023 213 826	1 821 898 398
CAPEF	2,5 FCFA	2 FCFA	391 335 570	687 702 490
FODECC	29 FCFA	5,5 FCFA	4 490 731 042	7 088 888 721
Trésor public	7,5 FCFA	1,5 FCFA	343 269 843	377 914 767
Total	**75 FCFA**	**15 FCFA**	**10 275 155 173**	**16 532 755 492**

L'ONCC, le CICC, la SODECAO, la CAPEF et le FODECC s'engraissent alors que le producteur croupit dans la misère et que la production cacaoyère végète. Cette situation a amené le Gouvernement à envisager la création d'une structure unique dédiée au développement du cacao[17].

3. Le manque de transparence sur la parafiscalité

L'article 2 alinéa 3 de la loi n°2018/011 du 11 juillet 2018 portant code de transparence et de de bonne gouvernance dans la gestion des finances publiques au Cameroun stipule : « *une information large, régulière et approfondie sur la fiscalité et ses évolutions est faite au bénéfice de l'ensemble des contribuables* ». L'article 47 ajoute : « *l'administration prend toutes les dispositions nécessaires à la publication des informations sur les finances publiques, dans des délais fixés par voie réglementaire* ». Les informations publiées doivent être exhaustives. Elles doivent porter sur le passé, le présent et l'avenir et couvrir l'ensemble des activités budgétaires et extrabudgétaires. Cette transparence perceptible sur le budget de l'État à travers la publication de la loi de règlement ne s'applique pas encore à la parafiscalité. Les données statistiques sur les recettes des 62 taxes parafiscales en vigueur au Cameroun ne sont pas publiées. Il est en plus difficile, voire impossible, d'avoir accès à ces statistiques.

Pourtant, la donnée statistique fiscale est un outil d'aide à la décision qui permet aux autorités de faire des comparaisons d'année en année, de faire des prévisions de recouvrement des impôts et taxes sur la base de l'élasticité du système fiscal par rapport au PIB et de déterminer le taux de pression fiscale entendu comme l'importance relative des prélèvements obligatoires

[17] Le texte portant création de cette structure est en étude dans les services du Premier ministre

dans l'économie qui les produit. En l'absence de données statistiques fiables sur une parafiscalité d'une telle envergure, il est à craindre que les recettes des taxes parafiscales ne soient pas prises en compte dans la détermination du taux de pression fiscale du Cameroun publié par l'OCDE et l'Union Africaine chaque année dans les statistiques des recettes publiques en Afrique. Il est également à craindre que la productivité fiscale de certains secteurs d'activité soit biaisée. À titre d'illustration, l'agropastoral est considéré comme le secteur économique le plus ancré dans l'informel et le moins rentable en recettes fiscales. Pourtant, en 2020 et 2021, la redevance à l'exportation du cacao et du café à elle seule a rapporté respectivement 10 275 155 173 et 16 532 755 492 francs CFA, alors qu'au titre des mêmes exercices, l'Impôt sur le Revenu des Personnes Physiques sur les bénéfices agricoles n'a rapporté que 23 000 000 de francs CFA.

4. La surliquidité de certaines entités bénéficiaires au détriment de l'État

En ce qu'elles sont déductibles de la base d'imposition à l'impôt sur les bénéfices des entreprises dont le produit est partagé entre l'État et les Collectivités Territoriales Décentralisées, les taxes parafiscales ont un impact sur leurs recettes fiscales. En plus, sans efforts particuliers de mobilisation des ressources, certaines entités affichent des niveaux de recettes supérieurs à leurs besoins réels, bien que parfois inférieurs à leur potentiel fiscal. Cette situation a parfois abouti à la mal gouvernance de certaines entités publiques allant jusqu'à la condamnation des gestionnaires indélicats. Pendant ce temps, l'État et les Collectivités Territoriales Décentralisées déploient des énergies colossales pour récolter des recettes insuffisantes au regard de leurs besoins en croissance exponentielle pour besoin de financement de la Stratégie nationale de Développement à l'horizon 2030 (SND30).

Certaines entités bénéficient du produit des taxes parafiscales prélevées dans plusieurs secteurs parfois en l'absence d'un lien avec leurs activités. L'Agence de Promotion des Investissements, qui bénéficie par ailleurs d'une quote-part de la redevance annuelle au profit des organes chargés de la gestion des incitations, reçoit également 15% des ressources collectées au bénéfice du Fonds Spécial des Télécommunications, et 15% de la Contribution au Crédit Foncier du Cameroun.

La rentabilité des taxes parafiscales est très élevée compte tenu du fait qu'elles sont généralement prélevées sur une assiette fiscale difficile à dissimuler et à des guichets quasi inévitables. Certaines taxes parafiscales régies par deux (2) ou trois (3) articles d'une loi, d'un décret ou d'un arrêté sont plus rentables que des impôts ou taxes qui occupent des dizaines d'articles et de pages du Code Général des Impôts. À titre d'illustration :

- la Contribution au Crédit Foncier rapporte plus de recettes que la Taxe sur la propriété foncière et l'Impôt sur le Revenu des Personnes Physiques dans la catégorie des revenus fonciers[18] ;
- la redevance à l'exportation du cacao et du café produit plus que l'Impôt sur le Revenu des Personnes Physiques dans la catégorie des bénéfices agricoles ;
- le Timbre sur la Carte Rose CEMAC rapporte autant que l'Impôt Libératoire collecté par les services de la Direction Générale des Impôts[19].

Et si on approfondit la réflexion sur les taxes parafiscales acquittées par les acteurs des secteurs de l'électricité et des télécommunications au profit des agences de régulation, on s'apercevra peut-être que leurs recettes sont supérieures à celles de l'Impôt sur les bénéfices payés par ces derniers sur la même période.

Dans son discours prononcé à l'occasion de l'installation du Directeur Général des Impôts le 05 mars 2023, le ministre des Finances rappelait que « *la récente évaluation des besoins en investissements pour les projets retenus dans la SND30 se chiffre à près de 88 000 milliards de francs CFA, à étaler sur la durée de mise en œuvre de la stratégie, c'est-à-dire 10 ans. Par calcul simple, on peut estimer que ce besoin se situe à environ 8 800 milliards de francs CFA par an. Pour 2023, le besoin évalué par le ministère de l'Economie est déjà calculé à 8 950 milliards de francs CFA. Or, notre capacité de mobilisation de ressources internes non pétrolières se situe à fin 2022 à 2 255 milliards, ce qui ne représenterait que 25% du besoin de financement annuel de la SND30* ». Après avoir montré les inconvénients et les limites des ressources pétrolières et de l'endettement pour combler le gap à financer, il a conclu que « *nous devons mobiliser plus de ressources internes non pétrolières que par le passé* ». Cette situation a amené le Gouvernement camerounais à miser sur les taxes parafiscales en continuant de les créer, et en renforçant le processus dit de « *rationalisation de la parafiscalité* ».

B. La thérapie de la rationalisation de la parafiscalité

Elle porte sur le processus, le rationnement des recettes et la fuite en avant du Gouvernement.

1. Le processus dit de rationalisation de la parafiscalité

L'option prise par le Gouvernement camerounais consiste à plafonner les montants du produit desdites taxes, affectés à certains organismes publics dans la loi de finances de l'année. Initié sur l'Autorité Portuaire nationale pour

---

[18] De 2019 à 2021, la Contribution au Crédit Foncier a rapporté en moyenne 30 milliards de francs CFA, alors que la Taxe sur la Propriété Foncière et l'Impôt sur le Revenu des Personnes Physiques dans la catégorie des revenus fonciers n'ont respectivement rapporté que 16 milliards en 2019 (2,5+13,5), 17 milliards en 2020 (2,3+14,7) en 2020, et en 2021

[19] Le Timbre de la Carte Rose CEMAC a rapporté 640 645 000 en 2018, 612 510 000 en 2019, 607 282 000 en 2020 et 623 475 000 en 2021

le compte de l'exercice 2000/2001, ce processus a été renforcé de 2017 à 2022 avec l'élargissement du champ de la rationalisation de la parafiscalité à huit (8) autres organismes : le Crédit Foncier du Cameroun, le Fonds National de l'Emploi, l'Agence de Régulation des marchés publics, l'Agence de Promotion des Investissements, le Fonds Routier, l'Agence de Régulation du Secteur de l'Électricité, l'Agence de Régulation des Télécommunications, l'Agence Nationale des Technologies de l'Information et de la Communication.

La dégradation des finances de l'État, subséquente à la crise sanitaire du Covid-19, au conflit russo-ukrainien et à l'évolution croissante du manque à gagner provoqué par le démantèlement tarifaire pour les produits dont les pays d'origine et les pays d'exportation sont membres de l'Union européenne, a suscité un tour de vis supplémentaire des autorités camerounaises. Dans les lois de finances 2023 et 2024, le Gouvernement a porté le nombre d'organismes concernés par cette rationalisation de 9 à 16 en élargissant la rationalisation à l'Agence d'Electrification Rurale, l'Agence des Normes et de la Qualité, l'Autorité Aéronautique du Cameroun, la Caisse de Développement de la Pêche Maritime, l'Office National du Cacao et du Café, le Fonds de Développement des filières Cacao et Café, le Conseil National des Chargeurs du Cameroun. Il a par ailleurs réduit drastiquement les montants des enveloppes laissées à ces derniers tels que le montre le tableau récapitulatif de l'évolution de la rationalisation de la parafiscalité (annexe).

Par ce subterfuge, l'État accapare au passage l'essentiel de la cagnotte des taxes parafiscales pour boucler son budget, faisant de ces prélèvements parafiscaux de véritables taxes à son profit. Sur les 30 milliards que rapporte la contribution au Crédit Foncier du Cameroun, l'État s'est emparé de plus de 80% des recettes en 2022. Par ailleurs, les éventuels excédents des recettes de la CIA, de la TCI et de la CCI sur le total des contributions et dotations dues respectivement à l'Union Africaine, à la CEMAC et à la CEEAC, sont également reversés dans le budget de l'État du Cameroun conformément aux textes régissant ces prélèvements.

2. Les paradoxes de la rationalisation de la parafiscalité par le rationnement des recettes

Le processus dit de rationalisation de la parafiscalité en cours au Cameroun présente un certain nombre de paradoxes. La logique aurait voulu que la création de nouvelles taxes parafiscales soit suspendue pendant sa mise en œuvre, et que certains prélèvements existants soient supprimés. Or, le Gouvernement camerounais a maintenu son rythme de création de nouvelles taxes parafiscales. Bien que le transport soit le secteur le plus prolifique en taxes parafiscales, le Gouvernement poursuit sa politique de création des institutions nouvelles et des prélèvements destinés à leur financement. La loi n°2023/010 du 25 juillet 2023 régissant le secteur ferroviaire au Cameroun crée une Autorité de Régulation et de Sécurité Ferroviaires, et institue les droits d'entrée et de renouvellement des concessions et licences dans le secteur ferroviaire et les redevances d'exploitation ferroviaire comme ressources.

L'impression qui se dégage parfois est que certains mécanismes ne sont mis en place que pour justifier le maintien de certains prélèvements dans leur principe ou leur taux d'imposition. La Contribution au Crédit Foncier est un cas d'école. Instituée en 1977 pour alimenter le Crédit Foncier du Cameroun dont l'objet est d'apporter son concours financier à la réalisation des projets de promotion de l'habitat, ce prélèvement qui a échoué dans son objectif sous-jacent en matière fiscale[20], a accouché de la contribution au Fonds National de l'Emploi en 1990. L'article 35 de la loi n°2017/015 du 12 juillet 2017 modifiant et complétant certaines dispositions de la Loi n°2013/004 du 18 avril 2013 fixant les incitations à l'investissement privé au Cameroun affecte une quote-part de 15% des ressources collectées au titre de la Contribution au Crédit Foncier au financement de l'API. La même disposition lui affecte également 15% des ressources collectées au bénéfice du Fonds Spécial des Télécommunications.

Les critères du choix des structures rentrant dans le champ de ladite rationalisation, et les modalités de détermination des montants à affecter à chacune d'elles ne sont pas connus. Les coupes semblent faites à la limite de l'arbitraire et du saupoudrage au regard des besoins incompressibles de certaines structures. Autant on peut comprendre ce rationnement pour certaines d'entre elles, autant on peut s'interroger sur le plafond des ressources affectées à d'autres telles que le Fonds Routier dont le montant de l'enveloppe de 50 milliards voté au titre de l'exercice 2023 frais de fonctionnement compris, correspond à peine au montant d'un seul marché d'entretien routier.

La détermination du plafond de ressources à affecter est encore plus nébuleuse pour certaines structures au regard de la multiplicité de leurs sources de revenus et des moyens de contrôle limités dont dispose le ministère des Finances.

L'Agence de Promotion des Investissements bénéficie d'une quote-part de la redevance annuelle au profit des organes chargés de la gestion des incitations, de 15% des ressources collectées au bénéfice du Fonds Spécial des Télécommunications, et de 15% de la Contribution au Crédit Foncier du Cameroun. L'article 35 alinéa 2 de la loi n°2017/015 du 12 juillet 2017 prévoit que les modalités de collecte et de transfert des deux dernières ressources à l'Agence de Promotion des Investissements sont fixées respectivement par un arrêté du ministre en charge des finances en ce qui concerne les prélèvements sur la Contribution au Crédit Foncier, et par un arrêté du ministre en charge des télécommunications en ce qui concerne les prélèvements sur le Fonds

---

[20] Promouvoir l'habitat et par voie de conséquence le développement du foncier et donc de l'assiette de la Taxe sur la Propriété Foncière et/ou de la Taxe proportionnelle sur les revenus fonciers

Spécial des Télécommunications. Comment détermine-t-on le montant des ressources affectées à l'API dans cet enchevêtrement ? Comment le répartit-on entre les trois sources de revenu sus-citées ?

Le plafond des ressources affectées à l'ARMP s'applique-t-il sur l'ensemble de ses ressources listées par l'article 32 de la loi n°2022/007 du 27 avril 2022 portant protection du patrimoine routier national[21] ou seulement aux droits de régulation, aux frais d'acquisition des dossiers d'appel d'offres et aux frais de délivrance de l'Attestation de Non Exclusion des marchés publics ? Le plafond de l'enveloppe affectée au Fonds Routier s'applique-t-il aussi bien sûr les recettes du péage routier, la quote-part de la TSPP représentant la Redevance d'Usage de la Route que les fonds d'origine diverse en rapport avec l'usage de la route et la quote-part du produit des amendes ? Pour la détermination du plafond des ressources affectées au CNCC, le Gouvernement vise particulièrement les recettes de la cotisation annuelle et le droit de délivrance du Bordereau Electronique de Suivi des Cargaisons (BESC). Qu'en est-il des frais annuels d'inscription au fichier des importateurs et des exportateurs et des frais de délivrance de l'autorisation spéciale d'importation et d'exportation ?

3. La fuite en avant du Gouvernement camerounais

La rationalisation de la parafiscalité par le rationnement des recettes des taxes parafiscales trahit une triste réalité. Depuis des années, les recettes des taxes parafiscales centralisées dans le compte unique du Trésor ne sont ni disponibles, ni régulièrement reversées aux entités bénéficiaires. À cela s'ajoute le fait que la gestion de certaines ressources échappe à certaines structures bénéficiaires bien qu'elles soient recouvrées par ces dernières. N'en seraient-elles bénéficiaires qu'en théorie ?

Comme par hasard, l'élargissement du champ d'application de la rationalisation de la parafiscalité commence en 2017 au lendemain de l'entrée en vigueur du démantèlement tarifaire du fait de la mise en œuvre des APE avec l'Union européenne et le Royaume-Uni de Grande-Bretagne, avec le manque à gagner en recettes douanières qui en résulte. Il s'accélère en 2022, quasiment au même rythme que ce démantèlement. Du coup, la rationalisation de la parafiscalité prescrite par le Président de la République semble avoir été détournée de son noble objectif de simplification du système fiscal et d'amélioration de la compétitivité de l'économie. Elle n'est plus qu'un prétexte qui permet à l'État de compenser ce manque à gagner et de boucler son budget en recettes.

---

[21] L'article 32 de la Loi n°2022/007 du 27 avril 2022 portant protection du patrimoine routier national prévoit que les ressources du Fonds Routier sont constituées notamment : de la redevance d'usage de la route ; de la quote-part du produit des amendes définies par la présente loi ; des fonds d'origines diverses en rapport direct avec l'usage de la route ; de la quote-part de la Taxe Spéciale sur les Produits Pétroliers ; du produit de la taxe de transit ; du droit de péage routier ou, en cas de concession du péage, de la redevance de concession.

La rationalisation de la parafiscalité devrait viser la gouvernance des finances publiques et contribuer à la simplification du système fiscal camerounais en vue de l'amélioration du climat des affaires et de la compétitivité de l'économie. La réduction du nombre de prélèvements est l'un des axes prioritaires à explorer pour atteindre ces objectifs. Or, le processus en cours au Cameroun a été engagé en l'absence d'une étude globale des prélèvements concernés et de l'ensemble des recettes engrangées par chaque entité visée. En plus, depuis le lancement du processus dit de rationalisation de la parafiscalité, le Gouvernement camerounais a maintenu son rythme de création de nouvelles taxes parafiscales et n'a supprimé aucune d'elles. Conséquence, au lieu de dégonfler la bulle parafiscale qui irradie les finances publiques camerounaises, cette rationalisation par le rationnement des recettes l'entretient, amplifiant ainsi les risques de déflagration avec des conséquences déplorables.

Conclusion

Le Gouvernement camerounais a tissé une nasse de la parafiscalité à laquelle il est difficile à un contribuable *lambda* d'échapper, au regard de la variété des secteurs concernés, de la position incontournable des guichets de collecte, des opérations et matières imposables. Le secteur des transports est le plus prolifique, avec 20 prélèvements, dont 16 dans l'aéronautique et l'aviation civile. Ces prélèvements produisent des recettes de plus en plus importantes au point où d'aucuns sont plus productifs que les certains impôts et taxes de l'État et de Collectivités Territoriales Décentralisées.

Ce maillage par la parafiscalité a commencé à révéler des signes pathologiques d'une « bulle parafiscale » qui a suscité la thérapie de la rationalisation de la parafiscalité. Au regard de leur impact négatif sur le système fiscal et la compétitivité de l'économie, le Président de la République a prescrit la rationalisation de la parafiscalité pour y remédier. Si la thérapie de rationnement appliquée par le Gouvernement lui permet d'engranger des ressources internes non pétrolières supplémentaires permettant de réduire son déficit budgétaire, elle ne fait qu'effleurer les externalités négatives d'une parafiscalité vigoureuse et en pleine expansion.

Au-delà de la bulle parafiscale, la problématique de l'impôt fait couler beaucoup d'encre et de salive au Cameroun, aussi bien de la part des pouvoirs publics que de la société civile et des institutions internationales. Jusqu'ici, la plupart des conclusions ainsi que les réformes proposées ou réalisées le sont sur la base d'analyses parcellaires ou sommaires ne permettant ni de mesurer l'effort de contribution demandé aux camerounais, ni d'évaluer notre politique fiscale et notre système fiscal dans l'ensemble. Ce qui signifie qu'en réalité, le Cameroun a plutôt besoin de la rationalisation de l'ensemble des prélèvements obligatoires dans le cadre d'une politique fiscale globale visant l'optimisation de la mobilisation des recettes fiscales, l'amélioration de la compétitivité du Cameroun, le renforcement de la gouvernance dans la gestion. Cette rationalisation ne pourra se faire qu'à travers la refonte de l'ensemble des prélèvements obligatoires en vigueur au Cameroun, et non se limiter à la parafiscalité ou à tout autre pan de la fiscalité camerounaise.

Annexe : Tableau récapitulatif de l'évolution de la rationalisation de la parafiscalité

Exercice fiscal	Montant du plafonnement des ressources par organisme (en milliards de francs CFA)															
	APN	CFC	FNE	ARMP	API	FR	ARSEL	AER	ANTIC	ART	CCAA	ANOR	FODECC	ONCC	CNCC	CDPM
2000/2001	1															
2001/2002	1															
2002	0,5					13										
2003	1					26										
2004	1,2															
2005	1,5															
2006	1,5															
2007																
2008																
2009	1,5															
2010	1,5															
2011	1,5															
2012	1,5															
2013																
2014	2,1															
2015	2,1															
2016																
2017	2,1					60										
2018	3,1					60										
2019	3,1	10	5	8		60										
2020	3,1	10	7	8	3	49										
2021	3,1	10	7	8	5	50										
2022	3,1	10	7	8	5	50	3,5		3	10						
2023	5,1	2	7	8	6	50	3,5	3,5	4	15	17	6	5	6	7	1
2024																

La fraude fiscale post-Covid 19 en droit pénal camerounais

Dr Collins PACHA NKOUCHIPO
Ph.D. en Droit Privé- Université de Yaoundé II (Cameroun)
Magistrat

****

Introduction

La crise sanitaire survenue en 2019 en raison de la pandémie de Covid-19 et des mesures exceptionnelles qui l'ont accompagné, en particulier le confinement, a inévitablement eu pour conséquence le ralentissement, voire l'arrêt, de pans entiers de l'activité économique[1].

En Afrique, c'est à l'échelle supra nationale que la justice a connu des mutations processuelles qui renseignent de manière éloquente sur l'impact du Covid-19 sur l'administration de la justice institutionnelle. En avril 2020, le Président de la Cour Commune de Justice et d'Arbitrage va ordonner des aménagements processuels[2] liés au contexte de confinement généralisé. Le Cameroun n'a pas fait exception en adoptant dans l'urgence des *« lois d'urgence sanitaire »*[3]. Face à cette crise, le droit fiscal ne pouvait que subir des amendements pour mieux répondre aux défis des finances publiques[4].

---

[1] A titre illustratif, selon une analyse réalisée en 2011 par l'organisation non gouvernementale Tax Justice Network, le Cameroun perd un montant estimé de ressources fiscales de l'ordre d'au moins 140 millions $ (78 milliards de FCFA) chaque année (Cf. Idriss LINGE NJOYA, *Rapport sur l'État de l'équité fiscale au Cameroun*, Centre Régional Africain pour le Développement Endogène et Communautaire, Edition 2021).

[2] Cf. Décision n°054/2020/CCJA/PDT du 1er avril 2020 portant adoption de nouvelles dispositions pour les Audiences de la Cour Commune de justice et d'arbitrage de l'OHADA (CCJA/OHADA).

[3] On peut citer entre autres : Ordonnance n°2020/001 du 03 juin 2020 modifiant et complétant certaines dispositions de la loi n°2019/023 du 24 décembre 2019 portant loi de finances de la République du Cameroun pour l'exercice 2020. De même que la Loi n°2019/023 du 24 décembre 2019 portant loi de finances de la République du Cameroun pour l'exercice 2020.

[4] En effet, le 31 mars, le président Biya a créé un fonds spécial de solidarité pour lutter contre la pandémie. Selon la présidence camerounaise, le fonds, initialement doté de la somme de 1 681 833 $ US (1 milliard de FCFA), était destiné à financer des opérations dans le cadre de la stratégie de prévention de la propagation de la pandémie de coronavirus au Cameroun. Le 30 avril dernier, 19 mesures visant à amortir le choc subi par les ménages et les entreprises à cause des restrictions liées à la lutte contre la Covid-19 ont été édictées par le Premier ministre camerounais. Au plan fiscal, le gouvernement a prescrit la même année, la déductibilité totale pour la détermination de l'impôt sur les sociétés des dons et libéralités consentis par les entreprises pour la lutte contre la pandémie du Covid-19 ; l'exonération de la taxe à l'essieu du 2e trimestre ; l'exonération de la taxe de séjour dans le secteur de l'hôtellerie et de la restauration pour le reste de l'année 2020, à compter du mois de mars 2020. Le gouvernement a aussi décidé de l'annulation des pénalités de retard de paiement des cotisations sociales dues à la CNPS, du

C'est ainsi que le droit fiscal jadis en vigueur pouvait se montrer flexible[5] et, par conséquent, céder la place à un droit fiscal dérogatoire ou transitoire[6], un droit fiscal de crise qui le met ainsi en quarantaine[7].

Nul juriste ne doute vraiment que pour être efficace, une règle bien pensée doit être assortie d'une sanction pénale adaptée. Bien qu'on se souvienne que la pénalisation des sanctions fiscales est la résultante d'un mouvement initié en 1976 par la CEDH, dans un arrêt Engel, afin de faire rentrer les sanctions administratives dans le champ d'application des droits relevant de la matière pénale[8], l'épidémie consécutive au virus Covid-19 n'a véritablement pas suscité une *« législation pénale fiscale de crise »* à l'image du droit fiscal proprement dit. Et, le droit pénal étant souvent présenté comme le bras armé des autres matières, il est quand même surprenant que les dispositifs spéciaux mis en œuvre dans le cadre des régimes de crise ne concernent pas la répression pénale des actes compromettants. Quelles qu'en soient les raisons, aucun dispositif pénal en matière fiscale vraiment adapté n'existait donc pendant l'extension et l'expansion de l'épidémie de Covid-19 pour y faire face[9]. Alors que *« la fraude est à l'impôt ce que l'ombre est à l'homme »*[10].

La fraude fiscale constitue donc une grave atteinte au principe d'égalité des citoyens devant l'impôt, particulièrement mal ressentie en période de crise. Si traditionnellement le contrôle fiscal n'est guère apprécié, la répression de la fraude fiscale demeure indispensable afin de limiter les abus qu'offre le système déclaratif en vigueur au Cameroun. Avant la crise sanitaire, la répression pénale de la fraude fiscale était adossée à un régime spécifique, pendant la crise, rien n'a fondamentalement changé. En pleine période post-Covid, le Cameroun semble plus ou moins préserver sa capacité dissuasive vis-à-vis des délinquants ou potentiels délinquants qui croient pouvoir priver l'État de ressources budgétaires indispensables à son fonctionnement régulier.

---

paiement entre mai et juillet des allocations aux travailleurs dont les employeurs peinent à s'acquitter de leurs cotisations sociales, de l'augmentation des allocations familiales de 2800 à 4500 FCFA ou encore de la revalorisation de 20% des pensions.

[5] (J.) CARBONNIER, *Flexible droit. Pour une sociologie du droit sans sa rigueur*, Paris, LGDJ, 2001, 10è éd., 493p.

[6] (P.) ROUBIER, *Le droit transitoire (conflits de lois dans le temps)*, Paris, Dalloz et Sirey, 1960, 589p.

[7] (F) ABENG MESSI, « Les obligations fiscales de l'exercice budgétaire 2020 à l'épreuve de la Covid-19 au Cameroun », *RAFiP* n°7, 1er semestre 2020, p. 142.

[8] CEDH, 6 juin 1976, n°5100/71, 5101/71, 5102/7, Engel c. Pays-Bas, § 82.

[9] (D) RICCARDI, « L'adaptation du droit répressif à l'épidémie de covid-19 : Histoire et enjeux d'une quête redoutable » in *Colloque virtuel Droit et Coronavirus. Le droit face aux circonstances sanitaires exceptionnelles*, RDLF 2020 Chron. n°35.

[10] Cette phrase de Georges POMPIDOU illustre bien les difficultés auxquelles se trouvent confrontés les États par rapport aux manquements des contribuables à leurs obligations fiscales.

Il va sans dire que, face au constat du déficit de justice fiscale entre contribuables, l'environnement de confinement imposé par le Covid-19 va renforcer les risques de fuite devant l'impôt. Cet environnement ramène au goût du jour deux importantes questions doctrinales : celle des fonctions régulatrices des ressources financières, mais aussi celle de gestion de la sécurité juridique en temps de crise[11]. Au sujet de cette dernière préoccupation, la doctrine ne s'empêche pas d'alerter sur le fait que le droit fiscal « *ponctuellement instable* »[12] apparaît comme un champ favorable au phénomène d'insécurité juridique[13]. Ce d'autant plus que la répression du délit général de fraude fiscale continue d'osciller entre monopole et concurrence des autorités répressives administratives et pénales dont les politiques peuvent être différentes. La répression en matière fiscale étant caractérisée par une dualité de voies répressives, la question de sa cohérence comme en révélait un auteur[14] dans la lutte contre les manquements fiscaux mérite d'être posée. En matière fiscale, les pénalités fiscales infligées par l'administration fiscale à l'auteur débiteur des manquements aux obligations contributives étaient à l'origine hermétiques aux principes du droit pénal alors que la doctrine les percevait comme de véritables sanctions[15].

Du moins, indépendamment de la période Covid-19, eu égard à l'existence d'une répression administrative, en mesure d'appliquer des sanctions punitives pour fraude fiscale, il convient de s'interroger sur les raisons du recours à une répression pénale de cette infraction. Concrètement, quel est l'intérêt de faire appel à la répression conduite par l'autorité judiciaire alors que la fraude fiscale fait l'objet d'une procédure administrative à visée punitive ? La réponse à ce questionnement repose sur la différence de finalité des procédures administrative et pénale. Si l'objectif principal de la procédure fiscale est le recouvrement de l'impôt[16], celui de la procédure pénale est

[11] De l'avis de quelques observateurs avertis « la loi n°2018/012 du 11 juillet 2018 portant régime financier de l'État et des autres entités publiques s'inscrit dans la perspective de modernisation du système de gestion des finances publiques ». Cf. PEKASSA NDAM (G.) et NGANGUE NEMALEU (P.), « Les Finances publiques camerounaises à l'épreuve de la crise sanitaire à coronavirus », *Le Nemro*, octobre-décembre 2020, p. 67.

[12] Rapport public du Conseil d'État, *Sécurité juridique et complexité du droit*, Paris, La Documentation française, coll. EDCE, 2006, n°57, p. 273.

[13] AWONO ELOUNDOU (E), « La sécurité fiscale dans les États d'Afrique noire francophone », *RAFiP*, n°9, 2021, p. 213.

[14] HARDY (H-C) « A la recherche de la cohérence de la répression en matière fiscale », *Revue européenne et internationale de droit fiscal,* n°2020/2 p.172 et s.

[15] WALINE (M.), « Nature juridique des pénalités fiscales », *Revue des sciences financières,* 1949, p. 14, l'auteur observait que si « *les pénalités envisagées ne sont pas des peines au sens du droit pénal [...] il serait excessif d'y voir une sorte d'indemnisation forfaitaire du préjudice subi par le fisc. Leur caractère de sanction prédomine sur le caractère de réparation* ».

[16] Cette remarque s'infère de la faculté dont dispose l'administration d'atténuer les sanctions fiscales par le biais d'une transaction conclue avec l'infracteur afin de faciliter le recouvrement de l'impôt fraudé.

d'infliger une peine à l'auteur d'une infraction[17]. Il importe de reprendre la pensée de Mireille DELMAS-MARTY qui faisait observer la logique prédominante de rétribution à laquelle obéit la peine, alors que la sanction administrative est soumise à une logique de régulation et de réparation[18].

En matière de fraude fiscale, la sanction administrative ne comprend pas la dimension rétributive de la peine qui est la seule mesure capable de priver le fraudeur de sa liberté et de le couvrir d'opprobre. En fait, en matière de fraude fiscale, le recours au droit pénal, en sus de la sanction administrative, est justifié par l'apport de la fonction de rétribution physique et morale de la peine dans laquelle la fonction de dissuasion prend sa source[19]. Même si la législation pénale fiscale a connu une infime progression malgré les heurts de l'épidémie de Covid-19 en matière d'imposition, la reconstruction post-Covid-19 du fisc doit reposer également sur la justice pénale. Cette justice pénale fiscale permettrait à la fois d'enrayer les inégalités exacerbées par la pandémie et de mobiliser des recettes supplémentaires pour financer les investissements. Voilà l'intérêt d'analyser le régime actuel du délit général de fraude fiscale à l'aune du droit pénal au Cameroun. Mais avant, il conviendra de donner aux mots leur contenu.

La fraude fiscale pose le problème de sa définition. Lorsque l'on effectue un tour d'horizon dans les textes d'incrimination, ces supports traditionnels ne permettent pas de réellement cerner ce à quoi renvoie la fraude fiscale. L'imprécision notionnelle est avant tout imputable à l'absence de toute définition émanant du législateur, le juriste n'étant pas habitué à l'incertitude juridique d'une notion[20]. Une brève lecture des textes d'incrimination révèle d'emblée l'inutilisation de l'expression *« fraude fiscale ».* Le Code pénal camerounais l'incrimine sous la qualification générale de *« refus de l'impôt »*[21]. Il en est de même du Code général des Impôts (CGI), version 2024, qui se borne à énumérer simplement les comportements qui préjudicient à l'établissement, au paiement ou au reversement total ou partiel des impôts[22].

La fraude est avant tout définie comme « *une action faite de mauvaise foi pour tromper »*[23]. Gérard CORNU l'appréhende comme un acte de mauvaise foi, une tromperie, un acte accompli dans le dessein de préjudicier

---

[17] GARÇON (E.), BERGEAUD-WETTERWALD (A.), « Notions fondamentales de procédure pénale », *Juris-Classeur Pénal des Affaires,* Fasc. 9, 24 janvier 2023 p.18.

[18] DELMAS-MARTY (M.), *Les grands systèmes de politique criminelle*, Paris, PUF, Thémis Droit privé, 1992, p. 128.

[19] COCLY (C), *Le particularisme de la répression de la fraude fiscale*, thèse de doctorat, Université Jean Monnet-Saint-Etienne, 2023, p.17.

[20] PACHA NKOUCHIPO (C), *Les droits de la défense devant le Tribunal criminel spécial au Cameroun*, Thèse de Doctorat/Ph.D en droit privé, Université de Yaoundé II, 2019, p. 24.

[21] Dans son article 183.

[22] Articles L107 et L108 du Code Générale des Impôts 2023.

[23] AGRON (L.), *Histoire du vocabulaire fiscal*, Paris, LGDJ, coll. Thèses, 2000, p. 25, l'auteure souligne que la « fraude est la réfection en 1283 de fraude forme qui existait depuis 1255 ».

à des droits que l'on doit respecter[24]. La notion de fraude fiscale pourrait alors se définir comme une tromperie ayant pour objectif de soustraire au Trésor public tout ou partie de ses droits[25]. La définition du délit de fraude fiscale qui s'induit des textes d'incrimination[26] s'appuie sur la soustraction à l'impôt. Dans ce sens, la fraude fiscale repose sur les moyens mis en œuvre pour échapper à l'impôt et avoir des indus. En effet, la fraude fiscale est constituée du manque à gagner provenant de sommes que l'État et les collectivités locales n'ont pas perçues du fait du non-respect de la législation en vigueur. Elle consiste à se soustraire aux dispositions fiscales ou à employer des méthodes illicites afin d'échapper à tout ou partie de son impôt. Ainsi, par analogie au cambriolage d'une banque, la fraude fiscale, c'est le cambriolage de l'État.

Malgré les nombreuses similarités, la fraude fiscale ne doit aucunement être confondue avec l'évasion fiscale. L'évasion constitue une pratique qui consiste à contourner ou à réduire un impôt en tirant profit des niches des règles fiscales. Autrement, « *l'évasion conduit à s'arranger, sur les failles de la législation, pour payer moins en côtoyant l'illicite sans, si possible, y verser. En effet, dès que l'on rentre dans la zone de l'évasion on est confronté au paradigme mouvant de la légalité* »[27]. Par conséquent, afin de savoir si une évasion fiscale rentre dans le champ d'application de la fraude fiscale punie par la loi, il convient de porter le regard non sur la légalité de l'évasion, mais sur la licéité des moyens permettant de la réaliser[28]. Au total, la fraude fiscale peut se définir comme une évasion facilitée par des moyens illégaux.

C'est en raison de l'importance du préjudice moral et financier que fait subir la fraude fiscale à la collectivité nationale, qu'il était important que ce comportement soit saisi par le droit pénal[29] que le professeur ROBERT définit comme « *l'ensemble des normes juridiques qui règlementent le recours de l'État à la sanction pénale* »[30]. Le droit pénal pénètre ainsi le l'environnement fiscal par l'intermédiaire de son droit fondamental que de son droit processuel. Le 12 juin 1967[31], le législateur camerounais consacrait le recours au droit pénal à l'encontre d'un tel comportement en créant ce délit général sous la qualification de *« refus de l'impôt »* pour lequel les poursuites sont engagées à la requête de l'administration.

---

[24] CORNU (G), *Le Vocabulaire juridique*, Paris, PUF, Quadrige, 2018, 12ème éd., p. 1039.
[25] CÔTÉ (Y.-A.), « La fraude fiscale », *L'Actualité économique*, vol. 43, n°1, avril-juin 1967.
[26] Le Code pénal et le Code Générale des Impôts.
[27] BARILARI (A.), « La fraude fiscale : les mots et les chiffres », *Gestion & Finances Publiques*, vol. 3, n°3, 2018, pp. 50-57.
[28] *Idem.*
[29] BAUDU (A.), « Contribution à un éclairage historique et juridique sur le 'verrou de Bercy' », *Gestion & Finances Publiques*, vol. 3, n°3, 2018, pp. 94-102.
[30] ROBERT (J.-H.), *Droit pénal général*, Paris, PUF, coll. Thémis Droit, 1988, p. 53.
[31] A partir du Code pénal loi n°65-LF-24 du 12 Novembre 1965 et loi n°67-LF-1 du 12 juin 1967.

Après que le Covid-19 ait provoqué des chambardements sur les finances publiques camerounaises, l'heure est à l'examen du régime actuel de répression de la fraude fiscale. C'est au vu de cette option qu'il était nécessaire de s'interroger comme suit : comment se caractérise la répression post-Covid-19 de la fraude fiscale en droit pénal camerounais ? La question est d'autant plus fascinante, car, elle permettra d'apprécier la figure actuelle du droit pénal fiscal camerounais, surtout que cette discipline devrait être envisagée comme un instrument contribuant à avoir une fiscalité productive et inclusive dans un contexte de construction d'un Cameroun émergent. Malheureusement, il n'en est pas le cas, cette discipline demeure inexploitée concernant la lutte contre la fraude fiscale à moins de considérer que la procédure administrative est jusqu'ici appropriée. En effet, l'analyse d'une telle étude pourrait servir les autorités camerounaises à davantage reconsidérer l'arsenal pénal répressif comme une source supplémentaire du recouvrement des recettes, ce d'autant puisque le droit pénal fiscal dispose des moyens de rechercher la fraude fiscale, de la sanctionner et de recouvrer *in fine* l'impôt fraudé. Si tel est l'objectif d'une telle étude, la méthode pour démontrer une telle posture exige d'examiner la législation en vigueur, des contributions doctrinales et la pratique judiciaire camerounaise. Il se peut alors que la répression post-Covid-19 de la fraude fiscale se caractérise par une binarité peu évolutive de son arsenal pénal répressif y afférent. Sous ce prisme, on peut observer une immuabilité des sources d'incrimination **(I)** et une relativité des ressources de mise en œuvre de répression **(II)** de la fraude fiscale en droit pénal camerounais.

I. L'immuabilité des sources d'incrimination

Incriminer, comme le souligne Mireille DELMAS-MARTY *« c'est définir un crime, au sens large d'infraction pénale. Donc à la fois nommer et diviser. Nommer une situation, un comportement parfois innommé jusqu'alors (...) »*[32]. En effet, la première qualité que doit rechercher le législateur pour que la loi soit intelligible et accessible, c'est la clarté et la précision[33] afin d'éviter toute application arbitraire. Comme il a été précisé *supra*, l'expression de *« fraude fiscale »* n'a pas été consacrée par des textes d'incrimination. Les textes en vigueur définissent néanmoins les divers procédés qui tendent directement ou indirectement à payer moins ou à ne rien payer[34] l'impôt même si l'agent n'a accompli aucune manœuvre frauduleuse. À la faveur de la crise sanitaire du Covid-19, les pouvoirs publics camerounais avaient principalement activé des leviers réglementaires en vue d'atténuer les

---

[32] *Idem.*
[33] AKAM AKAM (A), « Libres propos sur l'adage 'Nul n'est censé ignorer la loi' », *RASJ*, vol.1, 2007, p.31 et s.
[34] Cass. Crim 03 Octobre 1974, *D.*,1975.211.

contraintes économiques y afférentes[35] en maintenant le répertoire législatif des procédés causant préjudice au Trésor. À ce titre, les infractions susceptibles de fonder la responsabilité pénale du fraudeur fiscal sont pour la plupart contenues dans le Code Général des Impôts (B) pendant que le Code pénal de 2016 renferme sous la qualification de *« refus de l'impôt »* certains actes antifiscaux (A).

A. La standardisation restrictive des écarts à la législation fiscale par le Code pénal

La fraude à l'impôt pour le législateur commun de répression est limitativement appréhendée sous le vocable de *« refus à l'impôt »* rattaché à la sous-catégorie des actes entravant l'exercice des services publics[36]. L'impôt est assis, en règle générale, sur des bases d'imposition déclarées par les redevables eux-mêmes. Encore que les actes ou déclarations déposés par les contribuables bénéficient d'une présomption d'exactitude et de sincérité. Il peut sembler étrange de se déclarer contre l'impôt qui est une nécessité incontournable puisqu'il faut bien financer les dépenses publiques. En réalité, le contribuable qui se sent imposé à tort, a le droit de s'opposer contrairement à celui qui est dans la perspective d'utiliser alors de subterfuge[37].

Le Code pénal dans ses alinéas 1 et 2 de l'article 182 incrimine deux formes d'opposition à l'impôt caractéristique d'un procédé de soustraction au prélèvement obligatoire. Dans son alinéa 1, le Code punit l'organisation de refus collectif de l'impôt en ces termes : *« Est puni (...) celui qui organise, par quelque moyen que ce soit, le refus collectif de l'impôt ».* L'existence du délit est subordonnée à la mise en œuvre de moyens concourant au refus du paiement de l'impôt par un ensemble de personnes ou une catégorie entière de contribuables. La formulation générale du terme *« moyen »* employé sans précisions limitatives emporte l'extension du champ d'application de l'infraction[38]. En effet, la circonstance doit constituer une véritable organisation antifiscale par l'emploi des moyens non énumérés par le législateur. Il s'agit d'une formulation « *ouverte »* qui peut englober n'importe quel moyen c'est-à-dire les violences ou voies de fait, des manœuvres

---

[35] Voir ABENG MESSI (F), « Les obligations fiscales de l'exercice budgétaire 2020 à l'épreuve de la Covid-19 au Cameroun », *RAFiP*, n°7, 1er semestre 2020, pp. 141-172.

[36] Ce qui ressort de l'intitulé de la Section VII du Chapitre IV du texte précité (articles 183 à 200).

[37] Le refus de payer tout ou partie de l'impôt peut se concevoir dans deux perspectives. Il peut s'agir de faire cesser une injustice dont on est soi-même victime. Lorsque, des impôts frappent de manière particulièrement injuste telle catégorie sociale ou telle activité sociale ou professionnelle afin d'obliger le Gouvernement à leur rendre justice. En second lieu, il peut s'agir de s'opposer à une décision injuste du Gouvernement en acceptant pas que le financement de cette injustice soit assuré par ses propres deniers et en mettant en œuvre tout ce qui est possible pour contraindre les pouvoirs publics à revenir sur cette décision.

[38] Ce d'autant puisqu'en raison de la maxime *« ubi lex non distinguit, nec nos distinguere debenus »,* le texte conçu en terme général doit être interprété sans restriction, ni condition, alors on ne saurait réduire la substance du texte.

concertées ou menaces du meneur pouvant atteindre aussi bien des agents chargés de l'assiette, du contrôle ou du recouvrement de l'impôt que les contribuables eux-mêmes. Par interprétation extensive de ce texte, on remarquera que le caractère frauduleux de cette échappatoire à l'impôt découle de l'intention d'organiser la soustraction d'un groupe de personnes ou d'une catégorie de contribuables aux prélèvements obligatoires. Plus concrètement, il s'agit d'une sorte de punition du meneur d'une rébellion fiscale en groupe. Ce délit qui s'analyse en une atteinte au crédit de la nation est qualifié parfois par la formule de « *grève de l'impôt* »[39]. Il faut que l'action entreprise tende au refus de l'impôt par un groupe de personnes. « *Les grévistes de l'impôt* » ne sont pas épargnés non plus, car, ils peuvent être poursuivis pour fraude fiscale dans la mesure où ils se sont soustraits volontairement au paiement de l'impôt.

L'alinéa 2 du même texte sanctionne l'incitation du public à refuser ou à retarder le paiement de l'impôt. Il dispose que : *« Est puni (...) celui qui incite le public à refuser ou à retarder le paiement de l'impôt ».* Contrairement au précédent délit, celui-ci n'exige pas la manifestation d'une véritable organisation antifiscale. Il peut être le fait d'un individu pris isolément qui, sans être un meneur, enjoint ou conseille au public, c'est-à-dire aux contribuables, de ne pas payer l'impôt ou tout au moins d'en différer le paiement, que ce soit verbalement ou par écrit notamment par voie de presse ou au moyen des tracts. Ce peut être une motion invitant les contribuables à la grève totale des impôts. Dans tous les cas, l'infraction est constituée même si le but poursuivi - le refus ou le retard au paiement de l'impôt par le public - n'est pas réalisé.

En se référant à la pratique jurisprudentielle étrangère, puisque le Cameroun n'en regorge pas dans cette catégorie d'infraction, les délits d'organisation au refus collectif de l'impôt et d'incitation du public à refuser ou à retarder le paiement de l'impôt constituent par exemple le fait de réunir des commerçants et des artisans dans un vaste meeting pour les inviter à jurer leur indéfectible volonté de refuser le paiement de l'impôt et de les inciter par des mots d'ordre lancés à la suite de ce meeting et diffusée par la voie de la presse, à continuer la grève de l'impôt[40].

En dehors du Code pénal, le texte de référence qu'est le Code Général des Impôts consacre ce qu'on peut qualifier de *« réseau de comportements spécifiques »*[41] réunis sous le vocable fraude fiscale.

---

[39] FERMOSE (J), « La sécurité fiscale en droit camerounais », *Revue Panafricaine des Sciences Juridiques et Comparées,* n°21, 2020, pp. 174-193.

[40] Cass.Crim., Arrêt du 06 Mars 1958, R.J.C.I 1958, n°25, p.65.

[41] Réseau utilisé dans le sens d'un lot, d'un filet de liaisons de comportements spécifiques réunis.

B. La spécification extensive des écarts à la législation fiscale par le Code Général des Impôts

Le législateur camerounais à travers la loi de finances pour l'exercice 2023 a davantage élargi le champ d'application des infractions fiscales visées[42]. Les articles L107 à L114 du Livre des Procédures fiscales (LPF) constituent ce que l'on pourrait qualifier de véritable repère de la répression pénale en matière de fraude fiscale au Cameroun. La version de 2024 du Code Général des Impôts (partie LPF) définit plusieurs agissements susceptibles d'engager la responsabilité pénale du fraudeur à l'impôt dans ses articles L 107 et L 108. Dans le premier paragraphe de l'article L107 il est prévu que : *« (...) est passible (...) quiconque : - se soustrait frauduleusement ou tente de se soustraire frauduleusement à l'établissement, au paiement, au reversement total ou partiel des impôts, droits et taxes visés dans le Code Général des Impôts (...) ».* À ce niveau, il paraît opportun de souligner que l'expression *«frauduleusement »*, ne définissant pas avec précision les contours de la soustraction à l'impôt, élargit le périmètre de l'infraction. Comme le fait observer M. DETRAZ, cette disposition reflète le choix du législateur de *« n'imprimer à la fraude aucune physionomie particulière »*[43]. Il s'agit de la volonté du législateur de faire entrer dans le champ d'incrimination tous les comportements possibles même les plus résiduels qui tendent à échapper frauduleusement à l'impôt. En France, il a par exemple été jugé que le fait de tenir une comptabilité incomplète[44] ou de se placer sous un régime fiscal indu dans l'intention de se soustraire au moins partiellement à l'impôt[45] constitue une manière de se soustraire frauduleusement à l'impôt. En tout état de cause, cette infraction requiert l'intention frauduleuse qui vise à se dérober à l'établissement, le paiement ou le reversement de l'impôt.

Si nul n'est dispensé de l'obligation de payer l'impôt[46], alors, le deuxième paragraphe de l'article L 107 du CGI punit celui qui *« refuse expressément de faire sa déclaration dans les délais prescrits ».* Tous les ans, chaque citoyen doit faire une déclaration de revenus à l'administration fiscale[47]. Ainsi, lorsqu'un citoyen se soustrait à cette déclaration dans les délais prescrits, il commet une fraude fiscale. Le prochain tiret du texte vise celui qui *« dissimule une part des sommes sujettes à l'impôt ».* Cette forme positive ou négative du délit est en pratique très fréquente bien que la justice

---

[42] Voir dans ce sens MOHAMADOU (O), « La répression de la fraude fiscale en droit camerounais », *RAFiP,* n°15, 1er semestre 2024, p. 328.

[43] Voir ACARD (C.), GENESTIER (N.), EXERJEAN (G.), « La ligne de démarcation entre risque fiscal et risque pénal (2è volet). Un abus peut-il être constitutif d'une fraude fiscale ? », *Dr. fisc,* n°10, 10 mars 2016, 207. Les auteurs citent Stéphane Detraz, *JCl. Pénal des affaires*, Fasc. 10.

[44] Cass.crim., 24 Fevrier 1977, bull crim, 1977, n°1977.

[45] Cass. crim., 28 oct. 1991, n°90-84.643; V.

[46] MBADIFFO (R), *Introduction du cours d'Audit fiscal,* ISEM-IBCG Douala, Juillet 2009.

[47] Voir l'article 18 et ses alinéas du CGI sur les modalités de l'obligation déclarative.

pénale camerounaise n'a pas encore eu l'occasion de la saisir. Ce comportement suppose de la part de son auteur un mensonge ou une réticence dolosive, sans pour autant soit requis une manœuvre frauduleuse. Très généralement, le fraudeur tient deux comptabilités dont l'une exacte et destinée à son usage personnel et l'autre fausse qui est destinée au fisc dans laquelle n'y figure pas les opérations effectives, mais, dissimulées n'apparaissant que dans la comptabilité réelle[48]. Le CGI réprime également celui qui *« organise son insolvabilité ou met obstacle au recouvrement de l'impôt »*. C'est un procédé destiné à tromper non pas le paiement de l'impôt, mais, son établissement. Cela va consister pour le fraudeur à diminuer l'actif de son patrimoine ou en accroitre le passif, par des opérations véritables ou artificielles en vue de rendre impossible le recouvrement de l'impôt. Il s'agit par exemple du fait pour un contribuable de faussement prétendre que sa voiture appartient à un tiers[49] ou de procéder à une donation-partage avant une vérification fiscale[50].

Le dernier tiret de l'article L 108 du CGI punit enfin celui qui *« obtient par des manœuvres frauduleuses un remboursement de crédits de TVA »*. On le sait bien, le remboursement de crédit TVA est opéré lorsque le montant de la TVA déductible est supérieur au montant de la TVA collectée. L'entreprise peut demander en fonction de son régime d'imposition, le remboursement de cette différence. Alors le fait d'obtenir un remboursement indu au moyen de faux documents d'un crédit de taxe entre en prévision de cette disposition.

Le second texte dans son premier tiret puni quiconque qui *« omet de passer ou de faire passer des écritures ou fait passer des écritures inexactes ou fictives, dans les livres journaux et d'inventaire prévus par l'Acte Uniforme OHADA, ou dans les documents qui en tiennent lieu, ainsi que toute personne qui est convaincue d'avoir établi ou aidé à établir de faux bilans »*. Il est réprimé ici comme délit consommé, le geste qui peut être l'acte préparatoire d'une fraude. Ce délit existe même si l'agent n'entendait pas commettre une fraude fiscale[51]. C'est une infraction obstacle. Ce délit est constitué lorsque le contribuable est dans l'incapacité de justifier la contradiction entre ses déclarations et son chiffre d'affaire[52] ou un promoteur immobilier est dans l'incapacité de présenter une comptabilité relative à des opérations de sociétés civiles qu'il a créé[53]. Le deuxième tiret de l'article L 108 du CGI qui est novateur punit *« par des manœuvres de toute nature fait obstacle à la mise en*

---

[48] Cette comptabilité fausse intègre une minoration des bases d'imposition sur les bénéfices. Soit que le chiffre d'affaire ou les recettes professionnelles aient été minorées, soit que les charges ou les dépenses aient été abusivement augmentées.

[49] Cass.crim 07 décembre 1981, bull crim 1981, n°324.

[50] CA, Paris, 16 Mai 1990.

[51] PRADEL (J), DANTI-JUAN, *Droit pénal spécial*, Paris, Cujas, 2010, 5ème éd., p. 585.

[52] Cass.crim 23 Novembre 1995.

[53] Cass.crim 21 Janvier 1975.

œuvre du dispositif de suivi électronique de la facturation et de la production des entreprises ». Cette incrimination est l'œuvre du législateur de 2024. En effet, la dématérialisation de la facturation et de la production joue désormais un rôle important dans la lutte contre la fraude fiscale, car, permet d'avoir une traçabilité dans l'activité économique de l'entreprise, réduit les possibilités de falsification des documents comptables tout en facilitant les contrôles fiscaux. Le fait de modifier ou détourner par moyen frauduleux le dispositif de suivi électronique du cycle de vie d'une entreprise tend à éviter ou réduire le montant des impôts dus.

On ne manquera pas de souligner que le texte spécial a repris les dispositions pénales de l'article 182 du Code pénal sur les délits d'organisation au refus collectif de l'impôt et d'incitation du public à refuser ou à retarder le paiement de l'impôt en incriminant complémentairement l'organisation du refus individuel de payer son impôt. Enfin, le dernier tiret de ce texte punit quiconque *« produit des pièces fausses ou reconnues inexactes en vue d'obtenir, en matière d'impôts et taxes, des dégrèvements ou remboursements de quelque nature que ce soit »*. En effet, le contribuable peut bénéficier d'une décharge ou d'une réduction de l'impôt de l'administration fiscale ou de la juridiction administrative ou lorsqu'il se croit imposé à tort ou surtaxé, il peut en faire la réclamation devant l'administration fiscale ou le juge administratif en vue d'être compensé dans la limite de l'imposition contestée le tout, suivant les pièces justificatives fournies. Alors, sera considéré comme fraudeur celui qui produit les justificatifs falsifiés de paiement de la partie non contestée de l'impôt ou du droit pour profiter d'un dégrèvement de l'administration fiscale.

En tout état de cause, lorsqu'un tel comportement est établi, la machine répressive peut être enclenchée même si le processus semble dépendant de l'administration fiscale.

II. La relativité des ressources de mise en œuvre de répression

La mise en œuvre de la responsabilité pénale implique le canal intégrant les règles du procès qui conduit l'infraction commise à la sanction pénale[54]. En réalité, c'est la mise en œuvre des règles de fond par les organes compétents aboutissant à la sanction pénale. Le régime de mise en œuvre de la responsabilité pénale est ainsi composé des modalités de poursuite d'une infraction ainsi que la sanction pénale applicable. Ce régime met en relief les règles pénales de fond et les règles pénales de forme[55]. Depuis plusieurs années, le délit général de fraude fiscale est poursuivi dans le cadre d'un

[54] PACHA NKOUCHIPO (C), « La responsabilité pénale du footballeur professionnel au Cameroun », *Revue africaine de droit et économie du sport,* vol.2 n°03, juillet-décembre 2021, p. 67.

[55] BOLZE (P), *Le droit à la preuve contraire en procédure pénale*, thèse de doctorat, Université Nancy II, 2010, p. 2.

régime dérogatoire du droit commun au sein duquel la rétention des poursuites pénales entre les mains de l'administration fiscale rend compte du concours de la répression pénale à la procédure fiscale.

Bien que le fardeau embarrassant le processus de poursuite de la fraude fiscale ait été allégé après le Covid-19, le mécanisme actuel continue de faire obstacle à un libre exercice de l'action publique par le procureur de la République assujetti, dans ce cadre, à une saisine de l'administration (A). Quoiqu'il en soit, l'application pure et simple des règles spéciales de poursuite pénale laisse le nid à la disparité des sanctions pénales (B).

A. La simplicité apparente des modalités de poursuites pénales

Les modalités de poursuites sont les procédés juridiques de saisine des juridictions compétentes, y compris ses implications[56]. Le dispositif de déclenchement des poursuites pénales pour fraude fiscale déroge au droit commun en subordonnant la mise en mouvement de l'action publique à une décision de l'administration fiscale. Ainsi, la mise en œuvre de l'action publique à l'encontre de l'auteur de l'infraction est conditionnée au dépôt d'une plainte préalable de l'administration[57].

Avant l'entrée en vigueur de la loi de finances pour l'exercice 2023, lorsqu'il s'agissait d'enclencher les poursuites pénales pour sanctionner le délit de fraude fiscale, la mise en mouvement de l'action était davantage particulière. Certes, le ministère public ne pouvait pas poursuivre d'office un contribuable pour ce délit sans un dépôt préalable d'une plainte du ministre des Finances (MINFI), sauf que ce déclenchement était effectif après avis préalable et favorable de la Commission des Infractions fiscales (CIF) sous peine d'irrecevabilité. La CIF était un organe consultatif placé auprès du MINFI en vue de donner son avis sur les dossiers dont elle était saisie en matière fiscale[58]. Le ministre a, à cet égard, l'obligation de solliciter cet avis conforme sous peine d'irrecevabilité de la plainte au Parquet. Il a donc une compétence liée. On s'accorde avec un auteur[59] que la commission avait pour rôle de juger de l'opportunité et de la régularité de la poursuite. Si l'avis est défavorable, le ministre arrête toute autre entreprise. Il était justifié de constater une absence de répression pénale de la fraude fiscale au Cameroun en raison du filtrage administratif de la mise en mouvement de l'action publique et du manque de dissuasion des sanctions pénales. Il s'agit là d'un des principaux effets de la dérogation au droit commun des poursuites pénales pour fraude fiscale.

---

[56] CAYROL (V. N), « Action en justice », *Répertoire* de procédure civile, T.1. Dalloz p. 245. cité par MIANSONI (C), *Les modes de poursuite devant les juridictions pénales*, thèse de doctorat, Université Paris I Panthéon Sorbonne, 2018, p. 203.
[57] Article L 112 du CGI.
[58] Voir Article 2 du Décret n°95/464/PM du 20 juillet 1995 fixant l'organisation et fonctionnement de la CIF. Voir également. Article L 112 Paragraphe II du LPF (CGI 2022).
[59] MPINDA (F. A), *De la Police Judiciaire Spéciale*, Yaoundé, PUA, 2019, p.187.

En raison d'un tel verrouillage[60] des poursuites pénales entre les mains de l'administration fiscale, la majorité des dossiers sinon tous, en mesure de faire l'objet d'une saisine de l'autorité judiciaire pour fraude fiscale restent aux mains de l'administration[61]. Ce pouvoir de rétention n'était pas anodin et semble permettre aux services fiscaux de terminer la procédure de recouvrement en donnant la possibilité aux fraudeurs de régulariser leur situation par la voie d'une transaction[62]. En conséquence, cette procédure éloignait les fraudeurs de la répression pénale puisque la CIF était censée faire entrave à certaines poursuites de l'administration[63]. L'institution de ce *« verrou »* a été justifiée par le Conseil Constitutionnel français en ce que la victime d'une fraude fiscale étant le trésor public, l'administration est *« à même d'apprécier la gravité des atteintes portées aux intérêts collectifs »*, en plus, de ce que le parquet n'est pas privé de la faculté de décider librement de l'opportunité d'engager des poursuites une fois la plainte déposée[64].

Néanmoins, l'entrée en vigueur de la loi de finances pour l'exercice 2023 apporte un peu de souffle dans la procédure de répression pénale de la fraude fiscale au Cameroun. Il a été institué une simplification de la saisine du juge pénal en ce sens que le législateur a procédé à l'éviction de la CIF. Désormais, l'avis de la CIF est remplacé tout simplement par le procès-verbal établi par les agents assermentés de l'administration fiscale ayant chacun au moins le grade d'inspecteur des impôts et ayant pris une part personnellement et directement à la constatation des faits constitutifs de l'infraction de fraude[65]. La mise en œuvre des poursuites nécessite que les inspecteurs des impôts ayant forcément qualité d'officier de police judiciaire à compétence spéciale procèdent aux investigations à l'issue desquelles ils dressent procès-verbaux qui seront destinés au MINFI. Toutefois, quand bien même le ministère public aurait connaissance de faits constitutifs de cette infraction, il ne sera pas en mesure d'apprécier la suite à leur donner tant qu'il n'a pas été saisi par l'administration. Avec la nouvelle législation fiscale, le ministère public se retrouve toujours lié par le choix de l'administration de renoncer à engager des poursuites pénales, puisque cette autorité judiciaire n'a pas le pouvoir de mettre en mouvement l'action publique tant qu'elle n'y a pas été invitée par l'administration fiscale[66]. En effet, l'exercice exclusif, par l'administration, des droits reconnus à la partie civile en matière de fraude fiscale, suscite l'interrogation en raison de la nature du trouble à l'ordre public de ce délit, eu

---

60 Cette procédure était d'ailleurs qualifiée à titre comparative dans le système fiscal français de « Verrou de Bercy ».

61 Raison pour laquelle jusqu'ici les sanctions pénales sont ineffectives.

62 COCLY (C), *op.cit.*, p. 26.

63 TREMEUR (M.), « La commission des infractions fiscales », *LPA* 22 déc. 1995, n°153, p. 20.

64 Cons. const., 22 juill. 2016, n°2016-555 QPC, M. Karim B., cons. 13.

65 L 112 du CGI.

66 MPINDA (F.A), *De la Police Judiciaire Spéciale, op.cit.*, p. 186.

égard à sa nocuité pour les ressources de la collectivité nationale et à l'atteinte portée au principe d'égalité entre les citoyens devant l'impôt. Le procureur de la République ne serait-il pas l'autorité la plus à même d'apprécier de telles atteintes ?

Le recours à la répression pénale pour fraude fiscale est une situation particulière étant donné que la procédure administrative comprend, à l'instar de la procédure pénale, les moyens de rechercher et de sanctionner la fraude. Quand bien même les moyens d'enquête administratifs s'avéreraient efficaces en raison de leur affranchissement des exigences du procès pénal au Cameroun, il n'en demeure pas moins que le recours à la répression pénale pallie l'insuffisance des leviers de recouvrement de l'impôt. En effet, comme le souligne M. AYRAULT, « *Nécessaire, la répression administrative n'est pas suffisante pour permettre de garantir les intérêts du Trésor. L'un des apports de la voie pénale est d'autoriser ce que la répression administrative ne permet pas* »[67]. La répression pénale permet de soumettre une personne mise en cause pour fraude fiscale à des moyens de recherche et de sanction dont ne dispose pas l'administration dans la conduite de la procédure fiscale. D'une part, la procédure pénale permet l'emploi de techniques d'investigation plus efficaces que les moyens d'enquête dont disposent les services fiscaux, en considération de la faculté pour la police judiciaire de mettre en œuvre des techniques d'enquête spéciales. Contrairement aux enquêteurs de l'administration fiscale, la police judiciaire est à même d'infiltrer un réseau criminel, d'intercepter les correspondances émises par la voie des télécommunications, de géolocaliser un individu, un téléphone ou un véhicule, de sonoriser et fixer des dans images des lieux précis. D'autre part, le procès pénal est la seule instance au cours de laquelle peuvent être prononcées des peines. Ces sanctions pénales sont plus dissuasives que les pénalités fiscales puisqu'elles peuvent priver un fraudeur de sa liberté[68], lui faire subir des interdictions professionnelles et jeter l'opprobre sur sa personne[69]. Plus encore, le procès pénal permet de recouvrer l'impôt et ses pénalités sur une autre personne que le redevable, ce que ne permet pas la procédure fiscale.

En somme, le droit pénal dispose des moyens coercitifs susceptibles d'être exploités pour réaliser des objectifs escomptés. Ainsi, en faisant dépendre la mise en mouvement de l'action publique par le ministère public de la plainte préalable du MINFI qui est, en l'état ineffective, le législateur camerounais est en train de détourner la délinquance fiscale de l'appareil pénal répressif et en même temps méprise l'intérêt du recours au droit pénal vers

---

[67] AYRAULT (L.), « *Non bis in idem* : Les enjeux en matière fiscale », *AJ pénal, 2015*, 185.

[68] On pense aux mesures privatives de liberté comme la garde à vue et la détention provisoire.

[69] Le risque réputationnel d'un procès pénal est un apport considérable au continuum de répression de la fraude fiscale, puisque comparativement aux peines privatives de liberté, l'opprobre n'a pas de limites *ratione personae* et frappe les personnes physiques comme les personnes morales.

l'objectif budgétaire[70]. Décidemment, comment contourner cette exigence préalable à la mise en mouvement de l'action publique du Procureur de la République ce d'autant que cette autorité judiciaire peut employer la menace du procès pénal afin d'inciter la personne mise en cause pour fraude fiscale à payer l'impôt et ses majorations ? Un libre exercice de l'action publique par l'autorité judiciaire semble nécessaire. Le dispositif de déclenchement des poursuites pénales, en matière de fraude fiscale, subordonnant la mise en mouvement de l'action publique à l'initiative de l'administration paraît donc injustifiable, même sous les traits d'un délit privé.

Une tendance conduirait les autorités judiciaires à contourner les exigences procédurales de plainte préalable du MINFI en poursuivant la fraude fiscale sous des qualifications de droit commun telles que l'escroquerie ou le blanchiment. La poursuite d'un fraudeur fiscal en application du délit d'escroquerie est possible dès lors que la fraude fiscale repose sur des manœuvres frauduleuses qui ont généré une dette du Trésor envers le fraudeur. Le fraudeur fiscal peut pareillement être poursuivi par le Procureur de la République sous la qualification de blanchiment indépendamment d'une décision de l'administration fiscale. Mais ce serait à la limite forcer la qualification des faits voire la sanction à moins que le délit soit constitué. Une autre approche consisterait pour le Ministère à initier les enquêtes à la suite d'une dénonciation ou d'une plainte d'un contribuable en confiant le dossier aux officiers de police judiciaire à compétence générale. Aucun texte ne l'interdit d'ailleurs, mais, du point de vue pratique, cette solution conduirait à susciter des antagonismes entre autorités administratives, fiscales et autorités judiciaires.

Il pourrait sembler cohérent, pour concilier les objectifs en présence, en donnant vie par ailleurs au droit pénal fiscal, de permettre à ces officiers de police judiciaire à compétence spéciale de l'administration fiscale, après avoir dressé procès-verbaux, de les destiner au Procureur de la République pour la suite de la procédure. Copies de ces procès-verbaux pourront être envoyées au MINFI qui peut se confiner à la procédure administrative. Cette solution permettra non seulement de découvrir et sanctionner d'autres activités criminelles sous-jacentes à la fraude fiscale, mais aussi, à recouvrer hâtivement l'impôt fraudé.

En tout état de cause, si les plaintes de l'administration fiscale peuvent être déposées sans mise en demeure préalable de régulariser servie au contribuable, l'administration fiscale a jusqu'à la fin de la 4e année consécutive à celle où l'infraction a été commise pour déposer plainte[71]. Cela veut dire que le délai de prescription est donc plus étendu pour ce qui est du

[70] Le renfort de la sanction pénale à la répression administrative augmente l'efficacité du continuum notamment en cas de fraudes graves nécessitant une réponse plus rétributive et comminatoire que des sanctions fiscales.
[71] Article L 113 CGI.

ministre par rapport aux délits ordinaires dont l'action publique se prescrit après trois (3) ans. La fraude fiscale étant un délit, c'est le tribunal de première instance statuant en matière correctionnelle qui est compétent. Cette juridiction pénale pourra ainsi accommoder la sanction pénale à la fraude fiscale lorsqu'elle est constituée.

B. La disparité législative des sanctions pénales

La sanction est la pierre de touche de la règle de droit pénal[72]. La sanction pénale est la finalité de l'incrimination. C'est ce qui fonde le particularisme du droit pénal, car le droit pénal est souvent défini comme le droit sanctionnateur de tous les autres droits. Le contenu de la sanction est déterminé par les impératifs de la politique criminelle suivie par l'État[73]. Habituellement, il s'agit d'une peine. Mais, la sanction peut aussi prendre la forme d'une simple mesure de sureté dépourvue de caractère afflictif. La sanction pose le problème fondamental de sa justesse, de sa légitimité et même de sa cohérence. C'est ce dernier aspect qui semble être dévoyé en matière de répression des infractions fiscales.

La doctrine constate que, dès l'origine, la répression pénale de la fraude fiscale a été mise en place « *afin de faire craindre aux plus gros 'fraudeurs' d'éventuelles condamnations pénales lorsqu'ils ne s'acquittent pas de leurs créances fiscales* »[74]. Si tel est le cas au Cameroun où la sanction pénale de la fraude fiscale est inexistante, devrait-on en conclure qu'il n'existe pas de gros fraudeurs ? Assurément non, cette frange non maitrisée fait probablement partie de la criminalité latente que l'État gagnerait à saisir. Seulement, la sanction de certains comportements compromettant le fisc reste sujette à discussion. Il s'agit en fait des infractions simultanément définies par le Code pénal et le Code Général des Impôts version 2024. On songera ici aux délits d'organisation au refus collectif de l'impôt et d'incitation du public à refuser ou à retarder le paiement de l'impôt. Le Code pénal sanctionne différemment ces deux délits à l'opposé du Code Général des Impôts qui sanctionne identiquement tous les délits de fraude fiscale. En effet, l'alinéa 1er de l'article 183 du Code pénal puni d'un emprisonnement de trois (3) mois à deux (2) ans et d'une amende de 200 000 à 2 millions l'organisation du refus collectif de l'impôt tandis que son alinéa 2 puni d'un emprisonnement de six (6) à un (1) an et d'une amende de 50 000 à 1 million l'incitation du public à refuser ou à retarder le paiement de l'impôt. Le CGI, quant à lui, sanctionne ces comportements d'un emprisonnement d'un (1) à cinq (5) ans et d'une amende de cinq cent mille (500 000) à cinq millions (5 000 000) de F CFA ou

---

[72] PACHA NKOUCHIPO (C), « La responsabilité pénale du footballeur professionnel au Cameroun », *op.cit.*, p.73.

[73] MERLE (R), VITU (A), *Traité de droit criminel. Problèmes généraux de la science criminelle. Droit pénal général,* tome I, 1984, Paris, 6ème éd., p. 788.

[74] BAUDU (A.), « Contribution à un éclairage historique et juridique sur le 'verrou de Bercy' », *op.cit.*, pp. 94-102.

de l'une de ces deux peines seulement[75]. Il y a lieu de constater une disparité législative injustifiée des sanctions pénales applicables à ces deux agissements. Quelle sanction pénale ou quel texte le juge pénal sera-t-il appelé à appliquer au moment de la condamnation ? Doit-il appliquer les peines prévues par le CGI en invoquant le principe de spécialité du texte ? Ou doit-il appliquer le Code pénal en brandissant l'argument de l'antériorité du texte avec pour bonus l'application de la loi pénale la plus favorable au mis en cause ? Indubitablement, cette disparité ne rehausse en rien l'image de la fonction juridictionnelle.

Une première tendance qui semble pertinente pourrait pencher sur l'application du texte particulier plus récent c'est-à-dire des peines infligées par le CGI sous le prisme de la règle *« specialia generalibus derogant »*, le spécial déroge au général. Ce choix se justifierait par le fait que le CGI, texte spécial, qui est postérieur au Code pénal, abroge implicitement celui-ci dans ce domaine de la peine. Une seconde qui est non négligeable soutiendrait l'application du Code pénal en excipant l'application de la loi pénale la plus favorable au mis en cause. En tout état de cause, la pratique du pouvoir d'individualisation du juge pénal[76] le conduirait, selon la gravité du préjudice, les circonstances de l'infraction et l'attitude du fraudeur, à faire usage soit du texte spécial plus rigoureux, soit du texte général moins sévère selon le cas d'espèce. L'importance est que la sanction pénale prononcée doit être conforme au principe de nécessité et de proportionnalité des peines, principe cardinal du droit pénal[77].

La sanction des autres cas de fraude fiscale ne pose aucun problème. Le CGI les réprime avec la même énergie telle que relevée *supra*. Le tribunal correctionnel peut à titre de peine complémentaire prononcer les déchéances prévues aux articles 30 et 31 du Code pénal, interdire temporairement, pendant une période n'excédant pas cinq (5) ans, le droit d'exercer, directement ou par personne interposée, pour son compte ou le compte d'autrui, toute profession industrielle, commerciale ou libérale. Le tribunal correctionnel peut ordonner, dans tous les cas, la publication intégrale ou par extraits du jugement dans un journal d'annonces légales. Les frais de publication sont à la charge du condamné. En revanche, au sein de cet assemblage répressif de sanctions pénales, il convient de remarquer la pertinence de l'opprobre que la sanction pénale est susceptible de jeter sur le fraudeur fiscal qu'il s'agisse d'une personne physique ou d'une personne morale. La sanction pénale pour fraude

---

[75] L 107 du CGI.

[76] Voir Article 93 du Code pénal *« La peine ou la mesure prononcée (...) doit toujours être fonction des circonstances de l'infraction, du danger qu'elle présente pour l'ordre public, de la personnalité du condamné et de ses possibilités de reclassement, et des possibilités pratiques d'exécution ».*

[77] YAWAGA (S), « Le principe de proportionnalité en matière pénale. Réflexion à partir du droit pénal camerounais », *in* NCHIMI-MEBU (J-C) (dir.), *Le droit au pluriel. Mélanges en hommage du doyen Stanislas MELONE*, Yaoundé, PUA, 2018, p. 951.

fiscale couvre d'opprobre la personne condamnée en lui infligeant un déshonneur public, cet opprobre peut avoir de graves conséquences sur l'avenir d'une personnalité du monde politique ou des affaires, ainsi que sur l'activité d'une entreprise.

Une autre difficulté qui, cette fois, est décriée spécialement par la doctrine étrangère,[78] est celle liée au cumul des sanctions pénales et fiscales. En fait, l'adjonction de la peine à la répression fiscale fait ressurgir la problématique du cumul de deux sanctions punitives pour les mêmes faits et en conséquence une violation du principe *non bis in idem* risquant la paralysie de la sanction pénale. Le texte de base[79] dispose que : *« sans préjudice des sanctions fiscales applicables, est passible d'un emprisonnement (...) quiconque (...) ».* En réalité, cette disposition place le cumul des sanctions fiscale et pénale hors de portée du principe *non bis in idem,* car, l'assemblage répressif se cristallise autour de l'indépendance des procédures administrative et pénale, lesquelles ne s'appliquent pas aux mêmes transgressions, c'est-à-dire l'instance administrative sanctionnant le manquement aux obligations fiscales, et les poursuites pénales réprimant le délit de fraude fiscale. Par conséquent, l'absence d'*idem et du bis* font obstacle à l'invocabilité de la règle *non bis in idem*. Encore qu'il faut le rappeler, la règle *non bis in idem*, principe fondamental du droit pénal qui suppose que nul ne peut être jugé et puni deux fois pour les mêmes faits, s'applique lorsque deux sanctions pénales sont infligées à une même personne pour les mêmes agissements. Le principe *non bis in idem*, qui prohibe le cumul de punitions, est un aspect de l'autorité de la chose jugée au pénal sur le pénal[80]. En France, par exemple, le 11 janvier 2000, la CEDH a reconnu l'indépendance des procédures fiscale et pénale au sein du continuum français dans une décision *Le Meignen*[81]. Dans cette décision, la Cour de Strasbourg juge que le contribuable qui a fait l'objet de poursuites et de sanctions fiscales et pénales « *a fait l'objet de deux procédures distinctes [...] pour deux infractions distinctes »*[82]. Somme toute, ces procédures sont distinctes de par leur nature et leur objet faisant obstacle au le principe *non bis in idem.*

---

[78] HARDY (Ch.-H.), « A la recherche de la cohérence de la répression en matière fiscale », op.cit., p.172 et s., AMBELE (B), RONDET (O) ; « La répression de la fraude fiscale à l'épreuve du principe non bis in idem de l'affaire Wildenstein », *in* CARON (D.), « Autorité de la chose jugée au pénal sur le pénal », *Juris-Classeur Procédure Pénale*, Fasc. 20, 1er Janvier 2020 ; CABON (S.-M.), « Le particularisme du déclenchement des poursuites pénales : le maintien du 'verrou de Bercy' », *Dr. fisc.* n°46, 13 novembre 2014, 620.

[79] L 107 du CGI.

[80] CARON (D.), « Autorité de la chose jugée au pénal sur le pénal », *op.cit.*

[81] CEDH, décision sur la recevabilité, 11 janv. 2000, n° 41544/98, André Le Meignen c. France, p. 9.

[82] *Idem.*

Conclusion

En somme, il a été question de s'interroger sur la caractérisation de la répression post-Covid de la fraude fiscale en droit pénal camerounais. La démonstration a permis de relever que la répression de cette fraude se caractérise par une binarité peu évolutive de son arsenal répressif pénal y afférent.

Dans cette étude, l'ambition heuristique s'inscrivait davantage dans la perspective des travaux qui relèvent les infortunes à une véritable régulation pénale de la déviance fiscale. Il en ressort globalement que la fraude fiscale post-Covid au Cameroun constitue un défi majeur pour le droit pénal en ce que dans les sources connues des incriminations, le législateur a procédé à une extension des agissements qui entrent en prévision du délit de fraude fiscale. En revanche, l'arsenal répressif pénal demeure inutilisé. En toutes circonstances, le fiscal tient le pénal et dessine un continuum de répression de la fraude fiscale avec le recouvrement de l'impôt pour principale finalité. Les faits poursuivis par le parquet demeurent ceux qui ont été choisis par l'administration fiscale afin de prolonger sa procédure fiscale à travers la procédure pénale qui jusqu'ici est ineffective. Pourtant, la répression pénale devrait être mobilisée comme un instrument de contrôle fiscal, comme un instrument de renforcement des sanctions fiscales et comme un instrument de recouvrement de la dette fiscale au regard de sa diversité de moyens d'investigations. Le droit de punir doit être employé afin de garantir l'appréhension du fraudeur fiscal par les autorités de poursuites, de s'assurer de la condamnation de ce délinquant et de permettre à l'administration de recouvrer l'impôt. Pour cela, il faut revoir les règles de poursuites pénales en même temps que le régime de sanctions dont la rétribution, qui serait une réponse juste en matière de fraude fiscale eu égard à la gravité de cette infraction, cède le pas à une répression constituée de peines disparates lors de condamnations susceptibles de garantir le recouvrement de la dette fiscale./-

TABLE DES MATIERES

PRÉFACE..7

Pr. Gérard Martin PEKASSA NDAM

Le Covid-19 et la fabrique du droit fiscal de la nécessité........................9

Pr. Nicaise MEDE

Introduction...9

I. De la nécessité légitimatrice de l'impôt... 10

A. La nécessité renouvelée de l'impôt...10

B. Le consentement, source de légitimité et de base légale..................12

II.... À la nécessité conjoncturelle et « covidienne » de l'impôt 14

A. La nécessité, quelle nécessité ? 14

B. La constatation et la prise en compte de la nécessité en droit fiscal 16

Conclusion 18

L'effort fiscal post Covid-19 au Cameroun...19

Pr BEGNI BAGAGNA

Introduction...19

I. La rationalisation réaliste des dépenses fiscales..................................23

A. Le rétrécissement des mesures de souplesse....................................23

B. L'orientation de la dépense fiscale..25

II. L'optimisation accrue des recettes fiscales 26

A. L'élargissement amplifié de l'assiette fiscale 26

B. L'amélioration soutenue de la capacité de collecte..........................28

La fiscalité des États de l'Afrique subsaharienne francophone à l'épreuve des crises 31

Dr Janvier FERMOSE

Introduction...31

I. Une fiscalité de riposte 33

A. La situation fiscale de riposte 34

1. Les mesures juridico-politiques de riposte 34

2. Les mesures fiscalo-économiques de riposte 38

B. L'évaluation fiscale de la riposte 39
1. L'évaluation technique de la riposte..40
2. L'évaluation pratique de la riposte..42
II. Une fiscalité de réformes 44
A. Les réformes fiscales acquises 45
1. Les réformes fiscales formelles 45
2. Les réformes fiscales matérielles 47
B. Les réformes fiscales envisageables..48
1. Les réformes sur la politique fiscale 48
2. Les réformes sur les Administrations fiscales..................................50
Conclusion 52
L'intérêt général et la fiscalité à l'épreuve de la Covid-19.....................55
Dr Sylvie NGUECHE
Introduction..55
I. Le dépassement des exonérations fiscales classiques............................58
A. La suspension de l'application des mesures de recouvrement pour les entreprises directement affectées par la crise..58
1. Les modalités de mise en œuvre de la suspension de recouvrement.58
2. L'octroi de moratoire et de différé de paiement 59
B. La suspension des contrôles fiscaux..60
1. La suspension de la vérification de la comptabilité des entreprises.60
2. Les interruptions et exceptions aux vérifications sur place 62
II. L'atermoiement de l'application de la norme fiscale 63
A. La flexibilité des délais 63
1. L'avilissement de la rigueur des délais d'application des déclarations fiscales 63
2. La prorogation des délais de paiement des obligations fiscales 65
B. La résilience fiscale...66
1. La prorogation des délais des obligations substantielles post Covid 66
Conclusion 68

Crise sanitaire et fiscalité dérogatoire en République du Congo. Beaucoup de questions, peu de réponses ! 69

Dr Vivien Romain MANANGOU

Introduction..69

I. L'expression d'une compétence fiscale partagée dans le choix d'une fiscalité dérogatoire..72

A. Les dépenses fiscales d'origine législative 73

1. Une fiscalité dérogatoire pour les grandes et moyennes entreprises : la baisse de l'impôt sur les bénéfices des sociétés..............................73

2. Une dépense fiscale pour les petites et très petites entreprises : la baisse de l'IGF..75

B. Le pouvoir fiscal réglementaire de crise 76

1. L'aménagement des obligations fiscales des entreprises 77

2. Le recours au paiement différé 78

II. Une orientation fiscale dictée et sans impact réel 80

A. L'inadaptation des mesures fiscales adoptées..............................80

1. Le choix contestable d'une baisse d'impôts..................................80

2. Une annulation des paiements à la place des paiements différés.....82

B. Un pouvoir fiscal sous contrainte..83

1. Les contraintes issues d'un fédéralisme budgétaire et fiscal...........83

2. La contrainte internationale du FMI 85

L'application des conventions fiscales bilatérales en période de Covid-19 : Réflexion à partir de la notion de résidence fiscale 87

Dr Kelly Joanna NGUEMA ONDO

Introduction..87

I. Une application volontariste par l'OCDE 90

A. Le fondement de l'intervention de l'OCDE....................................90

B. L'adoption d'une posture volontariste 92

1. La résidence fiscale des entreprises..93

2. La domiciliation fiscale des personnes physiques 95

II. La portée limitée de l'approche volontariste...................................97

A. Une appropriation imparfaite par les États 97

B. L'encadrement strict de l'application volontariste de la notion de résidence fiscale 102

Conclusion 104

Covid-19, droit transitoire et perspectives du droit fiscal au Cameroun 107

Dr Théophile NGUIMFACK VOUFO,

Introduction...107

I. L'émergence d'un droit fiscal transitoire justifié par la crise sanitaire111

A. L'étendue du droit fiscal transitoire 111

1. Un droit fiscal matériel à vocation transitoire 112

2. Un droit fiscal procédural à finalité transitoire 116

B. L'incidence du droit fiscal transitoire 119

1. Une incidence juridique polémique 120

2. Une incidence économique mitigée 122

II. La nécessité d'un droit fiscal global inspiré de la crise sanitaire 124

A. L'approche de réforme orientée vers les acteurs de la fiscalité 125

1. L'adoption d'une démarche participative de réforme du système fiscal 125

2. L'institution d'une fiscalité de soutien à l'économie post-Covid ...128

B. L'approche de réforme ancrée dans le temps................................130

1. La rationalisation de la pression fiscale à court terme 130

2. La programmation de la fiscalité de compétitivité économique à moyen terme...132

La fiscalité post-Covid-19 et la promotion de la santé publique au Cameroun 137

Dr NKOUAYEP Long Christ Papy

ESSAME AKONO Joseph

Introduction...137

I. L'imposition partielle des structures sanitaires 139

A. La reconnaissance d'une exonération des formations sanitaires....140

1. L'exonération des équipements sanitaires 140
2. L'exonération des structures sanitaires 142
B. La persistance d'un assujettissement des structures sanitaires....... 144
1. L'assujettissement des activités économiques 144
2. L'assujettissement des actes concurrentiels 146
II. L'exonération totale des patients... 148
A. L'exonération des patients de la TVA 148
1. L'exemption de la TVA sur les soins médicaux 148
2. L'exemption des produits d'assurance vie ayant volet épargne 150
B. L'exonération des patients au-delà de la TVA.............................. 151
1. L'identification des impôts exonérés 151
2. L'incidence des exemptions 153
Conclusion 155
La politique fiscale post Covid-19 des États de l'Afrique subsaharienne : les exemples du Sénégal, du Cameroun et de la Côte d'Ivoire 157
Mariéme Gnagna THIAM
Introduction.. 157
I. Des politiques d'optimisation des recettes fiscales 162
A. Les mesures d'élargissement de l'assiette fiscale 162
B. Des mesures de rationalisation des pertes de recettes fiscales 166
II. Des politiques de rénovation du système fiscal 169
A. L'amélioration de la confiance entre l'administration et les contribuables 169
B. Des politiques fiscales équitables.. 172
L'incidence de la crise sanitaire de la COVID-19 sur les politiques publiques fiscales des États d'Afrique subsaharienne francophone : le cas du Cameroun 177
Dr Ghrevy SOLLO,
Introduction.. 177
I. La déstabilisation de la politique fiscale de l'État 181

A. L'instauration d'une politique fiscale d'urgence par la loi des finances de 2020 181
1. L'adoption de mesures fiscales de riposte et de résilience contre les effets de la crise 182
2. L'adoption de mesures fiscales d'amortissement de la crise 183
B. Le renforcement des mesures fiscales d'urgence par la loi des finances de 2021 184
1. Le renforcement par des mesures d'ordre général 184
2. Le renforcement par des mesures d'ordre spécifique 185
II. La mise en place de réformes gouvernementales 186
A. La consécration d'une politique de relance économique 187
1. L'amélioration du climat des affaires 187
2. La promotion des activités socioéconomiques 188
B. L'optimisation de la collecte des recettes fiscales de l'État 189
1. L'adoption des mesures de sécurisation des recettes fiscales 190
2. L'adoption des mesures d'élargissement de l'assiette 191
Conclusion 192
Les transformations des fonctions fiscales de l'État du Cameroun au lendemain de la crise sanitaire à Covid-19 193
Dr Sandrine Glwadys BEFOLO SOUGA
Introduction 193
I. Une adaptation de la fonction financière au tissu économique 196
A. L'acclimatation du rendement fiscal aux catégories de contribuables 197
1. La réduction du taux de l'impôt sur les bénéfices au profit des PME 197
b. Les modalités d'application 198
2. L'allègement des charges fiscales au profit des grandes entreprises 199
a. Le réaménagement de la taxe sur le revenu des entreprises pétrolière et forestière 199
b. La réévaluation libre du régime fiscal des immobilisations 199

B. L'accommodation de la productivité de l'impôt aux catégories d'activités 200

1. Le soutien au secteur du transport et du tourisme 201

a. La suppression de la taxe à l'essieu 201

b. La prorogation de la période de report des déficits fiscaux et des amortissements réputés différés 201

2. Le soutien au secteur de l'hôtellerie 202

a. La suspension de la taxe de séjour 202

b. L'exonération de l'impôt sur les sociétés au titre de l'exercice fiscal clos 203

II. Une rénovation des fonctions économique et sociale 203

A. La redynamisation de l'activité économique 204

1. La suppression des impôts et taxes pour la relance économique ...204

a. L'exonération de la TVA au profit des prestations sanitaires 204

b. Le renforcement du dispositif du secteur agricole et des mesures d'allègements au profit des entreprises en restructuration 205

2. L'amplification des mesures de relance de l'activité économique .206

a. La réduction des taux des droits d'accises 206

b. L'aménagement des modalités de détermination de l'acompte de l'impôt sur le revenu 207

B. Le rétablissement de l'équité fiscale 208

1. La réfection de l'équité horizontale 208

2. La restauration de l'équité verticale 209

a. L'octroi des aides financières aux entreprises en difficulté 209

b. L'exonération de l'impôt libératoire et des taxes communales pour soutenir les petits commerçants 210

Conclusion 211

La Zone de libre-échange continentale africaine et la fiscalité post-Covid 19 dans les États d'Afrique subsaharienne francophone 213

Dr Eugène NZAMBOUNG

Introduction..213

I. La transformation affirmée des systèmes fiscaux...............................217

A. La rénovation de la législation fiscale 217

1. La réforme des règles fiscales communautaires 217

2. La réforme des règles fiscales internes 220

B. L'harmonisation des politiques fiscales 222

1. La réduction de la souveraineté fiscale des États 222

2. Le renforcement de la coopération fiscale régionale 223

II. La mobilisation conditionnée des recettes fiscales 224

A. La régression observable des recettes douanières 224

1. La suppression progressive des droits de douane 224

2. La diminution quantitative des recettes douanières 226

B. L'augmentation espérée des recettes fiscales internes 227

1. L'élargissement de l'assiette fiscale interne 228

2. La modernisation des administrations fiscales 230

Conclusion 232

La fiscalité environnementale post-Covid-19 en Afrique : le cas du Cameroun 233

Dr Patrick Gérard SOROK A BOL

Introduction 233

I. La vocation immuable de la fiscalité environnementale 236

A. L'orientation vers le financement de la transition écologique par la fiscalité 236

1. Le financement générique 236

2. Le financement spécifique 238

B. L'orientation vers des mesures incitatives par la fiscalité 240

1. La présentation des incitations 240

2. La justification des incitations fiscales 242

II. L'inconsistance de la fiscalité environnementale 243

A. Une inconsistance imputable à l'administration fiscale 244

1. La minoration de la performance 244

2. L'exacerbation de la tolérance administrative 246

B. Une inconsistance imputable au contribuable 247

1. La permanence de la fraude fiscale stricto sensu 247

2. La constance de la fraude fiscale lato sensu 249

Conclusion 250

L'autonomie fiscale des Collectivités Territoriales des États d'Afrique subsaharienne francophone au lendemain de la crise sanitaire à Covid-19 : les exemples du Cameroun, du Bénin et du Sénégal **251**

Dr Martin NJAMA BOYOCK

Introduction 251

I. Une autonomie fiscale des CTD encadrée par les pouvoirs publics 257

A. Une autonomie fiscale des collectivités territoriales enserrée dans la fixation des taux d'imposition par les assemblées délibérantes 258

1. Le vote du taux et tarif des impôts locaux dans la fourchette définie par le législateur 259

2. L'application des mesures d'exonération de certains impôts locaux 260

B. Une autonomie fiscale des collectivités territoriales confinée dans la détermination de l'assiette fiscale suivant les dispositions légales 262

1. La détermination par le législateur de l'assiette des ressources fiscales 262

2. La détermination de l'assiette des ressources non fiscales par le législateur 264

II. Une autonomie fiscale des CTD diluée par les immixtions de l'État. 266

A. Une limitation du pouvoir de décision fiscale locale en matière d'administration de l'impôt 266

1. La répartition des compétences entre l'État et les CTD en matière de perception des recettes fiscales 267

2. L'institution d'une procédure de prise de la décision fiscale contrôlée par l'organe délibérant et l'autorité de tutelle compétente 269

B. Une restriction de l'étendue du pouvoir fiscal local par les diverses participations financières de l'État 271

1. La subvention au fonctionnement des collectivités locales par l'État 272

2. L'application des péréquations fiscales par les organes de l'État.274

L'opportunité de l'imposition de l'économie informelle en période post Covid-19 au Cameroun : réflexion autour d'une fusion hétéroclite entre prescription légale et droits de l'homme...277

Dr Aimé TATIDOUNG KUETE

Introduction..277

I. L'opportunité confortée de l'imposition du secteur informel en période post-Covid-19 283

A. L'optimisation de l'imposition engendrée par la normativité fiscale 284

1. L'imposition générée par la légalité de l'impôt 284

2. L'imposition justifiée par la régularisation du secteur informel....286

B. L'optimisation de l'imposition fondée sur des considérations tangibles 288

1. La contribution intemporelle de l'impôt au fonctionnement des services publics 288

2. La prolifération post Covid-19 des activités du secteur informel...290

II. L'opportunité fragilisée de l'imposition 293

A. Une fragilisation induite par un contexte crisogène.......................293

1. La détérioration d'un secteur économique affaibli par la crise 293

2. L'érection d'un cadre social favorable à la contestation..............295

B. Une fragilisation déduite de l'impératif de prise en compte des droits humains...297

1. Une atteinte portée au droit au développement des populations....298

2. Une transgression de l'obligation légale de garantir un emploi aux citoyens 300

Conclusion 302

La rationalisation de la parafiscalité par le rationnement des recettes : une fuite en avant du Gouvernement camerounais 305

Alain Symphorien NDZANA BILOA

Introduction..305

I. Panorama des taxes parafiscales au Cameroun 308

A. Les prélèvements relevant de la parafiscalité interne 308

1– Les taxes et redevances parafiscales générales 308

2. Les taxes et redevances parafiscales sectorielles 310

a) – Les contributions spécifiques au secteur de l'électricité 310

b) – Les contributions spécifiques au secteur des télécommunications électroniques 311

c) – Les contributions spécifiques au secteur des transports 312

d) – Les contributions spécifiques au secteur des pêches et de l'élevage 313

e) – Les contributions spécifiques au secteur des jeux 314

B. Les prélèvements relevant de la parafiscalité de porte 314

1. Les taxes et redevances parafiscales générales prélevées à la porte 314

2– Les taxes et redevances parafiscales spécifiques collectées à la porte 316

II. Les pathologies de la parafiscalité et la thérapie de rationalisation ...317

A. Les pathologies de la parafiscalité sur les institutions et les finances publiques 317

1 – L'impact négatif sur le climat des affaires 317

2 – Le problème de la cohérence institutionnelle 317

3. Le manque de transparence sur la parafiscalité 319

4. La surliquidité de certaines entités bénéficiaires au détriment de l'État 320

B. La thérapie de la rationalisation de la parafiscalité 321

1. Le processus dit de rationalisation de la parafiscalité 321

2. Les paradoxes de la rationalisation de la parafiscalité par le rationnement des recettes 322

3. La fuite en avant du Gouvernement camerounais 324

Conclusion 325

La fraude fiscale post-Covid 19 en droit pénal camerounais 327

Dr Collins PACHA NKOUCHIPO

Introduction...327

I. L'immuabilité des sources d'incrimination 332
A. La standardisation restrictive des écarts à la législation fiscale par le Code pénal 333
B. La spécification extensive des écarts à la législation fiscale par le Code Général des Impôts 335
II. La relativité des ressources de mise en œuvre de répression 337
A. La simplicité apparente des modalités de poursuites pénales 338
B. La disparité législative des sanctions pénales 342
Conclusion 345

Structures éditoriales du groupe L'Harmattan

L'Harmattan Italie
Via degli Artisti, 15
10124 Torino
harmattan.italia@gmail.com

L'Harmattan Hongrie
Kossuth l. u. 14-16.
1053 Budapest
harmattan@harmattan.hu

L'Harmattan Sénégal
10 VDN SICAP AMITIE 3
BP 45034 Dakar-Fann
direction@senharmattan.com

L'Harmattan Cameroun
Tsinga/Derrière polyclinique FECAFOOT
BP 11486 Yaoundé
Jacques.koukam@harmattan.fr

L'Harmattan Burkina Faso
Villa 281, secteur 23 623, rue 14.32
Ouagadougou
zagbie@outlook.fr

L'Harmattan Guinée
Almamya, rue KA 028 OKB Agency
BP 3470 Conakry
harmattanguinee@yahoo.fr

L'Harmattan RDC
185, avenue Nyangwe
Commune de Lingwala – Kinshasa
matangilamusadila@yahoo.fr

L'Harmattan Congo
219, avenue Nelson Mandela
BP 2874 Brazzaville
deunovmikhael@gmail.com

L'Harmattan Mali
Immeuble Mgr Jean Marie Cissé
Aci Hamadallaye
BP 145 Bamako
syllaka@yahoo.fr

L'Harmattan Togo
Djidjole – Maison Amela
face EPP BATOME
02 BP 20680 Lomé
didieramela11@gmail.com

L'Harmattan Côte d'Ivoire
Résidence Karl – Cité des Arts
Abidjan-Cocody
03 BP 1588 Abidjan
harmattan.ivoire@gmail.com

L'Harmattan Bénin
Rue 604, (Immeuble à l'entrée
de la rue UCAO- Cite de Saint-Jean)
Cotonou
stepcorpus@gmail.com

Nos librairies en France

Librairie internationale
16, rue des Écoles
75005 Paris
librairie.internationale@harmattan.fr
01 40 46 79 11
www.librairieharmattan.com

Librairie des savoirs
21, rue des Écoles
75005 Paris
librairie.sh@harmattan.fr
01 46 34 13 71
www.librairieharmattansh.com

www.ingramcontent.com/pod-product-compliance
Lightning Source LLC
LaVergne TN
LVHW011155061026
849535LV00003B/747
* 9 7 8 2 3 3 6 5 2 9 3 0 1 *